PraxisReihe
VerwaltungsReform
Band 4
Herausgeber:
Dr. Friedrich-Wilhelm Dopatka, Bremen

Prigge, Prange, Bovenschulte

Die Stadtstaaten im Modernisierungsfieber?

Bedingungen und Strategien
der Modernisierung in
Berlin, Hamburg und Bremen

SachBuchVerlag
Kellner

Die Deutschen Bibliothek - CIP-Einheitsaufnahme

Prigge, Rolf:
Die Stadtstaaten im Modernisierungsfieber? : Bedingungen und
Strategien der Modernisierung in Berlin, Hamburg und Bremen /
Prigge ; Prange ; Bovenschulte. - Bremen ; Boston : Kellner, 1999
  (PraxisReihe VerwaltungsReform ; Bd. 4)
  ISBN 3-927155-59-4

Eine Untersuchung des Projektbereichs
»Strukturwandel des öffentlichen Sektors«
der Kooperation Universität - Arbeiterkammer Bremen,
Parkallee 39, 28209 Bremen,
Fon: 0421-218 3284, Fax: 218 2680.
email: rprigge@kua.uni-bremen.de
          mprange@kua.uni-bremen.de
Projektteam: Rolf Prigge (Leiter),
Martin Prange (Dipl. Ökonom),
Andreas Bovenschulte (Rechtsreferendar)

Gefördert von der
Hans-Böckler-Stiftung des DGB
und der Gewerkschaft ÖTV.
HBS-Projekt-Nr. 98-18-4,
Universitätsprojekt-Nr. 3237

© 1999 by Kellner-Verlag,
St.-Pauli-Deich 3, 28199 Bremen
Fon: 0421-77 8 66, Fax: 70 40 58
Satz und Gestaltung: Martin Prange
Titel: Klaus Kellner/Roland Bühs
ISBN 3-927155-59-4

Inhalt

VERZEICHNIS DER ABBILDUNGEN UND TABELLEN IM TEXT V
   A. ABBILDUNGEN V
   B. TABELLEN VII

I. PROJEKTKONZEPT: DIE MODERNISIERUNG DES ÖFFENTLICHEN SEKTORS IN DEN STADTSTAATEN 1
   1. AUSGANGSLAGE 1
   2. ZIELSETZUNG DES FORSCHUNGSPROJEKTES UND UNTERSUCHUNGSMETHODE 3
   3. UNTERSUCHUNGSKONZEPT UND ARBEITSPROGRAMM 4
   4. ZUM ERSTEN PROJEKTZWISCHENBERICHT 6
   5. AUSBLICK 8

II. BESTANDSAUFNAHME DER BEVÖLKERUNGS-, WIRTSCHAFTS- UND ARBEITSMARKTENTWICKLUNGEN UND -STRUKTUREN 9
   1. GRUNDZÜGE DER RAUMSTRUKTUR 9
      1.1 Räumliche Lage 9
      1.2 Flächennutzung 10
   2. BEVÖLKERUNGSENTWICKLUNG UND STRUKTUR 11
      2.1 Bevölkerungsentwicklung 1970 bis 1997 12
         2.1.1 Natürliche Bevölkerungsentwicklung 13
         2.1.2 Wanderungen 15
      2.2 Bevölkerungsstruktur 18
         2.2.1 Altersstruktur 19
         2.2.2 Nichtdeutsche Bevölkerung 20
         2.2.3 Sozialhilfeempfänger 22
   3. WIRTSCHAFTSWACHSTUM UND BESCHÄFTIGUNGSENTWICKLUNG 25
      3.1 Tendenzen des wirtschaftlichen Strukturwandels 25
      3.2 Grundzüge der wirtschaftlichen Entwicklung seit Anfang der 80er Jahre 28
      3.2 Entwicklung der Erwerbstätigen 36
   4. GRUNDZÜGE DER WIRTSCHAFTSSTRUKTUR 39
      4.1 Produzierende Bereiche 41
      4.3 Strukturen der Dienstleistungen 47
      4.4 Organisationen ohne Erwerbszweck sowie Gebietskörperschaften und Sozialversicherungen 49
   5. STAND UND STRUKTUREN DER ARBEITSLOSIGKEIT 51

III. INSTITUTIONELLE GRUNDLAGEN, FINANZIELLE UND PERSONELLE SITUATION DER STADTSTAATEN 55
   1. INSTITUTIONELLE GRUNDLAGEN DES POLITISCHEN SYSTEMS DER STADTSTAATEN 55
      1.1 Unmittelbar-demokratische Elemente in den Verfassungen der Stadtstaaten 56
         1.1.1 Volksbegehren und Volksentscheid auf Landesebene 57
            1.1.1.1 Rechtliche Ausgestaltung der Volksentscheide 59
            1.1.1.2 Rechtliche Ausgestaltung der Volksbegehren 61

1.1.2 Massenpetitionen auf Landesebene ... 62
1.1.3 Unmittelbare Demokratie in den Gemeinden und Bezirken ... 63
1.1.4 Nachholbedarf der Stadtstaaten in Sachen direkter Demokratie? Zum Stand der aktuellen Reformdiskussion ... 63

1.2 Organisation und Aufgaben der Landtage ... 64

   1.2.1 Wahlsystem, Wahlperiode und Anzahl der Abgeordneten ... 66
      1.2.1.1 Von der gebundenen zur personalisierten Verhältniswahl? ... 66
      1.2.1.2 Von der vier- zur fünfjährigen Wahlperiode? ... 69
      1.2.1.3 Verkleinerung der Landtage im Spannungsfeld von Haushaltskonsolidierung und Parlamentsreform ... 69
   1.2.2 Status der Abgeordneten ... 71
      1.2.2.1 Freies Mandat und individuelle Abgeordnetenrechte in der Parteiendemokratie ... 71
      1.2.2.2 Politik als Beruf oder als Ehrenamt? ... 73
   1.2.3 Der Landtag als Volksvertretung ... 76
   1.2.4 Der Landtag im System der parlamentarischen Regierung ... 77
      1.2.4.1 Gesetzgebungsfunktion: Die Problematik des Exekutivföderalismus ... 77
      1.2.4.2 Budgetfunktion: Von der Kameralistik zum outputorientierten Haushalt? ... 78
      1.2.4.3 Befugnis der Parlamente zur Richtlinienbestimmung? Zur Problematik eines Kontraktmanagements im Verhältnis Landesparlament - Landesregierung ... 80
      1.2.4.4 Kontrolle der Exekutive: Alte und neue Instrumente ... 82
      1.2.4.5 Verwaltungsbefugnisse der Parlamente ... 86
      1.2.4.6 Mitwirkung an Entscheidungen auf Bundes- und Europaebene ... 86
   1.2.5 Innere Organisation der Landtage ... 87
      1.2.5.1 Ausschüsse und Deputationen ... 87
      1.2.5.2 Fraktionen ... 89
      1.2.5.3 Die Stellung der parlamentarischen Opposition ... 90
      1.2.5.4 Landtagspräsidium und Landtagsverwaltung ... 91
   1.2.6 Fazit: Funktionswandel oder Bedeutungsverlust der Stadtstaatenparlamente? ... 92

1.3 Organisation und Aufgaben der Landesregierungen (Senate) ... 93

   1.3.1 Die Inter-Organ-Beziehungen des Senats zum Landtag ... 94
      1.3.1.1 Wahl und Abberufung des Senats/der Senatoren ... 94
      1.3.1.2 Unvereinbarkeit von Amt und Mandat? ... 95
      1.3.1.3 Die Verteilung der Organisationsgewalt im Bereich der Regierung zwischen Landtag und Senat ... 96
      1.3.1.4 Mitwirkung des Senats an der Beratung und Beschlußfassung durch den Landtag ... 96
      1.3.1.5 Pflicht des Senats zur Ausführung von Parlamentsbeschlüssen? ... 97
   1.3.2 Die Senatoren als öffentlich-rechtliche Amtsträger eigener Art ... 97
   1.3.3 Gegenwärtige Größe der Senate in den Stadtstaaten und Ressortzuschnitt ... 98
   1.3.4 Die Binnenstruktur des Senats: Zum Verhältnis von Kanzler-, Ressort- und Kollegialprinzip ... 99
   1.3.5 Kompetenzen des Senats ... 102
   1.3.6 Fazit: Zentralisierung politischer Macht bei der Exekutivspitze? ... 103

2. FINANZIELLE SITUATION DER STADTSTAATEN ... 104

2.1 Finanzielle Situation der Kommunen ... 105

   2.1.1 Einnahmen der Kommunen ... 105

2.1.2 Ausgaben der Städte und Gemeinden 110
2.2 Finanzielle Situation der Länder *112*
    2.2.1 Steueraufkommen 113
    2.2.2 Steuereinnahmen 115
    2.2.3 Schulden und Ausgaben der Länder 119
3. PERSONAL DES ÖFFENTLICHEN DIENSTES 127
    3.1 Entwicklung und Struktur des Personals *128*
    3.2 Personal nach Aufgabenbereichen *138*

IV. BAUSTEINE UND MANAGEMENT DER MODERNISIERUNGSPOLITIK. 142

1. FINANZPOLITISCHE SANIERUNGSSTRATEGIEN UND DISKUSSION
    UM DIE AUSGLEICHSSYSTEME 142
    1.1 Finanzpolitische Sanierungsstrategien *142*
    1.2 Positionen zur Reform des Ausgleichswesens *152*
2. LEITBILDER DER STADTENTWICKLUNG: KONZEPTE, UMSETZUNGSSTRATEGIEN UND
    BETEILIGUNGSSTRUKTUREN 158
    2.1 Berlin *159*
        2.1.1 Planungsansatz und Verfahrensablauf 159
        2.1.2 Allgemeine Rahmenbedingungen zur Stadtentwicklung 160
            2.1.2.1 Entwicklungsimpulse 160
            2.1.2.5 Regionale Verflechtung 162
        2.1.3 Stadtentwicklungsmaßnahmen 162
            2.1.3.1 Leitziele der Stadtentwicklung 162
            2.1.3.2 Das räumliche Leitbild 163
            2.1.3.3 Umsetzungsmaßnahmen in Stadtentwicklungsbereichen 163
    2.2 Bremen *166*
        2.2.1 Planungsansatz und Verfahrensablauf 166
        2.2.2 Allgemeine Rahmenbedingungen zur Stadtentwicklung 167
            2.2.2.1 Entwicklungsimpulse 167
            2.2.2.5 Regionale Verflechtung und Zusammenarbeit 168
        2.2.3 Stadtentwicklungsmaßnahmen 168
            2.2.3.1 Leitziele der Stadtentwicklung 168
            2.2.3.2 Das räumliche Leitbild 169
            2.2.3.3 Umsetzungsmaßnahmen in Stadtentwicklungsbereichen 170
    2.3 Hamburg *172*
        2.3.1 Planungsansatz und Verfahrensablauf 172
        3.3.2 Allgemeine Rahmenbedingungen zur Stadtentwicklung 173
            2.3.2.1 Entwicklungsimpulse 173
            2.3.2.4 Stadtstruktur 175
            2.3.2.5 Regionale Verflechtung und Zusammenarbeit 175
        2.3.3 Stadtentwicklungsmaßnahmen 176
            2.3.3.1 Leitziele der Stadtentwicklung 176
            2.3.3.2 Das räumliche Leitbild 177
            3.3.3.3 Umsetzungsstrategien in Stadtentwicklungsbereichen 177
    2.4 Vergleich der Stadtentwicklungskonzepte *180*

3. VERWALTUNGSMODERNISIERUNG: PROGRAMME, STRATEGIEN, PROZESSE 185
   3.1 Verwaltungsmodernisierung in der Bundesrepublik Deutschland.. 185
   3.2 Verwaltungsmodernisierung in den drei Stadtstaaten.. 188
      3.2.1 Ausgangslage und Ziele 188
      3.2.2 Das Primat der Haushaltskonsolidierung 192
      3.2.3 Strategische Reforminitiativen 193
         3.2.3.1.Verschlankung des öffentlichen Sektors.. 193
            3.2.3.1.1 Verkauf öffentlichen Vermögens, Organisationsprivatisierung und Verringerung der Leistungstiefe 194
            3.2.3.1.2 Verselbständigung von Verwaltungseinheiten 197
         3.2.3.2 Neuordnung der Aufgabenwahrnehmung und Reform der Aufbauorganisation 199
            3.2.3.3.1 Neubestimmung der Aufgabenverteilung zwischen Senatsverwaltungen und kommunalen bzw. bezirklichen Verwaltungen 200
            3.2.3.2.2 Änderungen in der Führungsstruktur und in der horizontalen Gliederung der Senatsverwaltungen 205
            3.2.3.2.3 Bezirksgebietsreform 205
            3.2.3.2.4 Reform der Bezirksverfassung 206
         3.2.3.3 Neues Steuerungsmodell und Reform der Verwaltungsprozesse 209
            3.2.3.3.1 Produkte und Kosten- und Leistungsrechnung.. 210
            3.2.3.3.2 Dezentrale Ressourcenverantwortung und Budgetierung 213
            3.2.3.3.3 Kontraktmanagement und Controlling 215
            3.2.3.3.4 Qualitäts- und Kundenorientierung der Verwaltung?............................. 217
            3.2.3.3.5 Verwaltung im Wettbewerb... 220
            3.2.3.3.6 Konsequenzen für die innere Verwaltungsorganisation............................ 221
      3.2.4. Prozeßsteuerung und Projektorganisation 224
   3.3 Arbeitspolitische Regulierung der Verwaltungsmodernisierung 226
      3.3.1 Zur Rolle der Beschäftigten und ihrer Interessenvertretungen............................. 226
      3.3.2 Verwaltungsreformabkommen... 228
      3.3.3. Überleitungstarifverträge... 230

V. DIE STADTSTAATEN IM FÖDERALEN SYSTEM: CHANCEN UND GRENZEN TERRITORIALER AUTONOMIE 230

LITERATURVERZEICHNIS 247

Verzeichnis der Abbildungen und Tabellen im Text

A. Abbildungen

Abbildung 1: Untersuchungsdesign 4
Abbildung 2: Untersuchungsfahrplan 6
Abbildung 3: Lage der Stadtstaaten in Europa 9
Abbildung 4: Fläche der Länder nach Nutzungsarten 11
Abbildung 5: Bevölkerungsentwicklung der Stadtstaaten im Vergleich 13
Abbildung 6: Natürliche Bevölkerungsentwicklung im Ländervergleich 15
Abbildung 7: Wanderungen im Stadtstaatenvergleich 16
Abbildung 8: Pendleraufkommen in den Stadtstaaten 17
Abbildung 9: Altersstruktur der Bevölkerung 19
Abbildung 10: Ausländeranteil der Stadtstaaten im Länder- und Städtevergleich 21
Abbildung 11: Sozialhilfeempfänger nach Kreisen und kreisfreien Städten 23
Abbildung 12: Anteil Sozialhilfeempfänger im Ländervergleich 24
Abbildung 13: Wachstum des Bruttoinlandproduktes im Stadtstaatenvergleich 28
Abbildung 14: Wachstum des Bruttoinlandproduktes im Ländervergleich 32
Abbildung 15: Wirtschaftliche Leistungskraft im Ländervergleich 34
Abbildung 16: Entwicklung der Erwerbstätigen im Vergleich 37
Abbildung 17: Arbeitsplatzzentralität im Vergleich 38
Abbildung 18: Wirtschafts- und Beschäftigungsstruktur der Stadtstaaten 1997 40
Abbildung 19: Beschäftigungsbedeutung der produzierenden Sektoren 1997 42
Abbildung 20: Patentintensität nach Bundesländern 45
Abbildung 21: Exportquote der Industrie nach Bundesländern 1997 46
Abbildung 22: Beschäftigungsbedeutung des Dienstleistungssektors 1997 ... 47
Abbildung 23: Beschäftigungsbedeutung der öffentlichen Dienstleistungen 1997 49
Abbildung 24: Arbeitslosenquoten der Länder 1997 im Vergleich 52
Abbildung 25: Arbeitslosenquoten 1997 im Städtevergleich 52
Abbildung 26: Gewerbesteuereinnahmen je Einwohner in ausgesuchten Städten 108
Abbildung 27: Gewerbesteuer-Hebesätze in ausgesuchten Städten 109
Abbildung 28: Einkommensteuereinnahmen ausgesuchter Städte je Einwohner 110
Abbildung 29: Entwicklung der kommunalen Sozialausgaben 1980 bis 1998 112
Abbildung 30: Steueraufkommen nach Bundesländern 114
Abbildung 31: Landes- und Gemeindesteuern nach Bundesländern 125
Abbildung 32: Einnahmen der Länder 1996 je Einwohner 118
Abbildung 33: Entwicklung der Verschuldung der Länder 1992 bis 1996 ... 119
Abbildung 34: Steuerdeckungsquote der Länder im Vergleich 120

Abbildung 35: Schulden der Länder 1996 im Vergleich 121
Abbildung 36: Zins-Steuer-Quote der Länder 1996 im Vergleich 122
Abbildung 37: Zinslastquote der Länder im Vergleich 123
Abbildung 38: Sozialausgaben der Länder 1995 im Vergleich 124
Abbildung 39: Personalausgabenquote der Länder im Vergleich 125
Abbildung 40: Investitionsquote der Länder im Vergleich 126
Abbildung 41: Entwicklung des Personals des öffentlichen Dienstes 130
Abbildung 42: Anteil Voll-/Teilzeitbeschäftigte des öffentlichen Dienstes 132
Abbildung 43: Entwicklung d. Personals des öffentlichen Dienstes (Vollzeitäquivalent)...133
Abbildung 44: Entwicklung der Personalausgaben im Stadtstaatenvergleich 134
Abbildung 45: Beschäftigt des öffentlichen Dienstes im Ländervergleich 135
Abbildung 46: Beschäftigt des öffentlichen Dienstes nach Dienstverhältnissen 137
Abbildung 47: Auswirkung des Reformvorschlags „linearer Tarif" 154
Abbildung 48: Stadtentwicklungskonzepte im Überblick 183

B. Tabellen

Tabelle 1: Quoren bei Volksentscheiden auf Landesebene 61
Tabelle 2: Eintragungsquoren bei Volksbegehren auf Landesebene................................. 62
Tabelle 3: Verhältnis von Größe der Volksvertretungen und Einwohnerzahl.................. 71
Tabelle 4: Laufende monatliche Zahlungen an Abgeordnete der Parlamente 74
Tabelle 5: Gesamtsumme der mon. Geldleistungen an die Fraktionen der Parlamente 90
Tabelle 6: Anteil Teilzeitbeschäftigte 1996 nach Dienstverhälnissen............................ 137
Tabelle 7: Entwicklung des Personals nach Aufgabenbereichen (Vollzeitäquivalent)...... 139
Tabelle 8: Beschäftigte nach Aufgabenbereichen insgesamt (30.06.1996) 140
Tabelle 9: Beschäftigte nach Aufgabenbereichen (Vollzeitäquivalent) 141
Tabelle 10: Ausgabenwachstum gegenüber dem Vorjahr 146
Tabelle 11: Ausgaben je Einwohner 1998 bis 2002... 146
Tabelle 12: Ausgaben (ohne Zinszahlungen) je Einwohner 1998 bis 2002.................... 147
Tabelle 13: Personalausgabenquote 1998 bis 2002 147
Tabelle 14: Investitionsquote 1998 bis 2002 148
Tabelle 15: Zins-Steuerquote 1998 bis 2002... 148
Tabelle 16: Strukturelles Finanzierungsdefizit 1998 bis 2002 150
Tabelle 17: Anzahl der Produkte, Produktgruppen und Produktbereiche 209

Bausteine für Ihren Projekterfolg

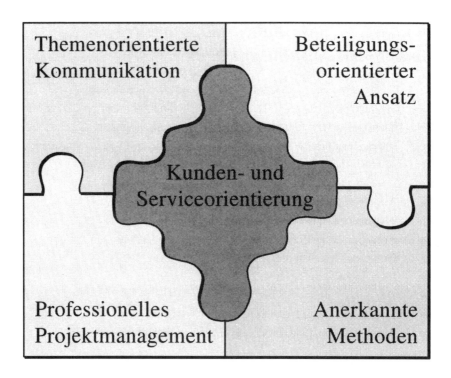

- **Kunden- und Serviceorientierung ...**
  ... damit die Verwaltungsreform gezielt vorangetrieben wird'

- **Beteilungsorientierter Ansatz ...**
  ... damit die Veränderung mit den Betroffenen gestaltet wird

- **Anerkannte Methoden ...**
  ... damit die Gestaltung von Systemen transparent und strukturiert erfolgt

- **Themenorientierte Kommunikation ...**
  ... damit in Arbeitsgruppen kreative und tragfähige Lösungen entstehen.

- **Professionelles Projektmanagement ...**
  ... damit Ziele, Termine und Aufwendungen im Fokus bleiben

MSI
Unternehmensberatung

MSI MARKET SERVICES GMBH
GÄNSEMARKT 21-23
20354 HAMBURG

IHRE ANSPRECHPARTNER:

GÜNTHER MEYER
ANDREAS W. SCHNEIDER

TELEFON:	040 355304-24
TELEFAX:	040 355304-15

I. ProjektKonzept: die Modernisierung des öffentlichen Sektors in den Stadtstaaten

1. Ausgangslage

Berlin, Hamburg und Bremen sind als Stadtstaaten heute Teil des mehrstufigen staatlichen Systems der Bundesrepublik Deutschland. Der staatliche Aufbau Deutschlands besteht bekanntlich aus den institutionellen Ebenen des Bundes, der Länder und der Kommunen, zu denen noch die Europäische Union als supranationale Ebene hinzuzurechnen ist. Die Stadtstaaten verfügen in Deutschland über eine Sonderstellung: Sie sind gleichzeitig Bundesland und Großstadt.

In institutioneller Hinsicht nehmen die Stadtstaaten eine Zwitterstellung ein. Sie verfügen über die nach dem Grundgesetz den Ländern vorbehaltene Gesetzgebungskompetenz und die Teilhaberechte als Bundesland im Rahmen des föderalistischen Aufbaus der Bundesrepublik. Von daher sind sie in das öffentliche Finanzsystem von Bund und Ländern eingebunden. Höchste demokratische Legitimationsinstanz sind in den Stadtstaaten die gesetzgebenden Landesparlamente. Ihnen stehen besonders gewählte Bezirksparlamente oder Ortsamtsbeiräte mit begrenzten Entscheidungs- und Beratungsrechten in den Stadtbezirken bzw. Ortsteilen zur Seite.

Die Regierungen der Stadtstaaten sind Landes- und Stadtregierung zugleich. Aufgaben und Organisationen der Ministerial- und Kommunalverwaltung sind miteinander verflochten. Der Dezentralisierungsgrad der öffentlichen Verwaltungen ist über Bezirks- und Ortsämter unterschiedlich entwickelt. Ebenso ist die wirtschaftliche Betätigung des jeweiligen Stadtstaates unterschiedlich ausgeprägt. Der Aufbau der Verwaltungen ist nach dem Ressortprinzip organisiert und kann je nach den politischen Regierungskonstellationen verändert werden.

Die „Besonderung" der Stadtstaaten ergibt sich nicht nur aus ihrer institutionellen Stellung und dem organisatorischen Aufbau; sie wird erst im Zusammenhang mit der relativ überschaubaren räumlichen Struktur wirksam. Betroffene Bevölkerungsgruppen, organisierte gesellschaftliche Gruppen und im staatlichen Umfeld etablierte halböffentliche Institutionen können ihre Interessen als intermediäre Organisationen durch Konflikt und Kooperation gegenüber den politischen und administrativen Instanzen des Stadtstaates unmittelbar durchzusetzen versuchen. Dies galt bisher auch für die Gewerkschaften und betrieblichen Interessenvertretungen der Beschäftigten des öffentlichen Sektors, die als arbeitspolitische Akteure mit der Arbeitgeberseite an der Regulierung der Arbeitsbeziehungen beteiligt sind (*Busse u.a. 1997*).

In letzter Zeit mehren sich die Anzeichen für eine Struktur- oder gar Existenzkrise der Stadtstaaten. Die Suburbanisierung führt dazu, daß Gewerbebetriebe sich im Umland ansiedeln und insbesondere Teile der Mittelschichten aus Gründen einer finanzierbaren

Lebensqualität dorthin umziehen (*Häußermann, Siebel 1995*). Hinzu kommt, daß der Bund sich aus der Finanzierung kommunaler Arbeitsmarkt- und Sozialpolitik immer mehr zurückzieht. Die Stadtstaaten stehen zunehmend allein vor der Bewältigung des wirtschaftlichen Strukturwandels und der Beschäftigungskrise, der öffentlichen Infrastruktur und der sozialen Probleme. Die derzeitige Stellung der Stadtstaaten im bundesdeutschen Finanz- und Aufgabenverteilungssystem scheint ihre öffentlichen Haushalte trotz eigener Anstrengungen zur Haushaltskonsolidierung in eine fortdauernde, existenzgefährdende Finanzkrise zu treiben. Trotz der vorhandenen regionalen Kooperationsansätze sind die Außenbeziehungen zu den umliegenden Flächenstaaten und Kommunen bisher mehr oder weniger durch Konkurrenz und Kooperation gekennzeichnet.

Die Frage nach der Regierungsfähigkeit der Stadtstaaten wurde im Laufe ihrer neueren Geschichte mehrfach gestellt (*Häußermann 1994, Gerstenberger 1997*). In der öffentlichen, politischen und wissenschaftlichen Diskussion wird das institutionelle und politische System der Stadtstaaten in letzter Zeit wieder häufiger in Frage gestellt. Die vertretenen Positionen lassen sich folgendermaßen zuspitzen: Auf der einen Seite werden Stadtstaaten ob ihrer kurzen (Entscheidungs-) Wege, der örtlichen Überschaubarkeit und guten Chancen der Bürgerbeteiligung gelobt. Andererseits wird die innovationsfeindliche Verflechtung organisierter Gruppeninteressen mit einer schwerfälligen öffentlichen Bürokratie bei einem überdimensionierten, weitgehend reformunfähigen politischen System beklagt (*Häußermann 1994*).

Im Rahmen des Forschungsprojektes sollen die konkreten regionalwirtschaftlichen Ausgangsbedingungen für die Modernisierung der Stadtstaaten eingehend untersucht werden. Außerdem soll der Frage nachgegangen werden, mit welchen zentralen Handlungsprogrammen die einzelnen Stadtstaaten ihren öffentlichen Sektor modernisieren wollen, wie diese gemanagt werden und welche Wirkung die laufenden Prozesse der Modernisierung entfalten.

2. Zielsetzung des Forschungsprojektes und Untersuchungsmethode

Die (arbeits-)politischen und administrativen Akteure in den drei Stadtstaaten agieren bisher weitgehend isoliert voneinander. Ein Vergleich sowie systematischer Austausch über den jeweiligen Entwicklungsstand und die Zukunftschancen des einzelnen Stadtstaates, über erfolgversprechende Konzepte zur Modernisierung und Reform des öffentlichen Sektors sowie der gewerkschaftlichen Interessenvertretung der im öffentlichen Sektor Beschäftigten findet bisher nicht statt.

Mit diesem Forschungsprojekt wird daher insgesamt folgende Zielsetzung verfolgt:

a) In den drei Stadtstaaten sollen die Programme und das Management der Modernisierungsprozesse des öffentlichen Sektors im Hinblick auf die Regelungsstruktur vergleichend analysiert werden.

b) Die von den Stadtstaaten eingeleiteten Modernisierungsprozesse sollen unter dem Blickwinkel der von den relevanten Akteuren bewirkten institutionellen Veränderungen näher untersucht werden. Geplant ist der empirisch gestützte Vergleich der Modernisierungsprozesse auf den für prekär erachteten Feldern

- Dekonzentration der Verwaltung durch Bezirks- und Ortsämter und BürgerInnen-Beteiligung,
- institutionelle Ausgliederung der Durchführung öffentlicher Aufgaben (z.B. durch Globalhaushalte, Eigen- und Regiebetriebe, öffentliche Unternehmen, gemeinnützige Einrichtungen, Kooperation mit privaten Unternehmen).

c) Die gewonnenen Erkenntnisse sollen für die Vernetzung der Diskussionen zwischen den (arbeits-)politischen und administrativen Akteuren in den Stadtstaaten genutzt und für die Durchführung themenzentrierter und handlungsbezogener Workshops u.a. unter Einbeziehung der ÖTV-Bezirke Berlin, Hamburg und Bremen (Weser-Ems) aufbereitet werden.

In dem Projekt wird ein Untersuchungskonzept angewandt, mit dem in den Stadtstaaten die Regelungsstrukturen und institutionellen Konsequenzen einer Modernisierung des öffentlichen Sektors erfaßt werden und u.a. das Wirken der Gewerkschaften als relevante (arbeits-)politische Akteure interpretiert werden kann, die die Arbeits- und Lebensbedingungen mitbestimmen können. Das Untersuchungskonzept beruht in forschungsmethodologischer Hinsicht auf einem akteurszentrierten institutionalistischen Ansatz, wie er von Mayntz, Scharpf 1995 begründet und zur Untersuchung industrieller Beziehungen von Müller-Jentsch 1996 ausgeführt wurde.

Bei der Auswahl der Untersuchungsfelder konzentrieren sich Mayntz/Scharpf auf staatsnahe Sektoren, um das Zusammenspiel zwischen Steuerung und Selbstorganisation genauer betrachten zu können. Mayntz/Scharpf entwickeln den akteurszentrierten Untersuchungsansatz am Beispiel staatsnaher Sektoren wie dem Gesundheits- und Telekommunikations- sowie dem Forschungssektor. In diesem Sinne sollen im Rahmen des vorgeschlagenen Projektes die Stadtstaaten einschließlich ihrer Einbindung in staatliche Regelungsstrukturen sowie der Austauschbeziehungen mit dem marktwirtschaftlichen und intermediären Bereich ihrer Region als „staatsnahe Sektoren" betrachtet werden. Wie Abbildung 1 zeigt, sollen die Regelungsstrukturen, Leistungsstrukturen und Leistungsmerkmale der Modernisierung des öffentlichen Sektors in den Stadtstaaten unter Berücksichtigung von Akteurskonstellationen am Beispiel des Modernisierungsmanagements, der Dekonzentration der Verwaltung durch Bezirks- und Ortsämter mit BürgerInnen-Beteiligung sowie der institutionellen Ausgliederung der Durchführung öffentlicher Aufgaben thematisiert werden.

Abbildung 1: Untersuchungsdesign

Modernisierungspfade und Leistungsmerkmale	Akteurskonstellationen und Leistungsstruktur	Sektorbeziehungen und Regelungsstruktur
←——→	←——→	←——→
a) Regelung (Programme und Management) der Modernisierung des öffentlichen Sektors b) Dekonzentration der Verwaltung und BürgerInnen-Beteiligung, c) Institutionelle Konsequenzen der Ausgliederung öffentlicher Aufgaben	(1) Politisch-demokratische Hegemonialprojekte (2) Führung öffentlicher Institutionen (3) Arbeitsbeziehungen und Interessenvertretungen (z.B. Gewerkschaften, Betriebs- und Personalräte) (4) BürgerInnen-Beteiligung (5) Gemeinnützige Einrichtungen (6) Unternehmerische Produkte und Dienstleistungen	MODERNISIERUNG DES ÖFFENTLICHEN SEKTORS (DER STADTSTAATEN) in Verbindung mit dem INTERMEDIÄREN UND MARKTWIRTSCHAFT-LICHEN SEKTOR

3. Untersuchungskonzept und Arbeitsprogramm

Obwohl die Stadtstaaten sich in ihrem Regulationsmodus und den institutionellen Strukturen sehr stark ähneln, fehlen bisher systematische Vergleiche der Regierungssysteme, Aufgabenregime, Institutionen, Arbeitsbeziehungen und Leistungen des öffentlichen Sektors. So untersuchten Busse u.a. 1997 die neuen Steuerungskonzepte im bremischen öffentlichen Dienst, ohne Vergleiche zu Berlin und Hamburg ziehen zu können. Einen personal- und aufgabenbezogenen Ausstattungs- und Kostenvergleich zwischen den Stadtstaaten hat das Deutsche Institut für Wirtschaftsforschung im Auftrag der PDS-Fraktion des Berliner Abgeordnetenhauses erstellt (*DIW 1996*). Über die institutionellen Grundlagen der Aufgabenfelder und die dort tätigen Akteure vermag die Studie, abgesehen von einigen wenigen Hinweisen auf abweichende Organisationsformen, keine Befunde zu liefern (*DIW 1996, S.30*). Für die Durchführung des Projektes konnte zwar auf verfügbare wissenschaftliche (Teil-) Untersuchungen und auf Studien, Dokumente und Statistiken senatorischer Behörden und staatsnaher Institute als Sekundärquellen zurückgegriffen werden. Allerdings mußte das gewonnene sehr umfangreiche Datenmaterial für das Projekt gesondert aufbereitet, erst vergleichbar gemacht und aktualisiert werden.

Mit Hilfe des Untersuchungskonzeptes wurde das Arbeitsprogramm des Projektes in Untersuchungsabschnitte aufgeteilt:

Regionalwirtschaftliche Analyse, Vergleich der institutionellen Grundlagen und der Regelungsstrukturen der drei Stadtstaaten

Ziel des indikator- und strukturbezogenen Institutionenvergleichs zwischen den Stadtstaaten ist die nähere Bestimmung einer stadtstaatenspezifischen Regelungsstruktur. Der Institutionenvergleich soll in zwei Schritten erfolgen. Zuerst sind die demographische und regionalwirtschaftliche Ausgangslage, die institutionellen Grundstrukturen und die zentralen politisch-administrativen Akteurskonstellationen der Stadtstaaten zu ergründen und zu vergleichen. Zu einem späteren Zeitpunkt werden die Ergebnisse des ersten Arbeitsschrittes mit den empirischen Erhebungen und Analysen der Fallstudien sowie mit den Ergebnissen der geplanten Workshops konfrontiert.

Fallstudien zu den für prekär erachteten Modernisierungsarenen

Im Rahmen des Projektes sind Erhebungen und Analysen für drei Fallstudien vorgesehen. Dabei können die Erfahrungen mit der Untersuchung neuer Steuerungskonzepte und der Arbeitsbeziehungen, die im bremischen öffentlichen Dienst durchgeführt wurde, genutzt werden (*Busse u.a.. 1997*). Allerdings wird in methodischer Hinsicht im Vergleich zur damaligen Untersuchung die Zahl der Interviews erheblich beschränkt und verstärkt auf Sekundärquellen zurückgegriffen (z.B. via Internet). Die Fallstudien sollen klären helfen, inwieweit der modernisierungspolitischen Programmatik auch institutionelle Veränderungen folgen und ob sich daraus veränderte Akteurskonstellationen ergeben.

Institutionelle Veränderungen sollen durch die exemplarische **Erhebung der eingetretenen Veränderungen** in den näher zu untersuchenden öffentlichen Institutionen aufgespürt werden. Von Interesse sind Veränderungen der Regelungsstruktur und Steuerungsform (politische Vorgaben, Management), der Betriebsform, der Dienstleistungsqualität, der Organisations- und Personalstrukturen sowie die Arbeitsbeziehungen.

Einzubeziehen sind die **Akteursbeziehungen** zwischen dem politischen Repräsentationsregime, dem strategischen Management der Modernisierung, den Interessenvertretungen der Beschäftigten sowie die Außenbeziehungen zu Unternehmen, gemeinnützigen Einrichtungen und Formen bürgerschaftlicher Selbstorganisation und Beteiligung. Fallstudien werden in den drei für besonders prekär erachteten Modernisierungsarenen durchgeführt:

- Programme und (strategisches) Management der Modernisierung des öffentlichen Sektors
- Dekonzentration der Verwaltung durch Bezirks- und Ortsämter mit BürgerInnen-Beteiligung
- Institutionelle Ausgliederung der Durchführung öffentlicher Aufgaben (z.B. durch Globalhaushalte, Eigen- und Regiebetriebe, öffentliche Unternehmen, gemeinnützige Einrichtungen, Kooperation mit privaten Unternehmen).

Durchführung von themenzentrierten Workshops

Ziel der Workshops ist es, den Akteuren ein Forum für den dialogförmigen Erfahrungsaustausch zu bieten, die gewerkschaftliche Interessenvertretung zu vernetzen und Projektergebnisse zur Diskussion zu stellen. Vor- und Nachbereitung der Tagungen bieten die Chance einer Verstetigung der stadtstaatenbezogenen, übergreifenden Zusammenarbeit.

Über den geplanten Ablauf des von der Hans-Böckler-Stiftung des DGB und der Gewerkschaft ÖTV und bei der Universität Bremen im Kooperationsbereich Universität/Arbeiterkammer durchgeführten Projektes gibt Abbildung 2 Auskunft. Die Projektlaufzeit beträgt 2,5 Jahre.

Abbildung 2: Untersuchungsfahrplan (Projektlaufzeit: 1.4.1998 – 30.9.2000)

Quartal: Untersuchungs- abschnitte	2/ 98	3/ 98	4/ 98	1/ 99	2/ 99	3/ 99	4/ 99	1/ 00	2/ 00	3/ 00
Regionalwirtsch. Analyse, Institutionenvergleich u. Regelungstruktur	→→							→→		
Fallstudien										
• (1) Strat. Management		→→								
• (2) Dekonzentration					→→					
• (3) Auslagerung							→→			
Workshops				A.			B.		C.	
Zwischen - bzw. Abschlußbericht			→→			→→				

4. Zum ersten Projektzwischenbericht

Hiermit wird der erste Zwischenbericht des Projektes vorgelegt. Mit ihm werden die Resultate aus den folgenden Arbeitsschritten des umfangreichen Untersuchungsprogramms präsentiert.

Bestandsaufnahme der Bevölkerungs-, Wirtschafts- und Arbeitsmarktentwicklungen und -strukturen

Der Zwischenbericht beginnt mit einer vergleichenden Darstellung und Analyse der regionalwirtschaftlichen Lage von Berlin, Hamburg und Bremen. Zu diesem Zweck wird umfangreiches Datenmaterial präsentiert, das für die speziellen Bedürfnisse des Projektes aufbereitet werden mußte. Die Bevölkerungs-, Wirtschafts- und Arbeitsmarktstrukturen sind zugleich Ausgangsbedingung und Erfolgsparameter für die Strategien und Prozesse der Modernisierung in den Stadtstaaten.

Institutionelle Grundlagen, finanzielle und personelle Situation der Stadtstaaten

Im nächsten Kapitel wird zunächst das politische System der drei Stadtstaaten mit seinen zentralen Institutionen vergleichend analysiert. Bevor näher auf die verfassungsmäßig und gesetzlich geregelte Funktion der Landtage und Landesregierungen eingegangen wird, werden die unmittelbar-demokratischen Elemente in den Stadtstaatenverfassungen untersucht. Es wird im Detail überraschen, welche abweichenden Regelungen bei ähnlichen Grundstrukturen mittlerweile in die Verfassungen der Stadtstaaten Eingang gefunden haben. Anschließend wird die schwierige Situation der öffentlichen Haushalte behandelt. Sie kann wohl zutreffend als Ergebnis des Zusammenwirkens einer schwierigen regionalwirtschaftlichen Lage, typischer Großstadtprobleme und der ungünstigen Stellung der Stadtstaaten im gesamtstaatlichen Finanzsystem interpretiert werden. Schließlich wird die Personalentwicklung und -struktur in den Kernhaushalten der Stadtstaaten dargestellt, um Gemeinsamkeiten und Differenzen aufzuzeigen.

Bausteine und Management der Modernisierungspolitik

Das dritte Kapitel zu "Bausteinen und Management der Modernisierungspolitik" wurde in drei Arbeitsschritte (Fallstudien) aufgegliedert:

- Strategien der Haushaltskonsolidierung und Reform der Finanzbeziehungen
- Leitbilder und Prozesse der Großstadtentwicklung
- Leitbilder und Prozesse der Verwaltungsmodernisierung

Die Fallstudie "Leitbilder und Prozesse der Großstadtentwicklung" wurde zusätzlich in das Arbeitsprogramm des Projektes aufgenommen. Empirische Fallstudien zur Dekonzentration der Verwaltungen in Bezirks- und Ortsämtern mit BürgerInnen-Beteiligung sowie zur institutionellen Ausgliederung der Durchführung öffentlicher Aufgaben (z.B. durch Globalhaushalte, Eigen- und Regiebetriebe, öffentliche Unternehmen, gemeinnützige Einrichtungen, Kooperation mit privaten Unternehmen) sind in den späteren Projektphasen geplant (*Siehe Kapitel I.5*).

Alle Bausteine der Modernisierungspolitik benötigen ein tragfähiges finanzwirtschaftliches Fundament. Da es fraglich erscheint, ob dieses von allen Stadtstaaten aus eigener Kraft geschaffen werden kann, werden nicht nur die finanzpolitischen Sanierungsstrategien Berlins, Hamburgs und Bremens kurz dargestellt, die in den Stadtstaaten derzeit von zentraler Bedeutung sind, sondern es wird auch ausführlich auf die Diskussion über eine Neuregelung der Finanzausgleichssysteme eingegangen.

Als Baustein und Versuch einer umfassenden ressortübergreifenden Modernisierungsstrategie der Stadtstaaten kann der Prozeß zur Entwicklung und Abstimmung von Leitbildern der Großstadtentwicklung in Berlin, Hamburg und Bremen verstanden werden. Die Stadtstaaten gehen hier trotz ähnlicher Ziele unterschiedliche Wege der inhaltlichen Ausformung, Schwerpunktsetzung und Abstimmung. Die Beteiligung der maßgeblichen Akteure an diesem Prozeß wird in den Stadtstaaten unterschiedlich organisiert und gehandhabt. Zweifel an der Verbindlichkeit derartiger Beteiligungsprozesse konnten nicht vollständig ausgeräumt werden.

Bei der Verwaltungsmodernisierung geht es nach den vorgefundenen Handlungsmustern um die Verschlankung des öffentlichen Sektors durch Verkauf öffentlichen Vermögens, Organisationsprivatisierung und die Verringerung der Leistungstiefe. Außerdem steht nicht weniger als die grundsätzliche Neuordnung der Aufgabenwahrnehmung und Aufbauorganisation der gesamten öffentlichen Verwaltung einschl. der politischen Führung an. Hier gehen die Stadtstaaten programmatisch und handlungsstrategisch unterschiedliche Wege. Es scheint so, als orientiere sich die Modernisierung der öffentlichen Verwaltung in den Stadtstaaten gleichermaßen an dem Neuen Steuerungsmodells (NSM) der dezentralen Ressourcenverantwortung, wie es von der Kommunalen Gemeinschaftsstelle für Verwaltungsvereinfachung seit einigen Jahren verbreitet wird. So ähneln sich in der Tat die Programmteile z.B. zur Haushaltsreform durch eine produktorientierte Budgetierung auf den ersten Blick stark. Die Realisierungskonzepte der Stadtstaaten zur Umsetzung des NSM in den Verwaltungsprozessen weichen jedoch – wie wir sehen konnten – erheblich voneinander ab.

Die sozialverträglichen Regelung der Verwaltungsmodernisierung durch verschiedene Abkommen mit den Interessenvertretungen der Beschäftigten scheint Dank gewerkschaftlicher und personalrätlicher Aktivitäten weitgehend gesichert zu sein. Der Verkauf öffentlichen Vermögens oder eine Organisationsprivatisierung konnte aber nur in Einzelfällen verhindert oder in eine Strukturreform des öffentlichen Sektors umgelenkt werden.

Unsere bisherigen Befunde zeigen: An der Schnittstelle zwischen einer Reform des politischen Systems und der Reform der Verwaltungen werden unterschiedliche Strategien gefahren und andere Projekte betrieben. Diese Unterschiede berühren Fragen der Regelung der direkten Bürgerbeteiligung, der Parlaments- und Bezirksreform und der Regierungsreform. Bei einem konsequenten Umbau der Kernbereiche des öffentlicher Sektors sind nach unserer Überzeugung Fragen der Verwaltungsreform nicht mehr von einer Reform des politischen Systems zu trennen.

Chancen und Grenzen territorrialer Autonomie – Die Stadtstaaten im föderalen System

Im abschließenden vierten Kapitel des ersten Projektzwischenberichts äußern wir uns zusammenfassend zu der Stellung und den problematischen Perspektiven der Stadtstaaten im derzeitigen föderalen Finanz- und Staatssystem. Dabei wird auch zu der Frage, ob der Ausgleich regionaler Disparitäten weiterhin als eine gesamtstaatliche Aufgabe anzusehen ist und zu den Chancen und Grenzen territorialer Autonomie im föderalen System der Bundesrepublik Deutschland Stellung genommen. Es werden Thesen zur regionalen Ausgangssituation, den Modernisierungstrategien- und den Entwicklungschancen der drei Stadtstaaten im Spannungsfeld zwischen möglicher Selbststeuerungsfähigkeit und der notwendigen Entwicklung und Reform des gesamtstaatlichen Systems aufgestellt. Damit entsprechen wir einem besonderen Wunsch der Hans-Böckler-Stiftung des DGB.

5. Ausblick

Mit den noch ausstehenden Arbeitsphasen des Projektes
- Fallstudie: Dekonzentration der Verwaltung durch Bezirks- und Ortsämter mit BürgerInnen-Beteiligung und
- Fallstudie: Institutionelle Ausgliederung der Durchführung öffentlicher Aufgaben (z.B. durch Globalhaushalte, Eigen- und Regiebetriebe, öffentliche Unternehmen, gemeinnützige Einrichtungen, Kooperation mit privaten Unternehmen) sowie
- Erstellung des Projektabschlußberichts

sollen weitere Prozesse der Modernisierung in den Stadtstaaten erhoben und unter Berücksichtigung der Sichtweisen der Modernisierungsakteure reflektiert werden. Die erste Projektphase wird mit dem ersten Projekt-Workshop im März 1999 und mit dieser Veröffentlichung des Projektzwischenberichts abgeschlossen.

II. BESTANDSAUFNAHME DER BEVÖLKERUNGS-, WIRTSCHAFTS- UND ARBEITSMARKTENTWICKLUNGEN UND -STRUKTUREN

1. Grundzüge der Raumstruktur

1.1 Räumliche Lage

Von besonderer Bedeutung für die zurückliegende Entwicklung sowie die Entwicklungsperspektiven der Stadtstaaten (und anderer Regionen in der Bundesrepublik) ist ihre (wirtschafts-)geographische Lage. Von den geopolitischen Veränderungen der jüngeren Zeit wie der EU-Intergration durch die Öffnung der Grenzen zwischen den EU-Staaten einerseits und der Ost-West-Öffnung im Zuge der Umbrüche in den ehemals real-sozialistischen Ländern andererseits sind alle drei Stadtstaaten betroffen, allerdings in höchst unterschiedlichem Ausmaß. Die räumliche Lage der Stadtstaaten war lange Zeit gekennzeichnet durch die relative Randlage Hamburgs und vor allem Bremens[1] bzw. die "Insellage" Westberlins. Das zunehmende Zusammenwachsen (v.a. West-)Europas mit der Realisierung eines europäischen Binnenmarktes hatte sehr unterschiedliche Auswirkungen: Während Hamburg als nord-südliches Bindeglied dadurch stärker in das Zentrum der Entwicklung geriet, verstärkte sich die Randlage Bremens tendenziell eher noch. Anders sind die Auswirkungen der räumlichen Veränderungen durch den Wegfall der Systemgrenze und der Öffnung Osteuropas zu beurteilen. Hierdurch ist zunächst die Insellage Berlins entfallen, die die Entwicklung der Stadt sehr stark beeinträchtigte. Die Spaltung Europas im Zuge des „kalten Krieges" brachte auch Hamburg in eine Randlage, die die Entwicklung beeinträchtigte. Durch die Vereinigung der beiden deutschen Staaten und die Öffnung des „eisernen Vorhangs" ist

Abbildung 3
Lage der Stadtstaaten in Europa

---

[1] Wenn nicht anders erwähnt, ist mit Bremen jetzt und im folgenden das Land Bremen mit den beiden Städten Bremen und Bremerhaven gemeint.

Hamburg wieder ins Zentrum Europas gerückt, Hamburg gilt als „Gateway to the East". Bremen läuft dagegen Gefahr, aufgrund seiner Lage in eine "tote Zone" zwischen den benachbarten Wachstumsregionen Hamburg und Hannover zu geraten und sich damit tendenziell zu einer Transitregion zu entwickeln (*Vgl. dazu ausführlich: BAW;NIW 1994, S.12ff*).

1.2 Flächennutzung

Der Unterschied zwischen den Flächenländern und den Stadtstaaten kommt bei der Flächennutzung sehr gut zum Ausdruck (*Siehe Abb.4*). Während bundesdurchschnittlich etwas mehr als 10 Prozent der Gesamtfläche als Siedlungsfläche ausgewiesen ist, liegt der Anteil der Siedlungsfläche in den Stadtstaaten deutlich über 50 Prozent. Hier zeigt sich v.a. die unterschiedliche Bevölkerungsdichte der Stadtstaaten einerseits gegenüber den Flächenländern andererseits: Während im Durchschnitt aller Bundesländer rd. 230 Einwohner je qkm Gesamtfläche leben, sind es in Bremen 1.670 Einwohner je qkm., in Hamburg 2.260 Einwohner je qkm und in Berlin gar 3.850 Einwohner je qkm Gesamtfläche.

Entsprechend der Bevölkerungsdichte nimmt Berlin mit einem Anteil von 68 Prozent Siedlungsfläche an der Gesamtfläche eine herausgehobene Stellung ein. Hier zeigt sich neben der hohen Bevölkerungsdichte auch der jahrzehntelange Inselstatus und die dadurch bedingte extensivere Flächennutzung, da Ausweichflächen beispielsweise für Erholungsfunktionen im Umland aufgrund der Grenze nicht zur Verfügung standen. Das Bremen trotz der zu den anderen Stadtstaaten relativ geringen Bevölkerungsdichte gleichwohl einen hohen Anteil an Siedlungsfläche an der Gesamtfläche hat, liegt v.a. an dem hohen Anteil an Gewerbefläche[2], wie aus der Abbildung 4 hervorgeht.

---

[2] Hier zeigt sich die im Stadtstaatenvergleich relativ hohe Bedeutung des flächenintensiven Verarbeitenden Gewerbes in Bremen (*Siehe Kapitel II.4*).

Abbildung 4

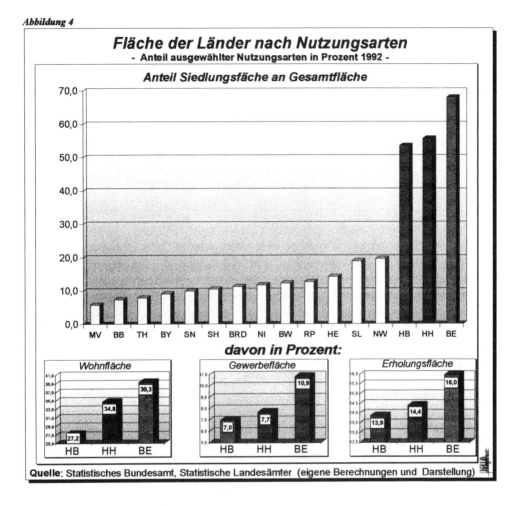

2. Bevölkerungsentwicklung und Struktur

Die Entwicklung und Struktur der Bevölkerung und der Haushalte liefern die relevanten Rahmendaten über das regionale Arbeitskräftepotential und die Nachfrage nach bestimmten Dienstleistungen. Sie sind ein wichtiger Indikator für die Entwicklung v.a. der haushalts- und personenbezogenen öffentlichen und privaten Dienstleistungen und die daraus abzuleitenden Perspektiven. Von herausragender Bedeutung sind sie zudem für die Frage der Steuereinnahmen und damit indirekt für die Haushaltssituation der verschiedenen Gebietskörperschaften. Neben der engen Wechselbeziehung zwischen der Bevölkerungs- entwicklung und der ökonomischen bzw. finanziellen Entwicklung ist die Zu- bzw. Abnahme der Einwohnerzahl ein Hinweis auf die Lebens- und Arbeitsbedingungen einer Stadt bzw. Region. Im folgenden sollen deshalb zunächst Grundtendenzen der Bevölkerungsentwicklung und -struktur der drei Stadtstaaten analysiert werden.

Berlin ist mit rd. 890 qkm Gesamtfläche und 3,5 Millionen Einwohnern die mit Abstand größte Stadt der Bundesrepublik, sowohl nach Einwohnern wie nach Fläche, und nach London und Paris die drittgrößte Stadt Europas. Hamburg ist mit einer Gesamtfläche von 755,3 qkm und 1,7 Millionen Einwohnern (auch in beiderlei Hinsicht) die zweitgrößte deutsche Stadt nach Berlin. Die Stadt Bremen mit rd. 545.000 Einwohner steht an 10ter Stelle der Großstädte der alten Bundesrepublik, Bremerhaven gehört mit rd. 125.000 Einwohnern zu den kleineren Großstädten in der Bundesrepublik. Die Freie und Hansestadt Bremen (mit den Stadt Bremerhaven) verfügt über eine Gesamtfläche von 405 qkm.

2.1 Bevölkerungsentwicklung 1970 bis 1997

Insgesamt verlief die Bevölkerungsentwicklung Hamburgs und Bremens in dem betrachteten Zeitraum von 1970 bis 1997 gegenläufig zu der (West- und Ost-)Berlins. In Hamburg sank die Einwohnerzahl von 1,79 Mio. Einwohner im Jahr 1970 auf 1,71 Mio. Einwohner, dies entspricht einem Rückgang von rd. 5 Prozent. Bremen verlor im gleichen Zeitraum rd. 60.000 Einwohner und ist damit von einem Stand von 735.000 in 1970 auf 670.000 in 1997 gesunken, dies entspricht einem Rückgang von rd. 8 Prozent.[3] In Berlin West stieg die Einwohnerzahl dagegen von 2,12 Mio. 1970 um 1 Prozent auf 2,15 Mio. Einwohner. Wesentlich deutlicher noch konnte Ostberlin zulegen, hier stieg die Einwohnerzahl von 1,08 Mio. Einwohner 1970 auf 1,29 Mio. Einwohner 1997, dies entspricht einem Wachstum von 19 Prozent. Betrachtet man Berlin als Einheit, so stieg die Bevölkerungszahl von 1970 bis 1997 insgesamt um rd. sieben Prozent. (*Siehe Abbildung 5*)

Von 1970 bis Mitte der 80er Jahre verläuft die Bevölkerungsentwicklung in den drei Stadtstaaten mehr oder weniger kontinuierlich negativ.[4] Diese Entwicklung entspricht der Entwicklungsrichtung der Mehrzahl der bundesdeutschen Großstädte.[5] Die mit dem Aufschwung der Industrie Mitte des 19. Jahrhunderts einsetzende Konzentration von Einwohnern und Arbeitsplätzen (Urbanisation), die auch in den drei Stadtstaaten stattgefunden hat, ist mittlerweile von einem gegenläufigen Prozeß abgelöst worden.

---

[3] Bei den angegebenen Zahlen handelt es sich um Werte für das Land Bremen. In Bremen Stadt sank die Zahl der Einwohner von 592.000 auf 547.000 und in Bremerhaven von 143.000 auf 127.000 Einwohner.

[4] Diese Aussage bezieht sich neben Hamburg und Bremen nur auf West-Berlin, die Entwicklung Ostberlins (und anderer Großstädte der ehemaligen DDR) ist aufgrund des Fehlens eines "freien Wohnungsmarktes" mit der Entwicklung westdeutscher Großstädte nicht vergleichbar.

[5] Vgl. Deutscher Städtetag (Hrsg.): "Statistisches Jahrbuch deutscher Städte und Gemeinden", Köln 1997.

Abbildung 5

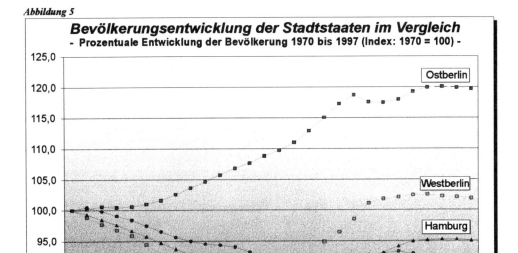

Durch die Umbrüche in Osteuropa und den damit verbundenen Zuwanderungen von Deutschen und Ausländern sind seit Mitte der 80er Jahre wieder Zuwächse zu beobachten. Am ausgeprägtesten zeigen sich die mit hohen Zuwanderungen verbundenen Bevölkerungsgewinne in Westberlin. Hier steigt die Bevölkerung allein 1987 gegenüber dem Vorjahr sprunghaft um fast 150.000 Personen an, auch in den folgenden Jahren sind in Berlin erheblich über dem Bundesdurchschnitt liegende Bevölkerungsgewinne zu beobachten. Aber auch Hamburg und Bremen legen in dieser Phase deutlich zu. Erst seit Mitte der 90er Jahre setzt sich wieder der langfristig wirksame Trend der Bevölkerungsverluste in allen drei Stadtstaaten durch. Seit 1995 sinkt die Zahl der Einwohner in allen drei Stadtstaaten Jahr für Jahr.

Insgesamt wird die Bevölkerungsentwicklung von vier Komponenten bestimmt, den Geburten und Sterbefällen (natürliche Bevölkerungsentwicklung) und den Zu- und Fortzügen (Wanderungen). Bei den Wanderungen lassen sich die großräumigen Wanderungsprozesse von den kleinräumigen unterscheiden. Im Folgenden sollen die Komponenten im Hinblick auf ihre Auswirkungen für die aktuelle Bevölkerungsentwicklung getrennt betrachtet werden.

2.1.1 Natürliche Bevölkerungsentwicklung

Insgesamt verlief die natürliche Bevölkerungsentwicklung in allen drei Stadtstaaten negativ, d.h. die Zahl der Sterbefälle lag über der Zahl der Geburten. Dies entspricht der bundesweit zu beobachtenden Tendenz, wonach die natürliche Bevölkerungsentwicklung seit den 70er Jahren negativ verläuft. Diese Entwicklung basiert auf dem deutlichen Rückgang der

Geburten, während die Zahl der Sterbefälle demgegenüber relativ gleich blieb. Nach dem „Babyboom" in den 60er Jahren sank die Zahl der Geburten bis Anfang der 90er Jahre in der gesamten Bundesrepublik kontinuierlich ab.

Die Gründe für die sinkende Zahl der Geburten resultieren zu einem geringeren Teil aus der Altersstruktur der Bevölkerung, überwiegend sind sie in Verhaltensänderungen zu suchen, die als „Ent-Traditionalisierung" der Lebensweisen beschrieben werden können (*Vgl. Quack 1993, S.57*). Dieser Wertewandel findet seinen Ausdruck in der steigenden Erwerbsneigung von Frauen, aber auch in einer Veränderung der Einstellung gegenüber der Ehe und Kindern und der damit verbundenen Zunahme der Ein- und Zwei-Personen-Haushalte.[6] Hinzu kamen neue wirksamere Methoden der Empfängnisverhütung und Geburtenkontrolle („Pillenknick").

Die angesprochenen Verhaltensänderungen sind in den urbanen Zentren im Gegensatz zu den noch eher traditionell geprägten ländlichen Räumen der BRD wesentlich ausgeprägter. Hinzu kommt eine signifikant andere Altersstruktur der Bevölkerung in den Großstädten, die einen relativ hohen Anteil an Personen über 65 Lebensjahren aufweisen. An der unten stehenden Abbildung zeigt sich, das die Bevölkerungsverluste aufgrund der natürlichen Bevölkerungsentwicklung der drei Stadtstaaten im Vergleich mit den westdeutschen Flächenländern insgesamt wesentlich stärker ausfallen. Zwar verlieren auch die anderen Bundesländer aufgrund der Sterbeüberschüsse gegenüber den Geburtenzahlen Einwohner (lediglich in Baden-Württemberg und Bayern ist die natürliche Bevölkerungsentwicklung positiv), im Vergleich mit dem Bundesdurchschnitt fallen die entsprechenden Bevölkerungsverluste der drei Stadtstaaten bezogen auf 1.000 Einwohner mehr als 15 mal (Berlin), 12 mal (Bremen) bzw. fast 10 mal (Hamburg) so stark aus.

---

[6] Einzuordnen ist dieser Wertewandel vor dem Hintergrund der Ende der 60er und Anfang der 70er Jahre herrschenden Reformstimmung, die auch eine nachhaltige Änderung der Rahmenbedingungen für Frauen mit sich brachte. So führten z.B. die Reformen im Bildungswesen zu einer Bildungsexplosion auf allen Ebenen, die auch zu einem gewaltigen Anstieg des Qualifikationsniveaus der weiblichen Bevölkerung führte. Auch in anderen frauenrelevanten Bereichen wurden die Rahmenbedingungen geändert. Das führte beispielsweise zum Bruch mit der bis dahin gültigen „Hausfrauen - Ehe" durch die Reform des Ehe- und Familienrechts Mitte der 70er Jahre, womit (zumindest auf dem Papier) für beide Eheleute gleiche Rechte und Pflichten eingeräumt bzw. auferlegt wurden (*Vgl. Hausen; Krell 1993, S.16*).

Abbildung 6

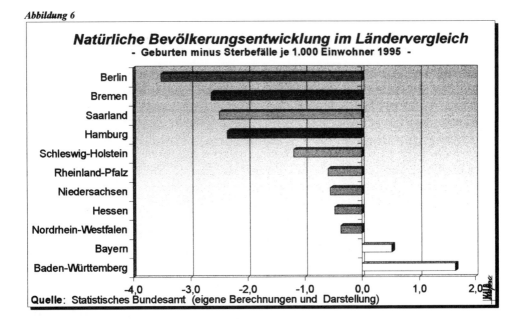

2.1.2 Wanderungen

Bestimmend für die positive Bevölkerungsentwicklung der drei Stadtstaaten seit 1987 sind die Wanderungsgewinne, die sie erzielten. Die Bevölkerungsverluste aufgrund der negativen natürlichen Bevölkerungsentwicklung konnten nicht nur aufgefangen, sondern deutlich überkompensiert werden. Gerade mit dem Umbruch in Osteuropa ist eine starke Zuwanderung von Deutschen und Ausländern verbunden gewesen, die sich allerdings im Verlauf der 90er Jahre deutlich abschwächte. Anhand der folgenden Abbildung werden die Zuwanderungsgewinne deutlich. Die Zunahme der Bevölkerung in der Phase 1987 bis 1993 ist ausschließlich auf die hohen Zuzüge aus den Gebieten der ehemaligen DDR, der Zuwanderung von Aussiedlern aus den Ländern der ehemaligen Sowjetunion und von Asylbewerberinnen und Asylbewerbern zurückzuführen. Gemessen je 1.000 EW sind die Zuwächse in Hamburg und Berlin wesentlich stärker ausgefallen als in Bremen. Seit Mitte der 90er Jahre sind die Zuwanderungen stark rückläufig und alle drei Stadtstaaten müssen auch wieder Wanderungsverluste hinnehmen.

Abbildung 7

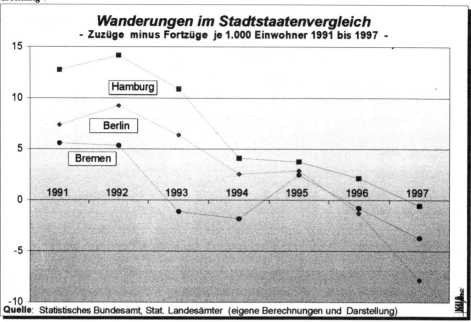

Die beschriebenen großräumigen Wanderungsgewinne verdecken andere Entwicklungsprozesse, die auf dem Wanderungsverhalten der Bevölkerung basieren. Hamburg und Bremen verlieren, wie andere Großstädte der Bundesrepublik auch, seit etwa Mitte der 60er Jahre durch Abwanderung Einwohner und Arbeitsplätze an ihr Umland, in Berlin hat diese Entwicklung mit der Vereinigung begonnen und verstärkt sich seitdem zusehends. Insgesamt werden die beschriebenen Prozesse unter dem Begriff **Suburbanisation**[7] zusammengefaßt. (*Vgl. Schlichting 1994*)

Während die großräumigen Bevölkerungswanderungen wesentlich durch die politische und/oder wirtschaftliche Situation der Herkunfts- und Zielregion bestimmt werden, sind die kleinräumigen Wanderungen eher wohnstandort-orientiert, d.h. eine Verbesserung der Wohnverhältnisse und /oder die Bildung von Wohneigentum dürften die Hauptmotive für diese Wanderungen sein. Der Arbeitsplatz wird trotz der Abwanderung in der Regel beibehalten, so das ein stetiger Anstieg des Pendler- und Pendlerinnenaufkommens zu verzeichnen ist.

---

[7] Die Suburbanisation als Prozeß des relativen Bedeutungsverlustes des Zentrums bei gleichzeitigem Bedeutungsgewinn der Randbereiche bezieht sich allerdings nicht nur auf die Bevölkerungsentwicklung, sondern auch auf die Abwanderung von Betrieben und Unternehmen in das jeweilige Umland der Großstädte.

Abbildung 8

Folge der Suburbanisation:
Hohes Pendleraufkommen in den Stadtstaaten

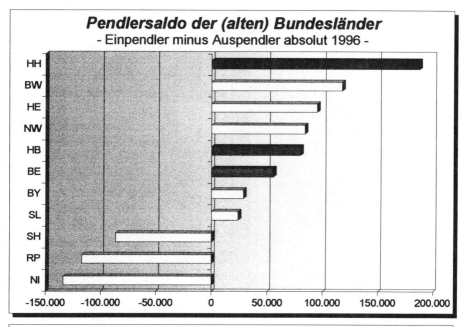

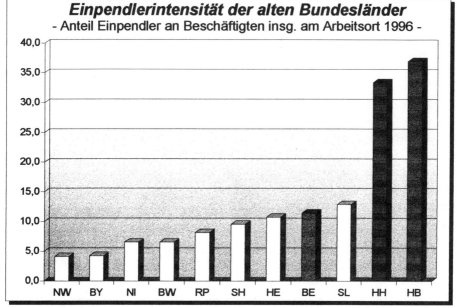

Quelle: Bundesanstalt f. Arbeit (eigene Berechnungen und Darstellung)

Absolut gesehen hat Hamburg den höchsten Einpendlerüberschuß: Den rd. 64.000 Auspendler stehen mehr als 251.000 Einpendler gegenüber, die außerhalb Hamburgs ihren Wohnort haben und täglich zur Arbeit nach Hamburg kommen. Mit einem Pendler-Saldo von 187.000 steht Hamburg mit Abstand an der Spitze aller Bundesländer. Deutlich wird die besondere Stellung der Stadtstaaten als Folge der Umlandwanderungen (und der gestiegenen Mobilität der Bevölkerung) jedoch erst, wenn die Zahl der Einpendler in ein Verhältnis zu den Beschäftigten am Arbeitsort insgesamt gesetzt wird. Hier ragen Bremen und Hamburg weit aus dem übrigen Feld der Bundesländer heraus. Mit einem Anteil von 37 Prozent Einpendlern wohnen mittlerweile rd. vier von zehn Beschäftigten mit einem Arbeitsplatz im Lande Bremen im näheren und weiteren Umland Bremens, in Hamburg sind es ein Drittel der Beschäftigten. Das nächstfolgende Bundesland ist das Saarland mit einem Pendleranteil von 13 Prozent. Daß Berlin mit einem Pendleranteil von 12 Prozent an den Beschäftigten im Vergleich zu Hamburg und Bremen deutlich abfällt, liegt in dem jahrzehntelangen Inselcharakter Westberlins begründet, die das stetige Wachsen eines über die Grenzen der Stadt hinausgreifenden Arbeitsmarktes mit Berlin als Arbeitsplatzzentrum der Region unmöglich gemacht hat. Allerdings ist mit der Vereinigung ein Entwicklungsprozeß in Gang gesetzt worden, der sich in den kommenden Jahren weiter beschleunigen wird und Berlin in die großstädtische Normalität zurückholt.

Von Bedeutung bei den Stadt-Umlandwanderungen sind neben den quantitativen auch die qualitativen Aspekte des Suburbanisationsprozesses.[8] Bei den (großräumigen) Zuwanderern in die Großstädte handelt es sich relativ häufig um Vertreter sog. „sozialer Problemgruppen" (z.B. Asylbewerber, Sozialhilfebedürftige), während bei den Fortzügen in das Umland die sozial Bessergestellten überproportional vertreten sind. Gerade durch die Abwanderung aktiver und finanziell besser gestellter Bevölkerungsteile in das jeweilige Umland werden die ohnehin zu beobachtenden sozialräumlichen Polarisationsprozesse erheblich verschärft.

2.2 Bevölkerungsstruktur

Die Bevölkerungsstruktur der Stadtstaaten unterscheidet sich signifikant von der der Flächenländer, nicht zuletzt aufgrund der selektiven Wirkung der angesprochenen Bevölkerungswanderungen. Dies wird sowohl in der Altersstruktur der Bevölkerung, als auch in der strukturellen Zusammensetzung wie z.B. dem Ausländeranteil und dem Anteil an Sozialhilfeempfänger deutlich.

---

[8] Die Bevölkerungsverluste der Stadtstaaten an das jeweilige Umland sind auch deshalb fatal, weil die mit den Einwohnern verbundenen finanziellen Einkünfte wegfallen. Nach Modellrechnungen des Finanzsenators Bremens ist von Einnahmen in Höhe von durchschnittlich rd. 6000,- DM pro Jahr und Einwohner auszugehen. Wenn man die Entwicklung seit 1980 zugrunde legt, hat Bremen allein aufgrund der Bevölkerungsverluste an das Umland jährliche Einnahmeverluste von rd. einer Viertel Milliarde DM..

2.2.1 Altersstruktur

In der Bundesrepublik ist seit längerem die sog. "Überalterung" der Bevölkerung Thema, da der Anteil der Personen, die 65 Jahre und älter sind, an der Gesamtbevölkerung in den letzten Dekaden beständig zugenommen hat.[9] Im Vergleich mit den anderen Stadtstaaten zeigt sich, das Bremen von der "Überalterung" stärker betroffen ist als Hamburg, das deutlich näher am Bundesdurchschnitt liegt. Eine auch für andere (westdeutsche) Großstädte einmalige Altersstruktur hat Berlin aufzuweisen. Hier zeigt sich einerseits das tendenziell andere Geburtenverhalten der ostdeutschen Bevölkerung, andererseits aber auch die große Bedeutung der universitären Einrichtungen der Stadt und damit der hohe Anteil an Studentinnen und Studenten an der Bevölkerung insgesamt.

Abbildung 9

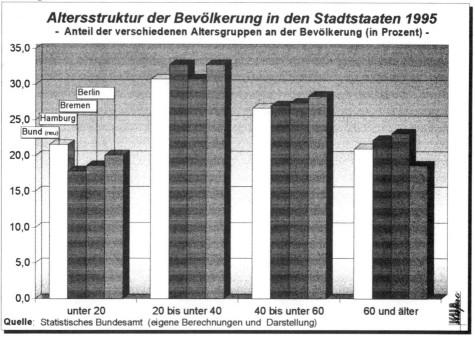

---

[9] Rund zwei Drittel der Personen über 65 Jahre sind Frauen. Hier zeigt sich einerseits die geringere Betroffenheit vom 2. Weltkrieg, der unter der männlichen Bevölkerung erheblich mehr Opfer gefordert hat, und andererseits die durchschnittlich höhere Lebenserwartung von Frauen im Vergleich zu Männern.

2.2.2 Nichtdeutsche Bevölkerung

In der Bundesrepublik ist der Anteil an Einwohnern und Einwohnerinnen ohne deutschen Paß, der sog. "Ausländer[10] und Ausländerinnen", in den zurückliegenden Jahrzehnten kontinuierlich gewachsen. In den 60er Jahren und Anfang der 70er Jahre wurden gezielt "Gastarbeiter" angeworben, zunächst v.a. Italiener, später dann auch Türken. Die Ausländer waren überwiegend junge Männer. In den darauf folgenden Jahren ist die Zahl der Ausländer durch Familienzusammenführung und Familiengründung einerseits sowie den Verzicht auf Rückkehr andererseits kontinuierlich gewachsen. Hinzu kam ein sprunghafter Anstieg der Asylbewerber Ende der 80er und Anfang der 90er Jahre.

1970 betrug der Ausländeranteil an der Bevölkerung in der Bundesrepublik (alt) insgesamt 4,2 Prozent, bis 1990 hatte er sich auf 8,4 Prozent verdoppelt. In den alten Ländern betrug der Ausländeranteil 1996 durchschnittlich 10,6 Prozent, in den neuen Bundesländern dagegen nur 1,6 Prozent. Unter den Bundesländern liegt Hamburg mit einem Ausländeranteil von über 16 Prozent an der Spitze, aber auch Berlins und Bremens Ausländeranteil liegt etwas über dem Durchschnitt der alten Bundesländer. Im Vergleich mit anderen Großstädten der Bundesrepublik zeigt sich aber, daß der Anteil der nichtdeutschen Bevölkerung in den drei Städten eher relativ gering ist.

---

[10] Alle Menschen ohne deutsche Staatsangehörigkeit werden in der amtlichen Statistik als Ausländer geführt. Dabei kann es sich durchaus um hier geborene und perfekt deutsch sprechende Personen handeln. Die Unterscheidung zwischen Deutschen einerseits und Ausländern andererseits ist eine rein rechtliche Unterscheidung, Ausländer haben auf vielen Gebieten weniger Rechte als Deutsche. (*Vgl. Petrowsky; Tempel, 1998 S.4f.*)

Abbildung 10

Stadtstaaten im Länder- und Städtevergleich

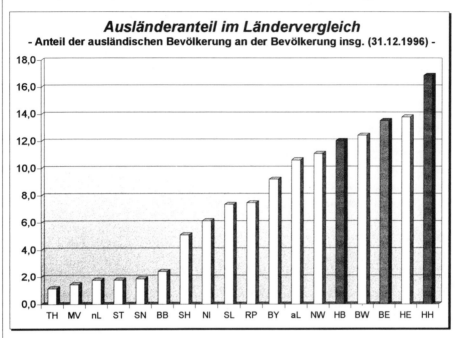

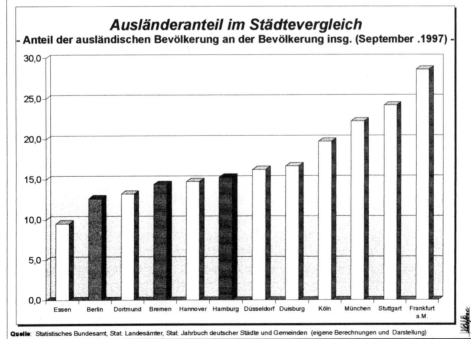

Quelle: Statistisches Bundesamt, Stat. Landesämter, Stat. Jahrbuch deutscher Städte und Gemeinden (eigene Berechnungen und Darstellung)

2.2.3 Sozialhilfeempfänger

Die BRD wird seit Anfang der 80er Jahre durch stetig wachsende soziale Gegensätze geprägt. Diese Entwicklung ist ganz wesentlich mit der anhaltenden Massenarbeitslosigkeit verbunden (*Siehe Kapitel II.5*). Zunehmende Arbeitslosigkeit bedeutet nicht nur für immer mehr Menschen, vom Erwerbsleben ausgeschlossen zu sein, damit einher geht die Tendenz einer **steigenden Armut**[11], die in der wissenschaftlichen Literatur nun schon seit mehr als 15 Jahren *neue* Armut genannt wird. Arbeitslosigkeit und v.a. die Langzeitarbeitslosigkeit führt zu wachsenden Einkommensverlusten auf Seiten der Betroffenen. Neben den materiellen Einschnitten ist die Arbeitslosigkeit zudem verbunden mit massiven sozialen Deklassierungen und gravierenden psychologischen Folgen für die Betroffenen.

Am Jahresende 1995 erhielten in Deutschland 2,52 Mio. Personen in fast 1,3 Mio. Haushalten „laufende Hilfe zum Lebensunterhalt", d.h. 3,1 Prozent der Bevölkerung bezogen die sogenannte „Sozialhilfe im engeren Sinne"[12]. Seit 1980 (0,9 Mio.) hat sich die Zahl der **Sozialhilfeempfänger damit mehr als verdreifacht**[13], auch gegenüber dem Jahresende 1994 hat sich die Empfängerzahl wieder um rd. neun Prozent erhöht. Von den Beziehern von Sozialhilfe im engeren Sinne lebten am Jahresende 1995 2,23 Mio. im früheren Bundesgebiet, auf die neuen Ländern entfielen 285.700. Der Anteil der Sozialhilfeempfänger an der Bevölkerung betrug in den neuen Ländern 1,8 Prozent der Bevölkerung, im früheren Bundesgebiet lag der Anteil mit 3,4 Prozent fast doppelt so hoch.

---

[11] Über den Begriff und die Definition von „Armut" wird ein erbitterter politischer Streit geführt, der hier nicht dargelegt werden kann. (*Dargestellt sind die verschiedenen Positionen z.B. in Memorandum '98, S.118ff*) U.E. kritisieren der Rat der evangelischen Kirche und die Deutsche Bischofskonferenz in ihrer im letzten Jahr veröffentlichten gemeinsamen Erklärung aber zu Recht, daß dieser Streit eher ein „Ablenkungsmanöver" ist, und selbst die Daten der Sozialhilfestatistik nur unvollständige Informationen über das tatsächliche Ausmaß der Armut in unserer Gesellschaft liefern. (*Vgl. EKD 1997, S. 32f*) Eher scheuen sich viele Menschen, die ihnen zustehenden Leistungen auch in Anspruch zu nehmen. So wird heute davon ausgegangen, daß z.B. 65-jährige und ältere in den alten Bundesländern nur zu 43 Prozent die ihnen gesetzlich verbrieften Ansprüche an die Sozialhilfeträger einlösen (*BT-Drucksache 12/6224*).

[12] Nicht berücksichtigt ist die Gewährung von Hilfen in besonderen Lebenslagen. Sozialhilfe wird im System der sozialen Sicherung gewährt, wenn die eigenen finanziellen Möglichkeiten ausgeschöpft sind und auch aus den vorgelagerten Sicherungssystemen keine ausreichenden Leistungen in Anspruch genommen werden können. Sozialhilfe erhalten Deutsche und Ausländer, die sich in Deutschland aufhalten, sofern sie die Leistungsvoraussetzungen erfüllen. Asylbewerber und abgelehnte Bewerber, die zur Ausreise verpflichtet sind, sowie geduldete Ausländer erhalten seit November 1993 anstelle der Sozialhilfe Leistungen nach dem Asylbewerberleistungsgesetz, sie sind also in dieser Zahl ebenfalls nicht enthalten. Leistungen nach dem Asylbewerberleistungsgesetz zur Deckung des täglichen Bedarfs erhielten in Deutschland am Jahresende 1995 insgesamt 489.100 Personen in 236.600 Haushalten. Nach dem Asylbewerberleistungsgesetz ist das Existenzminimum der Flüchtlinge bzw. der geduldeten Ausländer noch minimaler als das von anderen Personen und es wird ein pauschaler Abschlag von derzeit 20 Prozent vorgenommen.

[13] Mit dem Asylbewerberleistungsgesetz hat es 1993 auch eine statistische Veränderung gegeben, da der davon betroffene Personenkreis aus der Sozialhilfestatistik herausgenommen wurde. Unter Bereinigung dieser statistischen Neuzuordnung hat sich die Zahl der Sozialhilfeempfänger tatsächlich seit 1980 eher vervierfacht.

Abbildung 11

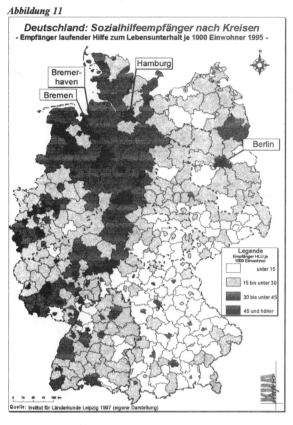

Anhand der nebenstehenden Karte werden die regionalen Disparitäten bezüglich des Anteils der Sozialhilfeempfänger (Laufende Hilfe zum Lebensunterhalt am 31.12.1995) an der Bevölkerung auf der Ebene der Landkreise und kreisfreien Städte deutlich. Dabei sind zwei Tendenzen ablesbar:

- Erstens zeigt sich die weit überdurchschnittliche Betroffenheit von Armut der Landkreise und kreisfreien Städte der nordwestlichen Bundesländer Schleswig-Holstein, Hamburg, Niedersachsen, Bremen und Saarland. Dabei nimmt Bremen mit einem Wert von über 90 Empfängern von HLU je 1.000 Einwohner eine deutlich herausgehobene Stellung ein. Demgegenüber ist der Anteil in den südlichen Bundesländern Bayern, Baden-Württemberg und Hessen sowie in den neuen Bundesländern deutlich unterdurchschnittlich. Die Ursachen hierfür sind aber für die alten südlich gelegen Bundesländer einerseits sowie die neuen Bundesländer andererseits höchst unterschiedlich: Während die niedrigen Werte der genannten alten Bundesländer mit einer relativ positiven wirtschaftlichen Entwicklung und einer entsprechend niedrigeren Arbeitslosenquote zusammenhängen, ist der Anteil der Sozialhilfeempfänger in den neuen Bundesländern trotz einer sehr hohen Arbeitslosigkeit relativ gering. Hier zeigt sich einerseits, daß die Sozialhilfe am Ende einer Abwärtsspirale über Arbeitslosengeld, Arbeitslosenhilfe und erst dann Sozialhilfe steht. Da die Erwerbsbeteiligung der Bevölkerung in den neuen Bundesländern im Vergleich zur alten BRD weit höher lag und zudem nach Zusammenbruch der Wirtschaft der Ex-DDR massiv arbeitsmarktpolitische Auffangmaßnahmen eingesetzt wurden, sind viele zu dem Zeitpunkt der hier erfolgten Erfassung (1995) noch nicht am Ende der Abwärtsentwicklung angekommen. Andererseits ist die Erwerbsquote, also der Anteil der Erwerbstätigen an den Erwerbsfähigen in den neuen Ländern auch heute noch wesentlich höher als in den alten Bundesländern (*Vgl. dazu Kapitel 2.5*).

- Zweitens heben sich die Oberzentren, also die Großstädte, von den sie umgebenden suburbanen bzw. ländlichen Räumen ab, und zwar sowohl in den nordwestlichen als auch in den südöstlichen Bundesländern. Hier zeigt sich, daß sog. „soziale Problemgruppen" sich in den Großstädten konzentrieren, während die finanziell Bessergestellten v.a. in den suburbanen Räumen, also im Umland der Großstädte, überproportional vertreten sind. Deshalb wird in allen Bundesländern versucht, die besonderen Lasten der Oberzentren über den kommunalen Finanzausgleich aufzufangen.[14]

Die Abhängigkeit der Bevölkerung von Sozialhilfe ist zwischen den Flächenländern einerseits und den Stadtstaaten andererseits auf der Ebene der Bundesländer höchst verschieden, wie die nebenstehende Abbildung deutlich macht: In Bremen sind mehr als doppelt so viele Menschen auf laufende Unterstützung zum Lebensunterhalt vom Sozialamt angewiesen als im Bundesdurchschnitt, aber auch in Hamburg und Berlin unterscheidet sich die Situation deutlich von der bundesdurchschnittlichen.[15]

Abbildung 12

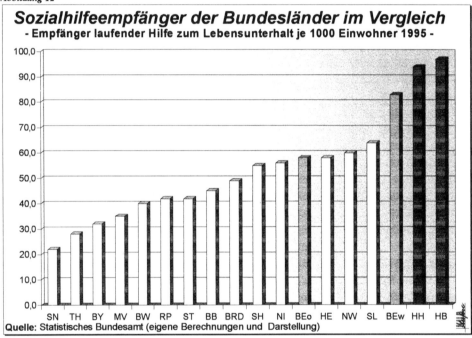

---

[14] In diesem Zusammenhang ist die aktuelle Infragestellung der Einwohnerwertung der Stadtstaaten (jeder Einwohner der Stadtstaaten wird im Länderfinanzausgleich mit 1,35 angerechnet) seitens Baden-Württembergs und Bayerns zumindest hinterfragbar. Beim kommunalen Finanzausgleich innerhalb Bayerns werden beispielsweise die Einwohner Münchens mit einem Faktor von 1,8 „veredelt".

[15] Auf die damit verbundenen finanziellen Belastungen wird in Kapitel III.2 eingegangen.

3. Wirtschaftswachstum und Beschäftigungsentwicklung

3.1 Tendenzen des wirtschaftlichen Strukturwandels

Seit Ende der 60er und Anfang der 70er Jahre sind in der wirtschaftlichen Entwicklung der Bundesrepublik stagnative Grundtendenzen erkennbar. Die einzelnen Unternehmen reagierten auf die zunehmenden Probleme, die mit Erweiterungsinvestitionen aufgrund mangelnder privater oder öffentlicher Nachfrage verbunden waren, mit einer Änderung ihrer Produktionsstrategie. An die Stelle des die „Wirtschaftswunder"-Phase der BRD bestimmenden Kapazitätsausbauwettbewerbs trat zunehmend der Wettbewerb um Kostensenkungen: „Eine verlangsamte Ausweitung des Kapitalstocks bei gleichzeitiger Restrukturierung der Produktionskapazitäten zur Steigerung der Produktionseffizienz im Dienste der Kostensenkung charakterisiert den sich allmählich durchsetzenden Akkumulationstyp." (*Hickel 1987, S.89*)

Rationalisierungen bei gleichzeitiger Intensivierung des Arbeitskräfteeinsatzes, Verringerung der Fertigungstiefen bei der Produktion und zunehmende Verflechtungen mit Zulieferern sowie "Just in Time"-Produktion zur Vermeidung von Lagerungskosten sind einige Stichworte zur Kennzeichnung der zurückliegenden Jahrzehnte wirtschaftlicher Entwicklung. In die Strategien der Unternehmen zur Kostensenkung wurde zunehmend auch der Materialverbrauch einbezogen. Die Rohölpreisexplosion 1974/75 erhöhte zudem den Druck zur intensiveren Nutzung von Energie, Rohstoffen und Materialien und trug so zu einer Beschleunigung des technologischen Wandels bei.

Die Durchsetzung der neuen Unternehmensstrategie wurde beschleunigt durch die Zunahme der internationalen Konkurrenz, die sich in einem höheren Internationalisierungsgrad des Warenaustausches[16] ausdrückt. Bei der zunehmenden internationalen Konkurrenz lassen sich einerseits die Technologiekonkurrenz und andererseits die Billiglohnkonkurrenz unterscheiden.

Insbesondere die japanische Importkonkurrenz war (und ist) „eine selektive technologische Herausforderung, die zur Überprüfung und grundlegenden Modernisierung der technologischen Basis des bisherigen Akkumulationstyps zwang." (*Prieve 1988, S. 283*) Die Technologiekonkurrenz basiert(e) auf der direkten und permanenten Integration von wissenschaftlichen und technologischen Erkenntnissen in die Produktion (Produkte und Produktionsmittel). Forschung und Entwicklung - oder allgemeiner: Innovation - wurden zu einem erstrangigen Produktionsfaktor.

---

[16] Neben der rein quantitativen Zunahme des internationalen Handels spielten dabei auch qualitative Aspekte eine Rolle. Beschränkte sich z.B. der internationale Warenaustausch bis Ende der 60er Jahre auf Beziehungen innerhalb der großen kapitalistischen Zentren Europa, Amerika und Südostasien, so spielte ab Anfang der 70er Jahre der Austausch zwischen ihnen eine zunehmend größere Rolle.

Hinzu kamen weitere Veränderungen in der internationalen Arbeitsteilung. Insbesondere die großen Konzerne verlagerten Teile der Produktion bzw. Teile des Produktionsprozesses in „Billiglohnländer", um Kostenvorteile zu realisieren. Seit Mitte der 70er Jahre treten die „industriellen Schwellenländer" verstärkt als Importkonkurrenz auf, wobei Massenprodukte die Grundlage bilden, die auf niedrigen Produktionskosten, billiger Arbeitskraft und niedrigen Anforderungen an deren Qualifikation basieren. Diese Entwicklung führte zu Deindustrialisierungsprozessen in der BRD, die allerdings zunächst nur die auf arbeitsintensiver Massenproduktion mit relativ geringen Qualifikationsanforderungen basierenden industriellen Sektoren (Textil, Unterhaltungselektronik) betraf, später auch Bereiche, denen von den Schwellenländern eine besondere strategische Rolle zugeschrieben wurde und die entsprechend unterstützt (subventioniert) wurden (z.B. Stahl, Schiffbau).

Den Verlierern im industriellen Sektor standen als Gewinner die Industriezweige gegenüber, deren Produkte einen hohen technologischen Standard aufweisen und die in der Produktion nicht nur innovative Produktionstechnologien sondern auch qualifizierte Beschäftigte einsetzten. Insbesondere die Bereiche der sog. "Spitzentechnologien" entwickelten sich positiv. Gerade Zweige wie der Maschinen- und Anlagebau, die Mikroelektronik und die neuen Informations- und Kommunikationstechnologien konnten vor dem Hintergrund der anhaltenden Rationalisierungsanstrengungen der industriellen Betriebe und der damit verbundenen ständigen Erneuerung der Produktionstechnologien ganz erheblich profitieren.

Der wirtschaftliche Strukturwandel wurde und wird durch die zunehmende EU-Binnenmarktintegration und damit verbundenen Deregulierungen sowie dem politisch-gesellschaftlichen Umbruch in Mittel- und Osteuropa und der damit verbundenen Billiglohnkonkurrenz in unmittelbarer Nähe zum eigenen Standort zusätzlich beschleunigt.

Der strukturelle Wandel der Wirtschaft führte auch zu neuen Problemen regional-disparitärer Entwicklung, die sich aus den Zusammenhängen regionaler und sektoraler Entwicklung ergaben. Stellten bis Mitte der 70er Jahre die abseits gelegenen ländlichen Regionen im Unterschied zu den Zentren der industriellen Produktion die Problemregionen dar, so kamen jetzt die Regionen dazu, deren Industriestruktur überwiegend oder stark durch niedergehende Industriebranchen gekennzeichnet waren. Parallel dazu entstanden neue Wachstumszentren mit hochspezialisierten Sektoren und technologieintensiven Industrien, die von den bis dahin bestehenden Zentren der industriellen Produktion oftmals abwichen. In der Bundesrepublik (und in anderen Industrieländern) prägte zunehmend der Unterschied zwischen „neuen" Industrien bzw. sich erfolgreich auf der Grundlage der Integration neuer Technologien anpassenden „alten" Industrien (z.B. Automobilindustrie) auf der einen Seite und niedergehenden Industriebranchen auf der anderen Seite die Raumstruktur.

Die Entwicklungsmöglichkeiten der verschiedenen Regionen wurde zunehmend determiniert durch die Existenz wissensintensiver Infrastrukturen und ihrem Zusammenhang mit den regionalen Industriestrukturen. Die auf kapitalintensiver Forschung und Entwicklung (FuE) basierenden Technologie-Unternehmen benötigen die Existenz (und befördern ihrerseits das Wachstum) von innovativen Netzwerken, in denen auch kleine technologie-intensive Unternehmen eine wichtige Rolle für die Versorgung der auf internationale Märkte orientierenden Großunternehmen mit qualitativ hochwertigen Dienstleistungen und Produkten spielen. Die Verfügbarkeit von technologischem Wissen, die dafür notwendige Infrastruktur und das entsprechend qualifizierte Arbeitskräftepotential wurden zu einem zentralen Kriterium der Standortentscheidung der Unternehmen.

Die Regionen in der Bundesrepublik mit den wichtigsten Forschungszentren und der größten Informations- und Innovationsdichte waren die südlichen Bundesländer, insbesondere Bayern und Baden-Württemberg, während in den alt-industriellen Zentren eine entsprechende Infrastruktur kaum vorhanden war. Zudem verfügten die südlichen Bundesländer im Gegensatz zu den nördlichen über eine erhebliche Lagegunst im zusammenwachsenden (West-)Europa aufgrund ihrer zentralen Lage und der damit verbundenen Nähe zu den großen Absatzmärkten und Wachstumszentren. In der Bundesrepublik bildete sich ein „Süd-Nord-Gefälle" der wirtschaftlichen Entwicklung bzw. ein „Nord-Süd-Gefälle" der Arbeitslosenzahlen aus, das sich im Laufe der vergangenen 15 Jahre weiter verfestigt hat.

3.2 Grundzüge der wirtschaftlichen Entwicklung seit Anfang der 80er Jahre

In der wirtschaftlichen Entwicklung der (alten) Bundesrepublik seit 1980 lassen sich grundlegend vier konjunkturelle Phasen unterscheiden (*Vgl. Abbildung 13*):

- die Rezession von 1980 bis 1982 mit rückläufigem Wachstum und deutlichen Beschäftigungseinbußen;

- eine Phase wirtschaftlicher Erholung ab 1983, die seit Mitte der 80er Jahre auch zu einem Anstieg der Beschäftigungszahlen führt;

- eine deutliche Belebung ab 1987 im Gefolge der Öffnung Osteuropas, die mit dem Einschnitt der Vereinigung 1989 in sehr hohe Wirtschaftswachstumsraten und einen deutlichen Anstieg der Beschäftigung mündet;

- eine Phase der Abschwächung der wirtschaftlichen Entwicklung seit 1992 mit verhaltenem Wirtschaftswachstum und einer rückläufige Beschäftigungsentwicklung.

Abbildung 13

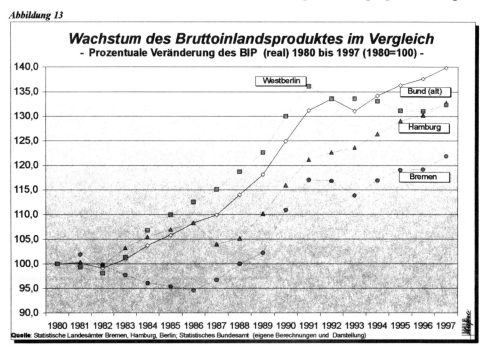

Das Wirtschaftswachstum[17] **Westberlins** war in den 80er Jahren insgesamt verglichen mit dem bundesdurchschnittlichen Wachstum überdurchschnittlich hoch. Zwar war Westberlin von der Krise Anfang der 80er Jahre leicht überdurchschnittlich betroffen, der folgende Aufschwung ab 1982 führte dort jedoch zu überdurchschnittlichen Wachstumswerten. Insbesondere von der Boom-Phase ab 1987 konnte Berlin (nicht zuletzt aufgrund seiner räumlichen Lage) in besonderem Maße profitieren. Mit Beendigung des Vereinigungsbooms 1992 verläuft die wirtschaftliche Entwicklung Berlins jedoch negativ und entgegengesetzt zum Bundesdurchschnitt. Die krisenhafte wirtschaftliche Entwicklung Berlins in den unmittelbar zurückliegenden Jahren der letzten Phase hat im Wesentlichen drei Ursachen:

- Erstens findet ein tiefgreifender wirtschaftlicher Strukturumbruch v.a. im Verarbeitenden Gewerbe statt, der immer noch nicht abgeschlossen ist. 1997 waren durchschnittlich rund 175.000 Menschen in industriellen Betrieben beschäftigt, 18.000 weniger als noch ein Jahre zuvor. Von 187.000 Industriearbeitsplätzen der einst größten Industriestadt der DDR sind nur 44.000 übriggeblieben, in West-Berlin sind seit der Wende rund 45.000 industrielle Arbeitsplätze verloren gegangen (*Vgl. dazu ausführlich Kapitel II.4.1*).

- Zweitens hat West-Berlin mit der Wende seinen Inselcharakter verloren, damit wurden massive Suburbanisierungsprozesse ausgelöst. Rund 100 mittlere und größere Berliner Betriebe siedelten sich allein in den letzten vier Jahren im Umland an, hinzu kommen viele kleine Unternehmen, Handwerksbetriebe und freiberuflich Tätige.

- Drittens entfiel mit der Vereinigung die besondere und massive Berlinförderung[18], mit der die geteilte Stadt am Leben erhalten wurde. Dies führte dazu, daß viele Industrieunternehmen, die in Berlin Dependancen unterhalten hatten, sich aus der Stadt zurückzogen, da Berlin für sie einen wesentlichen Standortvorteil verloren hatte.

Hamburg entwickelte sich in der Rezessionsphase Anfang der 80er Jahre parallel zum Bundesdurchschnitt. In der anschließenden Phase des wirtschaftlichen Aufschwungs gelang es Hamburg zunächst, überdurchschnittliche Wachstumswerte zu realisieren. Allerdings erfolgt 1987 gegenüber dem Vorjahr ein deutlicher Einbruch.

Erst Ende der 80er Jahre gelingt es Hamburg wieder, Anschluß an die bundesweite Entwicklung zu erzielen und die Verluste der zurückliegenden Jahre zum Teil durch ein leicht überdurchschnittliches Wachstum zu kompensieren. Nach dem Ende des

---

[17] Zur Messung der wirtschaftliche Leistungskraft ist das hier verwendete Bruttoinlandsprodukt am geeignetsten. (*BIP = Summe aller produzierten Waren und Dienstleistungen minus Einkommen aus der übrigen Welt*). Das Bruttoinlandsprodukt zu Marktpreisen (BIP) ergibt sich aus der (unbereinigten) Brutto-Wertschöpfung (BWS) aller Wirtschaftsbereiche, durch Abzug der unterstellten Entgelte für Bankdienstleistungen und durch Hinzufügen der nichtabziehbaren Umsatzsteuer und der Einfuhrabgaben. Die hier verwandten Angaben beziehen sich auf das BIP in konstanten Preisen (infaltionsbereinigt) im Gegensatz zum BIP in den jeweiligen Preisen.

[18] Im Berlinförderungsgesetz war für die Unternehmen eine Vielfalt von Vergünstigungen bei der Umsatzsteuer, der Einkommens- und Ertragssteuer vorgesehen, hinzu kamen Investitionszulagen, Möglichkeiten der Sonderabschreibungen sowie eine Arbeitnehmerzulage. Die Berlinförderung wurde nach der Vereinigung sukzessive bis 1994 zurückgefahren und entfiel ab 1995 ganz. (*Vgl. Berger 1998, S.64*)

Vereinigungsbooms ist eine Annäherung Hamburgs an die durchschnittliche westdeutsche Entwicklung zu beobachten.

Unterm Strich konnte auch Hamburg nicht mit der bundesdurchschnittlichen Wachstumsentwicklung seit 1980 mithalten. Der wirtschaftliche Strukturwandel und der Rückgang arbeitsintensiver Industriezweige hat auch Hamburg überdurchschnittlich getroffen. Insbesondere die Werftindustrie Hamburgs mußte im Verlauf der 80er Jahre starke Verluste hinnehmen. Trotzdem steht Hamburg im Vergleich mit den beiden anderen Stadtstaaten heute am günstigsten da. Die Wirtschaftsstruktur Hamburgs war und ist - im Gegensatz zu Berlin und Bremen - durch eine größere Vielfalt geprägt. Die zurückliegenden Strukturumbrüche und Deindustrialisierungskrisen haben Hamburg deshalb in geringerem Ausmaß betroffen. Hamburg ist besetzt mit zahlreichen Dienstleistungsunternehmen, die einen Konjunktureinbruch abfedern (*Vgl. Kapitel 2.4.2*).

Die im Zuge des wirtschaftlichen Strukturwandels deutlich werdenden Zusammenhänge zwischen der sektoralen und der regionalen Entwicklung sind in Bremen (Stadt) und Bremerhaven in besonderem Maße zum Tragen gekommen. Die Industriestruktur im Stadtstaat Bremen war gekennzeichnet durch eine starke Konzentration auf wenige Wirtschaftszweige[19] mit einem hohen Anteil an Sektoren, die mit den wachsenden Strukturproblemen zu kämpfen hatten (*Vgl. Kapitel 2.4.1*). Anfang der 80er Jahre kann Bremen trotz des Konjunktureinbruchs auf Bundesebene noch positive Wachstumszahlen schreiben, die wirtschaftlichen Strukturschwächen treten jedoch in der anschließenden bundesweiten Aufschwungphase deutlich zutage. Während das Wirtschaftswachstum im Bundesdurchschnitt steigt, entwickelt es sich in Bremen gegenläufig. Zwischen der bundesdurchschnittlichen wirtschaftlichen Entwicklung und der Bremens ergibt sich eine "Schere", die sich im Verlauf der 80er Jahre weiter öffnet. Erst in der Boomphase gelingt es Bremen, positive Wachstumszahlen zu schreiben und den entstandenen Abstand zum Bund zu verringern.[20] Mit dem Ende des Vereinigungsbooms geht die "Schere" zwischen der bundesdurchschnittlichen Entwicklung und der Bremens allerdings wieder auf. Lediglich 1997 kann Bremen mit einem realen Wirtschaftswachstum von plus 2,7 Prozent ein überdurchschnittliches Wachstum (Bund, alte Länder plus 2,1) realisieren, so daß sich der Abstand zur bundesdurchschnittlichen Entwicklung in den 90er Jahren erstmalig wieder verringert.

---

[19] Die starke Konzentration auf wenige Wirtschaftszweige ist auch historisch begründet. Ein Beispiel ist die sog. „Industrieausschlußklausel", die bei dem Ankauf von dringend benötigten Hafenerweiterungsflächen in Bremerhaven im Staatsvertrag mit Preußen 1905 festgeschrieben wurde. Diese Klausel besagt, daß mit Ausnahme von Werften keine Gewerbebetriebe auf dem Gelände der angekauften Hafenerweiterungsflächen ansiedeln dürfen. Da andere Gewerbeflächen in Bremerhaven praktisch nicht verfügbar waren, wichen ansiedlungswillige Industrieunternehmen daraufhin verstärkt nach Hamburg bzw. auf die andere Weserseite aus. Hier liegt eine wesentliche Ursache dafür, daß noch Mitte der 90er Jahre über die Hälfte der industriellen Arbeitsplätze der Stadt Bremerhaven dem Bereich Schiffbau zuzuordnen waren. (*Vgl. Muscheid, Prange 1998, S.11ff*)

[20] Bremen profitierte in dieser Phase davon, daß der Nachfrageschub aus den neuen Bundesländern entgegen dem langfristigen Trend des sektoralen Strukturwandels auch Industriezweige betraf, die eigentlich unter starkem Rationalisierungsdruck standen und in Bremen überdurchschnittlich vertreten sind.

Die zurückliegenden Strukturumbrüche der Industrie haben Bremen von den drei Stadtstaaten eindeutig am stärksten betroffen. Ursache hierfür war insbesondere die hohe Bedeutung des Schiffbaus. Viele andere Bereiche des Verarbeitendes Gewerbes wie der Maschinen- und Anlagebau sowie die Elektronik, die bundesdurchschnittlich noch zulegen konnten, waren in Bremen auf die die Wirtschaftsstruktur dominierenden Werften bezogen und wurden gleichfalls in die Krise gezogen. Dem weit überdurchschnittlichen Abbau an Industriearbeitsplätzen stand gleichzeitig ein unterdurchschnittliches Wachstum an Dienstleistungsarbeitsplätzen gegenüber.[21] Die Wechselwirkungen und Zusammenhänge zwischen dem sekundären und dem tertiären Sektor werden an diesem Entwicklungsverlauf deutlich. Nicht nur die auf die niedergehenden Industriezweige bezogenen Dienstleistungsbereiche schrumpften, auch die von der Konsumkraft abhängigen distributiven Dienstleistungsbereiche waren einem starken Druck ausgesetzt. Demgegenüber expandierten die „neuen" unternehmensbezogenen Dienstleistungsbereiche weniger stark als im Bundesdurchschnitt.[22]

---

[21] Siehe dazu ausführlich: *Muscheid, 1997*

[22] Das bundesweit zu beobachtende Wachstum der sozialen Dienstleistungen weist demgegenüber regional nur wenig Unterschiede auf.

Abbildung 14

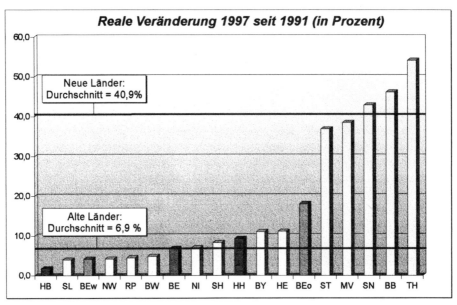

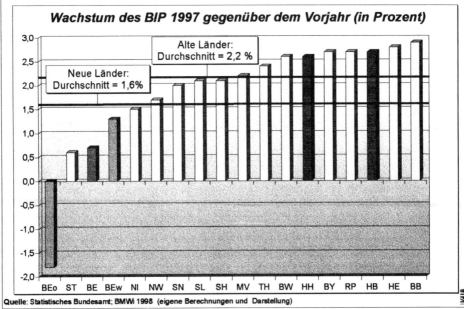

Die Betrachtung der aktuellen Wachstumsentwicklung seit 1991 unter Einschluß der neuen Länder und Ostberlins zeigt folgendes Bild (*Vgl. Abbildung 14*):

Hamburg hat von allen alten Bundesländern mit 9,3 Prozent das stärkste Wachstum in der Phase seit 1991 zu verzeichnen. Lediglich die neuen Bundesländer und Ostberlin weisen Wachstumsraten auf, die über der von Hamburg liegen. Hier zeigt sich, daß Hamburg den Strukturumbruch der 80er Jahre weitgehend bewältigt hat und heute eine diversifizierte und vielgestaltige Industrie- und Wirtschaftsstruktur mit etlichen High-Tech-Unternehmen und einem hohen Anteil an Dienstleistungsunternehmen aufweist (*Vgl. Kapitel 2.4*).

Das wirtschaftliche Wachstums Westberlins von 4,2 Prozent seit 1991 lag deutlich unter dem Durchschnitt der alten Bundesländer. Insgesamt liegt das Wachstum **Berlins** aufgrund der mit 18,1 Prozent deutlich höheren Wachstumsrate Ostberlins bei 6,8 Prozent. Die Gewichtung zwischen Ostberlin und Westberlin hat sich entsprechend verschoben: Wurden 1991 nur knapp 15 Prozent des BIP im Ostteil der Stadt erwirtschaftet, so war es 1997 bereits rd. ein Viertel. Vor dem Hintergrund der gravierenden strukturellen Veränderungen war die Wirtschaftsentwicklung in Berlin 1997 trotz einsetzender Erholung wieder deutlich schwächer als im Bundesdurchschnitt. Insbesondere Ostberlin mußte 1997 ein Minuswachstum von 1,8 Prozent hinnehmen. Trotz der dramatischen Strukturumbrüche der Vergangenheit haben auch heute noch viele Unternehmen Anpassungsschwierigkeiten und Modernisierungsbedarf. Die erheblich verbesserten Auslandsgeschäfte der Bundesrepublik insgesamt in 1997, die der ausschlaggebende Punkt für das Anziehen der konjunkturellen Entwicklung waren, hatten aufgrund des außerordentlich geringeren Exportanteils der Berliner Industrieunternehmen keine positiven Auswirkungen.

Am unteren Ende der Entwicklung seit 1991 steht **Bremen** mit einem Wachstumsplus von lediglich 1,8 Prozent. Die krisenhafte Entwicklung Bremens ist in den 80er Jahren keinesfalls abgeschlossen, sondern erreichte mit dem Zusammenbruch des Vulkanverbundes 1995 den vorläufig letzten Höhepunkt. Allerdings scheint das Wachstum von plus 2,7 Prozent in 1997, mit dem Bremen nach Hessen und Brandenburg an der Spitze aller Bundesländer liegt, darauf hinzudeuten, daß Bremen die schwierige Phase der Strukturanpassung überwunden hat und nun mit überdurchschnittlichen Wachstumszahlen wieder Anschluß an die bundesdurchschnittliche Entwicklung findet. Bei näherer Betrachtung ist das positive Ergebnis in 1997 allerdings weniger Ausdruck einer grundlegenden Überwindung der strukturellen Probleme Bremens, sondern vielmehr der stark gesteigerten Exporte der Bundesrepublik insgesamt, die in Bremen aufgrund einer sehr hohen Exportquote der gewerblichen Unternehmen in besonderem Maße durchschlagen (*Vgl. Kapitel 2.4.1*). Die Branchen Bremens, deren Geschäftsergebnisse stärker vom Inlandsgeschäft geprägt sind, zeigen entsprechend keine positive Abweichung von bundesdurchschnittlichen Tendenzen. (*Vgl. LZB Bremen/Niedersachsen 1998, S.27*)

Abbildung 15

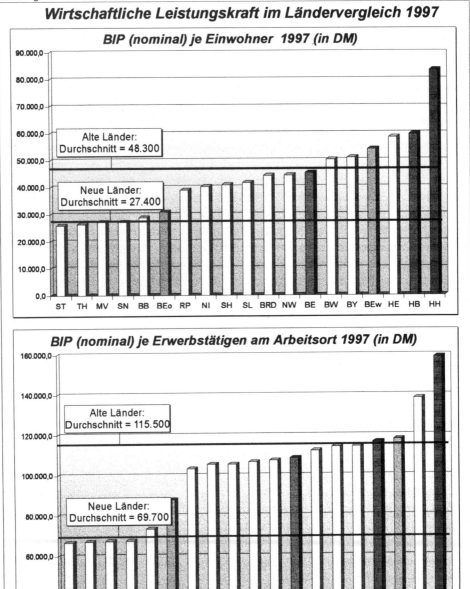

Zur Wirtschaftsleistung (BIP) der Bundesrepublik Deutschland insgesamt steuerte Berlin 4,3 Prozent bei. Das entspricht annähernd seinem Bevölkerungsanteil (4,2 Prozent), ist aber verglichen mit anderen Ballungszentren der Bundesrepublik ein relativ unbefriedigendes Ergebnis. Dies ist v.a. dem deutlichen Unterschied zwischen Ostberlin und Westberlin geschuldet. Während Westberlin gemessen am BIP je Einwohner an vierter Stelle und gemessen am BIP je Erwerbstätigen gar an dritter Stelle aller Bundesländer liegt, führt Ostberlin zwar die neuen Bundesländer an, liegt aber deutlich hinter den westlichen Bundesländern zurück. Das reale Bruttoinlandsprodukt je Einwohner lag in Ostberlin mit rd. 31.000 DM erst bei 57 Prozent des Niveaus Westberlins. Auch die Produktivität[23] der Erwerbstätigen Berlins liegt 1997 mit durchschnittlich 69.700 DM je Erwerbstätigem nur knapp über dem Bundesdurchschnitt. Ebenso wie bei der wirtschaftlichen Leistungskraft sind deutliche Unterschiede zwischen West- und Ostberlin erkennbar. (*Vgl. Abbildung 15*)

Mit einem jahresdurchschnittlichen BIP von über 80.000 DM je Einwohner liegt **Hamburg** hinsichtlich des gesamtwirtschaftlichen Leistungsniveaus mit Abstand an der Spitze aller Bundesländer. Während Hamburg rd. zwei Prozent der Bevölkerung der Bundesrepublik beheimatet, liegt der Anteil Hamburgs am BIP mit rd. vier Prozent doppelt so hoch. Ähnlich groß ist der Abstand Hamburgs gemessen am BIP je Erwerbstätigem und unterstreicht die hohe Produktivität der Hamburgischen Wirtschaft.

Bremens wirtschaftliche Leistungskraft liegt trotz der gravierenden Strukturkrise der vergangenen 15 Jahre immer noch an zweiter Stelle aller Bundesländer. Der Anteil Bremens an der wirtschaftlichen Leistung der Bundesrepublik übersteigt den Anteil an den Einwohnern um rd. 50 Prozent. Aber auch gemessen am BIP je Erwerbstätigem liegt Bremen an vierter Stelle hinter Westberlin.

Diese hohe wirtschaftliche Leistungskraft Bremens im Vergleich mit den anderen Bundesländern steht in scheinbarem Widerspruch zu den gravierenden Finanzproblemen des Zwei-Städte-Staates. Insgesamt wird daran deutlich, daß zwischen dem Steueraufkommen einer Gebietskörperschaft (also wo die Steuern erwirtschaftet werden) und den Steuereinnahmen (wieviel vom Steueraufkommen der jeweiligen Gebietskörperschaft verbleibt) deutlich unterschieden werden muß. Diese Frage wird ausführlich in Kapitel III.2 behandelt.

---

[23] Die Produktivität wird hier gemessen als Verhältnis zwischen Produktionsergebnis (BIP) und Zahl der Erwerbstätigen. Bei der Interpretation der Daten ist zu berücksichtigen, daß die Zahl der Erwerbstätigen nur ein grober Maßstab für die Produktivität ist, da Unterschiede in der geleisteten Arbeitszeit oder in der beruflichen Qualifikation keine Berücksichtigung finden.

3.2 Entwicklung der Erwerbstätigen

Die dargestellte Entwicklung des wirtschaftlichen Wachstums spiegelt sich - wenn auch etwas zeitversetzt[24] - in der Entwicklung der Erwerbstätigen[25] wieder. Hier lassen sich für die (alte) Bundesrepublik drei Phasen der Entwicklung unterscheiden (*Vgl. Abbildung 16*): Anfang der 80er Jahre werden massiv Arbeitsplätze abgebaut, von 1980 bis 1985 sinkt die Zahl der Erwerbstätigen bundesdurchschnittlich um zwei Prozent. In der darauf folgenden Phase steigt die Zahl der Erwerbstätigen deutlich und erreicht 1992 in den alten Bundesländern mit plus 9,2 Prozent gegenüber 1980 den Höhepunkt. Seit 1992 ist die Zahl der Erwerbstätigen dann auch in den alten Bundesländern wieder rückläufig. Allein 1997 sinkt die Zahl der Erwerbstätigen gegenüber dem Vorjahr um mehr als fünf Prozent.[26] Insgesamt liegt die Zahl der Erwerbstätigen in den alten Ländern 1997 um 895.000 Personen bzw. 3,3 Prozent über der Zahl von 1980.

In Hamburg und Bremen blieb die Entwicklung der Beschäftigung hinter der bundesdurchschnittlichen zurück. Hamburg mußte insgesamt seit 1980 einen Verlust von 12.000 Arbeitsplätzen hinnehmen, dies entsprach einem Rückgang von minus 1,3 Prozent.. In Bremen sank die Zahl der Erwerbstätigen wesentlich deutlicher um minus 7,5 Prozent bzw. 28.000 Personen. In Westberlin verlief die Entwicklung demgegenüber positiver als im Durchschnitt der alten Bundesländer. Dort ist 1997 gegenüber 1980 die Zahl der Erwerbstätigen um 95.000 bzw. 10,7 Prozent gestiegen. Allerdings wird dieses Ergebnis durch die dramatischen Verluste Ostberlins seit der Vereinigung überschattet. Mit einem Minus von 407.000 Erwerbstätigen bzw. minus 47 Prozent wurde dort seit 1989 nahezu jeder zweite Arbeitsplatz abgebaut. Bezogen auf Berlin insgesamt bedeutet das, daß zwischen 1989 und 1997 ein Fünftel aller Arbeitsplätze verloren gingen.

---

[24] Auch ein Wachstum oberhalb der Produktivitätszuwächse führt nicht sofort zu mehr Arbeitsplätzen. Ein nicht unerheblicher Teil der Beschäftigungseffekte in den Phasen überdurchschnittlichen Wachstums wird zunächst durch Mehrarbeit (Überstunden; Intensivierung) der Arbeitsplatzinhaber aufgefangen, so daß es nicht zu Neueinstellungen bzw. zusätzlichen Arbeitsplätzen kommt. Umgekehrt kommt es bei einem Wachstum unterhalb der Produktivitätszuwächse nicht sofort zu Entlassungen.

[25] Erwerbstätige sind alle Personen, die in einem Arbeitsverhältnis stehen oder selbständig ein Gewerbe oder einen freien Beruf betreiben. Die Erwerbstätigen werden von der amtlichen Statistik sowohl nach ihrem Wohn- wie auch nach ihrem Arbeitsort erfaßt. Den folgenden Ausführungen liegt die Erfassung nach dem Arbeitsort zugrunde.

[26] Für die Bundesrepublik insgesamt sieht das Ergebnis aufgrund der etwas günstigeren Beschäftigungsentwicklung in den neuen Bundesländern etwas besser aus. Nach vorläufigen Berechnungen des Statistischen Bundesamtes hatten 1997 im Jahresdurchschnitt 34 Mio. Erwerbstätige ihren Arbeitsort in der Bundesrepublik Deutschland, das waren 463.000 Personen oder 1,3 Prozent weniger als ein Jahr zuvor. Trotzdem ist hiermit nicht zuletzt aufgrund der dramatischen Beschäftigungseinbußen in den neuen Bundesländern in den Jahren zuvor der bislang tiefste Stand seit der Vereinigung erreicht.

Abbildung 16

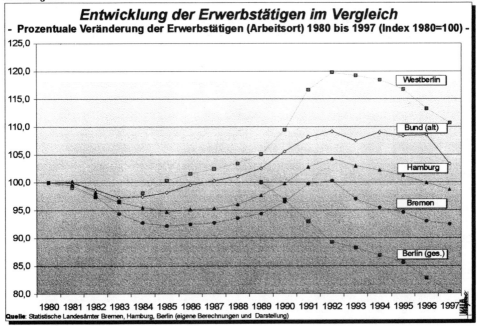

Trotz der negativen Entwicklung der Beschäftigungssituation der drei Stadtstaaten besitzen sie verglichen mit dem Durchschnitt der Bundesländer nach wie vor eine hohe Arbeitsplatzzentralität[27]. Die im vorigen Kapitel dargestellte relativ hohe wirtschaftliche Leistungskraft der Stadtstaaten im Vergleich mit den Flächenländern liegt ganz wesentlich an dieser Funktion der Stadtstaaten als Arbeitsmarktzentrum für eine weit über ihre Grenzen hinausreichende Region, wie sie auch in den hohen Pendlerzahlen zum Ausdruck kommt. In dieser Funktion unterscheiden sie sich von den Flächenländern, allerdings nicht von anderen Großstädten in der Bundesrepublik, wie die folgende Abbildung (*17*) deutlich macht.[28]

---

[27] Arbeitsplatzzentralität ist definiert als das Verhältnis von der Zahl der Arbeitsplätze zu der Zahl der Einwohner.

[28] Für den Großstädtevergleich wurden die Zahlen der sozialversicherungspflichtig Beschäftigten verwendet, da aktuelle Zahlen der Erwerbstätigen nicht zur Verfügung standen.

Abbildung 17

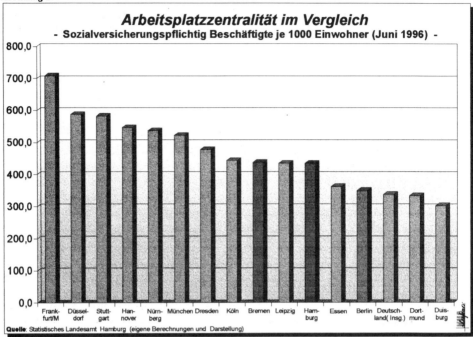

Im Vergleich mit anderen Großstädten mit mehr als 500.000 Einwohnern belegen Bremen und Hamburg mit rd. 430 Arbeitsplätzen je 1.000 Einwohner eher Plätze im unteren Mittelfeld. Die für eine Großstadt vergleichsweise geringe Arbeitsplatzzentralität Berlins fällt besonders deutlich auf. Die überwältigende Mehrheit der in die Betrachtung einbezogenen Großstädte liegt hier vor Berlin, das mit knapp 350 Arbeitsplätzen je 1.000 Einwohner nur etwas oberhalb des Bundesdurchschnitts rangiert.

4. Grundzüge der Wirtschaftsstruktur

Die Wirtschaftsstruktur der drei Stadtstaaten weicht z.T. erheblich von der bundesdurchschnittlichen Struktur der Wirtschaft ab. Gemeinsam ist allen drei Stadtstaaten dabei nur, daß die Landwirtschaft wie in anderen urbanen Räumen der Bundesrepublik auch von geringerer Bedeutung ist als im Bundesdurchschnitt. Ansonsten unterscheiden sie sich auch untereinander z.T. gravierend. Dies wird schon deutlich, wenn man den Beitrag der drei Sektoren: Produzierendes Gewerbe, Dienstleistungsunternehmen und Gebietskörperschaften zur Wertschöpfung betrachtet. Zunächst ist festzustellen, daß in Berlin der Unternehmenssektor (Produzierendes Gewerbe plus Dienstleistungsunternehmen) insgesamt wesentlich schwächer ausgeprägt ist als im Durchschnitt aller Bundesländer, demgegenüber ist der öffentlichen Sektor deutlich überrepräsentiert. Umgekehrt verhält es sich in Hamburg und Bremen, dort ist der Unternehmenssektor überproportional vertreten und der öffentliche Sektor unterrepräsentiert.

Der Wandel von der Industrie- zur Dienstleistungsgesellschaft ist in Berlin, Hamburg und Bremen unterschiedlich weit vollzogen: Der Dienstleistungssektor - im weiteren Sinne (einschl. Handel und Verkehr) - ist mit einem Anteil von 70,2 Prozent an der realen Bruttowertschöpfung in Hamburg deutlich weiter entwickelt als in Bremen, wo dieser Bereich 57,4 Prozent der Wertschöpfung auf sich vereinigt. In Berlin liegt der Anteil der Dienstleistungsunternehmen dagegen mit 50,8 Prozent sogar unterhalb des bundesdurchschnittlichen Wertes, eine für eine Großstadt höchst ungewöhnliche Situation. Der sekundäre (produzierende) Sektor trägt in allen drei Stadtstaaten mit deutlich unter 30 Prozent nur unterdurchschnittlich zur Bruttowertschöpfung bei, während es im Durchschnitt der alten Bundesländer 34,5 Prozent sind.

Der Beitrag des öffentlichen Sektors zur Beschäftigung liegt wesentlich über seinem Beitrag zur Wertschöpfung. Am deutlichsten zeigt sich dies in Hamburg; dort lag der Anteil der Erwerbstätigen nahezu doppelt so hoch wie der Anteil an der Wertschöpfung. Umgekehrt verhält es sich mit dem Dienstleistungssektor, dort liegt der Beschäftigungsanteil sowohl im Bundesdurchschnitt als auch in den Stadtstaaten deutlich unter dem Anteil dieses Sektors an der Wertschöpfung. (*Vgl. Abb.18*)

Abbildungen 18

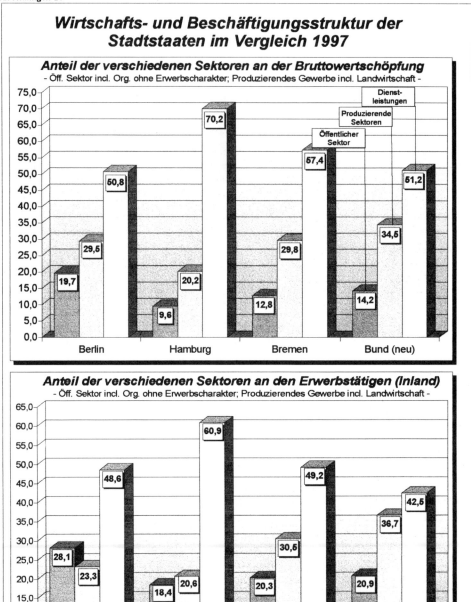

Für eine differenziertere Analyse der sektoralen Struktur der Wirtschaft in den Stadtstaaten wird im folgenden die Statistik der sozialversicherungspflichtig Beschäftigten herangezogen, da diese Statistik als einzige sektoral differenzierte aktuelle Daten liefert.[29] Sie unterscheidet sich von der Statistik der Erwerbstätigen dadurch, daß lediglich die abhängig Beschäftigten erfaßt werden, die einer Sozialversicherungspflicht unterliegen, geringfügig Beschäftigte werden hiermit also ebenso nicht erfaßt wie Beamte und Selbständige.

4.1 Produzierende Bereiche

Die Land- und Forstwirtschaft sowie das Fischereiwesen haben in allen drei Stadtstaaten, wie zu erwarten, nicht einmal halb so viel Bedeutung für die Beschäftigung wie bundesdurchschnittlich. Lediglich 0,3 Prozent der Beschäftigten Bremens[30] bzw. 0,4 Prozent der Beschäftigten Hamburgs waren dem primären Sektor zuzuordnen. In Berlin lag der Anteil mit 0,6 Prozent auch deutlich unter der Ein-Prozent-Marke, während bundesdurchschnittlich 1,4 Prozent der Beschäftigten landwirtschaftlich tätig sind.

Ebenso hat der Sektor der **Energie- und Wasserversorgung**, dem auch der Bergbau zuzuordnen ist, in Hamburg und Bremen ein unterdurchschnittliches Gewicht. Während bundesdurchschnittlich 1,7 Prozent der Beschäftigten in diesem Bereich tätig sind, waren es in Bremen 1,4 Prozent und in Hamburg lediglich 1,1 Prozent der Beschäftigten. Dies entspricht einem Spezialisierungskoeffizienten[31] (Sk.) von 84,6 in Bremen bzw. 66,2 in Hamburg. *(Siehe Abb.19)* Dieses geringe Gewicht liegt einerseits darin begründet, daß die

---

[29] Die sektorale Analyseebene umfaßt im Rahmen der Systematik der Wirtschaftszweige des statistischen Bundesamtes folgende zehn Wirtschaftsabteilungen:
- Land- und Forstwirtschaft, Fischerei
- Energie- und Wasserversorgung
- Verarbeitendes Gewerbe
- Baugewerbe
- Handel
- Verkehrs- und Nachrichtenübermittlung,
- Kreditinstitute und Versicherungsgewerbe,
- Dienstleistungen, anderweitig nicht genannt (a.n.g.),
- Organisationen ohne Erwerbscharakter und private Haushalte,
- Gebietskörperschaften und Sozialversicherungen

Diese Wirtschaftsabteilungen wiederum sind in eine Vielzahl einzelner Wirtschaftszweige und untergliedert. Eine detailliertere Analyse kann hier allerdings aus Platzgründen nicht erfolgen.

[30] Dieses für urbane Zentren eigentlich wenig überraschende Ergebnis stellte sich allerdings vor noch 20 Jahren für Bremen mit einem mehr als doppelt so hohen Anteil des primären Sektors an den Beschäftigten insgesamt anders dar. Die Bereiche Fischfang und Fischverarbeitung bildeten schon in frühester Zeit eine Grundlage der regionalen Ökonomie in Bremerhaven und hatten dort Mitte der 70er Jahre einen Anteil an der Beschäftigung von rd. drei Prozent. In der Fischwirtschaft mußte Bremerhaven in den zurückliegenden Dekaden hohe Arbeitsplatzeinbußen hinnehmen. Die zunehmende Verlagerung der Verarbeitung vom Land auf die See (Fabrikschiffe), der Verlust traditioneller Fanggründe durch Überfischung sowie die Einführung der 200-Meilen Fischereizone führten zu dramatischen Verschlechterungen der Grundlagen der Fischwirtschaft. Gleichzeitig machten international begrenzte Fanggründe eine Kapazitätsanpassung der nationalen Fischfangflotte notwendig. Diese Entwicklung hatte auch Auswirkungen auf die von der Versorgung mit Rohmaterial angewiesene Fischverarbeitungsindustrie. Die dortigen Arbeitsplatzverluste konnten durch die zunehmende Spezialisierung bei der Nahrungsmittelherstellung auf Tiefkühlkost nicht kompensiert werden (*Vgl. Muscheid; Prange 1998, S.12f.*).

[31] Der Spezialisierungskoeffizient wird dadurch gebildet, daß der Anteil der Beschäftigten der jeweiligen Wirtschaftsabteilung an den Beschäftigten insgesamt in ein Verhältnis zum bundesdurchschnittlichen Anteil der jeweiligen Abteilung an den Beschäftigten insgesamt (= 100) gesetzt wird.

Grundstoffgewinnung in beiden Stadtstaaten keine Rolle spielt[32], und sie andererseits teilweise mit Wasser und Energie von "Außen" versorgt werden. Diese Tendenz wird nur teilweise dadurch aufgefangen, daß in Verdichtungsräumen wie Hamburg und Bremen der im vergangenen Jahrzehnt expandierende Gas- und Fernwärmeausbau eine größere Rolle spielt als in ländlichen Regionen. In Berlin dagegen haben die Versorgungsunternehmen mit einem Sk. von 101,2 ein leicht überdurchschnittliches Gewicht.

Abbildung 19

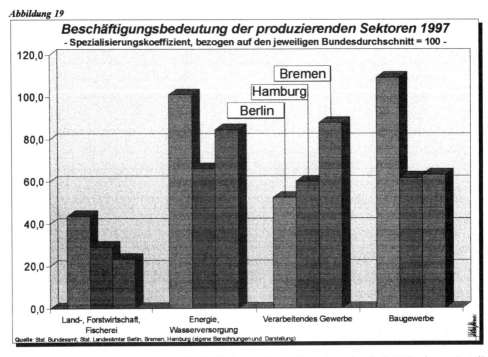

Das **Verarbeitende Gewerbe** ist in Berlin besonders schwach entwickelt. Mit einem Anteil von 17,7 Prozent haben deutlich weniger als ein Fünftel der Beschäftigten im industriellen Sektor einen Arbeitsplatz. Dies liegt an den massiven Arbeitsplatzverlusten, die seit der Vereinigung hingenommen werden mußten. Das Ausmaß der zurückliegenden Deindustrialisierungs-Prozesse in Berlin wird im Vergleich mit Hamburg und Bremen deutlich: Die Anzahl der Industriebeschäftigten je 1.000 Einwohner (= Industriebesatz) lag Ende 1997 bei rd. 39, in Hamburg betrug der entsprechende Wert rd. 53 und in Bremen lag er mit rd. 99 fast dreimal so hoch (*Vgl. LZB Berlin/Brandenburg 1998, S.13*).

Grundlegend kommt hinzu, daß auch die **Funktionalstruktur** Berliner Industriebetriebe ungünstig ist, d.h. daß gegenüber der Fertigung andere Unternehmensfunktionen wie Management und Verwaltung sowie Forschung und Entwicklung stark unterentwickelt

---

[32] Von minimaler Bedeutung in Bremen ist lediglich der Torfabbau.

sind.³³ Diese problematische Struktur des Verarbeitenden Gewerbes spiegelte sich auch in dem Qualifikationsniveau der Beschäftigten wieder, das erst mit Hilfe der in der Regel gut qualifizierten Facharbeiter aus Ostberlin und dem Umland deutlich angehoben werden konnte.³⁴

Auch in Hamburg und Bremen ist das Verarbeitende Gewerbe gegenüber dem Durchschnitt der Bundesländer von geringerer Bedeutung für die Beschäftigung. In Bremen liegt der Anteil des Verarbeitenden Gewerbes an der Beschäftigung insgesamt bei 26,1 Prozent und in Hamburg bei nur 17,8 Prozent, während bundesdurchschnittlich 30 Prozent aller Beschäftigten diesem Sektor zuzuordnen sind.

Viele der in Hamburg und Bremen ansässigen Industrieunternehmen haben einen engen Bezug zum Hafen in seiner Funktion als Ein- und Ausfuhrplatz. Dazu zählen z.B. die Mineralölindustrie und die Be- und Verarbeiter von Kaffee, Kakao oder Kautschuk. Auch die Werftindustrie ist diesem Segment zuzuordnen. Diese Ausrichtung war in den letzten zwanzig Jahren Ursache struktureller Anpassungsprozesse, die im Wesentlichen durch drei Faktoren ausgelöst wurden:

- Die Erzeugerländer von agrarischen und industriellen Rohstoffen haben in den 60er Jahren verstärkt Verarbeitungsstufen vor Ort ausgebaut, hinzu kam die Einführung von Fabrikschiffen, wodurch die Fischverarbeitung vom Land auf die Schiffe verlagert wurde. Betroffen waren die Hamburger und Bremer Rohstoffbe- und -verarbeiter, also vor allem die Nahrungs- und Genußmittelindustrie.

- Im Schiffbau drängte die ostasiatische Konkurrenz (v.a. Brasilien und Südkorea) in die internationalen Märkte.

- Die Mineralölindustrie mußte ihre Produktion infolge der beiden Ölkrisen 1973/74 und 1979/80 drosseln, wovon v.a. Hamburg betroffen war.

Die Folge war, daß der industrielle Sektor Hamburgs und Bremens im Vergleich zum Bund stärker zurückging. Der Strukturumbruch der Hamburger Industrie ist jedoch heute - im Gegensatz zu Berlin und Bremen - mehr oder weniger erfolgreich abgeschlossen. Obwohl die seehafennahen Industrien (Mineralöl-, Gummiverarbeitung, Schiffbau, Nahrungs- und Genußmittelindustrie) in Hamburg nach wie vor von Bedeutung sind, verlagert sich das Gewicht zu innovativen Industrien.³⁵ Vor allem zukunftsträchtige Bereiche wie Chemie,

---

[33] In den politisch unsicheren fünfziger und sechziger Jahren hatten die meisten ansässigen Unternehmenszentralen die Stadt in Richtung Westdeutschland verlassen. Gerade bei Mehrbetriebsunternehmen läßt sich aber eine deutliche räumliche Arbeitsteilung in der Funktionsstruktur ablesen: Management und Verwaltungsaufgaben sind oft am Hauptsitz des Unternehmens konzentriert, während in den Zweigunternehmen die Fertigungsfunktionen überwiegen. Die technologisch zukunftsträchtigen Produktionsstandorte, aber auch die Forschungsabteilungen und die industrienahen Dienstleistungen entwickelten sich in der Nähe der neuen Vorstandssitze, in West-Berlin blieben „verlängerte Werkbänke".

[34] Besaßen Mitte 1990 noch über 40 Prozent der im Westteil Beschäftigten keine abgeschlossene Berufsausbildung (Bundesdurchschnitt 32 Prozent), so waren es 1993 nur noch 17,5 Prozent. Hier spielen die mittlerweile über 200.000 "Einpendler" aus dem Ostteil der Stadt nach Westberlin eine herausragende Rolle.

[35] Auf die „alten" seehafennahen Industrien entfielen 1980 in Hamburg 55 Prozent des Umsatzes aus Eigenerzeugung und 30 Prozent aller Industriebeschäftigten, 1995 waren es noch rd. 47 Prozent des Umsatzes bzw. 24 Prozent der Beschäftigten.

Maschinenbau, Luft- und Raumfahrttechnik, Elektrotechnik sowie Feinmechanik und Optik haben mittlerweile bedeutende Anteile an Beschäftigtenzahl, Umsatz und Export der Hamburger Industrieunternehmen.

Im Gegensatz zu Hamburg sind die massiven Deindustrialisierungs-Prozesse in Bremen noch keineswegs abgeschlossen. Gerade das Jahr 1997 brachte nach 104 Jahren das Ende des Groß- und Handelsschiffbaus, als die Bremer Vulkan AG ihr letztes Containerschiff ablieferte. Insgesamt ist die Industrie im Zwei-Städte-Staat, ebenso wie in Berlin, nach wie vor geprägt durch "verlängerte Werkbänke", also Zweigunternehmen, deren Zentrale sich an einem anderen Ort befindet. Entsprechend gering sind die Forschungs- und Entwicklungsaktivitäten des privaten Unternehmenssektors in Bremen (und Berlin). In Bremen wird überwiegend produziert, weniger geforscht und entwickelt. Deutlich wird dies z.B., wenn die Patentintensität (Patentanmeldungen je 100.000 Einwohner) der Bundesländer einem Vergleich unterzogen wird (*Vgl. Abb.20*). Mit 21 Patentanmeldungen je 100.000 Einwohnern liegt Bremen nur knapp vor dem Saarland am unteren Ende der alten Bundesländer. Auch in Berlin mit 28 Patentanmeldungen je 100.000 Einwohnern sind die Forschungs- und Entwicklungsaktivitäten der privaten Wirtschaft als ungenügend zu charakterisieren. Lediglich Hamburg mit einem Wert von 51 Patentanmeldungen je 100.000 Einwohnern steht auch im Bundesländervergleich relativ günstig dar.

Abbildung 20

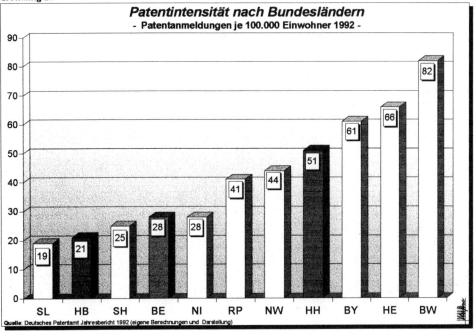

Die seit Mitte der 70er Jahre in der BRD praktizierte aggressive Orientierung auf den Weltmarkt (zur Kompensation der strukturell bedingten Nachfrageschwäche im Inland)[36] hat insgesamt dazu geführt, daß der Exportanteil an der Industrieproduktion beständig gewachsen ist. Mit einem hohen Exportanteil und der dadurch bedingten Abhängigkeit vom Weltmarkt sind jedoch auch ganz erhebliche Risiken verbunden. Die zurückliegende Asien-Krise und die aktuelle Situation in den osteuropäischen Ländern unterstreichen dies sehr nachdrücklich. Der Exportanteil der Bremischen Industrie liegt mit 48 Prozent am Gesamtumsatz an der Spitze aller Bundesländer. Der Exportanteil der Industrie Berlins und Hamburgs ist demgegenüber auch gemessen am bundesdurchschnittlichen Wert relativ gering.

---

[36] Vgl. dazu ausführlich Huffschmid 1989, S.123 ff.

Abbildung 21

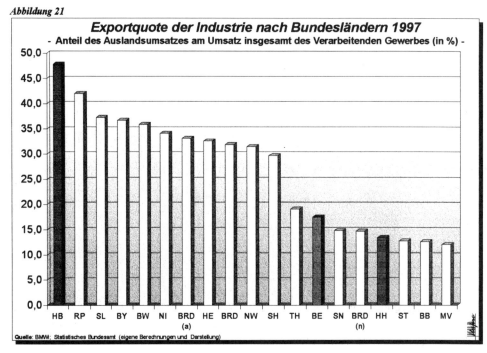

Das **Baugewerbe** ist in den Großstädten generell von geringerer Bedeutung für die Beschäftigungssituation als im Bundesdurchschnitt. In der Regel konzentriert es sich mehr als jeder andere Wirtschaftszweig auf das Umland der jeweiligen Städte. Entsprechend ist das Gewicht in der Wirtschaftsstruktur Bremens (Sk = 63,3) und Hamburgs (Sk = 61,8) gemessen am Bundesdurchschnitt (= 100) relativ gering. Eine Ausnahme bildet hier Berlin mit einem Sk von 109,3[37]. Sowohl der Vereinigungsboom und die baulichen Aktivitäten im Zuge des Ausbaus Berlins zur Bundeshauptstadt als auch durch steuerliche Sonderregelungen für die neuen Bundesländer (incl. Berlin) gesetzte Anreizstrukturen haben dafür gesorgt, daß der Bausektor in Berlin deutlich überdimensioniert ist. Hier sind zukünftig für Berlin weitere schmerzhafte Anpassungsprozesse zu erwarten.

---

[37] Westberlin 98,4; Ostberlin 131,4

4.3 Strukturen der Dienstleistungen

Abbildung 22

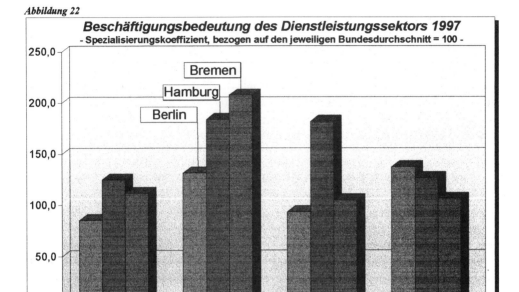

Von traditionell großer Bedeutung sind die Bereiche Handel und Verkehr aufgrund der Häfen und der hafenorientierten Funktionen in Hamburg und Bremen und spielen für die Beschäftigung in beiden Stadtstaaten eine herausragende Rolle. 17,2 Prozent der Beschäftigten Hamburgs und immerhin 15,4 Prozent der Beschäftigten Bremens sind im **Handelsbereich** tätig, bundesdurchschnittlich waren es dagegen 13,7 Prozent der Beschäftigten. Dieses positive Ergebnis wurde trotz der zurückliegenden Verlagerungen von Arbeitsplätzen im Einzelhandelsbereich an verkehrsgünstig gelegene Standorte im Umland aufgrund der nach wie vor hohen Bedeutung des Großhandels und der Handelsvermittlungen erzielt. Demgegenüber ist der Handelsbereich in Berlin deutlich unterrepräsentiert, lediglich 11,7 Prozent der Beschäftigten arbeiteten im Handelsbereich, das entspricht einem Sk. von 85,3.

Bei der Abteilung **Verkehr und Nachrichtenübermittlung** lassen sich in Hamburg und Bremen die größten Spezialisierungstendenzen erkennen. In Bremen ist die Bedeutung dieses Bereiches mehr als doppelt so groß wie bundesdurchschnittlich, aber auch in Hamburg läßt sich mit einem Sk. von 184,0 für diesen Bereich eine eindeutige Schwerpunktbildung erkennen. Maßgeblich verantwortlich für diese Konzentration ist die Hafenfunktion der beiden Stadtstaaten. Der Hamburger Hafen ist der größte deutsche

Seehafen und rangiert mit mehr als 71 Millionen Tonnen Güterumschlag 1997 in Europa hinter Rotterdam, Antwerpen und Marseille auf Platz vier.[38] Mit dem Bau und der ständigen Erweiterung des Container-Terminals „Wilhelm Kaisen" sowie der Abwicklung von Roll-on/Roll-off-Verkehren (Fahrzeugumschlag) hat auch Bremen seine Position im internationalen Wettbewerb mit einem Güterumschlag von 34 Mio. Tonnen im Jahr 1997 festigen und ausbauen können. In Bezug auf den auch weiterhin zunehmenden Containerverkehr sind die bremischen Häfen heute die Nr. 1 in Deutschland.(*Vgl. LBZ Bremen;Niedersachsen 1998, S.38*) Die überdurchschnittliche Bedeutung der Wirtschaftsabteilung Verkehr und Nachrichtenübermittlung in Berlin mit einem Sk. von immerhin 131,5 liegt demgegenüber in der relativ großen Bedeutung des Zweiges Eisenbahn[39] mit einem Sk. von 148 und dem Zweig der Nachrichtenübermittlung (Bundespost) mit einem Sk. von 163 begründet.

Das **Banken- und Versicherungsgewerbe** ist in Hamburg besonders stark ausgeprägt, Hamburg gilt nach Frankfurt (allerdings mit großem Abstand) als die größte Finanzmetropole Deutschlands. Rund sieben Prozent der Beschäftigten Hamburgs sind in diesen Branchen tätig, dies entspricht einem Sk. von 182,0. Lediglich leicht überdurchschnittlich ist das Gewicht der Finanzdienstleistungen in Bremen mit einem Sk. von 104,9. In Berlin dagegen sind die Banken und Versicherungen von unterdurchschnittlicher Bedeutung mit einem Sk. von 93,5. Dieses für eine Großstadt außerordentlich schlechte Ergebnis geht v.a. auf die Schwäche dieses Bereiches in Ostberlin zurück, während Westberlin ebenso wie Bremen einen gemessen am Bundesdurchschnitt leicht überdurchschnittlichen Anteilswert aufweist.

Die Abteilung **Dienstleistungen a.n.g.**[40] ist in Bezug auf die Beschäftigtenzahlen die größte Wirtschaftsabteilung in allen drei Stadtstaaten, während im Bundesdurchschnitt das Verarbeitende Gewerbe noch die "Nase vorn hat". Mit 36,2 Prozent in Berlin bzw. 33,4 Prozent in Hamburg arbeiten mehr als ein Drittel der Beschäftigten in diesem Bereich, bundesweit sind es etwas mehr als ein Viertel aller Beschäftigten. Mit einem Anteil von 28,1 Prozent liegt Bremen dagegen nur leicht über dem bundesdurchschnittlichen Wert.

Für das überproportionale Gewicht der Dienstleistungen a.n.g. sind in Hamburg und Berlin allerdings unterschiedliche Zweige verantwortlich: Während in Hamburg die unternehmensorientierten Dienstleistungsbereiche wie die Werbung und Wirtschaftsberatung sowie das Verlags- und Pressewesen und die Film- und Rundfunkproduktion von besonderer Bedeutung sind, ist es in Berlin v.a. das Gesundheitswesen und der Wissenschaftsbereich. Die für urbane Zentren relativ geringe Bedeutung der Dienstleistungen a.n.g. in Bremen liegen v.a. in der Schwäche der unternehmensorientierten

---

[38] Rotterdam spielt allerdings mit einem Güterumschlag von mehr als 290 Mio. Tonnen 1997 in einer "anderen Liga".

[39] Die deutsche Bahn AG hat ihre Unternehmenszentrale nach Berlin verlegt.

[40] In diesem "statistischen Gemischtwarenladen" sind sowohl personenorientierte Dienstleistungen wie das Gastgewerbe und das Gesundheitswesen, als auch unternehmensorientierte Dienstleistungen wie die Rechts- und Wirtschaftsberatung und die Gebäudereinigung zusammengefaßt.

Dienstleistungen begründet, während die sozialen Dienstleistungen überdurchschnittlich vertreten sind.

4.4 Organisationen ohne Erwerbszweck sowie Gebietskörperschaften und Sozialversichertungen

Abbildung 23

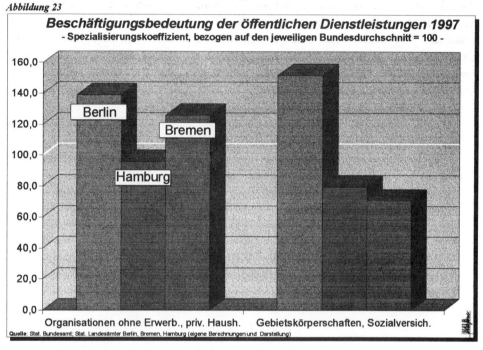

Die **Organisationen ohne Erwerbszweck**[41] haben ein deutlich überdurchschnittliches Gewicht in Berlin (Sk. 139,1) und Bremen (Sk. 126,1), in Hamburg dagegen spielen sie gemessen am bundesdurchschnittlichen Anteilswert eine leicht geringfügigere Rolle (Sk. = 96,0). Die relativ große Bedeutung dieser Abteilung in Berlin und Bremen ist im wesentlichen Folge der gravierenden überdurchschnittlich großen Arbeitsmarktprobleme dieser Gebietskörperschaften (*Vgl. folgendes Kapitel II.5*). In dieser Abteilung sind u.a. (öffentlich finanzierte) Organisationen mit arbeitsmarktpolitischen und sozialen Aufträgen (z.B. Durchführung von Weiterbildungs- und Beschäftigungsmaßnahmen) zusammengefaßt. Die privaten Haushalte sind demgegenüber für die Beschäftigung völlig bedeutungslos.

Die Wirtschaftsabteilung Gebietskörperschaften und Sozialversicherungen ist der Dienstleistungsbereich, in dem alle drei Stadtstaaten die höchste Abweichung vom bundesdurchschnittlichen Anteilswert aufweisen, freilich in unterschiedlicher Richtung:

---

[41] Hier sind Kirchen, Wohlfahrtsverbände, Gewerkschaften, Kammern, Parteien, Vereine, Initiativen sowie Privathaushalte zusammengefaßt.

Während in Hamburg und Bremen dieser Bereich von weit unterdurchschnittlicher Bedeutung für die Beschäftigung ist, ist er in Berlin von ganz besonderem Gewicht. Diese besondere Bedeutung ist auch darauf zurückzuführen, daß in Westberlin gezielt Bundesbehörden angesiedelt wurden, um die isolierte Stadt während des "kalten Krieges" gezielt zu unterstützen. Ebenso war Ostberlin einer der Hauptstandorte für Verwaltungsaufgaben in der DDR. Die weit unterdurchschnittlichen Anteilswerte in Hamburg und Berlin sollen hier nicht überbewertet werden. In der hier zugrunde liegenden Statistik der sozialversicherungspflichtig Beschäftigten werden z.B. Beamte nicht berücksichtigt, so daß es zu großen Verzerrungen kommen kann. Allerdings könnten die niedrigen Anteilswerte ein Hinweis darauf sein, daß Hamburg und Bremen unterdurchschnittlich mit Bundesbehörden bestückt sind. Das soll in Kapitel 4 überprüft werden, wo die Personalstatistik des öffentlichen Dienstes einer vergleichenden Untersuchung unterzogen wird.

5. Stand und Strukturen der Arbeitslosigkeit

Die schwierige wirtschaftliche Situation Berlins und Bremens zeigt sich auf dem Arbeitsmarkt. Berlin liegt mit einer Arbeitslosenquote[42] von 15,6 Prozent an der Spitze der alten Bundesländer. Lediglich in den neuen Bundesländern liegt die Arbeitslosenquote darüber. Die Arbeitslosenquote Bremens liegt mit 15,4 Prozent nur knapp unter der von Berlin. Insgesamt sind Bremen und Berlin mehr als doppelte so stark von Arbeitslosigkeit betroffen wie Bayern und Baden-Württemberg, die von allen Bundesländern die geringsten Arbeitslosenquoten aufzuweisen haben. Hamburg liegt mit einer Arbeitslosenquote von 11,6 Prozent etwa im Durchschnitt aller Bundesländer, gemessen an der durchschnittlichen Arbeitslosenquote der alten Bundesländer von 9,8 Prozent ist aber auch Hamburg überdurchschnittlich von Arbeitslosigkeit betroffen. (*Vgl. Abbildung 24*)

Die besonders schwierige Arbeitsmarktsituation Berlins und Bremens zeigt sich auch im Vergleich mit anderen Großstädten Deutschlands. (*Vgl. Abbildung 25*) Von allen Städten mit mehr als 500.000 Einwohnern hat lediglich die Stadt Leipzig eine (geringfügig) höhere Arbeitslosenquote, in allen anderen Städten ist die Arbeitsmarktlage günstiger. Nach dem Ende der vereinigungsbedingten Sonderkonjunktur ist die Arbeitslosigkeit massiv gestiegen. Seit 1994 ist die Arbeitslosenquote im Westteil sogar höher als im Ostteil der Stadt. Neben den „Einpendlern" aus den östlichen Bezirken und dem Umland trägt auch die massive Stützung des östlichen Arbeitsmarkts durch den Einsatz staatlicher Beschäftigungsförderung (Kurzarbeit, Vorruhestand, Altersübergangsgeld, Umschulungen, Arbeitsbeschaffungsmaßnahmen) maßgeblich zu diesem Ergebnis bei.

Das bessere Abschneiden der Stadt Bremen gegenüber dem Land Bremen ist im wesentlichen dem Umstand geschuldet, daß bei dieser Betrachtung Bremerhaven mit einer Arbeitslosenquote von mehr als 22 Prozent ausgespart bleibt, die in den Ländervergleich eingegangen ist. Trotzdem ist auch die Arbeitslosenquote der Stadt Bremen gemessen am Durchschnitt der Städte mit mehr als 500.000 Einwohnern überdurchschnittlich hoch.

---

[42] Die Quote ist bezogen auf alle zivilen Erwerbspersonen. Bedacht werden muß, daß die Arbeitslosenstatistik lediglich die bei den Arbeitsämtern *registrierten* Arbeitslosen erfaßt. Die Motivation, sich beim Arbeitsamt als arbeitslos registrieren zu lassen, hängt jedoch auch davon ab, ob Leistungsansprüche geltend gemacht werden können bzw. ob die jeweilige Person sich von den Vermittlungsbemühungen des Arbeitsamtes Erfolg verspricht. Die registrierten Arbeitslosen sind demnach nur eine Teilmenge aller tatsächlich arbeitsuchenden Personen, hinzuzurechnen ist die sog. "stille Reserve". Das Institut für Arbeitsmarkt- und Berufsforschung schätzt, daß die "stille Reserve" 1995 in der alten Bundesrepublik jahresdurchschnittlich bei fast zwei Millionen (1,9) lag, während rd. 2,6 Mio. Arbeitslose im Jahresdurchschnitt registriert wurden (*Bundesanstalt für Arbeit 1996, S.11*), d.h. die Zahl der tatsächlich Arbeitslosen lag rd. 75 Prozent über der Zahl der amtlich Erfaßten.

KUA Stadtstaatenprojekt   Sozio-ökonomische Entwicklungen und Strukturen

Abbildung 24

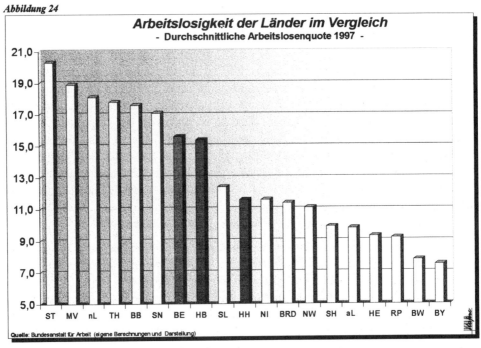

Abbildung 25

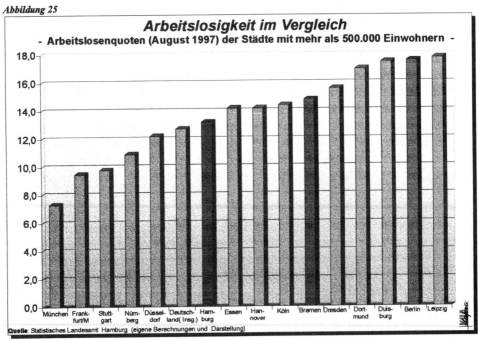

Mit einer hohen Arbeitslosenquote korrespondiert eine ungünstige Struktur der Arbeitslosen. Die Situation der Arbeitslosen, insbesondere ihre Chancen auf berufliche (Wieder-)Eingliederung, ist z.B. stark abhängig von der Dauer der Arbeitslosigkeit. Je länger die Arbeitslosigkeit dauert, um so geringer ist die Wahrscheinlichkeit, auf den Arbeitsmarkt zurückkehren zu können. Die insgesamt schlechte Arbeitsmarkt- und Beschäftigungssituation Bremens zeigt sich in der hohen Langzeitarbeitslosigkeit[43]. Fast vier von zehn Arbeitslosen in Bremen sind länger als ein Jahr arbeitslos (38,7 Prozent[44]), damit liegt der Anteil der Langzeitarbeitslosen an den Arbeitslosen sowohl über dem durchschnittlichen Wert der Bundesrepublik insgesamt (36,3 Prozent) als auch über dem alten Länder (37,5 Prozent)[45]. In Hamburg lag der Anteil der Langzeitarbeitslosen mit 37,4 Prozent etwa im Durchschnitt der alten Bundesländer. In Berlin dagegen liegt der Anteil der Langzeitarbeitslosen mit 33,6 Prozent deutlich unter dem bundesdurchschnittlichen Anteil. Dieses an sich positive Ergebnis ist allerdings zu einem großen Teil den massiven arbeitsmarktpolitischen Maßnahmen in Ostberlin zuzurechnen, der Anteil der Langzeitarbeitslosen im Arbeitsamtsbezirk Westberlin lag mit 39,7 Prozent noch oberhalb des Langzeitarbeitslosen-Anteils Bremens. Im Arbeitsamtsbezirk Ostberlin beträgt der Anteil der Langzeitarbeitslosen dagegen "nur" 27,0 Prozent.

Die dramatische Arbeitsmarktsituation Berlins zeigt sich v.a. bei den Jugendlichen und jungen Erwachsenen, die von den arbeitsmarktpolitischen Maßnahmen weniger erfaßt werden. Die Arbeitslosenquote der Personen unter 25 Jahren (bezogen auf die Erwerbspersonen der entsprechenden Altersgruppe) lag in Berlin mit 22,6 Prozent gegenüber der bundesdurchschnittlichen Arbeitslosenquote dieser Altersgruppe von 12,6 Prozent deutlich darüber. Auch in Bremen mit 18,4 Prozent und in Hamburg mit 15,1 Prozent ist die Arbeitslosenquote der Jugendlichen und jungen Erwachsenen über der bundesdurchschnittlichen Arbeitslosenquote der gleichen Altersgruppe.

An diesen Zahlen wird deutlich, daß es junge Menschen v.a. in Berlin und Bremen vor dem Hintergrund der angespannten Beschäftigungssituation besonders schwer haben, am Arbeitsmarkt Fuß zu fassen. Jugendliche trifft es besonders hart, wenn ihnen von vornherein der Zugang zum Arbeitsmarkt verschlossen bleibt. Dies ist jedoch nicht "nur" im Hinblick auf die frustrierende Situation der Betroffenen eine Katastrophe, gleichzeitig werden so systematisch die jungen Menschen aus der Region getrieben. Die im Kapitel II.3 dargestellten Tendenzen der überdurchschnittlichen Wanderungsverluste Berlins und Bremens sowie der zunehmenden Überalterung der Bevölkerung haben auch hier ihre Ursache.

Zudem gibt es einen engen Zusammenhang zwischen der hohen Jugendarbeitslosigkeit und dem Anstieg der Jugendkriminalität, wie durch empirische Studien nachgewiesen wurde.

---

[43] Die Arbeitslosen, die ein Jahr und länger arbeitslos sind, werden als Langzeitarbeitslose bezeichnet.

[44] Hier und im folgenden werden die Zahlen vom August 1998 verwendet.

[45] Bei der Langzeitarbeitslosigkeit gab es deutliche Ost-West-Unterschiede. So lag ihr Anteil in den alten Ländern bei durchschnittlich 37,5 Prozent. In den neuen Ländern lag der Anteil der Langzeitarbeitslosen dagegen bei 33,8 Prozent. Dies ist auf die stärkere Einbeziehung dieser Personengruppe in arbeitsmarktpolitische Maßnahmen zurückzuführen.

Von den Forschern wird explizit der Zusammenhang von beruflicher Perspektivlosigkeit und zunehmenden sozialen Spannungen und dem damit einhergehenden Anstieg der Kriminalität hervorgehoben: „Die von Armut betroffenen können ihre Konsumwünsche dann leichter zurückstellen, wenn sie eine klare Perspektive dafür haben, wie sie aus eigener Kraft aus der Notlage herauskommen können." *(Pfeiffer 1997, S. 60)*[46]

Ein weiterer Indikator für die Situation auf dem Arbeitsmarkt ist das Verhältnis der bei den Arbeitsämtern gemeldeten Stellen zu den gemeldeten Arbeitslosen. Bundesdurchschnittlich entfielen am Monatsende im August 1998 auf eine gemeldete Stelle[47] rund sieben gemeldete Arbeitslose. In Hamburg und Bremen entfielen zum gleichen Zeitpunkt jeweils zwölf gemeldete Arbeitslose auf eine offene Stelle. Besonders ungünstig stellt sich die Situation in Berlin dar, dort sind Ende August pro offene Stelle rd. 26 Arbeitslose registriert.

---

[46] Im Jahr 1997 wurden in Berlin 17.122 Straftaten je 100.000 Einwohnern gemeldet, bundesdurchschnittlich waren es mit 8125 Straftaten je 100.000 Einwohner weniger als die Hälfte. Auch Hamburg (15.938 Straftaten je 100.000 EW) und Bremen (14.910 Straftaten je 100.000 EW) liegen weit über den bundesdurchschnittlichen Werten. Dieser Befund hat seine Ursache allerdings nicht nur in der mit hoher Arbeitslosigkeit einhergehenden größeren sozialen Spaltung der drei Stadtstaaten. In den Großstädten der Bundesrepublik liegt die Kriminalitätsrate generell über der Kriminalitätsrate der ländlichen Gebiete.

[47] Die Bundesanstalt für Arbeit schätzt, daß rund 40 Prozent aller tatsächlich offenen Stellen den Arbeitsämtern gemeldet werden.

III. INSTITUTIONELLE GRUNDLAGEN, FINANZIELLE UND PERSONELLE SITUATION DER STADTSTAATEN

1. Institutionelle Grundlagen des politischen Systems der Stadtstaaten

Als Staaten haben die Stadtstaaten das Recht, sich selbst eine Verfassung zu geben. Ihre Verfassungsautonomie ist zwar durch das Grundgesetz, insbesondere durch Art. 28 I 1 GG ("Die verfassungsmäßige Ordnung in den Ländern muß den Grundsätzen des republikanischen, demokratischen und sozialen Rechtsstaates im Sinne dieses Grundgesetzes entsprechen."), beschränkt. Doch hat das Bundesverfassungsgericht stets betont, daß das Grundgesetz „weder Konformität noch Uniformität herbeiführen, sondern lediglich ein gewisses Maß an Homogenität vorgeben" will (*Vgl. nur BVerfGE 83, 37, 50 m.w.N.*). Praktische Bedeutung besitzt die Verfassungsautonomie der Länder vor allem bei der Gestaltung der *Staatsorganisation*.[48] Die Fragen nach der „besten" Regierungsorganisation, dem „besten" Wahlrecht oder der „besten" Mischung aus mittelbarer und unmittelbarer Demokratie hat der Landesverfassungsgeber durchaus unterschiedlich beantwortet. Dies darf allerdings nicht darüber hinwegtäuschen, daß eine starke Tendenz zu bundesweiten Einheitslösungen besteht.

Ziel dieses Abschnitts ist es, die institutionellen Grundlagen des politischen Systems der Stadtstaaten vergleichend zu untersuchen. Dabei geht es in erster Linie um eine Analyse des Status quo und um eine Darstellung der jüngsten Tendenzen der Verfassungsentwicklung. Dort wo es sich aufdrängt, wird die Bestandsaufnahme durch eine normative Bewertung von Regelungsstrukturen und Sachverhalten ergänzt, ohne daß damit der Anspruch erhoben wird, einen geschlossenen Vorschlag für die zukünftige Weiterentwicklung der Staatsorganisation in den Stadtstaaten zu entwickeln. Der Gang der Untersuchung ist wie folgt: Zunächst wird darauf eingegangen, welche Möglichkeiten der politischen Partizipation und der unmittelbaren Ausübung von Staatsgewalt die Verfassungen der Stadtstaaten den Bürgerinnen und Bürgern neben der Teilnahme an den Landtagswahlen bieten (1.1). Anschließend wird sich dann mit der Stellung, der Organisation und den Aufgaben der Landesparlamente (1.2) und der Landesregierungen (1.3) auseinander gesetzt. Nicht eigens behandelt werden die Landesverfassungsgerichte, da sie in der Diskussion über Strategien zur Modernisierung des öffentlichen Sektors so gut wie keine Rolle spielen. Ebenfalls ausgeblendet bleibt in diesem Abschnitt die kommunale Ebene in Bremen (Stadtgemeinden Bremen einschließlich Ortsämter und Stadtgemeinde Bremerhaven) und die bezirkliche Ebene in Berlin und Hamburg. Die detaillierte Untersuchung vergangener

---

[48] Kaum Gewicht in der Praxis haben bisher die in den Landesverfassungen verankerten *Grundrechte und Staatszielbestimmungen* gewonnen. Daran dürfte sich auch in Zukunft wenig ändern, obwohl Art. 142 GG ausdrücklich die Möglichkeit eines über den grundgesetzlichen Standard hinausgehenden landesverfassungsrechtlichen Grundrechtsschutzes eröffnet.

und gegenwärtiger Dezentralisierungsprozesse in den Stadtstaaten ist einer nachfolgenden Projektphase vorbehalten. Soweit die Kenntnis der Entwicklungstendenzen der kommunalen bzw. bezirklichen Verwaltung für das Verständnis des Gesamtprozesses der Verwaltungsmodernisierung erforderlich ist, wird darauf an anderer Stelle eingegangen (*Vgl. Kapitel IV.3*).

1.1 Unmittelbar-demokratische Elemente in den Verfassungen der Stadtstaaten

Wie im Bund ist auch in den Ländern die Demokratie grundsätzlich mittelbar organisiert: Zwischen den Wahlen übt das Volk die Staatsgewalt im Regelfall nicht selbst, sondern durch besondere Organe der Gesetzgebung, der vollziehenden Gewalt und der Rechtsprechung aus. Der Vorrang der mittelbaren Demokratie ist den Ländern durch Art. 28 I 2 GG, der die Existenz von (funktionsfähigen) Volksvertretungen in den Ländern garantiert, zwingend vorgegeben. Selbst wenn man eine entsprechende rechtliche Bindung der Länder verneinte, wäre es unter den Bedingungen der hohen Komplexität moderner Gesellschaften und der begrenzten politischen Partizipationsbereitschaft/-fähigkeit der Bürgerinnen und Bürger jedenfalls faktisch unmöglich, eine unmittelbare Demokratie nach dem (idealisierten) Vorbild der antiken Polis zu verwirklichen. In Wissenschaft und Politik besteht heute Einigkeit darüber, daß die mittelbare Demokratie durch unmittelbar demokratische Elemente zwar ergänzt, nicht jedoch ersetzt werden kann (*Vgl. statt aller Luthardt 1997*). Auch dann, wenn alle rechtlichen Entscheidungsbefugnisse bei regelmäßig tagenden Volksversammlungen lägen, stellte sich das Problem der Repräsentation: Da das Volk als empirische Vielheit zu organisiertem Handeln nicht fähig ist, kommt auch die unmittelbare Demokratie ohne Einzelpersonen und Gruppen, die im konkreten Fall die Initiative ergreifen und damit als Repräsentanten agieren, nicht aus.

Ungeachtet der aus bundesverfassungsrechtlichen wie faktischen Gründen grundsätzlich mittelbaren Organisation der Demokratie in den Ländern können die Bürgerinnen und Bürger auch zwischen den Wahlen zu den Landtagen in unterschiedlicher Weise auf die politische Willensbildung Einfluß nehmen. Zu analytischen Zwecken lassen sich grundrechtliche und institutionalisierte Beteiligungsmöglichkeiten unterscheiden:

Alle deutschen Staatsbürger - und im Prinzip auch alle Ausländer - haben das Recht, durch *Betätigung ihrer politischen Grundrechte* (Meinungsfreiheit, Versammlungsfreiheit, Vereinigungsfreiheit, Petitionsrecht) und durch die *Mitwirkung in den Parteien* kontinuierlichen Einfluß auf die Mitglieder der Volksvertretungen und der Regierungen zu nehmen. Die verfassungsrechtliche Situation in Berlin, Bremen und Hamburg unterscheidet sich insoweit nicht von der in anderen Ländern der Bundesrepublik Deutschland. Allerdings sind aufgrund der Kleinräumigkeit der Stadtstaaten die kulturellen und sozialen Bedingungen für politisch-gesellschaftliches Engagement hier möglicherweise besser als in den Flächenländern. Für einen funktionierenden demokratischen Prozeß ist Voraussetzung, daß die Menschen von ihren Grundrechten auch tatsächlich Gebrauch machen. Erzwungen werden kann bürgerschaftliches Engagement weder vom Staat noch von anderen korporativen Akteuren. Da politische Partizipation im grundrechtlichen Sinne also weitgehend außerhalb des Horizonts institutioneller Reform- und Modernisierungsstrategien liegt, soll auf sie im weiteren Fortgang der Untersuchung nicht weiter eingegangen werden.

Zu den *institutionalisierten Beteiligungsmöglichkeiten* gehört sowohl die Partizipation von Bürgerinnen und Bürgern (Einwohnerinnen und Einwohnern) an Verwaltungsentscheidungen als auch die Partizipation an der politischen Willensbildung im engeren Sinne.

- Die praktisch bedeutsamste Form *institutionalisierter Partizipation an Verwaltungsentscheidungen* dürfte die in verschiedenen Fachgesetzen (Beispiel: Baugesetzbuch) weitgehend bundeseinheitlich geregelte Bürger- bzw. Einwohnermitwirkung an Planungsentscheidungen sein. Ebenfalls weit verbreitet ist die Mitwirkung an Verwaltungsentscheidungen durch (ehrenamtliche) Mitgliedschaft in exekutiven Kollegialorganen. In den Stadtstaaten findet man diese zweitgenannte Form der institutionalisierten Partizipation stärker als in anderen Bundesländern. Zu erwähnen sind vor allem die Deputationen und Verwaltungsausschüsse nach dem Hamburger Gesetz über Verwaltungsbehörden. Auf sie wird im Zusammenhang mit der Darstellung von Organisation und Aufgaben der Landesregierungen als obersten Exekutivorganen noch näher eingegangen (*Vgl. Kapitel III.1.3*).

- Im Mittelpunkt der nachfolgenden Darstellung steht *die institutionalisierte Partizipation an der politischen Willensbildung im engeren Sinne*. Diese kann zum einen die Form einer unmittelbaren Ausübung von Staatsgewalt durch das Volk annehmen (unmittelbare Demokratie). Das ist der Fall, wenn die Bürgerinnen und Bürger durch Volksbegehren und Volksentscheid an Stelle der Landtage bestimmte Entscheidungen verbindlich selbst treffen. Die Möglichkeit von Sachplebisziten auf Landesebene gibt es mittlerweile in allen drei Stadtstaaten. In Hamburg besteht darüber hinaus auch in den Bezirken, in Bremen auch in den Stadtgemeinden Bremen und Bremerhaven die Möglichkeit, Sachplebiszite (hier Bürgerbegehren und Bürgerentscheid genannt) durchzuführen. Institutionalisierte Teilnahme an der politischen Willensbildung muß nicht zwingend auf eine unmittelbare Ausübung von Staatsgewalt hinauslaufen. In allen drei Stadtstaaten sehen die Landesverfassungen die Möglichkeit vor, daß Bürgerinnen und Bürger (Einwohnerinnen und Einwohner) durch Massenpetitionen (Bürgerantrag, Volksinitiative, Volkspetition) das Landesparlament zwingen können, sich mit bestimmten Anliegen zu befassen. Hier entscheidet das Volk nicht selbst und unmittelbar, sondern nimmt nur eine Anregungsfunktion wahr.

1.1.1 Volksbegehren und Volksentscheid auf Landesebene

Während das Grundgesetz Volksbegehren und Volksentscheid nur für den Fall einer Länderneugliederung (Art. 29 GG) ausdrücklich zuläßt, sehen verschiedene Landesverfassungen schon seit ihrem Inkrafttreten die Möglichkeit von Sachplebisziten vor. In der Praxis ist es allerdings - außer in Bayern - noch kaum zu erfolgreichen, von den Bürgern initiierten Volksentscheiden gekommen. Dafür sorgten und sorgen zum einen schwer zu erfüllende verfahrensmäßige Kautelen. Zum anderen war aber auch bis Ende der achtziger Jahre das Plebiszit in der politischen Kultur der Bundesrepublik kaum verankert. Selbst in den Hochzeiten sozialliberaler Reformpolitik, als überall Forderungen nach mehr Bürgerbeteiligung an politischen und administrativen Entscheidungen laut wurden, gewannen Volksbegehren und Volksentscheid kaum an Popularität. Erst in den letzten Jahren hat sich die Situation grundlegend gewandelt. Nicht nur sind mittlerweile in allen Bundesländern Plebiszite auf Landes- und Gemeindeebene rechtlich zugelassen. Volksbegehren und Volksentscheid beginnen sich langsam auch einen wichtigen Platz im Denken und Handeln der politischen Akteure zu erobern.

In der **Bremischen** Landesverfassung waren die Institute Volksbegehren und Volksentscheid von Anfang an verankert. Allerdings waren die formalen Hürden für die Durchführung eines Volksentscheids bis in die jüngste Zeit hinein so hoch, daß seit 1947 nur zweimal ein Volksentscheid stattgefunden hat: 1947 wurde über die Annahme der neuen Landesverfassung, 1994 über einen Katalog von Verfassungsänderungen abgestimmt. Beide Male wurde der Volksentscheid bezeichnenderweise nicht durch Volksbegehren, sondern durch die Bürgerschaft initiiert. Alle bisher eingereichten Anträge auf Durchführung eines Volksbegehrens hat der Bremer Staatsgerichtshof als unzulässig verworfen (*Vgl. StGHE 4, 96; DVBl. 1998, S. 152; DVBl. 1998, S. 830 ff.*). In **Hamburg** wurde die Möglichkeit von Volksbegehren und Volksentscheid erst 1996 geschaffen. Über den ersten durch Volksbegehren initiierten Volksentscheid stimmten die Bürgerinnen und Bürger zeitgleich mit der Bundestagswahl am 27.10.1998 ab. Der Volksentscheid zielte (erfolglos) auf eine Senkung der verfassungsrechtlichen Voraussetzungen für erfolgreiche Volksbegehren und Volksentscheide im Land und (erfolgreich) auf die Einführung von Bürgerbegehren und Bürgerentscheid in den Bezirken. Die **Berliner** Verfassung von 1948/50 sah in ihren Art. 39, 49, 88 II sowohl die Möglichkeit der Volksgesetzgebung als auch die Möglichkeit der vorzeitigen Parlamentsauflösung durch Volksbegehren und Volksentscheid vor (*Ziekow 1999*). Während in den folgenden Jahrzehnten einige Male versucht wurde, ein Volksbegehren für eine vorzeitige Parlamentsauflösung zu initiieren, erlangte die Volksgesetzgebung keinerlei praktische Bedeutung. Das erforderliche Ausführungsgesetz wurde nie erlassen, die entsprechenden Verfassungsbestimmungen wurden 1974 gestrichen. Erst nach der Vereinigung schuf man 1995 erneut die verfassungsrechtlichen Grundlagen für die Durchführung von Sachplebisziten und verabschiedete kurze Zeit später auch ein entsprechendes Ausführungsgesetz. Eine Praxis ist bisher noch nicht zu vermelden. Ebenfalls 1995 wurde eine Bestimmung in die Verfassung aufgenommen, derzufolge ein Staatsvertrag über die Bildung eines gemeinsamen Landes Berlin-Brandenburg der Zustimmung durch eine Volksabstimmung bedarf. Wie bekannt, ist es insoweit bereits zu einem - aus Sicht der Befürworter eines Zusammenschlusses erfolglos verlaufenen - Praxistest gekommen.

1.1.1.1 Rechtliche Ausgestaltung der Volksentscheide

In allen drei Stadtstaaten können die Bürger per Volksentscheid Gesetze erlassen und insoweit an die Stelle des jeweiligen Parlaments treten (Art. 62 f. BerlVerf.; Art. 69 ff. BremVerf.; Art. 50 HambVerf.). Ebenso wie das Parlament ist auch der Volksentscheid bei der Gesetzgebung an höherrangiges Recht - also an Bundesrecht und an die Regelungen der Landesverfassungen - gebunden.

Der sachliche Anwendungsbereich des Volksentscheids deckt sich allerdings nicht mit der Gesamtheit der parlamentarischen Entscheidungsbefugnisse. Er wird durch Ausschlußklauseln zum Teil erheblich eingeschränkt:

- Unzulässig ist in allen drei Stadtstaaten ein Volksentscheid über den Landeshaushalt, die Dienst- und Versorgungsbezüge der Beschäftigten und die öffentlichen Abgaben (in Hamburg und Berlin werden auch die Tarife der öffentlichen Unternehmen erwähnt). Diese Regelung entspricht deutscher verfassungsrechtlicher Tradition und hat gute Gründe für sich. Zwingend ist die Herausnahme der öffentlichen Finanzen aus dem Anwendungsbereich von Sachplebisziten freilich nicht, wie ein Blick auf die abweichende Verfassungslage in der Schweiz und in vielen Einzelstaaten der USA zeigt. Umstritten ist in Literatur und Rechtsprechung, ob das Verbot eines Volksentscheids über den Landeshaushalt nur eine Abstimmung über das eigentliche Haushaltsgesetz oder auch eine Beschlußfassung über Fachgesetze, die auf der Einnahmen- oder Ausgabenseite erhebliche Auswirkungen auf den Haushalt haben, unzulässig macht. Der Bremer Staatsgerichtshof hat sich in zwei neuen Entscheidungen auf den letzteren Standpunkt gestellt und damit den Anwendungsbereich von Volksbegehren und Volksentscheid bedenklich eingeschränkt (*DVBl. 1998, S. 152; DVBl. 1998, S. 830 ff.*).

- Die Hamburger Verfassung untersagt es, Bauleitpläne im Wege des Volksentscheides aufzustellen oder zu ändern. Diese Klausel ist allerdings heftig umstritten und wird aller Voraussicht nach keinen dauerhaften Bestand haben.

- In Berlin ist eine Verfassungsänderung im Wege des Plebiszits unzulässig.[49] Diese Regelung, die nur noch im Saarland ein Pendant findet, ist ganz und gar ungewöhnlich, sind es doch gerade die eher seltenen Entscheidungen über die verfassungsrechtlichen Grundlagen des Gemeinwesens, bei denen sich unmittelbar-demokratische Verfahren am ehesten rechtfertigen lassen.

Grundsätzlich können in allen drei Stadtstaaten nur Gesetzentwürfe Gegenstand eines Volksentscheids sein. In Berlin und Bremen allerdings kann im Wege des Volksentscheides auch die vorzeitige Auflösung des Parlaments beschlossen werden. In Bremen besteht überdies die Sonderregelung, daß die Bürgerschaft alle Fragen, die in ihren Zuständigkeitsbereich fallen, dem Volk zur Entscheidung vorlegen kann. Allerding haben die Bürgerinnen und Bürger auch hier nicht die Möglichkeit, durch Volksbegehren einen Volksentscheid über nicht gesetzesförmig darstellbare Fragen zu erzwingen. Dies entspricht

---

[49] Zur harschen Kritik in der Literatur Ziekow 1999, S. 91.

der Rechtslage in den meisten anderen Bundesländern. Nur in Brandenburg und Schleswig-Holstein können zur Zeit neben Gesetzen auch „andere Vorlagen" Gegenstand eines durch Volksbegehren initiierten Volksentscheids sein.

In Berlin und Hamburg kann ein Volksentscheid nur durch ein Volksbegehren initiiert werden. In Bremen dagegen hat - wie eben schon erwähnt - auch die Bürgerschaft das Recht, von sich aus einen Volksentscheid anzusetzen. Ganz unproblematisch ist dies nicht: Die Bürgerschaft kann dadurch in Krisensituationen zum Ausweichen vor politischer Verantwortung oder zum Mißbrauch des Plebiszits zum Zwecke bloßer Akklamation verleitet werden.

An Volksentscheiden auf Landesebene dürfen in allen drei Stadtstaaten nur deutsche Staatsbürger teilnehmen. Diese Rechtslage ist durch Art. 20 II i.V.m. Art. 28 I GG in der (durchaus kritikwürdigen) Auslegung des Bundesverfassungsgerichts bundesverfassungsrechtlich vorgegeben (*BVerfGE 83, 37; 83, 60*). Staatsgewalt darf danach im Geltungsbereich des Grundgesetzes grundsätzlich nur von Deutschen ausgeübt werden. Allerdings dürfte Art. 28 I 3 GG jedenfalls eine Teilnahme von EU-Bürgern an Bürgerentscheiden in den Gemeinden Bremen und Bremerhaven und in den Berliner und Hamburger Bezirken erlauben.

Im Mittelpunkt der politischen Auseinandersetzungen über die verfassungsrechtliche und einfachgesetzliche Ausgestaltung von Volksentscheiden steht die Frage, ob schon die relative Mehrheit der Stimmen zum Erfolg eines Entscheids ausreichen soll oder ob zusätzlich noch bestimmte Beteiligungs- oder Abstimmungsquoren bestehen sollten. Die Gegner zusätzlicher Quoren argumentieren, daß politische Passivität nicht belohnt und politisches Engagement nicht bestraft werden dürfe. Die Befürworter verweisen auf die Notwendigkeit, die Legitimität von Volksentscheiden zu sichern und „schweigende Mehrheiten" gegen eine Überrumpelung durch aktive Minderheiten zu schützen. Von einem *Beteiligungsquorum* spricht man, wenn vorgeschrieben ist, daß ein Volksentscheid nur zustande kommt, wenn eine bestimmte Zahl von Wahlberechtigten an der Abstimmung teilnimmt. So kannte zum Beispiel Bremen bis 1994 ein Beteiligungsquorum von 50%.[50] Heute sehen die Verfassungen der Länder fast nur noch Zustimmungsquoren vor. Nur in Berlin besteht alternativ zu einem 33%igen Zustimmungsquorum noch ein 50%iges Beteiligungsquorum. Von einem *Zustimmungsquorum* spricht man, wenn vorgeschrieben ist, daß eine bestimmte absolute Zahl von Wahlberechtigten mit „Ja" stimmen muß, damit der Volksentscheid zustande kommt. In der untenstehenden Tabelle sind die zur Zeit in den Ländern geltenden Quoren zusammengestellt. Deutlich wird die enorme Spannbreite der Lösungen, mit Zustimmungsquoren zwischen 0% und 50%. Ungeachtet der Überschaubarkeit ihrer politischen Verhältnisse sind es keineswegs die Stadtstaaten, die die geringsten Hürden für Volksentscheide errichtet haben. An der Spitze stehen vielmehr die großen Flächenländer Bayern und Hessen.[51] Die Erfahrung zeigt, daß ein

---

[50] Damit war eine extrem schwer zu überwindende Hürde errichtet. Wenn damals bei einem Volksentscheid 49% der Bremer Bürger zur Abstimmung gegangen wären und von diesen 99% mit „Ja" gestimmt hätten, wäre der Entscheid gleichwohl gescheitert.

[51] Weil in Bayern außerdem relativ geringe Anforderungen an das Zustandekommen eines Volksbegehrens gestellt werden, ist der Freistaat in der Praxis einsamer Spitzenreiter in Sachen unmittelbarer Demokratie auf Landesebene.

Zustimmungsquorum von mehr als 25% das Zustandekommen eines Volksentscheids in Großstädten zuverlässig verhindert. Aus diesem Grund ist nicht zu erwarten, daß Sachplebiszite in Berlin irgendeine praktische Bedeutung gewinnen werden. Aber auch in Bremen und Hamburg bleiben die Aussichten für eine erfolgreiche Volksgesetzgebung gering.

Tabelle 1: Quoren bei Volksentscheiden auf Landesebene (in % der Stimmberechtigten)

Land	einfache Gesetze	verfassungsändernde Gesetze
Bayern, Hessen	-----	-----
Rheinland-Pfalz, Nordrhein-Westfalen, Sachsen	----	50%iges Zustimmungsquorum
Bremen, Niedersachsen	25%iges Zustimmungsquorum	50%iges Zustimmungsquorum
Hamburg, Brandenburg, Schleswig-Holstein, Sachsen-Anhalt	25%iges Zustimmungsquorum	50%iges Zustimmungsquorum (außerdem muß die Mehrheit zwei Drittel der Abstimmenden betragen)
Baden-Württemberg, Thüringen	33%iges Zustimmungsquorum	50%iges Zustimmungsquorum
Mecklenburg-Vorpommern	33%iges Zustimmungsquorum	50%iges Zustimmungsquorum (außerdem muß die Mehrheit zwei Drittel der Abstimmenden betragen)
Berlin	33%iges Zustimmungsquorum oder 50%iges Beteiligungsquorum	unzulässig
Saarland	50%iges Zustimmungsquorum	unzulässig

1.1.1.2 Rechtliche Ausgestaltung der Volksbegehren

Volksentscheide werden im Regelfall durch ein erfolgreiches Volksbegehren eingeleitet. Zur rechtlichen Ausgestaltung der Volksbegehren in den drei Stadtstaaten ist im Einzelnen Folgendes zu bemerken:

Der Antrag auf Durchführung eines Volksbegehrens bedarf jeweils der Unterstützung durch eine bestimmte Mindestanzahl von Stimmberechtigten. In Berlin sind 25.000 (bei einem Antrag auf Zulassung eines Volksbegehrens zur vorzeitigen Auflösung des Abgeordnetenhauses: 50.000), in Bremen 5.000 und in Hamburg 20.000 Unterstützungsunterschriften erforderlich.

Wie am Volksentscheid, so können auch am Volksbegehren nur Deutsche, die das aktive Wahlrecht besitzen, teilnehmen. Dies hängt damit zusammen, daß nach herrschender juristischer Lehrmeinung bereits das Handeln im Wege des Volksbegehrens als Ausübung von Staatsgewalt im Sinne des Grundgesetzes und der Landesverfassungen anzusehen ist. Zwingend erscheint diese Auslegung allerdings nicht, da das Volksbegehren nicht in eine abschließende Entscheidung mündet.

Über die Zulassung eines Volksbegehrens entscheidet die Landesregierung. Gegen eine Entscheidung können die Initiatoren das Landesverfassungsgericht anrufen.

Auch beim Volksbegehren spielt die Frage des Quorums eine entscheidende Rolle. Wie die untenstehende Tabelle zeigt, schwanken die Eintragungsquoren zwischen 5% und 20%. Die Stadtstaaten liegen mit jeweils 10% im Mittelfeld. Die Erfahrung zeigt, daß durch eine Eintragungsquote von 15% oder 20% erfolgreiche Volksbegehren praktisch ausgeschlossen werden. Deshalb gibt es zum Beispiel in Hessen, Nordrhein-Westfalen und Rheinland-Pfalz kaum Erfahrungen mit der Volksgesetzgebung, obwohl die Volksentscheide in diesen

Ländern - wie oben gezeigt - keinen Zustimmungs- oder Beteiligungsquoren unterworfen sind! Selbst ein Eintragungsquorum von 10% bildet in den meisten Fällen eine unüberwindliche Hürde.

Hat das Volksbegehren Erfolg, können in allen drei Stadtstaaten die Landtage durch eine (im Wesentlichen) unveränderte Annahme des Gesetzentwurfs die Durchführung eines Volksentscheids verhindern.

Tabelle 2: Eintragungsquoren bei Volksbegehren auf Landesebene (in % der Stimmberechtigten)

Land	einfaches Gesetz	Verfassungsänderung
Schleswig-Holstein	5%	5%
Brandenburg	80.000 Stimmberechtigte	80.000 Stimmberechtigte
Mecklenburg-Vorpommern	140.000 Stimmberechtigte	140.000 Stimmberechtigte
Bayern, Hamburg, Niedersachsen	10%	10%
Bremen	10%	20%
Berlin	10%	(unzulässig)
Thüringen	14%	14%
Sachsen	450.000 Stimmberechtigte, aber nicht mehr als 15%	450.000 Stimmberechtigte, aber nicht mehr als 15%
Baden-Württemberg	16,6%	16,6%
Hessen, Nordrhein-Westfalen, Rheinland-Pfalz, Saarland	20%	20%
Sachsen-Anhalt	250.000 Stimmberechtigte	250.000 Stimmberechtigte

1.1.2 Massenpetitionen auf Landesebene

Während die Bürgerinnen und Bürger durch Volksbegehren und Volksentscheid die Möglichkeit haben, Entscheidungen unmittelbar und abschließend selbst zu treffen, dient das Instrument der Massenpetition dazu, das Parlament zu einer ergebnisoffenen Behandlung einer bestimmten Angelegenheit zu zwingen (Art. 61 BerlVerf.; Art. 87 BremVerf.; Art. 25c HambVerf.). In Berlin wird die Massenpetition als „Volksinitiative", in Bremen als „Bürgerantrag" und in Hamburg als „Volkspetition" bezeichnet. Im Unterschied zum eigentlichen Sachplebiszit dürfen Massenpetitionen auch von solchen Personen unterstützt werden, die nicht das aktive Wahlrecht besitzen, da mangels Entscheidungsbefugnis keine Staatsgewalt im Sinne des Grundgesetzes und der Landesverfassungen ausgeübt wird. Unterstützungsberechtigt sind in Berlin alle volljährigen Einwohner, in Bremen alle Einwohner, die das 16. Lebensjahr vollendet haben und in Hamburg sogar alle Einwohner, unabhängig von ihrem Alter. Damit eine Massenpetition Erfolg hat, muß sie in Berlin von 90.000, in Hamburg von 10.000 und in Bremen von 2% der Unterstützungsberechtigten unterschrieben werden. In Berlin und Bremen ist eine Massenpetition in den Angelegenheiten unzulässig, in denen auch ein Volksbegehren unzulässig wäre. Recht nachzuvollziehen ist diese Einschränkung nicht, da ja die Entscheidungsautonomie des Landtags durch eine Massenpetition nicht angetastet wird. Überzeugender ist da die Rechtslage in Hamburg: Hier vermögen die Einwohnerinnen und Einwohner die Bürgerschaft mit allen Angelegenheiten zu befassen, die in die Verbandskompetenz des Landes fallen.

1.1.3 Unmittelbare Demokratie in den Gemeinden und Bezirken

In den **Berliner** Bezirken gibt es nach geltendem Recht keine Möglichkeit, über Bürgerbegehren und Bürgerentscheide rechtlich verbindliche Entscheidungen zu treffen. Allerdings sieht das Bezirksverwaltungsgesetz seit 1978 die Möglichkeit vor, daß 10% der Wahlberechtigten eine - mißverständlich "Bürgerbegehren" genannte - Massenpetition mit empfehlendem Charakter an die Bezirksverordnetenversammlung richten können. Von dieser Möglichkeit ist bisher immerhin etwa 30 Mal Gebrauch gemacht worden (*Ziekow 1999*). In **Bremen** finden sich die auf Landesebene verwirklichten Instrumente unmittelbarer Demokratie auch in den Gemeinden: Die Regelungen über Bürgerantrag, Bürgerbegehren und Bürgerentscheid in der Stadtgemeinde Bremen decken sich weitgehend mit den Regelungen über Bürgerantrag, Volksbegehren und Volksentscheid auf Landesebene. Der bemerkenswerteste Unterschied ist, daß in stadtbremischen Angelegenheiten auch EU-Bürger an Sachplebisziten teilnehmen dürfen. In Bremerhaven hat die Stadtverordnetenversammlung kraft der ihr durch die Landesverfassung eingeräumten Verfassungsautonomie durch Ortsgesetz Bürgerbegehren und Bürgerentscheid eingeführt. Interessant ist die Entwicklung in **Hamburg**: Nachdem sich die Bürgerschaft 1996 zunächst dagegen entschieden hatte, Bürgerbegehren und Bürgerentscheid auf bezirklicher Ebene einzuführen, sah sie sich zwei Jahre später mit einem Landesvolksbegehren, das unter anderem Bürgerentscheide in den Bezirken forderte, konfrontiert. Bei einem am 27.10. 1998 abgehaltenen Landesvolksentscheid setzte sich das Landesvolksbegehren in dieser Frage durch. Bezirkliche Sachplebiszite sind nunmehr in allen Angelegenheiten, in denen ein Beschluß der Bezirksversammlung möglich ist, zulässig. Ausgenommen sind Personalentscheidungen und Beschlüsse über den Haushalt. Der Bürgerentscheid hat die Wirkung eines Beschlusses der Bezirksversammlung. Die Hürden für erfolgreiche Plebiszite sind gering. Ein Bürgerbegehren hat Erfolg, wenn mindestens 3% bzw. - in Bezirken mit mehr als 300.000 Einwohnern - 2% der Stimmberechtigten es unterstützen. Beim Bürgerentscheid entscheidet die Mehrheit der abgegebenen Stimmen. Ein Zustimmungs- oder Beteiligungsquorum besteht nicht.

1.1.4 Nachholbedarf der Stadtstaaten in Sachen direkter Demokratie? Zum Stand der aktuellen Reformdiskussion

Als Ergebnis der Untersuchung kann festgehalten werden, daß die Stadtstaaten - insbesondere Berlin und Hamburg - im Bundesvergleich zur Nachhut in Sachen direkter Demokratie gehören:

- Berlin und Hamburg haben von allen Bundesländern als letzte die rechtlichen Voraussetzungen zur Durchführung von Sachplebisziten geschaffen.
- Alle drei Stadtstaaten errichten in ihren Verfassungen vergleichsweise hohe verfahrensmäßige Hürden für erfolgreiche Volksbegehren bzw. Volksentscheide. Allerdings läßt sich in jüngster Zeit eine Tendenz zur vorsichtigen Absenkung der Einschreibungs- und Abstimmungsquoren beobachten.

- Berlin ist neben dem Saarland das einzige Bundesland, das eine Verfassungsänderung durch Volksentscheid nicht zuläßt.

Man könnte versucht sein, diesen Befund damit zu erklären, daß es unter den Bedingungen politischer Kleinräumigkeit so viele informelle Möglichkeiten der Partizipation gab (und gibt), daß für formelle Elemente unmittelbarer Demokratie nur ein geringes Bedürfnis bestand (und besteht). Überzeugender erscheint aber die These, daß es in den Stadtstaaten in der Vergangenheit politisch nicht gewollt war, den Bürgerinnen und Bürgern stärkeren unmittelbaren Einfluß auf die Staatsgeschäfte einzuräumen. Trifft diese Einschätzung zu, dann muß der in der politischen Ideengeschichte immer wieder hergestelllte Zusammenhang zwischen demokratischer Struktur und räumlicher Ausdehnung für den Geltungsbereich des Grundgesetzes kritisch hinterfragt werden.

In **Berlin** wird gegenwärtig von einer Bürgerinitiative versucht, eine Änderung der Landesverfassung durchzusetzen, damit künftig auch zu verfassungsrechtlichen Fragen Volksbegehren und Volksentscheide möglich sind. In **Bremen** hat die Initiative „Mehr Demokratie in Bremen" im Juli 1998 einen mit der erforderlichen Unterschriftenzahl versehenen Antrag auf Zulassung eines Volksbegehrens über ein Gesetz zur Änderung der Art. 69 ff. BremVerf. gestellt. Der Gesetzentwurf sieht eine Streichung bzw. Absenkung der bisherigen Eintragungs- und Abstimmungsquoren und eine Erweiterung des sachlichen Anwendungsbereichs von Volksbegehren und Volksentscheid vor. Anfang September 1998 hat der Bremer Senat den Zulassungsantrag abgelehnt. Jetzt muß der Staatsgerichtshof entscheiden. In **Hamburg** fand am 27.10.1998 nicht nur der schon oben erwähnte Volksentscheid über die Einführung von Bürgerentscheiden in den Bezirken, sondern auch ein Volksentscheid über die Vereinfachung des Verfahrens bei Volksbegehren und Volksentscheid auf Landesebene statt. Zur Abstimmung stand unter anderem eine Erweiterung des sachlichen Anwendungsbereichs von Volksbegehren und Volksentscheid und eine Senkung bzw. Streichung von Eintragungs- und Abstimmungsquoren. Der Volksentscheid fand zwar nicht die für Verfassungsänderungen erforderliche Mehrheit von 50% der Stimmberechtigten. Gleichwohl erhielt er so viel Unterstützung, daß sich die in der Bürgerschaft vertretenen Parteien dazu entschlossen haben, selbst die Reforminitiative zu ergreifen. SPD, GAL und CDU haben sich darauf geeinigt, das für die Zulassung eines Volksbegehrens notwendige Unterstützungsquorum von 20.000 auf 10.000 Unterschriften und das Zustimmungsquorum beim Volksentscheid von 25% auf 20% der Stimmberechtigten zu senken. Außerdem soll der sachlichen Anwendungsbereich von Volksbegehren und Volksentscheid erweitert werden. Zukünftig soll zum Beispiel auch über Bauleitpläne abgestimmt werden dürfen.

1.2 Organisation und Aufgaben der Landtage

Art. 28 I 2 GG bestimmt, daß in allen Ländern in unmittelbaren, freien, gleichen und geheimen Wahlen gewählte Volksvertretungen existieren müssen. Weitere ausdrückliche Vorgaben für die Ausgestaltung von Organisation und Aufgaben der Landtage macht das Grundgesetz nicht. Insoweit greift grundsätzlich die Verfassungsautonomie der Länder ein.

Allerdings folgt schon daraus, daß von allen Landesorganen nur die Volksvertretungen in Art. 28 I GG erwähnt werden, daß die Landtage eine zentrale - wenn auch wegen des Prinzips der Gewaltenteilung nicht alles beherrschende - Stellung im System der politischen Willensbildung einnehmen müssen: In einem Staatswesen, „in dem das Volk die Staatsgewalt am unmittelbarsten durch das von ihm gewählte Parlament ausübt, (ist) vor allem dieses Parlament dazu berufen, im öffentlichen Willensbildungsprozeß unter Abwägung der verschiedenen, unter Umständen widerstreitenden Interessen über die von der Verfassung offengelassenen Fragen des Zusammenlebens zu entscheiden." (*BVerfGE 33, 125, 159*). Die Verwirklichung dieses normativen Grundsatzes ist in der Staatspraxis stets gefährdet. Ursächlich dafür ist die faktische Stärke der Regierung, die primär auf der Beherrschung des bürokratischen Apparates beruht und die durch die zunehmende Verflechtung der Politikebenen und den damit einhergehenden Bedeutungszuwachs der exekutiven Außenvertretungskompetenz weiter vergrößert wird. Durch institutionelle Reformen allein läßt sich dieses Dilemma sicher nicht lösen; dennoch kann durch eine angemessene Gestaltung der Parlamentsorganisation die politische Steuerungsfähigkeit der Landtage in Teilbereichen durchaus verbessert werden.

Der Landtag spielt nicht nur eine zentrale Rolle im System der parlamentarischen Regierung, sondern ist vor allen anderen Staatsorganen berufen, das Landesvolk politisch zu repräsentieren. Die verfassungsrechtliche Qualifizierung der Landtage als Volksvertretungen garantiert allerdings noch keinen erfolgreichen Repräsentationsprozeß. Die unter dem Stichwort „Politikverdrossenheit" diskutierte Entfremdung der Bürgerinnen und Bürger vom politischen System trifft auch und gerade die Parlamente. Die Ursachen der Politikverdrossenheit sind primär sozial-kultureller Natur und damit einer institutionellen Therapie kaum zugänglich. So vermag keine Parlamentsreform etwas an der Frustration zu ändern, die aus der wachsenden Diskrepanz zwischen stabil gebliebenen Ansprüchen an (sozial)staatliches Handeln und den gesunkenen (bzw. bewußt verminderten) Handlungsmöglichkeiten des Staates resultiert. Gleichwohl kann versucht werden, durch kluge institutionelle Reformmaßnahmen den Kommunikationsprozeß zwischen Abgeordneten und Bürgerinnen und Bürgern wenigstens partiell zu erleichtern.

Im folgenden soll der Frage nachgegangen werden, welche Maßnahmen die Stadtsstaaten in den letzten Jahren ergriffen haben, um die Stellung der Landtage als Staatsorgane und als Volksvertretungen zu stärken. Die Untersuchung ist eingebettet in eine eingehende Darstellung der Organisation und der Aufgaben der Landtage nach geltendem Recht. Behandelt werden folgende Aspekte: Wahlsystem, Wahlperiode und Anzahl der Abgeordneten (1.2.1); Status der Abgeordneten (1.2.2); der Landtag als Volksvertretung (1.2.3); der Landtag im System der parlamentarischen Regierung (1.2.4); die innere Organisation der Landtage (1.2.5). In einem sechsten Abschnitt werden dann die Entwicklungstendenzen des stadtstaatlichen Parlamentarismus zusammenfassend bewertet (1.2.6).

1.2.1 Wahlsystem, Wahlperiode und Anzahl der Abgeordneten

Wahlberechtigt sind bei Landtagswahlen nur Deutsche, die ein vom Landesgesetzgeber festgesetztes Mindestalter erreicht haben. Das Mindestalter liegt in den drei Stadtstaaten zur Zeit bei achtzehn Jahren. Es wäre aber denkbar (und wird auch diskutiert), die Altersgrenze um bis zu zwei Jahre abzusenken. Verwehrt ist es den Ländern hingegen, auch Nicht-Deutschen das Wahlrecht einzuräumen. Das Bundesverfassungsgericht hat entschieden, daß von Grundgesetz wegen nur Deutsche Staatsgewalt ausüben dürfen (*BVerfGE 83, 37; 83, 60*). Auch für EU-Bürger darf, soweit es um Landtagswahlen geht, keine Ausnahme gemacht werden, da sich die Regelung des Art. 28 I 3 GG nur auf die Wahl der Gemeindevertretungen und Kreistage bezieht. Der demokratietheoretisch bedenkliche Zustand, daß ein großer Teil der hier dauerhaft lebenden Bevölkerung von echter politischer Mitwirkung ausgeschlossen ist, kann daher nur durch großzügige Einbürgerungsregelungen verändert werden.

1.2.1.1 Von der gebundenen zur personalisierten Verhältniswahl?

Der Grundsatz, daß die Wahlen zu den Landtagen allgemein und gleich sein müssen („one person, one vote"), ist nicht nur bundesverfassungsrechtlich vorgegeben, sondern auch politisch völlig unumstritten. Wesentlich schwieriger zu beantworten ist die Frage, durch welches Wahlsystem die Gleichheit der Wahl in der Praxis am besten verwirklicht werden kann. In Deutschland wird gegenwärtig auf allen Ebenen des politischen Systems im Wege der Verhältniswahl gewählt. Dadurch soll sichergestellt werden, daß alle gültigen Stimmen nicht nur den gleichen Zähl-, sondern tendenziell auch den gleichen Erfolgswert haben: Eine Partei, auf die zehn Prozent der Stimmen entfallen, soll auch zehn Prozent der Sitze im Parlament einnehmen können. Zwar ist in der Vergangenheit gelegentlich die Forderung erhoben worden, zu Systemen der Mehrheitswahl überzugehen, doch hat diese Forderung nie größere Popularität gewinnen können. Die Verhältniswahl ist in der bundesdeutschen politischen Kultur fest verankert und wird weithin als das gerechteste Verfahren angesehen. Durchbrochen wird die der Verhältniswahl eigentümliche Entsprechung von Zähl- und Erfolgswert der Stimmen allerdings durch die in allen Bundesländern - auch in den drei Stadtstaaten - vorgesehene 5%-Sperrklausel. Das Bundesverfassungsgericht hat die darin liegende Beeinträchtigung der Wahlgleichheit in ständiger Rechtsprechung aus Gründen der Sicherung der Funktionsfähigkeit der Volksvertretungen für zulässig erklärt, gleichzeitig allerdings deutlich gemacht, daß eine höhere Sperrklausel verfassungsrechtlich grundsätzlich nicht zu rechtfertigen sei (*BVerfGE 1, 208; 4, 31; 6, 84; 51, 222*). Ob die 5%-Sperrklausel in den Stadtstaaten auch rechtspolitisch geboten ist, kann angesichts der in über vierzig Jahren gewonnenen Stabilität des politischen Systems und angesichts einer abweichenden Rechtslage im Kommunalwahlrecht etlicher Flächenstaaten bezweifelt werden.[52]

---

[52] Vgl. vor allem BerlVerfGH, LKV 1998, S. 142 ff.: Danach ist jedenfalls eine 5%-Sperrklausel bei den Wahlen zu den *Bezirksverordnetenversammlungen* in Berlin verfassungswidrig.

Die Verhältniswahl kann in verschiedenen Varianten verwirklicht werden. Zu unterscheiden ist zwischen der Verhältniswahl mit gebundenen Listen und der personalisierten Verhältniswahl:

- Bei der Verhältniswahl mit gebundenen Listen stellen die Partein die Listen auf und legen die Reihenfolge der Kandidaten fest. Jeder Wahlberechtigte hat eine Stimme, mit der er eine Liste wählt. Die auf eine Liste entsprechend ihrem Stimmenanteil entfallenden Sitze werden mit den Kandidaten in der Reihenfolge, in der sie auf der Liste stehen, besetzt. Die Wahlberechtigten können also auf die politische Zusammensetzung des Parlaments Einfluß nehmen, nicht jedoch darauf, welche Kandidaten einer bestimmten Liste ins Parlament gelangen.

- Stärker personalisiert ist die Verhältniswahl, wenn das Wahlgebiet in Wahlkreise eingeteilt wird und der Wahlberechtigte zwei Stimmen hat, mit denen er zum einen einen Wahlkreiskandidaten (Erststimme) und zum anderen eine Liste (Zweitstimme) wählen kann.[53] Über das Stärkeverhältnis der Parteien im Parlament entscheidet - jedenfalls soweit Überhangmandate ausgeglichen werden - allein die Zweitstimme. Mit der Erststimme hat der Wahlberechtigte aber einen gewissen Einfluß darauf, welche Kandidaten einer Partei ins Parlament einziehen können. Diese Form der personalisierten Verhältniswahl wird zum Beispiel bei der Bundestagswahl praktiziert.[54] Sehr viel höher als bei der personalisierten Verhältniswahl mit Wahlkreisen ist der Grad der Personalisierung der Wahl, wenn das Kumulieren und Panaschieren von Stimmen zugelassen wird: Der Wahlberechtigte hat bei dieser Variante der Verhältniswahl mehrere Stimmen, die er beliebig auf einzelne Kandidaten verteilen darf. Er kann mehrere Personen einer Liste oder mehrere Personen verschiedener Listen wählen, aber auch alle Stimmen einer Person geben. Die Anzahl der Sitze, die auf eine Liste entfallen, berechnet sich nach der Gesamtzahl der Stimmen, die Kandidaten dieser Liste gegeben wurden. Die Reihenfolge, in der die Sitze besetzt werden, bestimmt sich nach der Anzahl der persönlichen Stimmen eines Kandidaten. Bei diesem Wahlverfahren, wie es zum Beispiel auf kommunaler Ebene in Bayern, Baden-Württemberg oder Niedersachsen praktiziert wird, nehmen die Bürgerinnen und Bürger also ganz wesentlich Einfluß nicht nur auf die politische, sondern auch auf die personelle Zusammensetzung der Volksvertretung.

In den drei Stadtstaaten ist das Wahlsystem im einzelnen wie folgt ausgestaltet:

- In **Hamburg** existiert ein Verhältniswahlrecht mit gebundenen Listen. Die Enquete-Kommission Parlamentsreform hatte zwar 1992 in ihrem Abschlußbericht (*LT-Drucks. 14/2600*) vorgeschlagen, zukünftig Wahlkreise einzurichten. Dieser Vorschlag ist jedoch bisher vom Gesetzgeber noch nicht verwirklicht worden, obwohl sich alle politischen Kräfte grundsätzlich für eine stärkere Personalisierung des Wahlrechts ausgesprochen haben. Differenzen bestehen unter anderem noch hinsichtlich der Frage, ob die Wähler künftig ein oder zwei Stimmen haben sollen. Aus naheliegenden Gründen haben sich die

---

[53] Theoretisch ist eine personalisierte Verhältniswahl mit Wahlkreisen auch dann möglich, wenn nur eine Stimme abgegeben werden kann. Nur entfällt dann der mit der Wahlkreisbildung gewollte Effekt weitgehend, da in diesem Fall eine Wahl der präferierten Liste nur möglich ist, wenn zugleich deren Wahlkreiskandidat gewählt wird.

[54] Allerdings werden dort Überhangmandate nicht ausgeglichen!

- großen Fraktionen für ein Einstimmensystem, die kleinen für ein - „Leihstimmenkampagnen" ermöglichendes - Zweistimmensystem ausgesprochen (*Vgl. LT-Drucks. 15/3500*).

- In **Bremen** ist ebenfalls ein Verhältniswahlrecht mit gebundenen Listen verwirklicht. Allerdings ist hier insoweit eine Besonderheit zu verzeichnen, als das Land gemäß Art. 75 BremVerf. in zwei voneinander unabhängige Wahlgebiete unterteilt ist. Von den 100 Mitgliedern der Bürgerschaft werden 80 im Wahlgebiet Bremen und 20 im Wahlgebiet Bremerhaven gewählt. Um in der Bürgerschaft vertreten zu sein genügt es, wenn eine Partei in einem Wahlgebiet die 5%-Klausel überspringt. Ein Reststimmenausgleich zwischen beiden Wahlgebieten findet nicht statt. Die Besonderheiten des Bremer Wahlrechts werfen schwierige rechtliche Probleme auf und haben schon häufig zu gerichtlichen Auseinandersetzungen geführt (*Preuß 1991a, S. 304 ff.*).[55] Die Trennung der Wahlgebiete wirkt zudem als eine Sperre gegen eine Verkleinerung des Parlaments. Sobald nämlich in Bremerhaven weniger als 20 Abgeordnete zu wählen wären, würde in diesem Wahlgebiet eine - verfassungsrechtlich problematische - faktische Sperrklausel von mehr als 5% eingeführt. Die politisch naheliegende Lösung - Aufhebung der getrennten Wahlbereiche - hätte die ebenfalls verfassungsrechtlich bedenkliche Konsequenz, daß wegen der Teilidentität von Landtag und Stadtbürgerschaft (Art. 148 BremVerf.) auch Bremerhavener über die politische Zusammensetzung der Stadtbürgerschaft mitentscheiden würden. Eine Personalisierung der Verhältniswahl durch die Einrichtung von Wahlkreisen scheint zur Zeit in Bremen nicht intensiv diskutiert zu werden. B 90/Die Grünen und die Wählergemeinschaft „Arbeit für Bremen" (AfB) haben sich jedoch für die Zulassung des Kumulierens und Panaschierens von Stimmen ausgesprochen. SPD und CDU lehnen dies bisher ab (*Vgl. LT-Drucks. 14/847*).

- **Berlin** kennt eine durch die Einrichtung von Wahlkreisen personalisierte Verhältniswahl. Nach der Verkleinerung des Abgeordnetenhauses sind nunmehr grundsätzlich 78 Direktmandate und 52 Listenmandate zu vergeben. Anders als bei Bundestagswahlen werden etwaige Überhangmandate allerdings durch Ausgleichsmandate für die übrigen Listen ausgeglichen, so daß den Direktmandaten keine politisch entscheidene Funktion zufallen kann.

Insgesamt läßt sich feststellen, daß es in den Stadtstaaten erkennbare Bestrebungen gibt, das Wahlrecht stärker zu personalisieren. Den Bürgerinnen und Bürgern soll mehr Einfluß auf die Zusammensetzung des Parlamentes eingeräumt werden, um die Abgeordneten zu einer größeren Aufmerksamkeit für die konkreten Sorgen und Nöte ihrer (potentiellen) Wählerinnen und Wähler zu zwingen. Dieses Anliegen ist nachvollziehbar und erscheint grundsätzlich sinnvoll. Allerdings muß man sich auch die negativen Konsequenzen einer verstärkten Personalisierung vor Augen halten. Professionell arbeitende und fachlich ausgewiesene Kandidaten ohne große wahlkämpferische Qualitäten haben es dann schwerer

---

[55] Da die Relation der Wahlberechtigten sich in der Vergangenheit ständig zugunsten Bremens verändert hat - sie liegt zur Zeit bei etwa 81,5:18,5 - stellt sich unter anderem die Frage, ob der Grundsatz der Wahlgleichheit noch gewahrt ist.

als jetzt, Abgeordnete zu werden, obwohl gerade sie benötigt werden, damit das Parlament seinen Steuerungs- und Kontrollauftrag gegenüber der Regierung effektiv erfüllen kann.

1.2.1.2 Von der vier- zur fünfjährigen Wahlperiode?

Weil Demokratie immer nur Herrschaft auf Zeit ist, darf der zeitliche Abstand zwischen zwei Wahlen nicht zu groß sein. Die äußerste mit Art. 28 I GG noch zu vereinbarende Länge der Wahlperiode eines Landtags dürfte bei sechs Jahren liegen. Umgekehrt darf die Wahlperiode nicht so kurz sein, daß die parlamentarische Funktionsfähigkeit gefährdet wird. Es wäre ein Fehlschluß, eine direkte Korrelation zwischen dem Demokratisierungsgrad eines politischen Systems und der Amtsdauer der Abgeordneten anzunehmen. Die mit sehr kurzen Wahlperioden einhergehende Entprofessionalisierung der Parlamentsarbeit führt lediglich zu einem (weiteren) Machtzuwachs der Exekutive. Dies zeigen die in vielen Einzelstaaten der USA mit einer zweijährigen Wahlperiode gemachten Erfahrungen.

Die Wahlperioden der deutschen Landtage schwanken zur Zeit zwischen vier und fünf Jahren, wobei die Tendenz eindeutig hin zu einer fünfjährigen Wahlperiode geht. Dies gilt auch für die Stadtstaaten: In **Berlin** ist die Wahlperiode des Abgeordnetenhauses 1998 verlängert worden (Art. 54 I BerlVerf.), um die Planbarkeit und Stabilität der politischen Arbeit zu verbessern. In **Bremen** und in **Hamburg** beträgt die Wahlperiode zur Zeit zwar noch vier Jahre (Art. 75 I BremVerf.; Art. 10 I HambVerf.). Doch wird in beiden Ländern intensiv über eine Verlängerung diskutiert (*Vgl. den entsprechenden Vorschlag der Hamburger Enquete-Kommission "Parlamentsreform", LT-Drucks. 14/2600*).

In allen drei Stadtstaaten kann die Wahlperiode durch Parlamentsbeschluß vorzeitig beendet werden: In Berlin und Bremen ist dafür eine Zweidrittel Mehrheit erforderlich, in Hamburg genügt die Mehrheit der gesetzlichen Mitglieder. In Bremen und Berlin kann überdies eine vorzeitige Auflösung des Landtags auch durch Volksentscheid erzwungen werden. In Hamburg hat unter bestimmten Voraussetzungen auch der Senat das Recht, das Parlament aufzulösen.

1.2.1.3 Verkleinerung der Landtage im Spannungsfeld von Haushaltskonsolidierung und Parlamentsreform

In den meisten Bundesländern - und so auch in den Stadtstaaten - wird zur Zeit über eine Verkleinerung der Landtage nachgedacht. Dabei lassen sich etwas vereinfachend zwei politische Ansätze unterscheiden: Der *fiskalische Ansatz* stellt primär auf die durch eine Verringerung der Zahl der Abgeordneten erreichbare Entlastung der öffentlichen Haushalte ab. Allerdings sind die erzielbaren Einsparpotentiale gemessen am gesamten Haushaltsvolumen recht gering. Auch nach Einschätzung der Protagonisten des fiskalischen Ansatzes wird zum Beispiel eine Verminderung der Abgeordnetenzahl in Bremen von 100 auf 75 nicht mehr als zwei Millionen DM Minderausgaben pro Jahr bringen.[56] Bei der Forderung nach einer Parlamentsverkleinerung aus fiskalischen Gründen handelt es sich also

---

[56] Vgl. zu entsprechenden Schätzungen der Wählergemeinschaft "AfB" in Bremen *die taz v. 14.10.98, S. 21*.

primär um symbolische Politik, mit der der Bevölkerung signalisiert werden soll, daß auch „die da oben" in Zeiten allgemeiner Sparanstrengungen nicht ungeschoren davonkommen. Vertreter des *Professionalisierungsansatzes* hingegen fordern eine Verkleinerung des Parlamentes vor allem deshalb, um seine politische Steuerungsfähigkeit zu erhöhen. Konsequenterweise wird bei diesem Ansatz davon ausgegangen, daß die durch eine Verminderung der Zahl der Abgeordneten erzielbaren Einsparungen durch notwendige Strukturverbesserungen der Parlamentsarbeit (Veränderung des Abgeordnetenstatus hin zum Vollzeitabgeordneten, Einrichtung oder Ausbau des wissenschaftlichen Parlamentsdienstes, Einstellung von weiteren Mitarbeitern der Abgeordneten und Fraktionen) weitgehend aufgebraucht werden.[57] Auch wer eine Parlamentsverkleinerung zum Zwecke der Professionalisierung der Parlamentsarbeit fordert, muß sich allerdings mit dem Einwand auseinandersetzen, daß jede Verringerung der Abgeordnetenzahl die Chance der Bürgerinnen und Bürger auf einen persönlichen Kontakt mit dem Parlament mindert und damit die „Repräsentationsdichte" verringert.

Im einzelnen stellt sich die Situation in den drei Stadtstaaten zur Zeit wie folgt dar:

- In **Berlin** wurde in der 13. Legislaturperiode die verfassungsrechtlich festgelegte Mindestzahl der Mitglieder des Abgeordnetenhaus von 200 auf 150 gesenkt. Aufgrund von Ausgleichs- und Überhangmandaten beträgt die tatsächliche Zahl der Abgeordneten gegenwärtig allerdings immer noch 206. Mehr Abgeordnete hat nur noch der Landtag des größten Bundeslandes Nordrhein-Westfalen. Anfang 1998 ist durch Verfassungsänderung die Mindestzahl der Abgeordneten weiter gesenkt worden. Ab der nächsten Wahlperiode beträgt sie nur noch 130. Gleichzeitig soll durch eine Änderung des Verrechnungsmodus die Zahl der Überhang- und Ausgleichsmandate vermindert werden. Begründet wird die Verkleinerung ausschließlich mit finanziellen Argumenten (*Vgl. LT-Drucks. 13/2216*).

- In **Hamburg** bestimmt die Verfassung, daß die Bürgerschaft aus mindestens 120 Abgeordneten besteht. Das Wahlgesetz legt daran anknüpfend die Abgeordnetenzahl auf 121 fest. Der 1992 unterbreitete Vorschlag der Enquete-Kommission Parlamentsreform, die Zahl der Abgeordneten auf 101 zu vermindern (*Vgl. LT-Drucks. 14/2600*), ist bisher nicht aufgegriffen worden.

- In **Bremen** besteht die Bürgerschaft gemäß Art. 75 I BremVerf. aus 100 Mitgliedern. Über eine Reduzierung dieser Zahl - die grundsätzlich auch durch einfaches Gesetz möglich wäre (Art. 75 II Bremverf.) - ist zwar intensiv diskutiert worden. Die Bürgerschaftsmehrheit konnte sich jedoch - auch angesichts der oben bereits angesprochenen verfassungsrechtlichen Probleme (III. 1.2.1.1) - bisher noch nicht zu einem solchen Schritt entschließen (*Vgl. LT-Drucks. 14/847*). Allerdings fordern nun auch SPD und CDU in ihren Wahlprogrammen eine Parlamentsverkleinerung, so daß die Relevanz des Themas in den nächsten Monaten zunehmen wird.[58]

---

[57] In diese Richtung argumentieren zum Beispiel B 90/ Die Grünen in Bremen (*Vgl. LT-Drucks. 14/847, S. 2*).

[58] Hinzu kommt, daß die Wählergemeinschaft „AfB" ein Volksbegehren auf Verkleinerung der Bürgerschaft beantragt hat (*taz v. 14.10.1998, S. 21*).

Unbestreitbar und in der Natur der Sache begründet ist, daß die Stadtstaaten hinsichtlich der Zahl der Landtagsabgeordneten pro 100.000 Einwohner im bundesweiten Vergleich in der Spitzengruppe liegen (*Vgl. Häußermann 1994, S. 43*). Wegen der Identität von kommunaler und staatlicher Ebene in Berlin und Hamburg und wegen der Teilidentität von Stadtbürgerschaft und Landtag in Bremen vermag diese Erkenntnis für sich allein genommen aber noch nicht die Notwendigkeit einer Parlamentsverkleinerung zu belegen. Richtigerweise muß man die Zahl der Landtagsabgeordneten pro 100.000 Einwohner in den Stadtstaaten auch zur Zahl der Gemeindevertreter pro 100.000 Einwohner in den Großstädten der Flächenstaaten in Relation setzen. Bei dieser Betrachtungsweise erscheinen die Landtage der Stadtstaaten nicht als a priori überdimensioniert.

Tabelle 3: Verhältnis von Größe der Volksvertretungen und Einwohnerzahl in ausgesuchten Großstädten der Bundesrepublik (Stand: 1.1.98)

Stadt	Abgeordnete/Gemeindevertreter	Einwohner	Abgeordnete/Gemeindevertreter pro 100.000 Einwohner
Berlin	206	3.435.835	6,0
München	80	1.200.304	6,7
Hamburg	121	1.706.977	7,1
Stuttgart	60	558.511	10,7
Hannover	64	511.207	12,5
Nürnberg	70	489.758	14,3
F.a.M.	93	649.246	14,3
Bremen	80 (Stadtbürgerschaft)	547.872	14,6
Mainz	56	186.077	30,1
Saarbrücken	63	187.326	33,7

1.2.2 Status der Abgeordneten

1.2.2.1 Freies Mandat und individuelle Abgeordnetenrechte in der Parteiendemokratie

Wie die Bundestagsabgeordneten (Art. 38 I 2 GG) sind auch die Abgeordneten der Landtage kraft ausdrücklicher verfassungsrechtlicher Bestimmung Vertreter des ganzen Volkes, an Weisungen und Aufträge nicht gebunden und nur ihrem Gewissen verantwortlich (Art. 38 IV BerlVerf.; Art. 83 I BremVerf.; Art. 7 HambVerf.). Diese Formulierung scheint im Gegensatz zu den Erscheinungsformen der Parteiendemokratie, mit ihrer strikten Einbindung des einzelnen Abgeordneten in die Fraktionsdisziplin und mit ihrem Quasi-Parteienmonopol bei der Aufstellung von Wahllisten, zu stehen. In der Tat vermochte die in einer parteienfeindlichen Grundhaltung verharrende deutsche Staatsrechtslehre lange Zeit die Erscheinungsformen des Parteienstaates nur als schlechte Verfassungswirklichkeit zu begreifen. Heute ist allerdings - nicht zuletzt wegen Art. 21 I GG - weitgehend unumstritten, daß das freie Mandat nicht losgelöst von den Bedingungen der durch Parteien und Fraktionen erst funktionsfähig gemachten Massendemokratie interpretiert werden kann. Das Bild des aristokratischen Honoratiorenabgeordneten, der im öffentlichen Diskurs das gemeine Wohl zu erkennen trachtet, gehört längst der Vergangenheit an. Andererseits hat sich auch die These vom weitgehenden Funktionsverlust des freien Mandates nicht durchsetzen können. Das freie Mandat verschafft dem Abgeordneten zumindest eine relative Unabhängigkeit von Partei und Fraktion und fördert damit die innerparteiliche und innerfraktionelle Demokratie. Anders als in den siebziger Jahren wird über eine Abschaffung oder Relativierung des freien Mandates zugunsten der Parteien/Fraktionen heute nicht mehr diskutiert. Auch Vorstellungen einer Rätedemokratie mit wählerbezogenem imperativem Mandat - die durchaus reale Funktionsmängel des parlamentarischen Systems reflektierten - sind gegenwärtig nicht aktuell.

Das freie Mandat vermag in der parlamentarischen Praxis nur dann Bedeutung zu entfalten, wenn ein Abgeordneter auch für sich alleine Handlungsmöglichkeiten besitzt und auch als Fraktionsloser nicht völlig aus der Parlamentsarbeit ausgeschaltet ist. Das Bundesverfassungsgericht hat in der Wüppesahl-Entscheidung entgegen überzogenen Interpretationen der Parteienstaatsthese hervorgehoben, daß auch der einzelne Abgeordnete über bestimmte Mindestrechte verfügen muß (*BVerfGE 80, 188 ff.*). Dazu gehören neben dem Abstimmungsrecht vor allem das Rederecht und das Antragsrecht. In Art. 45 der Verfassung von Berlin sind die vom Bundesverfassungsgericht aufgestellten Grundsätze in exemplarischer Weise aufgenommen und fortentwickelt worden: „Das Recht des Abgeordneten, sich im Abgeordnetenhaus und in den Ausschüssen durch Rede, Anfragen und Anträge an der Willensbildung und Entscheidungsfindung zu beteiligen, darf nicht ausgeschlossen werden. Die Rechte der einzelnen Abgeordneten können nur insoweit beschränkt werden, wie es für die gemeinschaftliche Ausübung der Mitgliedschaft im Parlament notwendig ist. Das Nähere regelt die Geschäftsordnung."

Die parlamentarischen Rechte des individuellen Abgeordneten werden in den Stadtstaaten unterschiedlich akzentuiert:

- Für die Gestaltungsmöglichkeiten des individuellen Abgeordneten ist wesentlich, ob er die Möglichkeit hat, von sich aus Anträge auf Gesetzesvorlagen zu stellen oder andere Anträge im Plenum einzubringen. Nur in **Bremen** läßt die Geschäftsordnung zu, daß jeder Abgeordnete für sich alleine Anträge stellt (§ 31 GO). In **Hamburg** bedarf ein Antrag der Unterstützung von fünf (§ 16 GO), in **Berlin** von zehn Abgeordneten oder von einer Fraktion (§ 39 GO).

- Durch das Stellen von Großen und Kleinen Anfragen können die Abgeordneten die Regierung zwingen, zu bestimmten Punkten Stellung zu nehmen und Informationen zu erteilen. Große Anfragen müssen in allen drei Stadtstaaten jeweils von mehreren Abgeordneten unterstützt werden, um zulässig zu sein. Unterschiedlich sind die Voraussetzungen für das Stellen von Kleinen Anfragen ausgestaltet: In **Hamburg** gibt bereits die Verfassung jedem Abgeordneten ausdrücklich das Recht, Kleine Anfragen zu stellen (Art. 24 III HambVerf.). Ähnlich ist die Rechtslage in **Berlin** (Vgl. Art. 45 BerlVerf. i.V.m. § 50 I GO). Nur in **Bremen** ist das Stellen von Kleinen Anfragen an die Fraktionsstärke gebunden (§ 29 II GO), obwohl die Verfassung ausdrücklich vorsieht, daß durch die Geschäftsordnung auch den einzelnen Mitgliedern der Bürgerschaft ein solches Recht eingeräumt werden kann. Was in allen drei Stadtstaaten fehlt, ist eine Verfassungsbestimmung - wie es sie etwa in Brandenburg, Mecklenburg-Vorpommern, Niedersachsen, Sachsen, Sachsen-Anhalt und Schleswig-Holstein gibt -, die bestimmt, daß Anfragen von der Regierung unverzüglich, vollständig und nach bestem Wissen zu beantworten sind.

- Ein ständiger Streitpunkt des Parlamentsrechts war in der Vergangenheit die Frage, ob auch fraktionslose Abgeordnete einen Anspruch auf Mitarbeit in den Ausschüssen haben. Nach der Wüppesahl-Entscheidung des Bundesverfassungsgerichts ist klar, daß jeder Abgeordnete angesichts der praktischen Bedeutung der Ausschußarbeit zumindest das Recht haben muß, in einem Ausschuß seiner Wahl mit Rede- und Antragsrecht mitzuarbeiten. Allerdings kann er nach Auffassung des Bundesverfassungsgerichts, da die Ausschüsse in ihrer Zusammensetzung die politischen Stärkeverhältnisse im Parlament en miniature abbilden müssen, kein Stimmrecht beanspruchen. Hamburg und Berlin sind über diese vom Bundesverfassungsgericht genannten Mindestvoraussetzungen hinausgegangen: In **Berlin** bestimmt Art. 44 II BerlVerf., daß fraktionslose Abgeordnete das Recht haben, in allen Ausschüssen (!) ohne Stimmrecht mitzuarbeiten. In **Hamburg** haben sie immerhin das Recht, in zwei Ausschüssen mit Rede- und Antragsrecht mitzuwirken (§ 54 VI GO). Nur in **Bremen** befassen sich weder die Verfassung noch die Geschäftsordnung ausdrücklich mit den Beteiligungsrechten der fraktionslosen Abgeordneten, so daß es insoweit an den vom Bundesverfassungsgericht aufgestellten Mindeststandards bleibt.

1.2.2.2 Politik als Beruf oder als Ehrenamt?

Das Bundesverfassungsgericht erhob 1975 in der Diäten-Entscheidung den Berufspolitiker zum Leitbild des modernen Abgeordneten (*BVerfGE 40, 296, 313*): „Die parlamentarische Demokratie einer höchst komplizierten Wirtschafts- und Industriegesellschaft, in der Rechtsstaat, Freiheit und Pluralismus entscheidend mit Hilfe der politischen Partei aufrechterhalten werden sollen, verlangt vom Abgeordneten mehr als nur eine ehrenamtliche Nebentätigkeit, verlangt den ganzen Menschen, der allenfalls unter günstigen Umständen noch versuchen kann, seinem Beruf nachzugehen." Diese Einschätzung wird nicht durchgängig geteilt. Viele halten dem Leitbild des Berufspolitikers nach wie vor das Bild des ehrenamtlich tätigen Abgeordneten, der die in einem „bürgerlichen" Beruf erworbenen Erfahrungen in die Parlamentsarbeit einbringt, entgegen (*vgl. Gusy 1998, S. 923 f.*).

Von allen Bundesländern sind es die Stadtstaaten, die - trotz einiger tastender Reformen in jüngerer Zeit - am stärksten am Bild des ehrenamtlichen Abgeordneten festhalten. Dies zeigt sich vor allem an der im Bundesvergleich sehr geringen „Entlohnung" der Abgeordnetentätigkeit (siehe nachstehende Übersicht).

Tabelle 4: Laufende monatliche Zahlungen an die Abgeordneten der Parlamente in Deutschland (Stand: März 1998)

Parlament	Steuerpflichtige Entschädigung	Steuerfreie allgemeine Kostenpauschale	Gesamt
Bundestag	12.350	6.344	18.694
Bayern	10.115	4.859	14.974
Hessen	11.266	900	12.166
Niedersachsen	9.825	1.930	11.755
Rheinland-Pfalz	9.035	2.200	11.235
NRW	8.752	2.278	11.030
Saarland	7.971	1.877	9.848
Baden-Württemberg	7.900	1.600	9.500
Thüringen	7.614	1.865	9.479
Schleswig-Holstein	7.350	1.600	8.950
Sachsen	6.753	2.160	8.913
Brandenburg	7.086	1.706	8.792
Sachsen-Anhalt	6.500	1.800	8.300
Mecklenburg-Vorp.	6.310	1.920	8.230
Berlin	5.100	1.460	6.560
Bremen	4.457	769	5.226
Hamburg	4.000	600	4.600

Quelle: Unabhängige Kommission zur Angemessenheit der Leistungen nach dem Hamburgischen Abgeordnetengesetz, LT-Drucks. 16/640, Anlage 1, S. 10

Im einzelnen stellt sich die Situation in den drei Stadtstaaten wie folgt dar:

- In **Bremen** war bis 1994 der Grundsatz der Ehrenamtlichkeit ausdrücklich in der Verfassung festgeschrieben (Art. 82 BremVerf.a.F.: „Die Mitglieder der Bürgerschaft führen ihr Amt als Ehrenamt. Erwerbsausfälle und notwendige Barauslagen werden ihnen aus öffentlichen Mitteln ersetzt. Sie erhalten eine Aufwandsentschädigung (...).") Art. 82 BremVerf. n. F. bestimmt hingegen in Abs. 2 schlicht: „Die Mitglieder der Bürgerschaft haben Anspruch auf ein angemessenes Entgelt." Damit ist in normativer Hinsicht grundsätzlich der Weg zum Berufsabgeordneten frei gemacht worden. In jüngster Zeit ist die Einführung von Vollzeitabgeordneten vor allem im Zusammenhang mit Überlegungen zur Verkleinerung der Bürgerschaft diskutiert worden. Der Ausschuß „Verfassungs- und Parlamentsreform" hat sich jedoch in seinem Ende 1997 vorgelegten Schlußbericht (*LT-Drucks. 14/847*) gegen eine Änderung der gegenwärtigen Rechtslage ausgesprochen.

- Auch in **Hamburg** bestimmte die Verfassung bis in die jüngste Zeit hinein: „Die Abgeordneten üben ihre Tätigkeit ehrenamtlich aus. Sie erhalten eine angemessene Aufwandsentschädigung (...) (Art. 13 I HambVerf.). 1996 folgte der verfassungsändernde Gesetzgeber einem Vorschlag der Enquete-Kommission Parlamentsreform (*LT-Drucks. 14/2600*) und ließ den Grundsatz der Ehrenamtlichkeit des Abgeordnetenstatus entfallen (Vgl. Art. 13 I HambVerf. n.F.: „Die Abgeordneten haben Anspruch auf ein angemessenes, ihre Unabhängigkeit sicherndes Entgelt.). Nicht gefolgt wurde hingegen dem Vorschlag der Enquete-Kommission, die steuerpflichtige Abgeordnetenentschädigung drastisch auf 6.800 DM anzuheben. De facto wird in Hamburg am Leitbild des Teilzeitabgeordneten festgehalten (Vgl. Art. 13 II 1 HambVerf. n.F.: „Die Vereinbarkeit des Amtes eines Abgeordneten mit einer Berufstätigkeit ist gewährleistet.). Die Unabhängige Kommission zur Angemessenheit der Leistungen nach dem Hamburgischen Abgeordnetengesetz hat für diese Zögerlichkeit der Bürgerschaft kritische Worte gefunden (*LT-Drucks. 16/640, Anlage,*

S. 9): „Qualifizierte Abgeordnete haben einen Anspruch auf Rahmenbedingungen für ihre Arbeit, die der Bedeutung ihrer Aufgabe in der Demokratie gerecht werden. Ohne die Bereitstellung solcher Rahmenbedingungen wird es schwer möglich sein, geeignete und überzeugende Kandidatinnen und Kandidaten aus möglichst vielen Bereichen zu einer Kandidatur zu bewegen, ohne solche Bedingungen kann aber auch nicht die im Verhältnis zu einer hochkompetenten und machtbewußten Exekutive in der Regel unzulänglich ausgestattete erste Gewalt die notwendige Souveränität entfalten und mit der erforderlichen Autorität zur Geltung bringen."

- Die **Berliner** Verfassung legt sich - wie mittlerweile auch die Verfassungen von Bremen und Hamburg - hinsichtlich der Ehren- bzw. Hauptamtlichkeit des Abgeordnetenmandates nicht fest (Art. 53 BerlVerf.). Angesichts der geringen Höhe der Diäten kann man aber auch hier von einem Leitbild des Teilzeitabgeordneten ausgehen.

Ingesamt zeigt sich, daß die Abgeordneten der Stadtstaaten hinsichtlich der Höhe ihrer Entschädigung eher mit den ehrenamtlichen Gemeinderäten mancher Großstädte in Flächenländern[59] als mit hessischen, niedersächsischen oder nordrhein-westfälischen Landtagsabgeordneten verglichen werden können.

Der Grad der Professionalisierung des Abgeordnetenmandates bemißt sich nicht nur an der Frage "Vollzeit oder Teilzeit", sondern auch daran, welche materiellen und personellen Ressourcen ihm für seine Tätigkeit zur Verfügung stehen. Dabei ist zu unterscheiden zwischen individuellen Ressourcen, Ressourcen der jeweiligen Fraktionen und Ressourcen, die dem Parlament in seiner Gesamtheit zustehen. Hier wird zunächst nur auf den ersten Aspekt eingegangen:

- In **Hamburg** ist festgelegt, daß jeder Abgeordnete auf Antrag neben der allgemeinen Kostenpauschale von 600 DM noch einen Zuschuß von 700 DM für die Anmietung eines Büros und einen Zuschuß zur Einstellung eines persönlichen Mitarbeiters bekommt. Der Personalkostenzuschuß kann bis zur Häfte eines Tarifgehaltes nach BAT IIa zuzüglich der für den öffentlichen Dienst tarifvertraglich vereinbarten Bezüge und der von dem Abgeordneten zu tragenden Arbeitgeberanteile an den Beiträgen zur Sozialversicherung betragen.

- In **Berlin** ist die allgemeine Kostenpauschale der Abgeordneten recht hoch (1.400 DM). Außerdem werden ihnen Aufwendungen für Mitarbeiter nach Maßgabe des Haushaltsgesetzes ersetzt. Auch in Berlin ist also grundsätzlich die Institution des persönlichen Abgeordnetenmitarbeiters vorgesehen. Allerdings wird diese gesetzlich angelegte Möglichkeit zur Zeit mangels Bereitstellung entsprechender Mittel im Haushaltsplan nicht realisiert.

- Die Abgeordneten in **Bremen** sind vergleichsweise schlecht ausgestattet. Neben der nicht gerade hohen allgemeinen Kostenpauschale von 769 DM stehen ihnen keine

---

[59] In Nürnberg zum Beispiel erhalten einfache Gemeinderatsmitglieder immerhin eine monatliche Entschädigung von 2.762 DM plus Verdienstausfallentschädigung für Sitzungen. Fraktionsvorsitzende erhalten sogar eine monatliche Entschädigung von 5.521 DM plus eine pauschalierte Verdienstausfallentschädigung von 2.500 - 5.000 DM im Monat!

weiteren individuellen Unterstützungsleistungen zu. Insbesondere haben sie keinen Anspruch auf die Finanzierung von Mitarbeitern.

1.2.3 Der Landtag als Volksvertretung

Während alle Staatsorgane berufen sind, für das Volk zu handeln, ist die repräsentative Vertretung des Volkes in erster Linie Sache des Parlaments. Nur das Parlament ist seiner Struktur nach dazu in der Lage, den unterschiedlichen sozialen Interessen und politischen Auffassungen ein Forum zu bieten. Denn anders als alle übrigen Staatsorgane fällt es seine Entscheidungen in öffentlicher Sitzung und nicht hinter verschlossenen Türen - auch wenn de facto die Plenumsentscheidungen häufig nur noch notarielle Funktion haben (*vgl. BVerfGE 40, 237, 248*).

Erfolgreiche Repräsentation läßt sich aber nicht verfassungsrechtlich erzwingen. Das Parlament kann an seiner Repräsentationsaufgabe scheitern, wenn sich ungeachtet der Existenz allgemeiner und gleicher Wahlen große Teile des Volkes nicht mehr durch die Abgeordneten vertreten fühlen. Zu den sozialen und kulturellen Voraussetzungen erfolgreicher Repräsentation gehört unter anderem, daß sich die Angeordneten hinsichtlich ihrer sozialen Herkunft, ihres Geschlechts und anderer persönlicher Merkmale nicht zu weit vom Durchschnitt der Gesellschaft entfernen.

Obwohl die gesellschaftlichen Voraussetzungen erfolgreicher Repräsentation nicht durch einen politischen Willensakt geschaffen werden können, stellt sich die Frage, ob durch Reformen der Parlamentsorganisation dem Parlament die Wahrnehmung seiner Repräsentativfunktion nicht zumindest erleichtert werden kann:

- Dargestellt wurden bereits die Überlegungen, durch eine stärkeren Personalisierung der Wahlsysteme die Verbindung zwischen Abgeordneten und Bürgerinnen und Bürgern zu verbessern (*Vgl. Kapitel III.1.2.1.1*).

- Intensiv diskutiert wird seit einigen Jahren die Ausweitung des Öffentlichkeitsprinzips auf die Ausschußsitzungen. Dahinter steht die zutreffende Einschätzung, daß die eigentliche Sacharbeit in den Ausschüssen stattfindet, während im Plenum vielfach nur noch ratifiziert wird. In **Berlin** ist seit 1995 in der Verfassung festgeschrieben, daß die Parlamentsausschüsse grundsätzlich öffentlich tagen (Art. 44 I BerlVerf.). Auch in **Hamburg** tagen die Ausschüsse grundsätzlich öffentlich. Allerdings ist dieser Grundsatz nur in der Geschäftsordnung festgelegt (§ 56 I GO). Nur in **Bremen** bleibt es dem jeweiligen Ausschuß überlassen, darüber zu entscheiden, ob er öffentlich oder nicht öffentlich tagen will.

- Eine wichtige Rolle im Repräsentationsprozeß spielt auch das Petitionswesen (*Vgl. Rinken 1998, S. 132 ff.*). In einer zunehmend verfahrensrechtlich verrechtlichten Gesellschaft bildet die form- und fristlose Petition für die Bürgerinnen und Bürger ein wichtiges Mittel, ihre persönlichen und politischen Anliegen dem obersten Staatsorgan unmittelbar zur Kenntnis zu bringen. Die stets wachsende Zahl von Petitionen belegt, daß hierfür ein Bedürfnis besteht. Die Parlamente können zwar in den meisten Fällen auch den berechtigten Beschwerden nicht selbst abhelfen. Sie können jedoch Auskünfte von der Regierung einholen und Empfehlungen aussprechen, denen aller Erfahrung nach einiges Gewicht zukommt. Das Petitionswesen stärkt im übrigen nicht nur die Kontakte zwischen Bürgern/Bürgerinnen und Parlamenten, sondern bildet für das Parlament auch ein zusätzliches Kontrollinstrument gegenüber der Exekutive. In allen drei Stadtstaaten finden sich in der Landesverfassung mittlerweile Vorschriften über den Petitionsausschuß. In den Vorschriften sind zumeist auch die spezifischen Informations- und Ermittlungsrechte des Ausschusses geregelt (Vgl. Art. 46 BerlVerf.; Art. 105 V BremVerf.; Art. 25b HambVerf.). Ein besonderes Problem hinsichtlich der Reichweite des Petitionsrechts wirft die fortschreitende Privatisierung von Verwaltungsaufgaben auf. Ungeklärt ist vielfach, ob sich die Petitionsinformationsrechte der Parlamente auch auf Vorgänge in den privatisierten Einheiten beziehen. Hier ist in Bremen - nach einem einschlägigen Urteil des Staatsgerichtshofes (*NVwZ-RR 1997,S. 145 ff.*) - im Petitionsgesetz eine vorwärtsweisende Regelung getroffen worden: Die Befugnisse des Petitionsausschusses beziehen sich nicht nur auf die unmittelbare Staatsorganisation und die sonstigen juristischen Personen des öffentlichen Rechts, sondern auf alle Stellen, die öffentliche Aufgaben unter maßgeblichem Einfluß der öffentlichen Hand wahrnehmen (§ 1 II BremPetG).

1.2.4 Der Landtag im System der parlamentarischen Regierung

1.2.4.1 Gesetzgebungsfunktion: Die Problematik des Exekutivföderalismus

Im Mittelpunkt der Erörterung der Parlamentsfunktionen und -aufgaben steht zumeist die Gesetzgebungsfunktion. Zweifellos bildet die Befugnis zur Gesetzgebung die zentrale Kompetenz jedes Parlaments. Aber schon beim Bundestag wäre es problematisch, den Blick allein auf die legislative Tätigkeit zu richten (*Vgl. Gusy 1998, S. 921 f.;K. Hesse 1995, Rn. 572 ff., 588 ff.*). Für die Landtage gilt dies in gesteigertem Maße. Im föderalen System der Bundesrepublik Deutschland liegt das Gros der Gesetzgebungszuständigkeiten - entgegen dem Eindruck, den Art. 30 GG bei isolierter Betrachtung erwecken mag - beim Bund. Der eigenständige Spielraum der Ländergesetzgebung ist durch die Einführung von Rahmengesetzgebungskompetenzen und durch die Inanspruchnahme der konkurrierenden Gesetzgebungskompetenzen durch den Bund immer weiter eingeschränkt worden (*Volkmann 1998, S. 617 f.*). Ob die jüngsten Novellierungen der Art. 72 und 75 GG, die die Inanspruchnahme der Gesetzgebungskompetenz durch den Bund an höhere Voraussetzungen als bisher knüpfen, daran etwas ändern werden, bleibt abzuwarten. Solange die Bewahrung bzw. Herstellung einheitlicher Lebensbedingungen im Bundesgebiet ein mehrheitlich geteiltes Ziel ist, ist insoweit Skepsis angebracht. Neben der Bundesgesetzgebung sorgen auch die Rechtsetzung durch die EU sowie die Selbstkoordination der Länder durch Mustergesetzentwürfe (Beispiel: Musterentwurf für ein Polizeigesetz) für eine Einschränkung der eigenständigen legislativen Handlungsräume der Länder.

Politische Konsequenz dieser Entwicklung ist, daß die Landesparlamente im Verhältnis zu den Landesregierungen stetig an Gewicht verlieren. Die Landesregierungen können sich für den Verlust an eigenständigem Gestaltungsspielraum durch die Mitwirkung im Bundesrat jedenfalls zum Teil schadlos halten. Den Landtagen ist dieser Ausweg versperrt: Im Bundesrat sind die Landesregierungen an Weisungen und Beschlüsse ihrer Parlamente nicht gebunden. Zwar dürfen die Landtage die Regierungen zu einem bestimmten Verhalten politisch auffordern und zum Abstimmungsverhalten per Resolution Stellung nehmen. Nur entfalten solche Beschlüsse im Außenverhältnis keine rechtliche Wirkung.

Daß der Gesetzgebungsspielraum der Länder kleiner geworden ist, bedeutet nicht, daß es keine relevanten Bereiche mehr gibt, die einer Regelung durch Landesgesetz zugänglich sind. Der Schul- und Kulturbereich ist zum Beispiel weitgehend Landessache geblieben. Außerdem eröffnet sich dem Landesgesetzgeber im Bereich der staatlichen Organisation ein breites Betätigungsfeld. In den Flächenstaaten gehört zum Beispiel der Erlaß und die Novellierung der Gemeinde- und Kreisordnung zu den wichtigsten Aufgaben der Landesparlamente. Auch in den Stadtstaaten gibt es zahlreiche Gesetze, die jenseits der Verfassung die konkrete Struktur der staatlichen Organisation bestimmen (*Vgl. dazu zum Beispiel Kapitel III.1.3.1.5*).

1.2.4.2 Budgetfunktion: Von der Kameralistik zum outputorientierten Haushalt?

Eines der wichtigsten Instrumente, mit denen das Parlament Einfluß auf die Politik nehmen kann, ist der durch Haushaltsgesetz festgestellte Haushaltsplan. Das Bundesverfassungsgericht hat ihn als staatsleitenden Hoheitsakt in Gesetzesform, der die wirtschaftlichen Grundsatzentscheidungen für zentrale Politikbereiche treffe, gekennzeichnet (zuletzt *BVerfGE 70, 324, 355 f.*). Nach ganz überwiegender Ansicht ermächtigt der Haushaltsplan die Exekutive allerdings grundsätzlich nur zur Ausgabe der bereitgestellten Mittel, verpflichtet sie aber nicht dazu (*Vgl. Heun 1989, S. 409 ff.; Wallerath 1997, S. 62 ff.*). Diese Ansicht findet eine gewisse Stütze in § 3 I HGrG („Der Haushaltsplan ermächtigt die Verwaltung, Ausgaben zu leisten und Verpflichtungen einzugehen.") und den entsprechenden Regelungen der Haushaltsordnungen. Dementsprechend hat jüngst noch einmal der VerfGH Berlin festgestellt: „Eine Verpflichtung des Senats, die im Haushaltsplan für einen bestimmten Zweck veranschlagten Ausgaben auch tatsächlich aufzuwenden, besteht nach der Verfassung von Berlin und den sie konkretisierenden Bestimmungen der Landeshaushaltsordnung nicht." (*Entscheidungen der Verfassungsgerichte der Länder Berlin u.a., Bd. 1, S. 131, 138 f.*). Nicht durchsetzen konnte sich die unter anderem vom Bremer Staatsgerichtshof in einer älteren Entscheidung (*StGHE 1, 52, 55*) entwickelte und konkret vor allem auf Art. 132 S. 2 BremVerf. („Der Senat hat die Verwaltung nach dem Haushaltsgesetz zu führen") gestützte Interpretation des Haushaltsplanes als „generell-imperatives Mandat" an die Verwaltung (*Vgl. Göbel 1991, S. 388*).

Regelmäßig ist es die Verantwortung der Regierung, den Haushalt *aufzustellen* und dem Parlament zur Beschlußfassung vorzulegen. An der Erarbeitung des Haushaltsplanentwurfs sind die Parlamentarier im Bund und in den meisten Ländern nicht beteiligt. Anders ist die Situation in **Bremen**. Dort wirken gemäß § 1 III DeptG die verschiedenen Fachdeputationen an der Aufstellung der Haushaltsvoranschläge für den Einzelplan ihres

Verwaltungszweiges mit.[60] In **Hamburg** beschließen ebenfalls die bei jeder Fachbehörde eingerichteten Deputationen über die Aufstellung der der Bürgerschaft vorzulegenden Haushaltspläne für die jeweilige Fachbehörde. Als Beteiligung des Parlaments an der Haushaltsplanaufstellung läßt sich dies - anders als in Bremen - allerdings nicht begreifen, da seit 1971 Mitglieder der Bürgerschaft nicht mehr einer Deputation angehören dürfen (§ 7 II Gesetz über Verwaltungsbehörden).

In allen drei Stadtstaaten besitzt der Landtag eine Reihe von Befugnissen beim *Haushaltsvollzug*. So müssen insbesondere alle über- und außerplanmäßigen Ausgaben von den Abgeordneten bewilligt oder zumindest nachträglich genehmigt werden (Art. 68 II HambVerf.; Art. 88 BerlVerf.; Art. 101 I Nr. 5 BremVerf.). Die praktische Bedeutung dieser Befugnisse wird allerdings im Zuge der Ausweitung der gegenseitigen Deckungsfähigkeit und der Übertragbarkeit von Haushaltsansätzen (dazu sogleich im Text) zurückgehen. Daneben sehen die Verfassungen der Stadtstaaten noch weitere Rechte der Abgeordneten beim Haushaltsvollzug vor, die zum Teil für Landesparlamente recht ungewöhnlich sind und auf den auch kommunalen Charakter der Stadtstaatenparlamente verweisen. Am stärksten sind diese Rechte in **Bremen** ausgeprägt. Die Bürgerschaft beschließt dort (Art. 101 I Nr. 2-4 und 6-7 BremVerf.) über die Festsetzung von Abgaben und Tarifen, die Übernahme neuer Aufgaben, für die eine gesetzliche Verpflichtung nicht besteht, die Umwandlung der Rechtsform von Eigenbetrieben oder Eigengesellschaften, die Verfügung über Vermögen der Freien Hansestadt Bremen und den Verzicht auf Ansprüche der Freien Hansestadt Bremen. Die Aufgaben hat sie allerdings auf den Haushalts- und Finanzausschuß übertragen. In **Berlin** bedarf die Umwandlung von Eigenbetrieben und von einzelnen Anlagen von bleibendem Wert in juristische Personen eines Beschlusses des Abgeordnetenhauses (Art. 93 I BerlVerf.). Die Veräußerung von Vermögensgegenständen muß durch Gesetz geregelt werden (Art. 93 II BerlVerf.). In **Hamburg** muß gemäß Art. 72 II HambVerf. die Bürgerschaft über die Übernahme von Sicherheitsleistungen zu Lasten der Stadt, deren Wirkung über ein Rechnungsjahr hinausgeht oder die nicht zum regelmäßigen Gang der Verwaltung gehört, beschließen. Ebenso ist die Veräußerung von „Staatsgut", die nicht zum regelmäßigen Gang der Verwaltung gehört, nur auf Beschluß der Bürgerschaft möglich (Art. 72 III HambVerf.). In der Staatspraxis werden indessen fast alle Veräußerungen zum „regelmäßigen Gang der Verwaltung" gerechnet.

Ungeachtet der von Bundesverfassungsgericht hervorgehobenen (normativen) politischen Bedeutung des Haushaltsgesetzes sieht sich das tatsächliche Steuerungspotential des traditionellen Haushaltsrechts schon seit langem der Kritik ausgesetzt. Im Zuge der Diskussionen um ein Neues Steuerungsmodell für die Verwaltung hat die Kritik an Intensität und Verbreitung gewonnen. Moniert werden vor allem die zu detaillierten Festsetzungen der Haushaltspläne und die ausschließliche „Inputorientierung" des

---

[60] Vor 1998 stellten die Fachdeputationen - im Zusammenspiel mit der Finanzdeputation - den Haushalt für ihren Verwaltungszweig sogar regelrecht auf. Im Zuge der Bestrebungen, die von Vertretern des Senats und der Bürgerschaft besetzten Deputationen durch reine Parlamentsausschüsse zu ersetzen und damit die Gewaltenteilung besser zu verwirklichen, sind die parlamentarischen Mitwirkungsrechte bei der Haushaltsaufstellung jedoch vermindert worden. Die Finanzdeputation wurde aufgelöst und durch einen Haushalts- und Finanzausschuß ersetzt, der nicht mehr in die Erstellung des Haushaltsplanentwurfs eingeschaltet ist.

kameralistischen Haushaltssystems (*Färber 1997, S. 62 ff.*). In Reaktion auf die genannten Defizite wird seit einiger Zeit mit neuen Konzepten der Haushaltssteuerung experimentiert. Als fortgeschrittenstes Konzept gilt dabei die „outputorientierte Budgetierung" (*Färber 1997; Linck 1997; Osterloh 1997*). Mittlerweile haben sich die Veränderungsbestrebungen auch auf der rechtlichen Ebene niedergeschlagen (*Vgl. dazu noch unten Kapitel IV.3*). Ende 1997 wurde das Haushaltsgrundsätzegesetz durch das Haushaltsrecht-Fortentwicklungsgesetz novelliert (*Böhm 1998, S. 934 ff.*). Folgende bedeutsame Änderungen sind zu erwähnen: Die Möglichkeit der gegenseitigen Deckungsfähigkeit und der Übertragbarkeit von Ansätzen wird wesentlich erweitert (§ 15 HGrG n.F.). Angemessene Wirtschaftlichkeitsuntersuchungen sind nunmehr für alle finanzwirksamen Maßnahmen vorgeschrieben (§ 6 HGrG n.F.). Gemäß § 6 a HGrG schließlich ist zukünftig eine leistungsbezogene Planaufstellung und -bewirtschaftung des Haushalts zulässig.[61] Die Länder sind verpflichtet, diese Regelungen der Sache nach in ihre Landeshaushaltsordnungen zu übernehmen, wobei ihnen allerdings bei der Umsetzung im Einzelnen Handlungsspielräume verbleiben.[62]

Welche Auswirkungen das Instrument der Budgetierung auf die parlamentarische Steuerungsfähigkeit haben wird, kann noch nicht abschließend beurteilt werden. In einer einstimmig verabschiedete Erklärung der Präsidenten der Rechnungshöfe des Bundes und der Länder vom 26.2.1997 heißt es dazu: „Es läßt sich (...) zur Zeit nicht mit der erforderlichen Sicherheit bestimmen, inwieweit neue Systeme der Haushaltsführung tatsächlich ein wirksameres und wirtschaftlicheres Handeln des Staates fördern. Auch die Rechnungshöfe des Bundes und der Länder haben, soweit bereits einzelne Vorhaben geprüft wurden, erst vorläufige Aussagen zur Wirksamkeit der neuen Steuerungsmodelle und -instrumente getroffen. (...) Eine weitreichende Flexibilisierung des Haushaltsvollzugs birgt die Gefahr einer Einschränkung der Steuerungs- und Kontrollrechte der Parlamente. Ein solcher Verlust muß durch verbesserte aufgabenbezogene Steuerungs- und Kontrollinstrumente kompensiert werden. Darüber hinaus ist sicherzustellen, daß im Interesse einer wirksamen parlamentarischen Kontrolle die verfassungsmäßige Verantwortlichkeit der Regierung nicht eingeschränkt wird." (*zitiert nach: Bürgerschaft der Freien Hansestadt Bremen, LT-Drucks. 14/834, S. 6*).

1.2.4.3 Befugnis der Parlamente zur Richtlinienbestimmung? Zur Problematik eines Kontraktmanagements im Verhältnis Landesparlament - Landesregierung

---

[61] In Abs. 1 heißt es: "Die Einnahmen, Ausgaben und Verpflichtungsermächtigungen können im Rahmen eines Systems der dezentralen Verantwortung einer Organisationseinheit veranschlagt werden. Dabei wird die Finanzverantwortung auf der Grundlage einer Haushaltsermächtigung auf die Organisationseinheiten übertragen, die die Fach- und Sachverantwortung haben. Voraussetzung sind geeignete Informations- und Steuerungsinstrumente, mit denen insbesondere sichergestellt wird, daß das jeweils verfügbare Ausgabevolumen nicht überschritten wird. Art und Umfang der zu erbringenden Leistungen sind durch Gesetz oder den Haushaltsplan festzulegen."

[62] Von den Stadtstaaten scheint sich vor allem Hamburg um eine "eigenständige" Umsetzung der Vorgaben des Haushaltsrecht-Fortentwicklungsgesetzes bemüht zu haben (vgl. das zweite Gesetz zur Änderung der Landeshaushaltsordnung vom 22.12.1998, GVBl. S. 338).

Die parlamentarische Demokratie des Grundgesetzes kennt weder faktisch noch normativ einen uneingeschränkten Vorrang des Parlaments. Die Bundesregierung ist nicht bloßer geschäftsführender Ausschuß des Bundestags, sondern als Staatsorgan durch die Verfassung mit eigenen Befugnissen ausgestattet worden. Gerade weil die Regierung gegenüber dem Parlament verantwortlich sei, so daß Bundesverfassungsgericht, müsse es einen unantastbaren „Kernbereich exekutivischer Eigenverantwortung" geben (*BVerfGE 67, 100, 139*). Der - in seiner Reichweite im Einzelnen umstrittene - Grundsatz der Gewaltenteilung ist über Art. 28 I 1 GG auch für die Länder verbindlich. Allerdings dürfen die Länder kraft ihrer Verfassungsautonomie die Grundsätze des Art. 28 I 1 GG modifizieren. Sie sind nicht gezwungen, das Verhältnis Landesparlament - Landesregierung exakt nach dem Vorbild des Verhältnisses Bundestag - Bundesregierung zu modellieren.

Die verfassungsrechtliche Eigenständigkeit der Regierungen begrenzt die Fähigkeit der Parlamente, das Verwaltungshandeln durch Einzelbeschlüsse oder durch den Erlaß von Richtlinien rechtsverbindlich zu steuern. Erst jüngst hat der Berliner Verfassungsgerichtshof noch einmal - gestützt auf Art. 3 I BerlVerf.[63] - bekräftigt, daß der Senat bei der Wahrnehmung der ihm von der Verfassung übertragenen Aufgaben selbständig und eigenverantwortlich handelt, ohne an Weisungen und Vorgaben des Abgeordnetenhauses gebunden zu sein: „Etwas anderes gilt nur in den Fällen, in denen die Verfassung ausdrücklich Regierung und Verwaltung an die Mitwirkung des Abgeordnetenhauses bindet." (*Entscheidungen der Verfassungsgerichte der Länder Berlin u.a., Bd. 1, S. 131, 137*).[64]

Daß nicht in Gesetzesform ergangene Beschlüsse des Abgeordnetenhauses für den Senat im Regelfall rechtlich nicht bindend sind, hat Auswirkungen auf die Möglichkeit, die im Zuge der kommunalen Verwaltungsreform entwickelte Konzeption des *Kontraktmanagements* zwischen Volksvertretung und Verwaltung auf die staatliche Ebene zu übertragen (*dazu Wallerath 1997, S. 62 ff.*). Grundgedanke des kommunalen Kontraktmanagements ist, daß die Volksvertretung (Gemeinderat, Kreistag) der Verwaltung bestimmte Ziele verbindlich vorgibt und deren Umsetzung kontrolliert, dafür aber der Verwaltung bei der Auswahl der Mittel der Zielerreichung weitgehend freie Hand läßt und sich nicht mehr in das operative Tagesgeschäft einmischt (*Vgl. KGSt 1996*). Da nun aber ein Landesparlament anders als eine kommunale Volksvertretung wegen des Grundsatzes der Gewaltenteilung der Exekutive im Beschlußwege keine rechtsverbindlichen Zielvorgaben machen kann, läßt sich der Grundgedanke des kommunalen Kontraktmanagements nur dann auf die staatliche Ebene übertragen, wenn man davon ausgeht, daß die fehlende *rechtliche* Bindung der Regierungen durch ihre *politische* Abhängigkeit von den Parlamenten kompensiert wird.

Einzig in Bremen gibt es eine Vorschrift in der Landesverfassung, auf die auch eine allgemeine rechtsverbindliche Richtlinienkompetenz des Parlaments gegenüber der Regierung gestützt werden könnte. Gemäß Art. 118 S. 1 BremVerf. führt der Senat nämlich

---

[63] „Die gesetzgebende Gewalt wird durch Abstimmung und durch die Volksvertretung ausgeübt. Die vollziehende Gewalt liegt in den Händen der Regierung und der Verwaltung (...)"

[64] Vgl. auch Schwabe 1988, S. 55, zur Rechtslage in Hamburg: "Dirigierende Beschlüsse (der Bürgerschaft) sind zwar als Kundgabe von Wünschen erlaubt und natürlich politisch bedeutsam, jedoch ohne rechtliche Verbindlichkeit."

die Verwaltung nicht nur nach den Gesetzen, sondern auch nach den „Richtlinien" der Bürgerschaft. In dieser Richtlinienkompetenz zeigt sich die besonders starke institutionelle Stellung des Parlaments in Bremen (*StGHE 1, 96, 103f., 105f.*). Die Tragweite der Vorschrift, ihre praktische Bedeutung und ihre rechtspolitische Wünschbarkeit sind allerdings umstritten (*Preuß 1991a, S. 330 f.; Göbel 1991, S. 388; Stadtstaatenkommission 1989, S. 123*).

1.2.4.4 Kontrolle der Exekutive: Alte und neue Instrumente

Parlamentarische Kontrolle dient der Rückkoppelung des Regierungshandelns an das Parlament und damit letztlich auch an die Bürgerinnen und Bürger (*Gusy 1998, S. 922*). Im weiteren Sinne unterfallen dem Kontrollbegriff alle Einwirkungsmöglichkeiten des Parlaments auf die Regierung. Im engeren Sinne läßt sich parlamentarische Kontrolle als ein Soll-Ist-Vergleich begreifen, bei dem überprüft wird, ob das tatsächliche Verhalten von Regierung und Verwaltung den Gesetzen, den sonstigen rechtlich verbindlichen Vorgaben und den politischen Beschlüssen des Parlaments entspricht. Damit das Parlament kontrollieren kann, braucht es zutreffende und zeitnahe Informationen über die Arbeit der Exekutive. Drei grundsätzliche Hindernisse stehen dem entgegen: Erstens erhält nur der die richtige Antwort, der wer weiß, wonach er fragen muß. Die fachliche Unterlegenheit der (notwendigerweise) generalistisch qualifizierten Abgeordneten gegenüber der spezialisierten Verwaltung führt aber häufig dazu, daß nicht präzise genug nachgebohrt werden kann. Zweitens gibt es in der Exekutive eine Tendenz alles, selbst das unwichtige Detail, zum Amtsgeheimnis zu machen. Dies kann die Informationsbeschaffung zum mühsamen Geschäft machen. Drittens schließlich kann auch die umfassende Informierung durch eine bemühte und „abgeordnetenfreundliche" Exekutive zu einem subjektiven Informationsdefizit wegen fehlender Möglichkeiten der Verarbeitung der Informationsflut führen. Alle drei Probleme lassen sich durch verbesserte rechtliche Informationsinstrumente, um die es im Folgenden allein geht, nur schwer in den Griff bekommen.

Der Blick auf die neuere Verfassungsentwicklung der Länder zeigt, daß die parlamentarische Kontrolle des Regierungshandelns in den letzten Jahren überall einen höheren Stellenwert bekommen hat. Dies gilt auch für die Stadtstaaten:

- Mitte der 90er Jahre ist in allen drei Stadtstaaten *eine allgemeine Informationspflicht der Senate* gegenüber den Parlamenten verankert worden. In **Bremen** bestimmt Art. 79 BremVerf. seit 1994: „Der Senat ist verpflichtet, die Bürgerschaft oder die zuständigen Ausschüsse oder Deputationen über die Vorbereitung von Gesetzen sowie über Grundsatzfragen der Landesplanung, der Standortplanung und Durchführung von Großvorhaben frühzeitig und vollständig zu unterrichten". In **Berlin** heißt es seit 1995 in Art. 50 I BerlVerf.: „Der Senat unterrichtet das Abgeordnetenhaus frühzeitig und vollständig über alle in seine Zuständigkeit fallenden Vorhaben von grundsätzlicher Bedeutung." Staatsverträge sind vor Abschluß dem Abgeordnetenhaus zur Kenntnis zu geben. Der Abschluß von Staatsverträgen bedarf der Zustimmung des Abgeordnetenhauses. Gemäß Art. 50 II BerlVerf. ist das Abgeordnetenhaus auch über Gesetzesvorhaben des Bundes und über Angelegenheiten der Europäischen Union, an denen der Senat mitwirkt, zu informieren. In **Hamburg** schließlich ist seit 1996 in Art. 32a HambVerf. ein Katalog von Angelegenheiten, in denen der Senat zur Information verpflichtet ist, niedergelegt. Zu den informationspflichtigen Angelegenheiten gehören Gesetzesvorhaben und Gesetzentwürfe, Senatsbeschlüsse zur Standortplanung, Staatsverträge nach ihrer Paraphierung und Angelegenheiten der Europäischen Union. Der praktische Ertrag der allgemeinen Informationspflicht der Regierungen ist allerdings zweifelhaft, da die Entscheidung über den Zeitpunkt und den Umfang der Informationsweitergabe nach wie vor bei diesen und nicht bei den Parlamenten liegt (*Gusy 1998, S. 923*).

- Zu den klassischen Kontrollinstrumenten der Parlamente gehört das *Zitierrecht*, also das Recht, bei den Verhandlungen die Anwesenheit der zuständigen Regierungsmitglieder zu fordern, damit diese in der Debatte Rede und Antwort stehen (Art. 98 II BremVerf.; Art. 49 BerlVerf; Art. 23 I HambVerf.).

- Ebenfalls zu den klassischen Kontrollinstrumenten gehört das *Fragerecht der Abgeordneten* (*Vgl. schon Kapitel III.1.2.2.1*). In **Bremen** ist es im Grundsatz verfassungsrechtlich verankert (Art. 100 I BremVerf.). Die Geschäftsordnung der Bürgerschaft differenziert dann zwischen Großen und Kleinen Anfragen (§ 29) und der Fragestunde (§ 30). In **Berlin** erwähnt Art. 45 BerlVerf. allgemein das Recht jedes Abgeordneten, Fragen zu stellen. In der Geschäftsordnung des Abgeordnetenhauses wird dann ebenfalls zwischen Großen und Kleinen Anfragen und der Fragestunde differenziert (§§ 47 ff.). In **Hamburg** sind die Institute der Großen und der Kleinen Anfrage bereits durch die Verfassung vorgegeben (Art. 24 HambVerf.). Die Fragestunde ist erst durch die Geschäftsordnung der Bürgerschaft eingeführt worden (§ 21 GO).

- Auch das Recht, *Untersuchungsausschüsse* einzusetzen, gehört zum überkommenen Bestand parlamentarischer Kontrollinstrumente. Die Besonderheit von Untersuchungsausschüssen besteht darin, daß sie in entsprechender Anwendung der Strafprozeßordnung Beweis erheben können. Nach gegenwärtiger Rechtslage muß in den drei Stadtstaaten ein Untersuchungsausschuß eingesetzt werden, wenn ein *Viertel* der Abgeordneten dies verlangt (Art. 48 II BerlVerf.; Art.105 IV BremVerf.; Art. 25 I HambVerf.). Diese Regelung ist relativ minderheitsunfreundlich. In der überwiegenden Zahl der Bundesländer beträgt das Einsetzungsquorum nur ein *Fünftel* der Abgeordneten (so zum Beispiel auch in Bayern und Nordrhein-Westfalen). Immer wieder umstritten ist bei parlamentarischen Untersuchungen, wo die Grenzen der Aktenvorlagepflicht der Regierung verlaufen (*BVerfGE 67, 100; BremStGH, DVBl. 1989, S. 453*) und ob sich das Untersuchungsrecht des Parlaments auch auf Vorgänge im privaten Bereich erstreckt (*BVerfGE 77, 1*).

- Die parlamentarischen *Petitionsausschüsse* können zwar nicht in gleicher Intensität Nachforschungen anstellen wie die Untersuchungsausschüsse. Auch sie können aber nach den jeweiligen Petitionsgesetzen Auskunft und Aktenvorlage von der Regierung verlangen und Verwaltungseinrichtungen - insbesondere „geschlossene" Institutionen wie Gefängnisse, Jugendheime und psychiatrische Krankenhäuser - jederzeit besuchen. In Berlin ist der Petitionsausschuß sogar befugt, Zeugen und Sachverständige unter Eid zu vernehmen (Art. 46 BerlVerf.).

- Zu den neuartigen Kontrollinstrumenten der Parlamente gehören verfassungsrechtlich verankerte *Akteneinsichts- und Auskunftsrechte der Fachausschüsse*. Indem der großen Zahl der Fachausschüsse Befugnisse eingeräumt werden, die bisher nur dem Petitionsausschuß als ständigem Ausschuß und den Untersuchungsausschüssen als nichtständigen Ausschüssen zustanden, wird die parlamentarische Kontrollintensität deutlich erhöht. In **Hamburg** kann seit 1996 ein Fünftel (vorher: ein Viertel) der Mitglieder eines Fachausschusses Auskunft und Aktenvorlage vom Senat verlangen (Art. 32 HambVerf.). In **Bremen** räumt der im letzten Jahr neu eingefügte Art. 105 IV BremVerf. den Fachausschüssen relativ umfassende Akteneinsichts-, Besichtigungs- und Auskunftsrechte ein, macht die Ausübung dieser Rechte indessen von einem Mehrheitsbeschluß des Ausschusses abhängig.[65] Damit verfügen die rein parlamentarischen Fachausschüsse grundsätzlich über die gleichen Informationsrechte wie die überkommenen - von Parlament und Senat gemeinsam besetzten - Deputationen (Vgl. § 16 DeputG). In **Berlin** hatte die Enquete-Kommission „Verfassungs- und Parlamentsreform" in ihrem 1994 vorgelegten Schlußbericht ein in der Verfassung verankertes Auskunfts- und Akteneinsichtsrecht einzelner Abgeordneter auf Verlangen eines Fünftels des zuständigen Fachausschusses gefordert (*LT-Drucks. 12/4376*). Dieser Vorschlag ist aber bisher nicht verwirklicht worden. Ein Auskunftsrecht von Fachausschüssen gegenüber dem Senat sieht zwar die Geschäftsordnung des Abgeordnetenhauses vor (§ 26 IV GO) vor. Als bloßes Innenrecht des Parlaments vermag diese Vorschrift im Konfliktfall jedoch keine rechtliche Verpflichtung des Senats zu begründen.

- *Enquete-Kommissionen* dienen dazu, Entscheidungen über umfangreiche oder bedeutsame Sachverhalte in einem Lebensbereich fachlich vorzubereiten. In **Berlin** und **Hamburg** finden die Enquete-Kommissionen ihre rechtliche Grundlage unmittelbar in

---

[65] Die Forderung nach Ausgestaltung der Informationsrechte als Minderheitenrechte wurde mit der Begründung abgelehnt, daß Fachausschüsse keinen investigativen Charakter annehmen sollten (*Vgl. LT-Drucks. 14/786*).

der Verfassung (Art. 25a HambVerf.; Art. 44 IV BerlVerf.). In diesen beiden Stadtstaaten können neben Abgeordneten auch Sachverständige einer Enquete-Kommission angehören. Eine Enquete ist schon auf Verlangen einer qualifizierten Minderheit durchzuführen. In Hamburg beträgt das Quorum ein Fünftel, in Berlin ein Viertel der Mitglieder des Abgeordnetenhauses. In **Bremen** ist das Institut der Enquete-Kommission lediglich in der Geschäftsordnung der Bürgerschaft geregelt (§ 68a). Eine Mitgliedschaft von Sachverständigen ist nicht ausdrücklich vorgesehen. Auch ist das Enquete-Recht nicht als Minderheitenrecht ausgestaltet. Um eine Anhörung von Sachverständigen durchzuführen, muß nicht notwendig zum Instrument der Enquete-Kommission gegriffen werden. In allen drei Stadtstaaten haben auch die Fachausschüsse das Recht, Anhörungen durchzuführen.

- Relativ neu ist die Tendenz, die fachliche Kompetenz des *Rechnungshofs* stärker für die parlamentarische Kontrolle nutzbar zu machen. In **Hamburg** ist vor kurzem die bemerkenswerte Vorschrift in die Landesverfassung aufgenommen worden, daß in bedeutsamen Einzelfällen ein Fünftel der Mitglieder der Bürgerschaft ein eigenständiges Prüfungs- und Berichtsersuchen an den Rechnungshof richten kann (Art. 71 II HambVerf.). Damit erhält eine Minderheit im Parlament die Möglichkeit, auf die Ressourcen des Rechnungshofes zurückzugreifen, um zeitnah und kompetent bestimmte Problemfälle untersuchen zu lassen. Um eine Überbeanspruchung des Rechnungshofes zu vermeiden, kann der Rechnungshof allerdings unabhängig entscheiden, ob er dem an ihn gerichteten Ersuchen entspricht. Auch in **Berlin** ist im neuen Art. 95 IV BerlVerf. vorgesehen, daß das Abgeordnetenhaus den Rechnungshof ersuchen kann, Angelegenheiten von besonderer Bedeutung zu untersuchen und darüber zu berichten. Einen Minderheitsauftrag kennt das Berliner Verfassungsrecht allerdings nicht. In **Bremen** finden sich vergleichbare gesetzliche oder verfassungsrechtliche Bestimmungen nicht.

1.2.4.5 Verwaltungsbefugnisse der Parlamente

In der gewaltengeteilten Demokratie liegt der Gesetzesvollzug und die Führung der Verwaltung grundsätzlich nicht beim Parlament, sondern bei der Regierung. Gleichwohl übertragen die Verfassungen der Stadtstaaten den Parlamenten eine Reihe von administrativen Einzelentscheidungen, relativieren damit den Grundsatz der Gewaltenteilung und bringen den auch kommunalen Charakter stadtstaatlicher Politik zum Ausdruck. Erwähnt worden sind schon die parlamentarischen Befugnisse beim Haushaltsvollzug und die einzigartige Richtlinienkompetenz der Bremischen Bürgerschaft. Auf die Mitwirkung der Bremer Abgeordneten an der Verwaltung über das Instrument der Deputationen ist ebenfalls bereits verwiesen worden (*Vgl. Kapitel III.1.2.4.2 und 1.2.4.3*)

Ausgedünnt worden sind in den letzten Jahren allerdings die personalrechtlichen Befugnisse der stadtstaatlichen Parlamente. In **Hamburg** wurde der Beamtenausschuß, der aus vier Abgeordneten und drei Beamten bestand und dem Senat die Ernennung und Beförderung von Beamten vorzuschlagen hatte (Art. 45 II HambVerf. a.F.), ersatzlos gestrichen. In **Berlin** fiel Art. 44 II BerlVerf. a.F. weg, der bestimmt hatte: „Die Generalstaatsanwälte und der Polizeipräsident werden auf Vorschlag des Senats vom Abgeordnetenhaus mit der Mehrheit seiner Mitglieder gewählt und abberufen."

1.2.4.6 Mitwirkung an Entscheidungen auf Bundes- und Europaebene

Angesichts der zunehmenden Konzentration von Entscheidungskompetenzen auf Bundesebene und in der Europäischen Union verlieren die Landtage im Verhältnis zu den für die Außenvertretung zuständigen und in ihrem Abstimmungsverhalten in Bundes- und EU-Gremien an Parlamentsbeschlüsse nicht gebundenen Regierungen immer mehr an Bedeutung. Um hier ein Gegengewicht zu bilden, wird vor allem versucht, eine Pflicht der Regierung zu frühzeitiger Information in Bundes- und EU-Angelegenheiten zu verankern (*Vgl. schon Kapitel III.1.2.4.4*). Außerdem finden sich gelegentlich Parlamentsausschüsse für europarechtliche und Bundesratsangelegenheiten. Eine innovative und parlamentsfreundliche Sonderregelung enthält die Bremer Verfassung. Durch Verfassungsänderung wurde die grundsätzliche Zuständigkeit des Senates für die Außenvertretung Bremens (Art. 118 I BremVerf.) für den Fall der Benennung von Mitgliedern in europäischen Organen durchbrochen und die Möglichkeit einer abweichenden innerstaatlichen Kompetenzverteilung durch einfaches Gesetz geschaffen (Art. 101 III BremVerf.). Von dieser Ermächtigung hat die Bürgerschaft in dem „Gesetz über die Rechte der Bürgerschaft bei der Benennung von Mitgliedern in europäischen Organen" Gebrauch gemacht und eine Wahl der Mitglieder durch die Bürgerschaft festgelegt.

1.2.5 Innere Organisation der Landtage

Als ungegliederte Vielheit von Abgeordneten wären die Parlamente nicht handlungsfähig. Erst durch die fachliche Gliederung in Ausschüsse und Deputationen und die politische Gliederung in Fraktionen ergibt sich eine Handlungsfähigkeit vermittelnde Binnenstruktur. Von fundamentaler Bedeutung ist im parlamentarischen Regierungssystem die Unterscheidung von Regierungs- und Oppositionsfraktionen. Diese Unterscheidung gewinnt zunehmend auch rechtliche Relevanz.

1.2.5.1 Ausschüsse und Deputationen

In **Berlin** und **Hamburg** gibt es nur *rein parlamentarisch organisierte Ausschüsse*: Alle fachlichen Untergliederungen des Parlaments setzen sich ausschließlich aus Abgeordneten zusammen und tagen auch unter dem Vorsitz eines Abgeordneten. In **Bremen** hingegen wurden und werden Aufgaben, die in anderen Ländern Sache der Parlamentsausschüsse sind, auch von *Deputationen* wahrgenommen. Die Deputationen - die staatlich oder kommunal sein können - bestehen aus Vertretern der Bürgerschaft und aus Vertretern des Senats. Die Zahl der Vertreter des Senats darf dabei die Hälfte der Zahl der Vertreter der Bürgerschaft nicht überschreiten. Zu Vertretern der Bürgerschaft können auch Personen gewählt werden, die der Bürgerschaft nicht angehören. Den Vorsitz in den Deputationen führt ein Senator. Der Senat hat also anders als in anderen Ländern ein unmittelbares Mitwirkungsrecht bei der Vorbereitung von Parlamentsentscheidungen. Allerdings funktioniert die Modifikation des Gewaltenteilungsprinzips nicht nur in eine Richtung. Da die Deputationen über die Angelegenheiten ihres Verwaltungszweiges beraten und beschließen, nehmen die Abgeordneten unmittelbar am Verwaltungsvollzug teil, auch wenn die Deputationsbeschlüsse rechtlich für den Senat nicht bindend sind. Der Doppelcharakter der Deputationen ist eine bremische Besonderheit. In Hamburg gibt es zwar auch Deputationen. Doch sind sie heute reine Verwaltungsausschüsse durch die sachkundige Bürger ehrenamtlich an der Verwaltung teilnehmen.[66] Eine Mitgliedschaft von Bürgerschaftsabgeordneten ist seit Anfang der 70er Jahre nicht mehr zulässig (vgl. § 7 II des Gesetzes über Verwaltungsbehörden). Das Bremer Deputationswesen sieht sich schon seit längerem der Kritik ausgesetzt. Die Stadtstaatenkommission etwa erblickt in der Mitwirkung von Abgeordneten an der Verwaltung eine Gefahr für die Einheitlichkeit der Verwaltung, da ein Senator, der die Unterstützung seiner Fachdeputation habe, stark genug sei, sich auch gegen Senatsbeschlüsse zu stellen (*Stadtstaatenkommission 1989, S. 48*). Andere kritisieren vor allem, daß die parlamentarische Kontrolle durch die Einbindung der Abgeordneten in den Verwaltungsvollzug lahmgelegt werden (*Röper 1991, S. 445 ff.*). Hingegen argumentieren Befürworter der Deputationen, daß sie eine viel stärkere Einflußnahme der Abgeordneten auf die konkrete Politik des Landes erlauben als rein parlamentarisch besetzte Ausschüsse (*Schefold 1994, S. 28*). Wie es scheint, haben sich die

---

[66] Deputationen werden bei den Fachbehörden eingerichtet und nehmen „insbesondere teil an Entscheidungen über Angelegenheiten von grundsätzlicher Bedeutung, die Aufstellung und Durchführung des Haushaltsplanes ihrer Behörde, Änderungen in der Organisation ihrer Behörde, die sachliche Erledigung von Beschwerden, die von den Behörden für die Ernennung von Beamten gemacht werden." (§ 9 I des Gesetzes über Verwaltungsbehörden).

Kritiker des Deputationswesens durchgesetzt. In jüngerer Zeit sind wichtige staatliche Deputationen (Finanzen, Justiz) durch reine Parlamentsausschüsse ersetzt worden. In der nächsten Wahlperiode sollen weitere Umwandlungen erfolgen (*Vgl. LT-Drucks. 14/849*). Abzusehen ist, daß die Deputationen nur noch auf kommunaler Ebene ihre überkommene Bedeutung behalten werden.

Parlamentsrecht und Parlamentspraxis kennen verschiedene Arten von Parlamentsausschüssen: Die Mehrzahl der Ausschüsse sind *Fachausschüsse* für die verschiedenen politischen Sachgebiete. Ihre primäre Aufgabe es ist, die vom Parlament überwiesenen Vorlagen und Anträge vorzubereiten. In den letzten Jahren ist in die Geschäftsordnungen aller Stadtstaatenparlamente außerdem die Bestimmung aufgenommen worden, daß sich die Fachausschüsse auch ohne Auftrag mit Fragen aus ihrem Geschäftsbereich befassen können. Dadurch wurde die Grundlage für eine (weitere) Dezentralisierung der Parlamentsarbeit geschaffen. Ferner besitzen die Fachausschüsse verschiedene Anhörungs-, Auskunfts- und Akteneinsichtsrechte (*Vgl. Kapitel III.1.2.4.4*). Neben den Fachausschüssen gibt es in allen drei Stadtstaaten noch Ausschüsse mit besonderer Aufgabenstellung. Hierzu gehören der *Petitionsausschuß* und die *Untersuchungsausschüsse*. Ihre Kompetenzen sind bereits dargestellt worden (*Vgl. Kapitel III.1.2.4.4*). In Hamburg bestand außerdem bis 1996 ein *Bürgerausschuß*, dessen Rechtsstellung in der Verfassung eingehend geregelt war und der als eine Art Miniaturparlament angelegt war. Er ist im Zuge der Verfassungsreform abgeschafft worden und soll daher hier nicht näher behandelt werden.

Im Rahmen der Diskussion über eine Effektivierung der Parlamentsarbeit ist auch über die Verringerung und den Neuzuschnitt von Ausschüssen nachgedacht worden. So wurden in **Berlin** die Fachausschüsse auf einen pro Senatsverwaltung plus Senatskanzlei verringert. Hinzu kommen der Petitionsausschuß, der Verfassungsschutzausschuß, und der Sonderausschuß Verwaltungsreform (*Vgl. LT-Drucks. 13/1542 und 13/1542-3*). Insgesamt wurde dadurch die Zahl der Ausschüsse von 23 auf 14 vermindert. In **Hamburg** wurde die Zahl der Ausschüsse ebenfalls reduziert. Zu Beginn der 15. Wahlperiode sank sie von 19 auf 15. In der 16. Wahlperiode wurden 16 Ausschüsse gebildet. Was **Bremen** betrifft, ist bislang noch keine nennenswerte Reduzierung der Zahl der Ausschüsse zu vermelden.

Ausschüsse müssen in ihrer Zusammensetzung die politischen Stärkeverhältnisse im Parlament berücksichtigen. In **Hamburg** und **Berlin** wird so vorgegangen, daß erst die Ausschußsitze auf die einzelnen Fraktionen verteilt und anschließend die Ausschußmitglieder von diesen gewählt werden. In **Bremen** hingegen wählt gemäß Art. 105 I BremVerf. die Bürgerschaft die Ausschußmitglieder. Damit kann die problematische Konstellation auftreten, daß die Mehrheit auf die Auswahl der Ausschußmitglieder der Minderheit Einfluß nimmt. Auch wenn dies in der Parlamentspraxis selten vorkommen dürfte, scheint hier dringend eine Änderung geboten. Die Ausschußvorsitze werden auf die Fraktionen entsprechend ihrer Stärke verteilt. Manchmal ist vorgesehen, daß ein Ausschußvorsitz einem Vertreter einer Oppositionsfraktion zu überlassen ist. In Bremen zum Beispiel steht der Vorsitz im Haushalts- und Finanzausschuß der stärksten Oppositionsfraktion zu. In Hamburg müssen bei Untersuchungsausschüssen entweder Vorsitz oder Schriftführung von der Opposition gestellt werden.

1.2.5.2 Fraktionen

Fraktionen sind die politisch bedeutendsten Untergliederungen des Parlaments. In **Bremen** und **Berlin** sind sie in der Landesverfassung verankert, während in **Hamburg** ihre Rechtsstellung einfachrechtlich geregelt wird. Art. 40 der Verfassung von Berlin liefert eine brauchbare Legaldefinition der Fraktion: „Fraktionen nehmen unmittelbar Verfassungsaufgaben wahr, indem sie mit eigenen Rechten und Pflichten als selbständige und unabhängige Gliederungen der Volksvertretung an deren Arbeit mitwirken und parlamentarische Willensbildung unterstützen." In allen drei Stadtstaaten bedarf es zur Bildung einer Fraktion der Beteiligung von mindestens 5% der Abgeordneten.

Grundlage der Bildung von Fraktionen ist nach der Rechtsprechung des Bundesverfassungsgerichts das freie Mandat (*BVerfGE 80, 188, 219 f.;* so ausdrücklich auch Art. 77 I BremVerf.), obwohl gerade mit der Anerkennung der Fraktionsdisziplin eine weitgehende Mediatisierung des einzelnen Abgeordneten einhergeht. Diese Mediatisierung ist freilich eine praktische Notwendigkeit, da nur ein auf Basis übereinstimmender politischer Auffassungen hochgradig spezialisiertes Parlament als wirkungsvoller Gegenpart einer hochgradig spezialisierten Exekutive agieren kann. Eine wesentliche Schwächung der Fraktionen würde zur Schwächung des Parlaments insgesamt führen. Daß dem Einfluß der Fraktionen Grenzen gesetzt sind und daß auch der einzelne Abgeordnete zur Mitwirkung an der Parlamentsarbeit befähigt sein muß (*Vgl. Kapitel III.1.2.2.1*), bleibt gleichwohl richtig.

Ein verfassungsrechtlicher Anspruch auf angemessene finanzielle Ausstattung der Fraktionen besteht nur in Berlin (seit 1995). In Bremen und Hamburg besteht ein einfachgesetzlicher Anspruch aus dem Abgeordneten- bzw. dem Fraktionsgesetz. Der praktische Unterschied dürfte gering sein. In **Hamburg** erhält jede Fraktion nach dem Fraktionsgesetz einen monatlichen Grundzuschuß von 65.000,- DM. Hinzu kommen monatlich 2.000,- für jedes Fraktionsmitglied. Die Opposition erhält zusätzlich noch einmal 600,- DM pro Fraktionsmitglied, um den Zugriff der Regierungsfraktionen auf die staatliche Bürokratie wenigstens partiell ausgleichen zu können. In **Berlin** werden die Fraktionszuschüsse im Haushaltsplan festgesetzt. 1998 bekommt jede Fraktion einen monatlichen Grundbetrag von 68.949,- DM. Hinzu kommen 3.256,- DM pro Abgeordnetem. Der Oppositionszuschlag wird pauschal pro Fraktion berechnet und liegt bei 36.557,- DM pro Monat.[67] In **Bremen** werden die Zuschüsse an die Fraktionen durch einfachen Bürgerschaftsbeschluß festgesetzt. 1997 lag der Grundbetrag bei 31.164,- DM pro Monat. Hinzu kamen 4.528 DM monatlich für jedes Fraktionsmitglied. Der Oppositionszuschlag lag bei 1.964 pro Kopf. In Bremen hat der Oppositionszuschlag Verfassungsrang.

---

[67] Mündliche Auskunft der Verwaltung des Berliner Abgeordnetenhauses.

Tabelle 5: Gesamtsumme der monatlichen Geldleistungen an die Fraktionen der Parlamente der Stadtstaaten (1998)

Anzahl der Fraktionsmitglieder	Berlin	Bremen	Hamburg
10 (Opposition)	138.066	96.084	91.000
25 (Opposition)	186.906	193.464	130.000
45 (Opposition)	252.026	323.304	182.000
10 (Regierung)	101.509	76.444	85.000
25 (Regierung)	150.349	144.364	115.000
45 (Regierung)	215.469	234.924	155.000

Anm. Die Bremer Zahlen beziehen sich auf das Jahr 1997

Auf den ersten Blick scheint die Fraktionsfinanzierung in Bremen - zumindest was die größeren Fraktionen angeht - besonders großzügig zu sein. Zu beachten ist jedoch, daß in Bremen die Fraktionen im Unterschied zu Berlin und Hamburg keine Sachleistungen vom Parlament erhalten (*Vgl. Bürgerschaft der Freien Hansestadt Bremen, LT-Drucks. 14/1101*). So müssen zum Beispiel die Fraktionsräume aus den Zuschüssen angemietet werden. Auch gibt es weder persönliche Mitarbeiter der Abgeordneten (wie in Hamburg) noch einen wissenschaftlichen Parlamentsdienst (wie in Berlin).

1.2.5.3 Die Stellung der parlamentarischen Opposition

Da sich die Regierung im parlamentarischen Regierungssystem im Regelfall auf die Mehrheit des Parlaments stützen kann, wird ein wesentlicher Teil der parlamentarischen Kontrolle durch die Opposition ausgeübt. Die politische Bedeutung der Opposition hat immer wieder die Frage nach ihrer rechtlichen Verankerung aufgeworfen. In Übereinstimmung mit den meisten Landesverfassungen nehmen mittlerweile auch die Verfassungen der drei Stadtstaaten von der Opposition als Einrichtung des parlamentarischen Lebens Notiz. Am stärksten ist die Stellung der Opposition nach der **Bremer** Landesverfassung ausgestaltet. Art. 78 BremVerf. bestimmt: „Oppositionsfraktionen haben das Recht auf politische Chancengleichheit sowie Anspruch auf eine zur Erfüllung ihrer besonderen Aufgaben erforderliche Ausstattung." In **Berlin** wird nur auf die politische Chancengleichheit der Opposition abgestellt (Art. 38 III BerlVerf.), ohne die Frage der finanziellen Ausstattung zu thematisieren. Die **Hamburger** Verfassung schließlich beschränkt sich auf eine Erwähnung der Opposition, ohne daran spezifische Rechtsfolgen zu knüpfen. (Art. 23a HambVerf.). Der Vorschlag der Enquete-Kommission Parlamentsreform, das Prinzip der politischen Chancengleichheit der Opposition ausdrücklich verfassungsrechtlich zu verankern (LT-Drucks14/2600), wurde mehrheitlich abgelehnt.

In den Verfassungen und in den Geschäftsordnungen finden sich etliche Einzelregelungen, die den Oppositionsfraktionen die Wahrnehmung ihrer Kontrollfunktion erleichtern sollen. Erwähnt wurden bereits die Minderheitsquoren bei der Einsetzung von Untersuchungsausschüssen bzw. Enquete-Kommissionen und bei der Ausübung von Informations- und Akteneinsichtsrechten, die besonderen Zuschüsse an Oppositionsfraktionen und die Reservierung von Ausschußvorsitzen. Zu verweisen ist ferner auf Regelungen, die die Opposition beim parlamentarischen Verfahren bevorzugen. So hat zum

Beispiel in Berlin die Opposition bei Beiträgen des Senats das Recht der ersten Erwiderung (Art. 49 IV BerlVerf.).

1.2.5.4 Landtagspräsidium und Landtagsverwaltung

An der Spitze des Parlaments stehen der Parlamentspräsident und das von ihm geleitete Präsidium. Zu den Aufgaben des Parlamentspräsidenten gehört die Einberufung der Sitzungen und die Festsetzung der Tagesordnung (in Bremen ist dies Sache des Präsidiums), die Leitung der Sitzungen (in Hamburg ist dies Aufgabe eines extra Sitzungspräsidenten), die Ausübung der Polizeigewalt und des Hausrechts im Landtag, die Führung der Parlamentsverwaltung sowie die Einstellung und Entlassung der Beschäftigten (in Bremen ist letzteres Sache des Präsidiums). Am Präsidium sind die Fraktionen entsprechend ihrer Stärke zu beteiligen. Auf Einzelheiten soll hier nicht näher eingegangen werden.

Es gehört zu den Binsenweisheiten der politischen und wissenschaftlichen Diskussion, daß das Parlament der Regierung hinsichtlich des fachlichen Wissens und Könnens hoffnungslos unterlegen ist. Dieser Umstand hat immer wieder zu Forderungen nach Aufbau einer parlamentarischen „Kontrastbürokratie" geführt. Die personelle Unterstützung des Parlaments kann auf drei Ebenen ansetzen: einzelne Abgeordnete, Fraktionen und das Parlament als Ganzes. Die ersten beiden Aspekte sind für die Stadtstaaten bereits untersucht worden (*Vgl. Kapitel III.1.2.2.2 und III.1.2.5.2*). Zu beleuchten bleibt noch die personelle Ausstattung der Landtagsverwaltungen. Ausweislich der Stellenpläne differiert sie im Vergleich der Stadtstaaten erheblich. In Berlin sind der Landtagsverwaltung zur Zeit 175,5, in Bremen 68,5 und in Hamburg 70 Stellen zugewiesen. Pro Abgeordnetem sind das in Berlin 0,85, in Bremen 0,69 und in Hamburg 0,58 Stellen. Nur in Berlin gibt es bisher einen wissenschaftlichen Parlamentsdienst im engeren Sinne, auf den alle Abgeordneten Zugriff haben. In Hamburg ist der Vorschlag der Enquete-Kommission Parlamentsreform zur Einrichtung eines wissenschaftlichen Dienstes (bei Wegfall der persönlichen Abgeordnetenmitarbeiter) nicht aufgegriffen worden (LT-Drucks. 14/2600).

1.2.6 Fazit: Funktionswandel oder Bedeutungsverlust der Stadtstaatenparlamente?

Die Parlamente der Stadtstaaten befinden sich in einer schwierigen Situation: Das Schwinden der legislativen Autonomie der Länder wirkt sich unmittelbar negativ auf ihre politischen Gestaltungsmöglichkeiten aus und schwächt ihre Position im Verhältnis zu den Landesregierungen. Gleichzeitig sind die Landtage die Hauptadressaten einer verbreiteten Unzufriedenheit der Bürgerinnen und Bürger mit dem politischen System insgesamt. Damit unmittelbar zusammenhängend sehen sie sich mit der Forderung konfrontiert, durch Verringerung der Zahl der Abgeordneten einen eigenen Beitrag zur Sanierung der Landeshaushalte zu leisten.

In allen drei Stadtstaaten ist in den letzten Jahren versucht worden, durch Änderungen in der Organisation und im Aufgabenbereich der Landtage auf die skizzierten Herausforderungen zu reagieren. Bemerkenswerterweise haben die Landtage - jedenfalls auf der normativen Ebene - auf den schleichenden Bedeutungsverlust ihrer gesetzgeberischen Funktion bislang nicht mit einer verstärkten Einmischung in den Verwaltungsvollzug geantwortet, obwohl dies angesichts ihrer Doppelstellung als Parlamente und Gemeindevertretungen durchaus nahegelegen hätte. Im Gegenteil: Die traditionell erheblichen Verwaltungsbefugnisse der stadtstaatlichen Parlamente sind in den letzten Jahren ausgedünnt worden. Erinnert sei vor allem an den Funktionsverlust der überkommenen Mittel parlamentarischer Haushaltssteuerung infolge des Übergangs zur Budgetierung, aber auch an die Beseitigung von personalpolitischen Kompetenzen der Parlamente und an die Zurückdrängung des Deputationswesens in Bremen. Die zu beobachtende schrittweise Entflechtung der Aufgabenbereiche von Parlament und Regierung entspricht der gegenwärtig in Wissenschaft und Praxis dominierenden Vorstellung von einer „guten" Organisation des politisch-administrativen Systems. Die Volksvertreter aller Ebenen sollen sich danach der Einzeleingriffe in den Politikvollzug möglichst enthalten und stattdessen die Exekutive über Zielvereinbarungen „auf Abstand" steuern. Als Kompensation für den Verzicht auf Einzelentscheidungen werden den Parlamenten und Kommunalvertretungen verbesserte (nachträgliche) Informations- und Kontrollrechte in Aussicht gestellt. Im Einklang mit dieser Konzeption sind in den letzten Jahren die verfassungsrechtlichen Kontrollmöglichkeiten der Landtage der Stadtstaaten (vor allem in Berlin und Hamburg) erweitert worden, was insbesondere den Minderheitsfraktionen zugute gekommen ist. Ob die Strategie „Kontrollieren statt Mitregieren" per saldo zu einer Stärkung der Stellung der Parlamente führen wird, bleibt allerdings abzuwarten. Insbesondere im Haushaltsbereich haben die neuen Steuerungskonzeptionen ihre Bewährungsprobe noch nicht bestanden.

Bezweifelt werden kann, daß die Parlamente der Stadtstaaten mit ihren Teilzeitabgeordneten für eine professionelle Kontrolle der professionell agierenden Regierungen ausreichend gerüstet sind. Will man die parlamentarische Steuerungsfähigkeit qualitativ verbessern, müßte der Übergang zum Vollzeitparlament, das durch einen leistungsfähigen wissenschaftlichen Dienst unterstützt wird, gewagt werden. Einige tastende Reformen in diese Richtung hat es in den letzten Jahren gegeben. Ein wirklicher Durchbruch in Richtung Professionalisierung hat jedoch noch nicht stattgefunden und ist angesichts der finanziellen Rahmenbedingungen in den Stadtstaaten auch kaum zu erwarten. Politisch durchsetzen ließe sich der Übergang zum wissenschaftlich beratenen Vollzeitparlament wohl nur im Zuge einer deutlichen Parlamentsverkleinerung. Nicht auszuschließen ist angesichts der Dominanz des Sparmotivs in der gegenwärtigen politischen Diskussion allerdings, daß die durch eine Parlamentsverkleinerung freiwerdenden Mittel einfach eingespart und nicht zwecks Professionalisierung der Parlamentsarbeit „reinvestiert" werden.

Noch schwieriger als die politische Steuerungsfähigkeit des Parlaments gegenüber der Exekutive läßt sich seine Stellung als repräsentative Vertretung des Landesvolks durch Organisationsreformen positiv beeinflussen. Gleichwohl haben die Landtage der Stadtstaaten in jüngerer Zeit einige Anstrengungen unternommen, um den Kommunikationsprozeß mit der Öffentlichkeit zu verbessern. Hervorzuheben ist die Erstreckung des Öffentlichkeitsprinzips auf die Parlamentsausschüsse. Weitere Maßnahmen unterschiedlicher Tragweite werden diskutiert. Politisch am sensibelsten sind zweifellos die Vorschläge, die auf eine stärkere Personalisierung des Wahlrechts zielen. Vor allem die Zulassung des Kumulierens und Panaschierens von Stimmen würde die Funktionsweise des politischen Systems spürbar verändern. Gerade deshalb dürften entsprechende Initiativen aber kaum Aussichten auf Realisierung haben. Wahrscheinlicher ist da schon, daß Bremen und Hamburg ein Wahlkreissystem - wie es in Berlin bereits besteht - einführen.

1.3 Organisation und Aufgaben der Landesregierungen (Senate)

Das Grundgesetz schreibt den Ländern nicht ausdrücklich vor, daß sie neben dem Landtag noch eine Landesregierung als selbständiges Staatsorgan einrichten müssen. Gleichwohl wäre es wegen des auch für die Länder geltenden Grundsatzes der Gewaltenteilung (Art. 28 I 1 GG) unzulässig, alle legislativen und exekutiven Befugnisse beim Parlament zu konzentrieren und die (dann schwerlich noch als solche zu bezeichnende) Landesregierung als bloßen geschäftsführenden Ausschuß des Parlaments zu konstituieren (*Vgl. Preuß 1991b, S. 337 und schon oben Kapitel III.1.2.4.3*). Andererseits besitzen die Länder bei der konkreten Ausgestaltung von Organisation und Aufgaben der Landesregierungen einen erheblichen Spielraum. Gerade die Stadtstaaten - und hier vor allem die Hansestädte - haben nach dem zweiten Weltkrieg diesen Spielraum genutzt, um in ihren Verfassungen relativ starke Einflußmöglichkeiten der Parlamente auf die Exekutive zu verankern. Wie schon im vorangegangenen Abschnitt gezeigt wurde, besteht allerdings seit einiger Zeit die Tendenz, durch die Entflechtung der Zuständigkeiten von Parlament und Regierung das Prinzip der Gewaltenteilung klarer als bisher zu verwirklichen.

1.3.1 Die Inter-Organ-Beziehungen des Senats zum Landtag

1.3.1.1 Wahl und Abberufung des Senats/der Senatoren

Auf Bundesebene wird allein der Bundeskanzler als Regierungschef unmittelbar vom Parlament gewählt. Nur er kann durch ein konstruktives Mißtrauensvotum gestürzt werden. Alle übrigen Minister werden vom Bundeskanzler de jure nach seinem Ermessen ernannt und entlassen (Kanzlerprinzip). Daß der Bundeskanzler politisch in seinen Entscheidungen keineswegs frei ist, sondern auf Koalitionsabsprachen und auf die Kräfteverhältnisse in seiner eigenen Partei Rücksicht nehmen muß, ändert daran nichts. Das kollegiale Gegenmodell zu diesem System der Regierungsbildung war lange Zeit in reiner Form in Bremen und Hamburg verwirklicht: Alle Mitglieder des Senats wurden gleichermaßen mit absoluter (Hamburg) bzw. relativer (Bremen) Mehrheit von der Bürgerschaft gewählt und konnten von dieser auch einzeln unter bestimmten Voraussetzungen abgewählt werden. Der Regierungschef (Erster Bürgermeister, Präsident des Senats) wurde erst in einem zweiten Schritt aus dem Kreis der Senatoren von diesen als primus inter pares gewählt.

Am Modell der unmittelbaren parlamentarischen Verantwortlichkeit jedes Senators wird seit längerem Kritik geübt (*Vgl. vor allem Stadtstaatenkommission 1989, S. 76 ff. und S. 88 ff.*). Argumentiert wird vor allem mit den negativen Auswirkungen auf die Entwicklung einer einheitlichen politischen Regierungslinie. In der Tat spricht einiges dafür, daß die gesonderte Wahl aller Senatoren durch das Parlament eine Fragmentierung der Regierungsstruktur befördert. Man muß sich allerdings fragen, ob der damit einhergehende Verlust an exekutiver Effizienz nicht durch anderweitige positive Effekte (über)kompensiert werden kann. Befürworter des Kollegialprinzips haben in der Vergangenheit stets auf den mit ihm einhergehenden größeren Einfluß des Parlaments und den stärkeren Zwang zur Berücksichtigung unterschiedlicher sozialer und politischer verwiesen (*Vgl. Schefold 1994, S. 27 f.*). Unter den Bedingungen der politischen Hegemonie einer Partei, wie sie in Bremen und Hamburg jahrzehntelang bestand, konnte diese demokratietheoretische Argumentation erhebliche Überzeugungskraft für sich in Anspruch nehmen. Je problematischer allerdings die wirtschaftliche Lage der Hansestädte wurde, desto weniger leuchteten die Vorteile einer fragmentierten Regierungsstruktur ein und desto mehr gewann das Effizienzpostulat an Boden:

- In **Hamburg** ist 1996 das Kollegialprinzip unter Zustimmung aller relevanten politischen Kräfte aufgegeben worden (*Vgl. LT/Drucks. 15/3500*). Nur der Erste Bürgermeister wird fortan von der Bürgerschaft gewählt und durch konstruktives Mißtrauensvotum gestürzt. Er hat das Recht, die übrigen Senatoren zu ernennen und zu entlassen. Anders als auf Bundesebene bedürfen aber die Senatoren der gemeinsamen Bestätigung durch das Parlament. Dies entspricht der von der Stadtstaatenkommission 1989 vorgeschlagenen Regelung.
- In **Bremen** dagegen ist das Kollegialprinzip in geringfügig modifizierter Form beibehalten worden. Lediglich die unmittelbare Wahl des Präsidenten des Senats durch

die Bürgerschaft wurde 1994 eingeführt. Vereinzelt erhobene weitergehende Reformforderungen haben bisher kein Gehör gefunden. Abgelehnt wurde nicht nur der Vorschlag, ein Ernennungsrecht des Regierungschefs einzuführen. Erhalten geblieben sind auch verschiedene Bremensien, deren Wert vor allem in der verfassungsrechtlichen Traditionspflege besteht.[68]

- In **Berlin** wird nach geltendem Recht der Regierende Bürgermeister vom Abgeordnetenhaus mit relativer Mehrheit gewählt. Anschließend wählt das Abgeordnetenhaus auf Vorschlag des Regierenden Bürgermeisters die übrigen Senatoren. Gegen jedes Mitglied des Senates ist ein konstruktives Mißtrauensvotum zulässig. Das Berliner Modell stellt sich damit als Synthese aus dem hanseatischen Kollegialmodell und dem Kanzlerprinzip dar. 1994 hat die Enquete-Kommission Verfassungs- und Parlamentsreform mit knapper Mehrheit in ihrem Schlußbericht vorgeschlagen, dem Regierenden Bürgermeister künftig das Recht zur Ernennung und Entlassung der Senatoren zu geben. (*LT-Drucks. 12/4376*). Dazu ist es jedoch bisher nicht gekommen.

1.3.1.2 Unvereinbarkeit von Amt und Mandat?

Auf Bundesebene und in den meisten Bundesländern rekrutieren sich die Mitglieder der Regierung aus dem Kreis der Abgeordneten. Dies stärkt die Stellung der Regierung und erleichtert die Durchsetzung ihrer politischen Ziele, kann aber gerade deswegen aus Gründen der parlamentarischen Kontrolle und der Gewaltenteilung problematisch sein. In **Bremen** (Art. 108 BremVerf.) und **Hamburg** (Art. 38a I, II HambVerf.) ist deshalb die Unvereinbarkeit eines Senatorenamts mit einem Abgeordnetenmandat verfassungsrechtlich festgeschrieben. Wird ein Abgeordneter Senator, muß er das Mandat niederlegen. Scheidet er später wieder aus dem Senat aus, fällt das Mandat an ihn zurück. Die Vereinbarkeit eines solchen ruhenden Mandates mit Art. 28 I 2 GG ist freilich heftig umstritten (*Vgl. Preuß 1991b, S. 344 f.*). In Hamburg hat die Enquete-Kommission daraus den Schluß gezogen, die Unvereinbarkeit von Amt und Mandat ganz abzuschaffen (*LT-Drucks. 14/2600*). Dieser Vorschlag hat die Zustimmung aller im Parlament vertretenen Kräfte gefunden (*Vgl. LT-Drucks. 15/3500*). In **Berlin** hat sich die Enquete-Kommission „Verfassungs- und Parlamentsreform" dagegen in ihrem Schlußbericht (*LT/Drucks. 12/4376*) zwecks Stärkung der Kontrollfunktion des Parlamentes genau umgekehrt dafür ausgesprochen, daß Abgeordnete zukünftig nicht mehr Senatoren sein sollen, sondern im Falle der

---

[68] So kann ein Senator nicht nur mit absoluter Mehrheit abgewählt werden (Art. 110 III BremVerf.), sondern ihm kann auch auf Antrag des Senates durch Beschluß der Bürgerschaft die Mitgliedschaft im Senat entzogen werden, sofern er sich „beharrlich weigert, den ihm gesetzlich oder nach der Geschäftsordnung obliegenden Verpflichtungen nachzukommen oder der Pflicht zur Geheimhaltung zuwiderhandelt oder die dem Senat oder seiner Stellung schuldige Achtung gröblich verletzt." (Art. 110 IV BremVerf.). Außerdem kennt Bremen noch das Institut der Anklage eines Senators vor dem Staatsgerichtshof wegen vorsätzlicher Verletzung der Verfassung auf Beschluß der Bürgerschaft mit zwei Dritteln der gesetzlichen Mitglieder (Art. 111 BremVerf.). Diese Bestimmung - die an eine Verurteilung keine bestimmte Rechtsfolge knüpft, aber wohl davon ausgeht, daß der Betroffene sein Amt nicht mehr ausüben kann - ist ersichtlich ein Relikt aus Zeiten, als die parlamentarische Verantwortlichkeit des Senates noch nicht für selbstverständlich genommen wurde. Heute besteht für Art. 111 BremVerf. kein Bedürfnis mehr.

Amtsübernahme aus dem Parlament ganz ausscheiden müssen (ohne „Rückkehrrecht" wie es das ruhende Mandat vermittelt).

1.3.1.3 Die Verteilung der Organisationsgewalt im Bereich der Regierung zwischen Landtag und Senat

Nach traditionellem staatsrechtlichen Verständnis ist die Organisation der Regierung Sache der Regierung (bzw. des Regierungschefs) selbst. Tatsächlich können aber heute in allen Bundesländern die Landtage Einfluß auf die Regierungsorganisation nehmen. Besonders groß ist der parlamentarische Einfluß in den Stadtstaaten. Zu einem nennenswerten Abbau von Mitwirkungsrechten - wie er bei einer konsequenten Umsetzung der Strategie „Kontrollieren statt Mitregieren" (*Vgl. Kapitel III.1.2.6*) nahe läge - ist es bisher nicht gekommen:

- Anders als in den meisten Bundesländern haben die Parlamente in den Stadtstaaten ein gewichtiges Wort mitzureden, wenn es darum geht, die *Größe der Regierung* zu bestimmen. In **Bremen** wird die genaue Zahl der Senatsmitglieder durch Gesetz festgesetzt (Art. 107 I BremVerf.). In **Hamburg** war bis 1996 die Rechtslage ähnlich. Nunmehr wird allerdings nur noch die Höchstzahl der Senatoren gesetzlich bestimmt (Art. 33 II HambVerf.). Im konkreten Fall entscheidet künftig der Erste Bürgermeister über die Größe seines Kabinetts. In **Berlin** legt die Verfassung ebenfalls die Höchstzahl der Senatoren fest (Art. 55 II BerlVerf.). Auch hier obliegt es dem Regierungschef, über die konkrete Zahl der Senatoren zu entscheiden.

- Die *Geschäftsverteilung innerhalb der Regierung* und damit zugleich der Zuschnitt der Ressorts wird in **Bremen** und **Hamburg** durch Senatsbeschluß geregelt (Art. 42 I HambVerf., Art. 120 I BremVerf.). Allerdings ist die Entscheidung des Senats in Hamburg dadurch vorgeformt, daß die Bürgerschaft gemäß Art. 57 HambVerf. Gliederung und Aufbau der Verwaltung durch Gesetz regelt. Das Gesetz über Verwaltungsbehörden nennt elf verschiedene Fachbehörden als Träger der zentralen Verwaltung. Auch wenn es nicht rechtlich geboten ist, daß die Verwaltungsgliederung in der Geschäftsverteilung des Senates einen exakten Niederschlag findet, orientiert sich die Geschäftsverteilung in der Praxis sinnvollerweise an der fachbehördlichen Gliederung. In **Berlin** wird die Zahl der Geschäftsbereiche des Senats sowie ihre Abgrenzung gemäß Art. 58 IV BerlVerf. auf Vorschlag des Regierenden Bürgermeisters vom Abgeordnetenhaus beschlossen.

1.3.1.4 Mitwirkung des Senats an der Beratung und Beschlußfassung durch den Landtag

Der Senat kann auf vielfältige Art und Weise auf die Beratung und Beschlußfassung des Parlaments einwirken (Gesetzesinitiativrecht, Recht zur Verkündung von Gesetzen, Recht zur Teilnahme an den Sitzungen, Recht zur Einberufung von Sondersitzungen etc.). Daran wird deutlich, daß das Gewaltenteilungsprinzip nicht strikt verwirklicht ist, sondern vielfach einer Gewaltenverschränkung weichen muß. Auf Einzelheiten braucht hier nicht näher eingegangen zu werden, da die Unterschiede zwischen den drei Stadtstaaten lediglich im technischen Detail liegen und sich auch im Vergleich zu den Flächenbundesländern keine Besonderheiten ergeben.

1.3.1.5 Pflicht des Senats zur Ausführung von Parlamentsbeschlüssen?

Die Frage, inwieweit Beschlüsse des Parlaments für die Regierung rechtlich verbindlich sind, ist bereits an anderer Stelle untersucht worden (*Vgl. Kapitel III.1.2.4.3*). Unstreitig ist, daß die Regierungen die vom Parlament erlassenen Gesetze zu beachten hat. Eine rechtliche Bindungswirkung sonstiger Parlamentsbeschlüsse besteht hingegen nur dann, wenn sie von der Verfassung ausdrücklich anordnet wird. Im Streitfall können entweder das Parlament oder der Senat das Landesverfassungsgericht anrufen, um die Verbindlichkeit eines Parlamentsbeschlusses klären zu lassen. Praktische Bedeutung gewinnt diese Möglichkeit vor allem, weil auch Oppositionsfraktionen im Wege der Prozessstandschaft die Organrechte des Parlaments geltend machen können.

In **Bremen** und **Hamburg** besaß der Senat traditionell ein (aufschiebendes) politisches Vetorecht gegenüber Beschlüssen der Bürgerschaft. Das Vetorecht wurde jedoch 1994 bzw. 1996 abgeschafft, ohne daß es Zeit seiner Existenz praktische Bedeutung gewonnen hätte. Nicht gestrichen worden ist bisher Art. 119 BremVerf., der es nach kommunalrechtlichem Vorbild dem Senat untersagt, Beschlüsse der Bürgerschaft auszuführen, die mit den Gesetzen nicht in Einklang stehen. In der Praxis bewirkt diese Vorschrift nicht viel, da im Streitfall ohnehin der Staatsgerichtshof angerufen werden muß. Verfassungsdogmatisch ist sie indessen problematisch, weil sie dem Senat eine Art Rechtsaufsicht über die Bürgerschaft einräumt.

1.3.2 Die Senatoren als öffentlich-rechtliche Amtsträger eigener Art

Senatoren sind keine Beamten, sondern stehen zum Land in einem - allerdings an das Beamtenverhältnis angelehnten - öffentlich-rechtlichen Amtsverhältnis eigener Art. Die persönliche Rechtsstellung der Senatoren ist im einzelnen in den Senatsgesetzen geregelt. Näher eingegangen werden soll hier lediglich auf die Frage der Besoldung. Sie ist in den drei Stadtstaaten im Detail zwar unterschiedlich, in den Grundzügen aber recht einheitlich geregelt. Am großzügigsten werden die Senatoren in **Hamburg** bezahlt. Sie erhalten eine Besoldung von 123% des Grundgehalts der Besoldungsgruppe B 11 zuzüglich der sonstigen allgemein üblichen Leistungen in dieser Besoldungsgruppe. Hinzu kommt eine nach Funktion gestaffelte Aufwandsentschädigung (Gesamtsumme pro Jahr: Erster Bürgermeister - 15.000 DM; Zweiter Bürgermeister - 9.000 DM; Senator - 6.600 DM). In **Berlin** werden die Senatoren grundsätzlich entsprechend der Besoldungsgruppe B 11 besoldet. Der Regierende Bürgermeister erhält 120%, der Bürgermeister 107% des Grundgehalts. Auch hier gibt es wieder eine nach Funktion gestaffelte Aufwandsentschädigung (Gesamtsumme pro Jahr: Regierender Bürgermeister - 9.000 DM; Bürgermeister - 6.000 DM; Senatoren: 3.600 DM jährlich). In **Bremen** werden alle Senatoren ohne Differenzierung entsprechend der Besoldungsgruppe B 11 besoldet. Die Aufwandsentschädigung fällt aber auch hier je nach Funktion unterschiedlich hoch aus

(Gesamtsumme pro Jahr: Präsident des Senats - 15.600; Bürgermeister - 11.700; Senator - 7.800).

1.3.3 Gegenwärtige Größe der Senate in den Stadtstaaten und Ressortzuschnitt

Will man die konkrete Größe der Regierungen in den Stadtstaaten miteinander vergleichen, muß sowohl die Zahl der Senatsmitglieder als auch die Zahl der beamteten Staatssekretäre in die Betrachtung einbezogen werden: In **Bremen** wurde 1995 die gesetzlich festgelegte Zahl der Senatoren von 11 auf 8 reduziert. Die Zahl der Staatssekretäre (Staatsräte) blieb konstant und liegt heute bei 13. In **Berlin** wurde 1995 die Höchstzahl der Senatoren im Wege der Verfassungsänderung von bislang 18 (Regierender Bürgermeister, Bürgermeister, sechzehn Senatoren) auf 11 (regierender Bürgermeister, Bürgermeister, neun Senatoren) gesenkt. 1998 wurde die Verfassung erneut geändert. Nunmehr darf es neben dem Regierenden Bürgermeister nur noch acht weitere Senatoren geben (Art. 55 II BerlVerf.).[69] Auffällig ist die sehr hohe Zahl an Staatssekretären in Berlin. Ende 1995 lag sie noch bei 24.[70] Seither wird sich allerdings um eine Reduzierung bemüht. In **Hamburg** besteht der Senat seit 1993 aus 12 (vorher 14) Mitgliedern (§ 1 SenatsG). Die Zahl der Staatssekretäre beträgt ebenfalls 12.

Die konkrete Verteilung der Geschäfte unter den Mitgliedern des Senates ergibt sich aus den im Amtsblatt veröffentlichten Geschäftsverteilungsplänen (Vgl. Berliner Amtsblatt 1998, S. 297; Bremer Amtsblatt 1995, S. 815):

- In **Berlin** bestehen neben dem Geschäftsbereich des Regierenden Bürgermeisters zur Zeit folgende Ressorts: (1) Arbeit, Berufliche Bildung und Frauen; (2) Bauen, Wohnen und Verkehr; (3) Finanzen; (4) Inneres; (5) Justiz; (6) Schule, Jugend und Sport; (7) Stadtentwicklung, Umweltschutz und Technologie; (8) Wirtschaft und Betriebe; (9) Wissenschaft, Forschung und Kultur.

- In **Bremen** ist der Präsident des Senates zugleich Senator für kirchliche Angelegenheiten und Senator für Justiz und Verfassung. Daneben bestehen folgende Ressorts: (1) Inneres; (2) Bildung, Wissenschaft, Kunst und Sport; (3) Arbeit; (4) Frauen, Gesundheit, Jugend, Soziales und Umweltschutz; (5) Bau, Verkehr und Stadtentwicklung; (6) Wirtschaft, Mittelstand, Technologie und Europaangelegenheiten; (7) Häfen, überregionaler Verkehr und Außenhandel; (8) Finanzen. Zu erwähnen ist außerdem die vom Senat eingesetzte Senatskommission für das Personalwesen (SKP) als die für die Personalverwaltung verantwortliche Regierungseinheit.

- In **Hamburg** gibt es zur Zeit neben dem Geschäftsbereich des Ersten Bürgermeisters folgende Ressorts: (1) Wissenschaft und Forschung; (2) Justiz; (3) Schule, Jugend und Berufsausbildung; (4) Kultur; (5) Arbeit, Gesundheit und Soziales; (6) Stadtentwicklung; (7) Bau; (8) Wirtschaft; (9) Inneres; (10) Umwelt; (11) Finanzen. Hervorzuheben ist, daß

---

[69] Auf den amtierenden Senat findet die Regelung allerdings keine Anwendung (Vgl. Art. II V des zweiten Gesetzes zur Änderung der Verfassung von Berlin, GVBl. S. 82).

[70] Zum Vergleich: Das größte Bundesland Nordrhein-Westfalen kommt bei zwölf Ministern mit zwölf Staatssekretären aus (Rechnungshof Berlin, LT-Drucks. 13/390).

das wichtige Senatsamt für Bezirksangelegenheiten nicht der Innen- sondern der Justizbehörde zugeordnet ist.

Eine eingehende Analyse der Detailunterschiede im Ressortzuschnitt kann hier nicht geleistet werden. Allein in Berlin umfaßt der Geschäftsverteilungsplan über 400 „Zuständigkeitsbündel", die sich jeweils wieder aus zahlreichen Einzelzuständigkeiten zusammensetzen. Aber schon anhand der obigen Aufzählung wird deutlich, daß - soweit es nicht um die klassischen Ressorts geht (Innen, Justiz, Finanzen, Wirtschaft) -, der Zuschnitt der Ressorts erheblich differiert. Besonders sticht hervor, daß Hamburg ein eigenes Kulturministerium eingerichtet hat, während in Berlin die Kultur zusammen mit Wissenschaft und Forschung und in Bremen sogar zusammen mit Bildung, Wissenschaft und Forschung verwaltet wird. Umgekehrt leistet sich Bremen ein eigenes Hafenressort, während der Welthafen Hamburg vom Wirtschaftssenator mit betreut wird. Offensichtlich sind für den konkreten Zuschnitt der Ressorts weniger abstrakte verwaltungswissenschaftliche Erkenntnisse als konkrete politische Konstellationen bestimmend. Ob die Zusammenlegung von Ressorts aus Spargründen immer sinnvoll ist, kann bezweifelt werden. So bietet das Bremer Ressort „für alles" (Frauen, Gesundheit, Jugend, Soziales und Umweltschutz) ein eher problematisches Beispiel, weil angesichts der Disparität der abgedeckten Arbeitsfelder die verantwortliche politische Gesamtsteuerung durch das zuständige Senatsmitglied mit einigen Schwierigkeiten verbunden sein dürfte.

1.3.4 Die Binnenstruktur des Senats: Zum Verhältnis von Kanzler-, Ressort- und Kollegialprinzip

Die Binnenstruktur einer gegebenen Regierung erschließt sich durch die Bestimmung der Befugnisse von Kollegium, Fachministern und Regierungschef in ihrer wechselseitigen Zuordnung.

Die Bundesregierung und die meisten Landesregierungen sind durch das *Kanzlermodell* gekennzeichnet (*Vgl. Stadtstaatenkommission 1989, S. 26 ff.*). Danach bestimmt der Kanzler bzw. Ministerpräsident die Richtlinien der Politik und trägt dafür die Verantwortung (Art. 65 S. 1 GG). Innerhalb dieser Richtlinien leiten die Minister ihre Geschäftsbereiche selbständig und unter eigener Verantwortung (Art. 65 S. 2 GG). Das Kabinett als Kollegialorgan entscheidet soweit ihm durch die Verfassung oder die Geschäftsordnung bestimmte ressortübergreifende Fragen zur Entscheidung vorbehalten sind. So bestimmt zum Beispiel Art. 65 S. 3 GG: „Über Meinungsverschiedenheiten zwischen den Bundesministern entscheidet die Bundesregierung." Umstritten ist dabei, ob das Kabinett als Kollegium bei seinen Entscheidungen ebenso wie die einzelnen Minister an die Richtlinien des Regierungschefs gebunden ist (*Vgl. Jarass;Pieroth 1997, Art. 65 GG, Rn. 3*).

Das Gegenstück zum Kanzlermodell ist das *Kollegialmodell*. Es ist durch die Gleichberechtigung aller Regierungsmitglieder gekennzeichnet. Eine Richtlinienkompetenz des Regierungschefs besteht hier nicht. In (fast) reiner Form ist das Kollegialmodell nur noch in **Bremen** verwirklicht. Art. 115 II Bremverf. bestimmt zwar: „Der Präsident des Senats hat die Leitung der Geschäfte des Senats; er hat für den ordnungsgemäßen

Geschäftsgang Sorge zu tragen sowie für die gehörige Ausführung der von den einzelnen Mitgliedern des Senats wahrzunehmenden Geschäfte." Doch gehört zur Geschäftsleitungskompetenz nur die organisatorische, nicht aber die sachlich-inhaltliche Seite (*Preuß 1991b, S. 347 ff.*). Der Blick in die Geschäftsordnung des Senats zeigt, was mit Geschäftsleitung gemeint ist: Der Präsident des Senats „hat die koordinierende Vorbereitung und Durchführung der Senatsentscheidungen und sonstigen Senatsaufgaben sicherzustellen." (§ 10 III GO-Senat).[71] Er ist zu diesem Zweck „aus den Geschäftsbereichen der einzelnen Mitglieder des Senats über alle Maßnahmen und Vorhaben zu unterrichten, die für die Leitung der Geschäfte von Bedeutung sind" und hat das Recht, „jederzeit von den Mitgliedern des Senats Auskünfte über Vorgänge und Maßnahmen in deren Geschäftsbereich einzuholen." (§ 10 IV, V GO-Senat). Schließlich behält die Geschäftsordnung dem Präsidenten des Senats den Schriftverkehr mit bestimmten Institutionen (Bundespräsident, Bundeskanzler u.ä.) vor (§ 24 I GO-Senat). Die sachliche Kompetenz für die Bestimmung der Richtlinien des Regierungshandelns hingegen liegt in Bremen beim Senat als Kollegium bzw. bei den einzelnen Senatoren, wobei sich die exekutiven Richtlinien im Rahmen der von der Bürgerschaft erlassenen legislativen Richtlinien (Art. 118 I 1 BremVerf.) halten müssen. Hinsichtlich der Abgrenzung von Kollegial- und Ressortprinzip gilt folgendes: Gemäß Art. 118 II BremVerf. führt „der Senat" die Verwaltung und vertritt die Freie Hansestadt Bremen nach außen. Gemäß Art. 118 II BremVerf. ist er grundsätzlich Dienstvorgesetzter aller im Dienste der Freien Hansestadt Bremen stehenden Personen. Er stellt sie ein und entläßt sie. Art. 118 BremVerf. ist aber im Lichte des Art. 120 S. 1,2 BremVerf. auszulegen, wonach die Mitglieder des Senats nach einer vom Senat zu beschließenden Geschäftsverteilung die Verantwortung für die einzelnen Verwaltungsbehörden und Ämter tragen und innerhalb ihres Geschäftsbereichs befugt sind, die Freie Hansestadt Bremen zu vertreten. Die konkrete Abgrenzung zwischen Kollegial- und Ressortverantwortung ergibt sich aus Art. 120 S. 3, der vier Gruppen von Angelegenheiten benennt, in denen der Senat als Kollegium beschließen muß (Vgl. zur Präzisierung § 1 II GO-Senat). Im übrigen entscheiden die einzelnen Senatoren selbständig und eigenverantwortlich, soweit nicht gemäß Art. 116 BremVerf. ein Senatsmitglied die Beschlußfassung über einen Gegenstand verlangt. Zu verweisen ist noch darauf, daß der Senat gemäß Art. 118 III BremVerf. die Möglichkeit hat, seine Befugnisse nach Art. 118 I, II BremVerf. auf einzelne seiner Mitglieder zu übertragen.[72] In der Staatspraxis hat er zum Beispiel stets seine personalrechtlichen Befugnisse auf eine Senatskommission, die „Senatskommision für das Personalwesen" übertragen. Beschlüsse faßt der Senat mit einfacher Stimmenmehrheit. Bei Stimmengleichheit entscheidet die Stimmen des Präsidenten. Nach § 13 I 5 GO-Senat darf im Senat kein Koalitionspartner überstimmt werden.

In den letzten Jahren ist die wissenschaftliche und politische Kritik an der konsequent kollegialen Organisation des Bremer Senats lauter geworden. Die Argumente sind die gleichen, die auch gegen die Wahl aller Senatoren durch das Parlament ins Feld geführt

---

[71] Vgl. auch § 19 I GO-Senat: „Die Tagesordnung für die Senatssitzung wird von der Senatskanzlei zusammengestellt."

[72] Durch Verfassungsänderung sind die Möglichkeiten zur Delegation von personrechtlichen Befugnissen jüngst noch erweitert worden.

werden: Die Verfassung treffe zu wenig Vorkehrungen dafür, daß der Regierungschef sich durchsetzen und die Politik koordinieren könne. Dem Kollegium werde ein zu großer Raum gegeben, was zu Ressortegoismen und zur Diffusion von Verantwortung führe. Auch die Gegenargumente der Befürworter der derzeitigen Verfassungsrechtslage decken sich mit denen, die für eine Beibehaltung der unmittelbaren parlamentarischen Verantwortlichkeit aller Senatsmitglieder angeführt werden (*Vgl. Kapitel III.1.3.1.1; zusammenfassend Wieske 1996, S. 119 ff.*).

Während in Bremen die Kritik am Kollegialmodell bisher beim verfassungsändernden Gesetzgeber auf taube Ohren gestoßen ist, hat sie in **Hamburg** Wirkung gezeigt. Auf Vorschlag der Enquete-Kommission Parlaments- und Verwaltungsreform wurde 1996 die bis dahin verwirklichte kollegiale Regierungsorganisation aufgegeben und ein modifiziertes Kanzlermodell eingeführt. Zwar heißt es in Art. 33 II 2 HambVerf. noch: „Der Senat ist die Landesregierung. *Er* führt und beaufsichtigt die Verwaltung." Doch bestimmt dann Art. 42 I HambVerf.: „Der Erste Bürgermeister leitet die Senatsgeschäfts. Er bestimmt die Richtlinien der Politik und trägt dafür die Verantwortung gegenüber der Bürgerschaft." Innerhalb der Richtlinien der Politik des Ersten Bürgermeisters entscheidet entweder jeder Senator für sich (Art. 42 II 1 HambVerf.)[73] oder es entscheidet der Senat als Kollegium (Art. 42 II 2 HambVerf.). Auch in Hamburg faßt der Senat Beschlüsse mit einfacher Mehrheit. Bei Stimmengleichheit entscheidet die Stimme des Vorsitzenden (Art. 42 III BremVerf.). Das Recht zur Außenvertretung und zur Begnadigung liegt nach wie vor beim Senat als Kollegium (Art. 43, 44 HambVerf.).

Die Binnenstruktur des **Berliner** Senats läßt sich als Kompromiß zwischen Kanzler- und Kollegialmodell beschreiben. Der Regierende Bürgermeister bestimmt grundsätzlich die Richtlinien der Politik. Allerdings muß er dabei im Einvernehmen mit dem Gesamtsenat handeln.[74] Außerdem bedürfen die Richtlinien der Billigung durch das Abgeordnetenhaus (Art. 58 II BerlVerf.), was in der Praxis regelmäßig durch die zustimmende Entgegennahme der Regierungserklärungen des Senats geschieht (*Zivier 1990, S. 130*).[75] Innerhalb der Richtlinien der Regierungspolitik leitet jedes Mitglied des Senats seinen Geschäftsbereich selbständig und in eigener Verantwortung. Bei Meinungsverschiedenheiten oder auf Antrag des regierenden Bürgermeisters entscheidet der Senat (Art. 58 V BerlVerf.). Der regierende Bürgermeister überwacht die Einhaltung der Richtlinien der Regierungspolitik. Er hat das Recht, über alle Amtsgeschäfte Auskunft zu verlangen (Art. 58 III BerlVerf.). Wie auch in den beiden anderen Stadtstaaten führt der Regierungschef den Vorsitz im Senat und leitet die Sitzungen. Bei Stimmengleichheit gibt seine Stimmen den Ausschlag (Art. 58 I BerlVerf.). Anders als in Bremen und in Hamburg liegt auch die

---

[73] In Hamburg wird allerdings nur der Senat als Kollegium, nicht der einzelne Senator als „oberste Landesbehörde" angesehen. Deshalb stehen die Senatoren in ihrer Stellung zum Kollegium nicht ganz den Ministern anderer Länder gleich (*Haas 1988, S. 102 f.*). In der Praxis sind die Unterschiede freilich gering.

[74] 1994 empfahl die Enquete-Kommission „Verfassungs- und Parlamentsreform", das Einvernehmenserfordernis zu streichen (*LT-Drucks. 12/4376*). Dieser Vorschlag ist bisher nicht umgesetzt worden.

[75] Der Berliner Verfassungsgerichtshof geht davon aus, daß der Senat berechtigt ist, von den vom Abgeordnetenhaus gebilligten Richtlinien der Regierungspolitik ohne Zustimmung des Abgeordnetenhauses abzuweichen. (*Entscheidungen der Verfassungsgerichte der Länder Berlin u.a., Bd.1, S. 131 ff.*).

Außenvertretungskompetenz beim Regierenden Bürgermeister und nicht beim Senat als Kollegium (Art. 58 I BerlVerf.).

1.3.5 Kompetenzen des Senats

Die Kompetenzen der Senate der Stadtstaaten sind nur zum Teil ausdrücklich in den Landesverfassungen normiert. Sie betreffen lediglich Einzelaspekte der verfassungsmäßig vorausgesetzten, im Zusammenspiel mit dem Parlament wahrzunehmenden Gesamtaufgabe der „Staatsleitung" (*Vgl. K. Hesse 1995, Rn. 588 ff., 626, 649 zur vergleichbaren Situation auf Bundesebene*). Drei Einzelbefugnisse - die zum Teil schon bei der Darstellung der Parlamentsaufgaben angesprochen wurden - seien besonders hervorgehoben:

- Der Senat wirkt in vielfältiger Weise am Zustandekommen von Gesetzesbeschlüssen und sonstigen Parlamentsbeschlüssen mit (*Vgl. Kapitel III.1.3.1.4*)
- Der Senat führt die Verwaltung, wobei das Verhältnis von Richtlinienkompetenz des Regierungschefs, Ressortprinzip und Kollegialprinzip in den drei Stadtstaaten unterschiedlich ausgestaltet ist (*Vgl. Kapitel III.1.3.4*). Die Befugnis zur Verwaltungsführung umfaßt die *Personalhoheit* und die Befugnis zur *sachlichen Leitung der Geschäfte* und zum *Haushaltsvollzug*. Dabei sind allerdings jeweils Mitwirkungsbefugnisse der Parlamente zu beachten (*Vgl. im Einzelnen Kapitel III.1.2*). Die effektive Ausübung der Sachleitungsbefugnis setzt nach herrschender Ansicht voraus, daß grundsätzlich jede Stelle der Verwaltung an (mögliche) Weisungen des Senats gebunden ist. Sogenannte „ministerialfreie Räume" sind nur ausnahmsweise zulässig, da sie nicht nur die Verantwortlichkeit der Regierung in Frage stellen, sondern auch das parlamentarische Kontrollrecht einschränken können (*Vgl. etwa BVerfGE 9, 268, 282*). Der gegenwärtig forcierten Dezentralisierung von Entscheidungsbefugnissen innerhalb der Verwaltung (*Vgl. Kapitel IV.3*) sind damit - soweit es nicht um eine Aufgabenverlagerung auf Gemeinde- oder Bezirksverwaltungen geht, die sich vor eigenen Volksvertretungen politisch verantworten müssen -, gewisse verfassungsrechtliche Grenzen gesetzt (*Wallerath 1997, S. 66 f.*). Traditionell wird auch die *Organisationshoheit* als von der Befugnis zur Verwaltungsführung umfaßt angesehen. De constitutione lata werden jedoch wesentliche Organisationsentscheidungen im Bereich der Exekutive vom Gesetzgeber getroffen (*Vgl. Kapitel III.1.3.1.3 und IV.3*).
- Beim Senat (oder beim Regierungschef, *Vgl. Kapitel III.1.3.4*) liegt grundsätzlich die Kompetenz zur Vertretung des Landes nach außen, einschließlich der Befugnis zum Abschluß von Staatsverträgen. Angesichts einer wachsenden Verflechtung der staatlichen Ebenen gewinnt die Außenvertretungskompetenz immer mehr politische Bedeutung (*Vgl. Kapitel III.1.2.4.1 und 1.2.4.6*).

1.3.6 Fazit: Zentralisierung politischer Macht bei der Exekutivspitze?

Aufgaben und Organisation der Landesregierungen in den Stadtstaaten haben sich in den letzten Jahren zwar nicht dramatisch, aber doch wahrnehmbar verändert. Drei bestimmende Entwicklungstendenzen lassen sich ausmachen:

- Die eigenständigen Entscheidungsspielräume der Senate sind - unter anderem aufgrund der Dezentralisierung des Haushaltswesens - gewachsen. Gleichzeitig wurden allerdings die verfassungsrechtlichen Informations- und Kontrollmöglichkeiten der Parlamente ausgebaut.
- Das traditionell stark ausgeprägte Kollegialprinzip hat an Bedeutung verloren. In Hamburg wurde die Stellung des Ersten Bürgermeisters im Kabinett der des Bundeskanzlers angenähert. In Berlin wollen relevante politische Kräfte die Position des Regierenden Bürgermeisters in ähnlicher Weise stärken. Nur in Bremen ist die Frage der Richtlinienkompetenz des Regierungschefs in den letzten Jahren nicht intensiv diskutiert worden.
- Die Anzahl der Senatoren ist durchweg verringert worden. Am radikalsten wurde dabei - ausgehend von einem sehr hohen Ausgangsniveau - in Berlin vorgegangen. Allerdings ist die Zahl der Staatssekretäre dort immer noch überdurchschnittlich hoch.

Alle drei genannten Entwicklungstendenzen befördern die Zentralisierung politischer Macht in den Stadtstaaten. Dies ist durchaus gewollt: Es besteht die verbreitete Hoffnung, auf diese Weise eine größere Effektivität und Effizienz staatlichen Handelns durchsetzen zu können. Dabei wird billigend in Kauf genommen, daß die Durchsetzung einer einheitlichen politischen Linie immer auch mit einer verstärkten Zurückdrängung und Disziplinierung bestimmter sozialer Interessen einhergeht. Die demokratietheoretisch motivierte Kritik an der Zentralisierung politischer Macht bei der Exekutivspitze ist zwar nicht verschwunden, hat es aber angesichts der gegenwärtigen Existenzkrise der Stadtstaaten schwer. Allerdings sind die erhofften effizienz-/effektivitätssteigernde Auswirkungen der Machtzentralisierung keineswegs garantiert. So kann zum Beispiel eine drastische Verringerung der Zahl der Senatoren und die damit verbundene Schaffung von zusammengewürfelten „Warenhausressorts" die ministerielle Steuerung der Vollzugsverwaltung sogar erschweren.

2. Finanzielle Situation der Stadtstaaten

Die angespannte Situation der öffentlichen Haushalte der verschiedenen gebietskörperschaftlichen Ebenen (Bund, Länder und Gemeinden) in der Bundesrepublik hat mittlerweile ein solches Ausmaß erreicht, daß die finanzielle und damit auch politische Handlungsfähigkeit zumindest teilweise in Frage gestellt ist. Trotz der radikalen Sparpolitik, der die öffentlichen Haushalt unterliegen, hat sich die Situation in den zurückliegenden Jahren eher noch verschlechtert.

Von der öffentlichen Finanznot sind die verschiedenen Ebenen (Bund, Länder, Gemeinden) unterschiedlich betroffen. Gleichzeitig ergeben sich auch zwischen den Bundesländern ebenso wie zwischen den Städten und Gemeinden große Disparitäten, die ganz wesentlich mit der wirtschaftlichen Entwicklung und sozialen Situation der jeweiligen Gebietskörperschaft zusammenhängen. Eine besonders krisenhafte wirtschaftliche Entwicklung schlägt auch auf die öffentlichen Haushalte durch: Während die originären Steuereinnahmen in den von den Strukturumbrüchen besonders betroffenen Ländern und Kommunen deutlich hinter den durchschnittlichen Steuereinnahmen zurückbleiben, stehen den unterdurchschnittlichen Steuereinnahmen überdurchschnittliche Ausgaben gegenüber, insbesondere für Sozialleistungen aufgrund der hohen Arbeitslosigkeit und der großen Zahl von Sozialhilfeempfängern.

Doch in der jeweiligen wirtschaftlichen Situation liegt nur eine wesentliche Ursache für die aktuellen Haushaltsnotlagen verschiedener Gebietskörperschaften. Die finanzwirtschaftlichen Verflechtungen zwischen Bund, Ländern und Kommunen haben zu komplexen (Um)Verteilungsmechanismen zwischen den Gebietskörperschaften geführt. Hierbei geht es nicht nur um die zur Erreichung des grundgesetzlich verankerten Ziels der Herstellung der "Einheitlichkeit der Lebensverhältnisse" (*GG Artikel 72 (3)*) vorhandenen Ausgleichsmechanismen wie dem kommunalen Finanzausgleich und dem Länderfinanzausgleich sowie den Bundesergänzungszuweisungen, die derzeit von verschiedenen Beteiligten, mit unterschiedlichen und teilweise gegensätzlichen Begründungen in Frage gestellt werden. Zur Diskussion steht das gegenwärtige bundesstaatliche Finanzsystem insgesamt, welches die finanzielle Ausstattung für die eigenverantwortliche Durchführung der jeweiligen Aufgaben durch die Länder, Städte und Gemeinden regelt. (*Vgl. dazu Kapitel 3.3*)

Die Stadtstaaten sind aufgrund ihrer „Doppelstruktur", gleichzeitig Land als auch Kommune zu sein, von den zurückliegenden Entwicklungen ebenso wie von der Diskussion und den Reformvorstellungen zur Neuregelung des bundesstaatlichen Finanzsystem in doppelter Hinsicht berührt. Deshalb wird im Folgenden zunächst auf die finanzielle Situation der Kommunen (insbesondere der Großstädte) eingegangen, bevor die Ebene der Länder in den Mittelpunkt der Betrachtung rückt. Dabei beschränken wir uns auf die Aspekte, die auch für die Stadtstaaten von besonderem Interesse sind. Die für die gemeindliche Situation sehr bedeutsame Diskussion über die Finanzbeziehungen zwischen den Ländern und Kommunen hat für die Stadtstaaten keine (Berlin; Hamburg) bzw. nur eine geringfügige (Bremen) Bedeutung und wird deshalb hier nicht behandelt.

2.1 Finanzielle Situation der Kommunen

„Rettet unsere Städte" forderten die Bürgermeister der deutschen Großstädte in einem gemeinsamen Appell und verwiesen auf wesentliche Strukturfehler des föderalen Finanzsystems.(*Kronawitter 1994*) Daß sich hier die Bürgermeister der Großstädten parteiübergreifend zusammenschossen, ist kein Zufall. In den Haushalten der Großstädte kumulieren sich die Folgen verschiedener (Fehl-)Entwicklungen in den bundesstaatlichen Finanzbeziehungen. Tatsächlich hat sich die Finanzlage der westdeutschen Städte und Gemeinden auch im Vergleich zum Bund und den Ländern gerade in den letzten Jahren rapide verschlechtert. Dafür ist einerseits die Einnahmesituation der Kommunen verantwortlich, andererseits sind aber auch die Finanzierungslasten der Kommunen, insbesondere im Sozialbereich, in den zurückliegenden Jahren dramatisch gestiegen.

2.1.1 Einnahmen der Kommunen

Eine wesentliche Ursache für die kritische Situation der städtischen Finanzen liegt in der Entwicklung der Steuereinnahmen[76]. Der Zuwachs der Steuereinnahmen der Gemeinden ist sowohl im längerfristigen Vergleich als auch besonders in den letzten Jahren deutlich hinter dem von Bund und Ländern zurückgeblieben. So sind die Einnahmen des Bundes seit 1985 um rd. 84 Prozent gestiegen, die alten Länder hatten durchschnittlich einen Anstieg der Steuereinnahmen von 54 Prozent zu verzeichnen, während die Städte und Gemeinden in den alten Ländern ihre Einnahmen demgegenüber um nur 36 Prozent steigern konnten. Der unterdurchschnittliche Zuwachs der Steuereinnahmen der Städte und Gemeinden ist maßgeblich auf die Schwäche des Kernstücks kommunaler Einnahmeautonomie, der Gewerbesteuer[77], zurückzuführen.

Die hebesatzbereinigte Gewerbesteuer (Grundbeträge) ist 1985 - 1994 in den Gemeinden der alten Länder nur um 32 Prozent gestiegen und damit hinter der Einnahmeentwicklung der Kommunen insgesamt zurückgeblieben. Auch die kassenmäßige Entwicklung weist wegen der zurückhaltenden Hebesatzpolitik der meisten Städte und Gemeinden eine vergleichbare Entwicklung auf.

---

[76] Von den Steuereinnahmen finanzieren sich die Gemeinden zu gut einem Drittel; Einnahmen aus Gebühren und Entgelten (für Verwaltungsleistungen und für die Benutzung von Gemeindeeinrichtungen wie Schwimmbädern), Mieten und Verkäufen kommen hinzu. Für die Durchführung von Bundes- und Landesgesetzen erhalten die Gemeinden eine Kostenerstattung. Schließlich erhalten die Gemeinden finanzielle Zuweisungen von Bund und Land, zum Ausgleich von Leistungsunterschieden zwischen den Gemeinden und für besondere Investitionen. Evtl. Haushaltslücken werden über Kredite finanziert, die allerdings von der staatlichen Aufsicht genehmigt werden müssen.

[77] Die Gewerbesteuer ist als Realsteuer objektbezogen gestaltet, die persönlichen Verhältnisse des Eigentümers bleiben außer Betracht. Besteuerungsgrundlage ist der Gewerbeertrag. Die Gewerbesteuer wird von der Gemeinde auf der Grundlage eines von den Finanzämtern ermittelten Steuermeßbetrages (in %) mit einem auf den Steuermeßbetrag angewendeten Hebesatz, der von der hebeberechtigten Gemeinde zu bestimmen ist, festgesetzt und erhoben. 1997 betrug das Gewerbesteueraufkommen rd. 48,6 Mrd. DM. Durch die Gemeindefinanzreform wurden die Gemeinden ab 1970 zur Zahlung der Gewerbesteuerumlage zugunsten von Bund und Ländern verpflichtet. Parallel wurden sie als Ausglich mit einem Anteil von 14 Prozent der Lohnsteuer und der veranlagten Einkommenssteuer ausgestattet.(*Vgl. BMF 1998 b, S.93*)

Neben konjunkturellen Einflüssen hat der Bundesgesetzgeber wesentlich zu dieser Entwicklung beigetragen. Vor allem durch die Maßnahmen des Steueränderungsgesetzes 1992, insbesondere durch die Erhöhung des Freibetrags sowie die Staffelung der Meßzahlen bei der Gewerbeertragsteuer, hat sich das Aufkommen deutlich reduziert. Zudem wird der Bestand der Gewerbesteuer seit Jahren in Frage gestellt. Die Gewerbekapitalsteuer wurde zum 01. Januar 1998 im Zuge der Unternehmenssteuerreform ganz abgeschafft.

Nach der Gewerbesteuer bildet die Grundsteuer[78] die wichtigste von den Gemeinden gestaltbare Einnahmequelle. Ihr Aufkommen betrug 1997 15,5 Mrd. DM und damit etwa ein Drittel des Aufkommens an Gewerbesteuer. Im Gegensatz zur Gewerbesteuer haben sich die Einnahmen aus der Grundsteuer allerdings stetig positiv entwickelt. Trotz dieser Entwicklung ist es allerdings nicht gelungen, mit den gemeindlichen Steuereinnahmen Anschluß an die Einnahmeentwicklung von Bund und Ländern zu gewinnen.

Die kommunalen Finanzen sind auch in den Jahren 1995 bis 1997 trotz Fortsetzung des harten Konsolidierungskurses durch eine weitere Verschlechterung gekennzeichnet. 1995 standen die städtischen Finanzen erstmals unter dem Vorzeichen der durch den Solidarpakt neugeregelten bundesstaatlichen Finanzbeziehungen, die bei den westdeutschen Städten zu erheblichen Mehrbelastungen führten. Das Zurückbleiben der gemeindlichen Steuereinnahmen hat dazu geführt, daß sich die Abhängigkeit der Kommunen von staatlichen Zuweisungen weiter erhöht hat. Die Steuerdeckungsquote der Gemeinden ist mittlerweile (1996) auf unter 40 Prozent abgesunken.[79]

Die Großstädte der Bundesrepublik waren von dem dargestellten Zurückbleiben der steuerlichen Einnahmen in stärkerem Maße betroffen. Insbesondere die jüngsten Maßnahmen im Zuge der Unternehmenssteuerreform haben die Großstädte als Zentren der wirtschaftlichen Entwicklung in besonderem Maße betroffen. Hinzu kommt, daß die Entwicklung der Großstädte vor dem Hintergrund der anhaltenden Bevölkerungsverluste aktiver Bevölkerungsteile an die suburbanen Räume gekennzeichnet ist durch einen Verfall des städtischen Einkommensteueranteils.

Disparitäre Entwicklungen haben sich aber auch innerhalb der Großstädte ergeben und in den zurückliegenden Jahren weiter verstärkt. Als Ursache der unterschiedlichen steuerlichen Einnahmen der Großstädte ist v.a. die Gewerbesteuer zu nennen. Da die Gewerbesteuer am Standort des Betriebes in Abhängigkeit von der Ertragslage bezahlt wird, sind zwischen den

---

[78] Die Grundsteuer ist als Realsteuer ebenso wie die Gewerbesteuer objektbezogen gestaltet. Die Grundsteuer fließt zu 100 Prozent den Gemeinden zu. (*Vgl. BMF 1998, S.98*). Bei der Grundsteuer werden die Grundsteuer A (Betriebe der Land- und Forstwirtschaft) und die Grundsteuer B (Grundstücke) unterschieden, 0,6 Mrd. DM entfielen 1996 auf die Grundsteuer A, die übrigen 14,9 Mrd. DM entfielen auf die Grundsteuer B. Für die Berechnung der Grundsteuer aus dem Einheitswert/Ersatzwirtschaftswert sind zwei Rechenvorgänge erforderlich. Ausgehend von dem Einheitswert/Ersatzwirtschaftswert setzt das Finanzamt einen Steuermeßbetrag fest, indem Steuermeßzahlen auf den Einheitsbetrag angewendet werden. Die Steuermeßzahlen sind je nach Art des Grundstücks in den alten Ländern einheitlich geregelt, für die neuen Länder gelten andere Meßzahlen. Auf den errechneten Steuermeßbetrag wendet die Stadt oder Gemeinde den vom kommunalen Parlament beschlossenen Hebesatz an und legt so die Höhe der Grundsteuer fest. (*Ebenda*)

[79] Angesichts dieser geringen Steuerquote ist die "Gewährleistung der Grundlagen der finanziellen Eigenverantwortung" der Gemeinden (Art. 28 Abs. 2 GG) in Frage gestellt.

Kommunen unterschiedlicher wirtschaftlicher Entwicklung bzw. Wirtschaftskraft große Unterschiede zu beobachten, die in den zurückliegenden Dekaden beständig gewachsen sind: 1970 lag die durchschnittliche Abweichung vom Mittelwert der Gewerbesteuereinnahmen der Großstädte[80] vom Mittelwert ihrer durchschnittlichen jährlichen Einnahme je Einwohner bei 23,8 Prozent, 1980 war die durchschnittliche Abweichung auf 34,6 Prozent gestiegen und 1996 betrug sie bereits 38,4 Prozent.[81] · Das vorläufige Ergebnis dieser Entwicklung ist der folgenden Abbildung zu entnehmen.

Generell zeigt sich hier die Unterscheidung zwischen den altindustriellen Zentren, die in den zurückliegenden Dekaden massive Strukturumbrüche zu verkraften hatten, und den Metropolen der modernen Dienstleistungen (Banken, Versicherungen, Wirtschaftsberatung usw.) und der High-Tech-Industrien auf der anderen Seite: In Frankfurt lagen die Gewerbesteuereinnahmen in dritten Quartal 1997 mit 548 DM je Einwohner um mehr als 90 Prozent über dem durchschnittlichen Wert (286 DM je EW) aller in die Betrachtung einbezogenen Großstädte, während Duisburg mit 90 DM Gewerbesteuereinnahmen je Einwohner nicht einmal ein Drittel des durchschnittlichen Wertes erreichte. Hamburg erzielte Gewerbesteuereinnahmen von rd. 330 DM je Einwohner und liegt um 15 Prozent über dem Durchschnittswert, Bremen liegt mit 183 DM je Einwohner jedoch um mehr als ein Drittel unterhalb des Durchschnittswertes, während Berlin mit Gewerbesteuereinnahmen von nur 112 DM je Einwohnern sich nur knapp vor dem "Schlußlicht" Duisburg plazieren konnte.

---

[80] Gemeint sind die zwölf Großstädte mit mehr als 500.000 Einwohner: Berlin, Hamburg, München, Köln, Frankfurt a.M., Essen, Dortmund, Düsseldorf, Stuttgart, Bremen, Duisburg, Hannover.

[81] Quelle: Deutscher Städtetag (Hrsg.), Statistisches Jahrbuch deutscher Städte und Gemeinden, (Ausgaben 1970, 1980, 1996) Köln; *(eigene Berechnungen)*

Abbildung 26

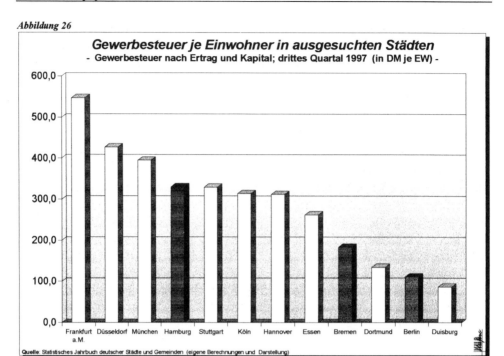

Die Differenzierungen bei den Gewerbesteuereinnahmen spiegelt sich wieder in der unterschiedlichen Höhe der Gewerbesteuerhebesätze der verschiedenen Großstädte (*Siehe Abbildung 27*). Hier reicht die Spannbreite von 515 Prozent in Frankfurt am Main bis zu lediglich 390 Prozent in Berlin. Auffallend ist, daß die Reihenfolge der Städte im wesentlichen erhalten bleibt, d.h. die Städte mit geringeren Gewerbesteuereinnahmen pro Einwohner haben tendenziell auch niedrigere Hebesätze. Nun wäre es aber ein Trugschluß zu glauben, die geringeren Einnahmen würden v.a. aus den geringeren Hebesätzen resultieren. Vielmehr dürften die geringeren Hebesätze den Versuch der von wirtschaftlichen Problemen besonders belasteten Städte darstellen, den eigenen Standort möglichst attraktiv zu machen.

Abbildung 27

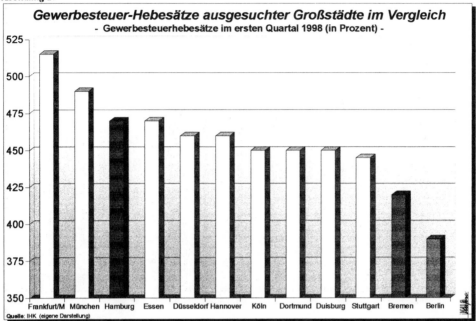

Wie aus der folgenden Abbildung hervorgeht, ist die der Abstand der einzelnen Großstädte untereinander bei den Einnahmen aus der Einkommenssteuer wesentlich geringer als bei den Gewerbesteuereinnahmen. Der Spitzenreiter Hamburg liegt mit einer Einnahme von 174 DM je Einwohner im dritten Quartal 1997 um "nur" 27 Prozent über dem Durchschnittswert von 137 DM je Einwohner. Bremen und Berlin haben auch bei der Einkommenssteuer unterdurchschnittliche Einnahmen aufzuweisen.

Abbildung 28

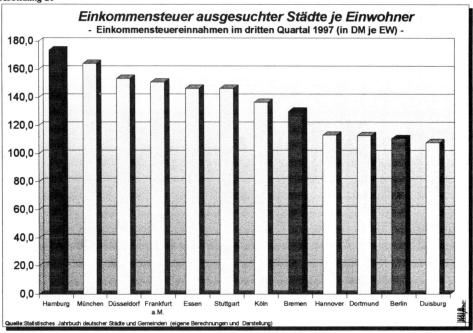

2.1.2 Ausgaben der Städte und Gemeinden

Die besorgniserregende Finanzlage der kommunalen Haushalte geht nicht nur auf verminderte Einnahmen zurück, sondern beruht zu einem großen Teil auf den steigenden Ausgaben. Den zurückhaltenden Steuereinnahmen stehen weiter wachsende Ausgaben gegenüber, so daß die **Schere zwischen Einnahmen und Ausgaben** in den Haushalten der Kommunen immer weiter auseinander geht. Die Gemeinden sind insbesondere betroffen von dem im Zusammenhang mit dem dramatischen Anstieg der Arbeitslosigkeit seit Mitte der 70er Jahre einhergehenden Anstieg der auf Sozialhilfe angewiesenen Bevölkerungsteilen und den daraus resultierenden steigenden Sozialhilfelasten.

Staatliche Aufgabenzuweisungen an die Kommunen sowie die Ausweitung bestehender kommunaler Aufgaben in Umfang und Standards durch den Bund ohne entsprechenden finanziellen Ausgleich belasten die Kommunalfinanzen zusätzlich. Hierfür zwei jüngere Beispiele: Das vom Bundestages verabschiedete Arbeitslosenhilfe-Reformgesetz (AFRG) ist am 1.7.1996 in Kraft getreten. Damit wurden weitere Einschnitte bei der Arbeitslosenversicherung realisiert. Die ABM-Maßnahmen sind auf langzeitarbeitslose Leistungsbezieher zu konzentrieren. Ferner die Bemessung für die Arbeitslosenhilfe pauschal gekürzt. Die Mehrbelastungen der Sozialhilfe, die insbesondere durch die Kürzung der Bemessungsgrundlage für die Arbeitslosenhilfe entstehen, werden auf rund 100 Mio. DM jährlich geschätzt (*Vgl. Deutscher Städtetag 1998*). Die Zuständigkeit für die Finanzierung der Langzeitarbeitslosigkeit wurde so noch weiter auf die Kommunen verlagert.

Die Kürzung der Arbeitslosenhilfe entlastet lediglich den Bundeshaushalt auf Kosten der Gemeinden, sozialpolitisch macht sie keinen Sinn[82]. Insgesamt führt die „Reform" lediglich dazu, daß noch mehr Arbeitslose zu Sozialhilfeempfängern werden. Kürzungen der Arbeitslosenhilfe sind in annähernd gleicher Höhe von der Sozialhilfe zu refinanzieren, lediglich der Kostenträger ändert sich. Besonders betroffen sind die Städte und Kommunen, die unter einer hohen strukturellen Arbeitslosigkeit und damit unter einem hohen Anteil an Langzeitarbeitslosen leiden.

Den steilen Anstieg der Ausgaben für soziale Leistungen der Kommunen zeigt die folgende Abbildung, seit 1980 bis 1995 haben sich die Sozialausgaben der Kommunen insgesamt mehr als verdreifacht. Gerade die großen und größeren Kommunen, in denen sich die sozialen Probleme ballen, waren von dieser Entwicklung in besonderem Maße betroffen. Dabei sind die Sozialausgaben wesentlich schneller gewachsen als die Ausgaben insgesamt, ihr Anteil an den bereinigten Gesamtausgaben stieg entsprechend von 11,8 Prozent 1980 auf 21,4 Prozent 1995. Die hohen Sozialsausgaben bleiben weiter ein ungelöstes Problem, zumal sie seit der Nivellierung durch die Pflegeversicherungsleistungen (1995/1996) weiter wachsen.

---

[82] Neben der Abwälzung der Kosten ist die „Reform" strategisch eher als ein Versuch einzuschätzen, die politisch nicht durchsetzbare Befristung der Arbeitslosenhilfe auf diesem Wege scheibchenweise zu erreichen. (*Vgl. dazu: Deutscher Städtetag 1997*)

Abbildung 29

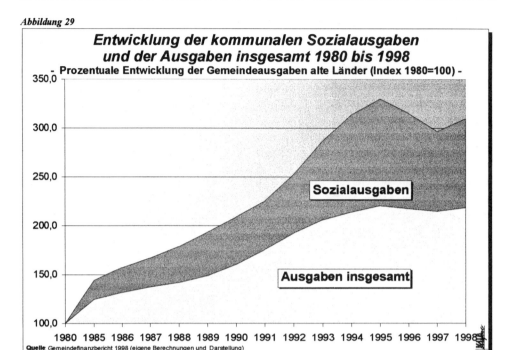

2.2 Finanzielle Situation der Länder

Die Länder stehen ebenso wie die Gemeinden unter einem radikalen Sparzwang. Auch auf dieser Ebene ist ein ständiges Anwachsen des strukturellen Finanzierungsdefizits, also die Differenz zwischen laufenden Einnahmen[83] und Ausgaben, zu beobachten. Die Stadtstaaten stehen allerdings unterschiedlich da, während Berlin[84] und Bremen sich derzeit in einer besonders schwierigen Situation befinden und zu den Empfängerländern im Länderfinanzausgleich zählen, gehört Hamburg aufgrund seiner relativ starken finanziellen Position zu den fünf Geberländern im Finanzausgleich.

Die Länder sind finanzwirtschaftlich eng mit dem Bund einerseits und den Gemeinden andererseits verflochten. Ausgangspunkt dieser Verflechtungen ist die von der Finanzverfassung vorgegebene Verteilung der öffentlichen Einnahmen auf die verschiedenen Gebietskörperschaften (Bund, Länder, Gemeinden). Beim finanziellen Verteilungssystem ist

---

[83] Laufende Einnahmen = Einkünfte ohne die Einnahmen aus Veräußerung von Landesvermögen und Beteiligungen.

[84] Nach dem Auslaufen der der besonderen Lage West-Berlins geschuldeten Bundeshilfe im Jahr 1994, die früher in West-Berlin mehr als die Hälfte der Ausgaben deckte, nahm Berlin insgesamt 1995 zum ersten Mal am normalen Länderfinanzausgleich teil.

die primäre Verteilung von der sekundären Verteilung[85] zu unterscheiden. Aktuell steht die sekundäre Finanzverteilung und insbesondere der Länderfinanzausgleich aufgrund der Klage Bayerns, Baden-Württembergs und Hessens im Zentrum der öffentlichen Diskussion. Das darf jedoch nicht darüber hinwegtäuschen, daß nicht nur die sekundären Ausgleichsregelungen zur Diskussion stehen, sondern die Gesamtheit der finanzverteilenden und finanzregelnden Ordnungssysteme (primäre wie sekundäre) umstritten ist.

2.2.1 Steueraufkommen

Das Steueraufkommen (die in der jeweiligen Gebietskörperschaft erhobenen Steuern unabhängig von ihrer anschließenden Verteilung bzw. Zuordnung auf die verschiedenen Gebietskörperschaften) liegt in den Stadtstaaten Hamburg und Bremen entsprechend ihrer überdurchschnittlichen wirtschaftlichen Leistungskraft - wie in anderen Ballungsräumen auch - beträchtlich über dem Bundesdurchschnitt. Bundesdurchschnittlich wurden 1995 je Einwohner rd. 9.890 DM steuerliches Aufkommen erzielt, Berlin lag mit einem Steueraufkommen von rd. 9.640 etwas unterhalb des Bundesdurchschnitts, hier spiegelt sich die ungünstige Wirtschaftsstruktur der Stadt wieder. An der Spitze aller Bundesländer mit dem höchsten Pro-Kopf-Aufkommen liegen Bremen und Hamburg. In Bremen lag das Steueraufkommen mit 14.200 DM um mehr als 40 Prozent über dem durchschnittlichen Wert aller Bundesländer. Hamburg übertraf den Durchschnittswert um fast das Vierfache und liegt mit einem Steueraufkommen von mehr als 37.000 DM je Einwohner mit großem Abstand an der Spitze aller Bundesländer.

---

[85] Die primäre Verteilung bezieht sich auf die Ertragshoheit (Bund; Länder, Gemeinden) hinsichtlich der Steuern. Auch die primäre Verteilung beinhaltet mit der Zurechnung der Steuereinnahmen (Gemeinschaftssteuern) auf die einzelnen Gebietskörperschaften einen Finanzausgleich. Auf die primäre Verteilung folgt eine ausgleichende Ertragsumschichtung zwischen reichen und armen Ländern (horizontaler Finanzausgleich) und vom Bund zu bedürftigen Ländern (vertikaler Finanzausgleich).

Abbildung 30

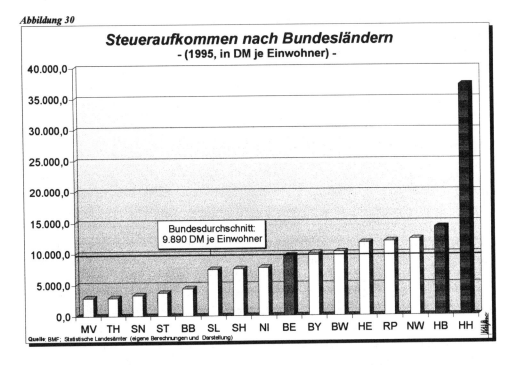

Vom gesamten Steueraufkommen im Jahr 1995 sind allerdings mit 28 Prozent nur rd. ein Viertel "reine"[86] Bundes-, Landes- bzw. Gemeindesteuern, die zu 100 Prozent der jeweiligen Gebietskörperschaft zustehen. Mehr als 70 Prozent des Steueraufkommens sind Gemeinschaftssteuern, die anschließend nach einem bestimmten Schlüssel auf Bund, Länder und Gemeinden aufgeteilt werden. Von dem Steueraufkommen von mehr als 37.000 je Einwohner verblieben in Hamburg direkt nur 2.150 DM je Einwohner als reine Gemeinde- bzw. Landessteuern, dies sind gerade mal sechs Prozent des gesamten Steueraufkommens von Bund, Ländern und Gemeinden, das in Hamburg erzielt wurde. In Bremen verbleiben mit 1.620 DM je Einwohner immerhin 11 Prozent des Steueraufkommens als reine Landes- bzw. Gemeindesteuern. Berlin liegt mit einem Betrag von 1.120 DM je Einwohner an reinen Landes- bzw. Gemeindesteuern etwas unterhalb des bundesdurchschnittlichen Betrages, dies entspricht einem Anteil von 12 Prozent am Steueraufkommen insgesamt.

---

[86] "Reine" Steuern sind solche, die zu 100 Prozent einer Gebietskörperschaft zustehen. Reine Bundessteuern sind beispielsweise Mineralöl- und Tabaksteuer und Zölle, eine reine Ländersteuern ist z.B. die KFZ-Steuer, die bedeutsamste reine Gemeindesteuer ist die Grundsteuer.

Abbildung 31

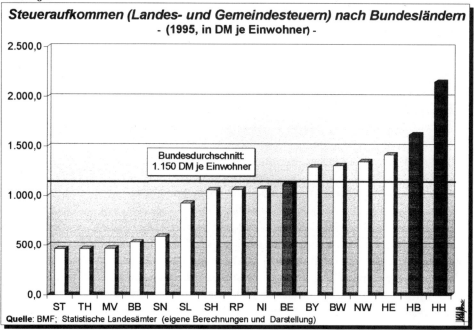

2.2.2 Steuereinnahmen

Die Steuereinnahmen[87] eines Bundesland bestehen zunächst aus den direkten Länder- und Gemeindesteuern und den ihnen zugerechneten Anteilen aus den Gemeinschaftssteuern.[88] Dann werden die Finanzmittel, von der gegebenen primären Steuerverteilung ausgehend, nach spezifischen Bedarfskriterien weiter umverteilt. Der sekundäre bundesstaatliche Finanzausgleich soll gewährleisten, die sich nach der primären Steuerverteilung ergebende unterschiedliche Finanzkraft der Länder angemessen auszugleichen. Dies erfolgt in drei Schritten (*Vgl. Huber; Lichtblau 1997, S.26ff*):

- Die Umsatzsteueranteile der Länder, die sich nach der primären Verteilung ergeben, werden durch den Umsatzsteuer-Vorwegausgleich korrigiert. Die Umsatzsteuer wird dabei ohne Bezug zum örtlichen Aufkommen unter den Ländern nach der Zahl der

---

[87] Die Einnahmen der Bundesländer können über die Steuereinnahmen hinaus durch Gebühren, Verkäufe u.ä. gesteigert werden. Diese zusätzlichen Einnahmen finden bei den sekundären Ausgleichsmechanismen keine Berücksichtigung und sind deshalb in Zeiten akuter Finanzknappheit der öffentlichen Kassen besonders attraktiv, um die Einnahmesituation zu verbessern.

[88] Von besonderer Bedeutung in diesem Zusammenhang ist für die Stadtstaaten die Zerlegung der Lohnsteuer. Sie kommt zwar am Arbeitsort der Beschäftigten auf, wird jedoch an den Wohnsitz des Beschäftigten überwiesen. Für die Stadtstaaten ohne ein Umland in den eigenen Landesgrenzen mit einem hohen Anteil an Einpendlern bedeutet dies eine beträchtliche Schwächung der Finanzkraft. (*Vgl. Schlichting 1999, S.191ff*)

Einwohner[89] (mindestens 75 Prozent) sowie nach der Steuerkraftschwäche (höchstens 25 Prozent) verteilt. Der Umsatzsteuer-Vorwegausgleich belief sich 1996 auf rd. 14 Mrd. DM und kam ausschließlich den neuen Ländern und Berlin zugute.

- Nach dem Umsatzsteuer-Vorwegausgleich erfolgt der Länderfinanzausgleich im engeren Sinne (horizontaler Finanzausgleich). Dazu wird zunächst die Finanzkraft der einzelnen Bundesländer ermittelt und durch eine "Finanzkraftmeßzahl" ausgedrückt. Der Finanzkraftmeßzahl wird der jeweilige Finanzbedarf in Form einer "Ausgleichsmeßzahl" gegenübergestellt, die abhängig ist von der jeweiligen Einwohnerzahl. Die Einwohnerzahl der Stadtstaaten wird dabei mit dem Faktor 1,35 "veredelt", da insgesamt davon ausgegangen wird, daß der Finanzbedarf in verdichteten urbanen Zentren höher ist als in bevölkerungsarmen Räumen. Die Differenz zwischen Finanzkraftmeßzahl und Ausgleichsmeßzahl ergibt dann für die einzelnen Bundesländer entweder Überschüsse oder Fehlbeträge. Die Länder werden entsprechend in finanzstarke und finanzschwache Länder eingeteilt. Die finanzschwachen Länder erhalten Transfers von den finanzstarken Ländern, die sicherstellen sollen, daß mindestens eine Finanzkraft von 95 Prozent ihrer Ausgleichsmeßzahl erreicht wird. Das Volumen der Umverteilung im Länderfinanzausgleich im engeren Sinne betrug 1996 rd. 12 Mrd. DM und lag damit deutlich unter dem Volumen des Umsatzsteuer-Vorwegausgleiches. Mehr als 85 Prozent der Mittel des engeren Länderfinanzausgleichs flossen 1996 an die neuen Länder (incl. Berlin).

- Im Anschluß an den horizontalen Finanzausgleich werden mit den Bundesergänzungszuweisungen (BEZ 1) die verbleibenden Unterschiede zwischen den Bundesländern nochmals eingeebnet mit dem Ziel, die Finanzkraft der finanzschwachen Länder auf mindestens 99,5 Prozent ihrer Ausgleichsmeßzahl zu bringen. Hier wurden 1996 rd. 5 Mrd. DM bewegt.

Schließlich gewährt der Bund noch Sonderbedarfs-Bundesergänzungszuweisungen (BEZ 2), die aber außerhalb des oben beschriebenen Ausgleichsregelungssystems und unabhängig von der relativen Finanzkraft zur Abdeckung besonderer Aufgaben bzw. Lasten vom Bund an die Länder gezahlt werden. (*Vgl. Sen. für Finanzen Bremen, 1997, S.4*) Die BEZ 2 zielen nicht darauf, Finanzunterschiede auszugleichen, sondern sollen einzelnen Ländern helfen, Sonderlasten zu bewältigen und sind von daher "auch solchen Ländern zu gewähren, deren Finanzkraft nach Durchführung des Länderfinanzausgleichs den Länderdurchschnitt erreicht oder überschritten" haben. (*BverfGE, 72, 330, 404 f., zitiert nach Ebenda*)

Die BEZ 2 umfassen ein Bündel verschiedenster Zuweisungen, die v.a. den neuen Bundesländern ("teilungsbedingte Sonderlasten") zugute kommen. Auch die Stadtstaaten Berlin und Bremen partizipieren an den BEZ 2, z.B. aufgrund besonderer Ausgabenlasten

---

[89] Die Zahl der Einwohner wird beim Umsatzsteuer-Vorwegausgleich nicht gewichtet, d.h. die Einwohner der Stadtstaaten werden nicht um den Faktor 1,35 "veredelt", um eine Vergleichbarkeit mit den Flächenländern zu gewährleisten.

für eine eigenständige politische Führung[90] sowie den Sanierungszahlungen[91] an Bremen. Insgesamt hatten die BEZ 2 1996 ein Volumen von rd. 20 Mrd. DM.

Die Auswirkungen der verschiedenen finanziellen Ausgleichsmechanismen sowie der BEZ 2 auf die einzelnen Bundesländer ist in der folgenden Abbildung dargestellt. Der Umsatzsteuervorwegausgleich führt bei allen alten Ländern (incl. Berlin) zu geringeren Einnahmen, während die neuen Bundesländer von dieser Regelung profitieren. Nach dem Umsatzsteuervorwegausgleich führen die ausgleichspflichtigen Länder Hessen, Hamburg, Baden-Württemberg, Nordrhein-Westfalen und Bayern weitere Mittel an die ausgleichsberechtigten Bundesländer ab, die Einnahmen der übrigen ausgleichsberechtigten Länder steigen aufgrund des Länderfinanzausgleichs.

Die Umverteilung im Rahmen des sekundären Finanzausgleichs ändert jedoch nicht die nach der primären Verteilung sich ergebende Rangfolge zwischen den (und innerhalb der) ausgleichspflichtigen Bundesländern einerseits und den ausgleichsberechtigten Bundesländern andererseits, die ausgleichspflichtigen Länder haben auch nach den Zahlungen die höchsten Steuereinnahmen pro (gewichtetem) Einwohner zu verzeichnen. Der von Seiten einiger ausgleichspflichtiger Länder in der Öffentlichkeit erhobene Vorwurf, durch die sekundären Ausgleichsmechanismen stark benachteiligt zu werden und von ehemals finanzschwachen Ländern überholt zu werden[92], ist unzutreffend. Er ist auch deshalb sachlich falsch, da eine Änderung in der Finanzkraft zwischen den Geberländern durch das Finanzausgleichsgesetz definitiv ausgeschlossen ist, lediglich die Position der empfangenden Länder untereinander kann sich unter bestimmten Umständen ändern. Eine Änderung der Reihenfolge kann nur dadurch suggeriert werden, wenn die Sonderbedarfs-Bundesergänzungszuweisungen in die Betrachtung der relativen Finanzkraft der Länder einfließen.

Festzustellen ist, daß sich die Einnahmesituation der Länder aufgrund der verschiedenen primären und sekundären Finanzausgleichsmechanismen stark annähert, d.h. die Umverteilungswirkung dieser Mechanismen ist enorm. Die Einnahmesituation der Stadtstaaten differiert im Rahmen der Spannbreite der unterschiedlich hohen Einnahmen der Bundesländer erheblich: Berlin liegt mit Einnahmen von 4.520 DM je Einwohner[93] am Ende der alten Bundesländer, Bremen nimmt mit 4.670 DM je Einwohner eher eine mittlere Position ein, während Hamburg mit steuerlichen Einnahmen von 5.000 DM je Einwohner nach Hessen an der Spitze aller Bundesländer liegt.

---

[90] Kleinere alte und neue Länder erhalten im Hinblick auf die überproportionalen Kosten der politischen Führung von Seiten des Bundes entsprechende Zuweisungen. 1996 erhielten die Länder Rheinland-Pfalz, Schleswig-Holstein, Saarland, Bremen, Berlin, Sachsen-Anhalt, Thüringen, Brandenburg sowie Mecklenburg-Vorpommern insgesamt rd.1,5 Mrd. DM, auf Bremen entfielen davon 126 Mio. DM und auf Berlin 219 Mio. DM.

[91] Beginnend seit 1994 werden an Bremen und das Saarland Sanierungsbeihilfen zur Überwindung der extremen Haushaltsnotlage gewährt. Bremen bekommt jährlich 1,8 Mrd. DM und das Saarland 1,6 Mrd. DM bis einschließlich 1998.

[92] Zur Kritik der Geberländer am Länderfinanzausgleich siehe ausführlich Kapitel IV.1

[93] Die Einwohner Berlins sind hier wie die der beiden anderen Stadtstaaten mit dem Faktor 1,35 gewichtet.

Abbildung 32

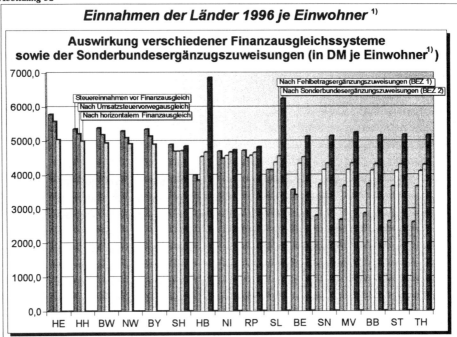

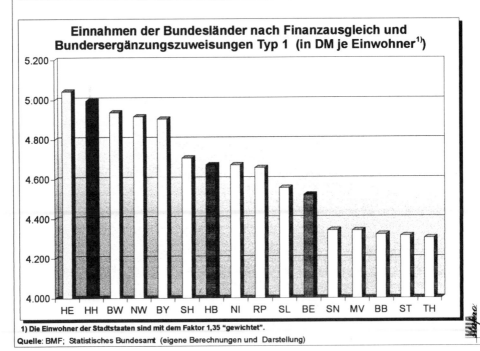

1) Die Einwohner der Stadtstaaten sind mit dem Faktor 1,35 "gewichtet".
Quelle: BMF; Statistisches Bundesamt (eigene Berechnungen und Darstellung)

2.2.3 Schulden und Ausgaben der Länder

Trotz der nivellierenden Wirkung der verschiedenen finanziellen Ausgleichsmechanismen sind die einzelnen Bundesländer in unterschiedlichem Maße von Finanz- und Verschuldungsproblemen betroffen. Allen Ländern (mit Ausnahme des Saarlandes) ist gemein, daß die Verschuldung seit Anfang der 90er Jahre - z.T. massiv - angestiegen ist. Dies liegt zum einen an den relativ ungünstigen wirtschaftlichen Rahmenbedingungen, die weit hinter den Erwartungen und Prognosen zurückblieben. Zum anderen sind aufgrund verschiedenster Steuerrechtsänderungen[94] die Steuereinnahmen der Länder weiter gemindert worden.

In den Jahren 1992 bis 1996 sind die Einnahmen der alten Bundesländer (einschließlich Berlin) durchschnittlich um neun Prozent gestiegen, die Ausgaben stiegen im gleichen Zeitraum um 13 Prozent. Obwohl die Ausgaben stärker als die Einnahmen wuchsen, bleibt sowohl der Anstieg der Einnahmen als auch der Anstieg der Ausgaben deutlich hinter dem durchschnittlichen realen Wachstum des Bruttoinlandsproduktes zurück. Die entstehende Lücke zwischen Einnahmen und Ausgaben wurde v.a. durch die Aufnahme neuer Kredite geschlossen, wie der Blick auf die folgende Abbildung zeigt.

Abbildung 33

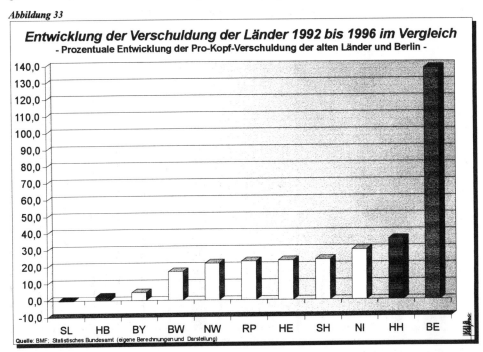

Aus der Abbildung wird deutlich, daß das Saarland und Bremen stark bemüht sind, ihre extreme Haushaltsnotlage in den Griff zu bekommen. Die reale Entschuldung des

---

[94] Siehe Kapitel 3.1

Saarlandes bzw. der geringe Anstieg der Neuverschuldung in Bremen ist neben den **Sanierungszahlungen** ganz wesentlich auf die restriktive Haushaltspolitik zurückzuführen: die Ausgaben sind in Bremen seit 1992 mit plus 2,6 Prozent und dem Saarland mit plus 6,1 Prozent deutlich geringer angestiegen als in allen übrigen Bundesländern. Im Gegensatz zur Situation Bremens (und des Saarlandes) ist die relativ geringe Neuverschuldung Bayerns nicht auf eine besonders restriktive Haushaltspolitik sondern auf die günstigere Einnahmesituation zurückzuführen, die Ausgaben Bayerns stiegen mit plus 15,5 Prozent seit 1992 überdurchschnittlich und rd. sechs mal so stark wie in Bremen.

An der Spitze der alten Bundesländer bei der Neuverschuldung liegt Berlin (incl. Ostberlin), hier hat sich die Pro-Kopf-Verschuldung in den Jahren 1992 bis 1996 mehr als verdoppelt. Zur Zeit liegt das Berliner Steueraufkommen ebenso wie die Steuereinnahmen pro Kopf der Bevölkerung deutlich unter dem anderer Ballungsräume. Hier spiegelt sich die ungünstige Wirtschaftsstruktur der Stadt sowie der dramatische Rückgang bei den Steuereinnahmen aufgrund der Zusammenbrüche im industriellen Sektor v.a. Ostberlins, aber auch Westberlins, wieder. Die Steuerdeckungsquote des Haushalts lag 1997 bei lediglich 37 Prozent. Berlin mußte sich durch Kreditaufnahme weiter verschulden, um Ausgaben und Einnahmen ins Gleichgewicht zu bringen. Die Steuerdeckungsquote ist in Ostdeutschland insgesamt wesentlich geringer als im Durchschnitt der alten Bundesländer[95], liegt jedoch in Berlin noch unterhalb der durchschnittlichen Deckungsquote Ostdeutschlands.

Abbildung 34

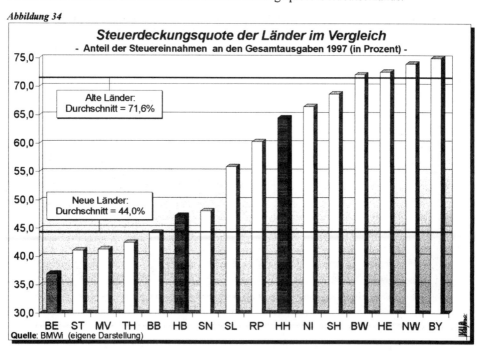

---

[95] Entsprechend hat sich die Neuverschuldung in den neuen Bundesländern allein zwischen 1992 und 1996 mehr als verdreifacht, mittlerweile hat die Höhe der Pro-Kopf-Verschuldung fast das Niveau der westdeutschen Bundesländer erreicht.

Die relativ hohe Neuverschuldung Hamburgs ist im wesentlichen auf das geringe Wachstum der Einnahmen zurückzuführen, die in dem Zeitraum 1992 bis 1996 um nur 6,4 Prozent gestiegen sind, während sie im Durchschnitt der alten Bundesländer um 9,0 wuchsen. Die Ausgabensteigerung Hamburgs blieb mit 10,7 Prozent zwar hinter dem durchschnittlichen Ausgabenzuwachs der alten Bundesländer von 13 Prozent zurück, lag aber deutlich über dem Wachstum der Einnahmen, so daß die Lücke über Kreditaufnahmen geschlossen werden mußte.

Trotz der restriktiven Haushaltspolitik der am höchsten verschuldeten Länder hat es bezüglich der Pro-Kopf-Verschuldung keine wesentliche Annäherung zwischen den alten Ländern gegeben, die Höhe der Verschuldung streut nach wie vor sehr stark zwischen den einzelnen Bundesländern. Die Spannweite der Pro-Kopf-Verschuldung (unter Einschluß der Gemeinden) reicht dabei von 4.600 DM in Bayern bis zu 24.550 DM in Bremen. Die Verschuldung ist allerdings in allen drei Stadtstaaten überdurchschnittlich hoch, von den Flachländern liegt das Saarland an der Spitze der Verschuldung. Die im Stadtstaatenvergleich relativ niedrige Verschuldung Berlins sollte nicht über die tatsächliche Problematik der Situation der ehemals geteilten Stadt hinwegtäuschen, da die Verschuldung gerade in den letzten Jahren entstanden ist und aufgrund der geringen Steuerdeckungsquote Berlins in nächster Zeit keine grundlegende Besserung in Sicht ist.

Abbildung 35

Welche Dramatik die Verschuldung einzelner Bundesländer erreicht hat, wird an dem Verhältnis der Zinsausgaben zu den Steuereinnahmen, der Zins-Steuer-Quote, deutlich. Sie zeigt, welcher Anteil der Steuereinnahmen durch fällige Zinsleistungen absorbiert wird. Auch hier liegt Bremen an der Spitze aller Bundesländer: Mit einer Zins-Steuer-Quote von 27,1 Prozent sind fast ein Drittel der Steuereinnahmen für die Zinstilgung aufzuwenden, in

Bayern am anderen Ende der Skala sind nur 5,7 Prozent der Steuereinnahmen für Zinslasten zu zahlen. Hamburg liegt mit einer Zinssteuerquote von 15,8 Prozent nach Bremen und dem Saarland, während Berlin mit einer Zinssteuerquote von 12,7 Prozent im Vergleich der Stadtstaaten die beste Situation vorzuweisen hat. (*Vgl. Abbildung 35*) Diese günstige Position darf aber nicht über die Probleme hinwegtäuschen, die in Berlin existieren. Seit 1991 hat sich die Zinssteuerquote Berlins mehr als verdreifacht (1991= 4,0%), während sie in Hamburg (1991= 12,4%) um 27 Prozent und Bremen (1991= 24,4%) um 11 Prozent gewachsen ist.

Abbildung 36

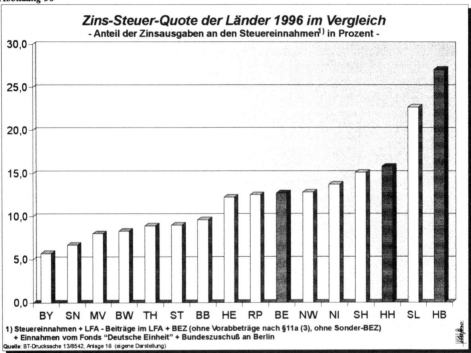

Die Zins-Steuer-Quote schlägt auch auf die reale Ausgabenstruktur durch, wie die folgende Abbildung deutlich macht. In Bremen wurden 1997 14,3 Prozent der gesamten Ausgaben allein für die Begleichung von Zinsen aufgewendet, in Bayern dagegen nur 3,3 Prozent. (*Vgl. Abbildung 37*) Aber auch Hamburg mit einer Zinslastquote von 10,5 Prozent und Berlin mit einer entsprechenden Quote von 8,0 Prozent liegen über dem Durchschnitt der alten Bundesländer.

Abbildung 37

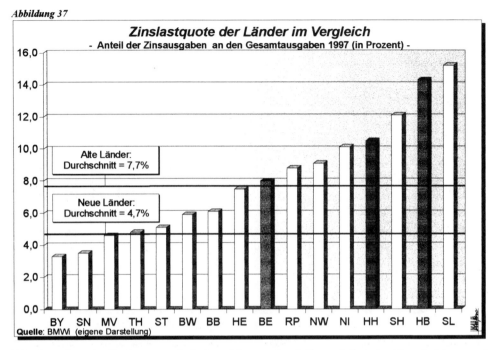

Die Ausgaben der Stadtstaaten sind aber nicht nur durch ihre relativ hohe Verschuldung und den daraus resultierenden Zinsausgaben erheblich belastet, auch die in Kapitel II.2 dargestellte sozialräumliche Polarisation schlägt auf den Haushalt durch. Deutlich wird dies, wenn die Sozialausgaben der Länder je Einwohner nebeneinander gestellt werden.(*Siehe Abbildung 38*) Während im Durchschnitt der Bundesländer pro Einwohner rd. 520 DM Sozialausgaben anfallen, liegt der Wert in Bremen mit 1.170 DM und Hamburg mit 1.110 DM mehr als doppelt so hoch. Berlin liegt nach den beiden anderen Stadtstaaten mit 930 DM an der Spitze aller Bundesländer.

Abbildung 38

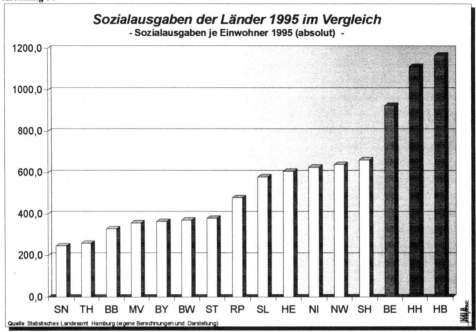

Demgegenüber stellen sich beim Anteil der Personalausgaben an den Gesamtausgaben der Länder die Unterschiede zwischen den alten Flächenländern einerseits und den Stadtstaaten andererseits genau umgekehrt da: Während die Personalausgabenquote der Flächenländer durchschnittlich über 40 Prozent beträgt, liegt die der Stadtstaaten deutlich unter 35 Prozent. (*Vgl. Abbildung 39*). Hierfür dürfte die insgesamt geringere Personalausgabenquote kommunaler Haushalte[96] gegenüber der Personalausgabenquote der Länderhaushalte angesichts der Doppelstruktur der Stadtstaaten, gleichzeitig Land und Kommune zu sein, maßgeblich verantwortlich sein.

---

[96] 1995 betrug die durchschnittliche Personalausgabenquote aller Kommunen in der Bundesrepublik 21,7 %. (Quelle: *Statistik Regional 1998, eigene Berechnung*)

Abbildung 39

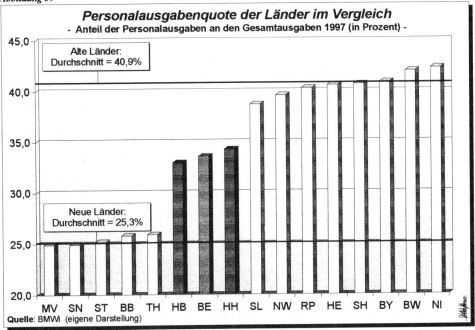

Entscheidend für die Bundesländer jedoch ist, welchen Anteil ihrer Haushalte sie für investive Maßnahmen zur langfristigen Stärkung der Wirtschafts- und Finanzkraft einsetzen können, wie hoch also die Investitionsquote ist. Bei der Investitionsquote gibt es zunächst einen deutlichen Unterschied zwischen den alten und den neuen Bundesländern. Die neuen Bundesländer werden von Seiten des Bundes und der alten Länder im Rahmen des Solidarpaktes gezielt unterstützt, um über massive Investitionen Anschluß an das Niveau der alten Bundesrepublik zu gewinnen. Die durchschnittliche Investitionsquote der neuen Bundesländer ist entsprechend mit 27,8 Prozent mehr als doppelt so groß wie die durchschnittliche Investitionsquote der alten Länder von 12,0 Prozent.

Interessant ist die Stellung der Stadtstaaten: Berlins Investitionsquote liegt mit 13,1 Prozent zwar über dem Durchschnitt der alten Länder, aber sogar noch unter der Investitionsquote der alten Bundesländer Bayern und Rheinland-Pfalz. Dies ist für ein Land, welches von den vereinigungsbedingten dramatischen Strukturzusammenbrüchen derart betroffen war und vor der Aufgabe steht, ganz neue Strukturen aufzubauen, kein zufriedenstellendes Ergebnis. Die leicht überdurchschnittlich hohe Investitionsquote Bremens von 13 Prozent zeigt das Bemühen des Zwei-Städte-Staates, trotz massiver Sparanstrengungen über Investitionen die eigene wirtschaftliche Basis nachhaltig zu verbessern. Allerdings kann diese Investitionsquote nur dadurch realisiert werden, weil ein Teil der laufenden Sanierungszahlungen des Bundes (in Höhe der rechnerischen Zinsersparnis der dadurch möglichen Schuldenreduzierung) anders als im Saarland zu zusätzlichen Investitionen genutzt wird. Im Hinblick auf die Aufgabenstellung Bremens, die eigene extreme Haushaltsnotlage zu beseitigen und die wirtschaftlichen Entwicklungsrückstände zu überwinden, die sich im

Verlauf der 80er Jahre ergeben haben, muß die nur leicht überdurchschnittliche Investitionsquote als nicht genügend charakterisiert werden.

Abbildung 40

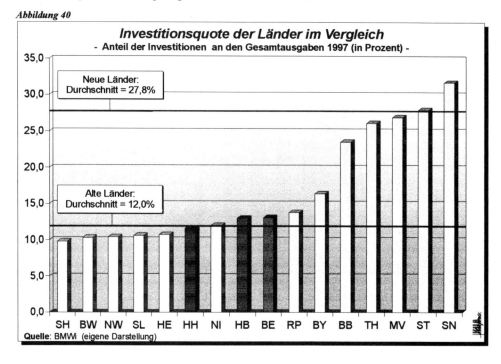

3. Personal des öffentlichen Dienstes

Im Folgenden soll die Entwicklung und Struktur der Personalaustattung der Stadtstaaten dargestellt und analysiert werden. Eine vergleichende Analyse ist allerdings problematisch, da eine Vergleichbarkeit auf der Grundlage der amtlichen Personalstatistik nur bedingt gegeben ist. Insbesondere die "Bereinigung" der Personalstatistik durch die Ausgliederung von öffentlichen Betrieben bzw. Personal, die gerade in den zurückliegenden Jahren unter den Stichworten "Modernisierung" und "Verschlankung" an Bedeutung zugenommen hat, läßt sich auf der Grundlage der amtlichen Statistik nicht isoliert darstellen. Es ist also zu unterscheiden zwischen dem von der amtlichen Statistik erfaßten öffentlichem Dienst[97] und dem öffentlichem Sektor, da die verschiedenen Dienstleistungen je nach Gebietskörperschaft in höchst unterschiedlichen Trägerschaften erbracht werden (können). Inwieweit ein statistisch ausgewiesener Personalabbau auf tatsächliche Stellenreduzierung oder aber auf Ausgliederung aus dem öffentlichen Dienst zurückzuführen ist, bedarf einer eingehenderen Untersuchung, die in einer späteren Projektphase vorgenommen werden soll. Gleichwohl liefert auch die amtliche Personalstatistik - insbesondere in Kombination mit den dazugehörigen Haushaltsdaten über die Personalkosten - einige Anhaltspunkte für die Beurteilung der Personalausstattung und -struktur der drei Stadtstaaten. Dabei beschränken wir uns im Folgenden auf das Personal der Länder, der Gemeinden und Gemeindeverbände des unmittelbaren öffentlichen Dienstes.

---

[97] Unter dem öffentlichen Dienst „im Rechtssinn" wird die Beschäftigung im Dienste einer juristischen Person des öffentlichen Rechts verstanden. Dabei wird zwischen unmittelbarem und mittelbarem öffentliche Dienst unterschieden:
- Zum unmittelbaren öffentlichen Dienst zählen Behörden, Gerichte und Einrichtungen (einschließlich der rechtlich unselbständigen Wirtschaftsunternehmen der öffentlichen Hand) des Bundes, der Länder, der Gemeinden/Gemeindeverbände, der kommunalen Zweckverbände, der Deutschen Bundesbahn/Reichsbahn und der Deutschen Bundespost.
- Zum mittelbaren öffentlichen Dienst zählen die Bundesanstalt für Arbeit, die Sozialversicherungsträger unter Aufsicht des Bundes bzw. der Länder und der Träger der Zusatzversorgung von Bund, Ländern und Gemeinden/Gemeindeverbänden. Zudem gehören die Deutsche Bundesbank sowie die Körperschaften und Stiftungen des öffentlichen Rechts mit Dienstherrnfähigkeit zum mittelbaren öffentlichen Dienst.

In dieser engen Abgrenzung sind sonstige Personen des öffentlichen und privaten Rechts und rechtlich selbständige staatliche kommunale Verkehrs- und Versorgungsunternehmen nicht enthalten. (*Vgl. dazu ausführlich: Kämper 1996, S.1ff*)

3.1 Entwicklung und Struktur des Personals

In Westberlin und Hamburg ist die Personalentwicklung im Gegensatz zu Bremen in den 80er Jahren insgesamt positiv verlaufen (*Siehe Abbildung*). Von 1980 bis 1989 stieg die Zahl der im unmittelbaren öffentlichen Dienst beschäftigten Personen um 10,3 Prozent in Westberlin und immerhin 5,9 Prozent in Hamburg. In Bremen wurde bereits Anfang der 80er Jahre deutlich, daß vor dem Hintergrund der problematischen Haushaltsentwicklung die bisherige Politik[98] nicht durchgehalten werden konnte und daher auch im Personalbereich deutliche Reduzierungen vorzunehmen seien: "Das Primat politisch-ideologischer Gestaltungsabsichten wich dem Primat leerer Kassen." (*Warsewa u.a. 1997, S.39*) Stieg die Personalzahl in Bremen von 1980 bis 1982 zunächst noch um 2,8 Prozent, so sinkt sie im weiteren Verlauf der 80er Jahre deutlich und erreicht 1989 mit einem Minus von 5,5 Prozent gegenüber 1980 ihren vorläufigen Tiefstpunkt.

Mit der Einführung der 38,5-Stundenwoche im öffentlichen Dienst und dem durch die Vereinigung ausgelösten Wirtschaftsboom (und den daraus folgenden steigenden Steuereinnahmen) steigt die Zahl der Beschäftigten in allen drei Stadtstaaten bis 1991. Der größte Zuwachs in dieser Phase ist in Hamburg zu verzeichnen, dort steigt die Zahl der Beschäftigten allein zwischen 1989 und 1991 um 11,8 Prozent und liegt damit 1991 um 17,7 Prozent über der Zahl von 1980. Die Ausweitung der Personalzahlen hält in Bremen sogar bis 1992 an, allerdings fällt sie wesentlich moderater aus als in Hamburg: Die Zahl des öffentlichen Personals steigt in dieser Phase von 1989 bis 1992 um 4,9 Prozent, bleibt aber mit minus 0,6 Prozent knapp unter dem Beschäftigungsniveau von 1980. Die geringsten Beschäftigungszuwächse in dieser Phase sind in Westberlin zu verzeichnen, dort stieg die Zahl der Beschäftigten von 1989 bis 1991 um zwei Prozent und lag damit um 12,3 Prozent über dem Wert von 1980.

1991 wurden die Stellen der Magistratsverwaltung Ostberlins und ihrer nachgeordneten Einrichtungen ebenso wie die Stellen von Einrichtungen aus dem Bereich des Ministerialrates der ehemaligen DDR, der Volkspolizei und der östlichen Stadtbezirke in den gesamtberliner Stellenplan überführt. (*Vgl. DIW 1996, S. 1*) Ab 1991 werden hier die im unmittelbaren öffentlich Landesdienst von Gesamtberlin Beschäftigten bei der

---

[98] Bis Mitte der 70er Jahre wurde der öffentliche Dienst in Bremen - nicht zuletzt aus gesellschaftspolitischen Gründen, die in dieser Phase zu einer Vielzahl von personalintensiven Reformvorhaben und Modellprojekten vornehmlich im Bildungs-, Sozial- und Gesundheitsbereich führten - großzügig ausgebaut. Damit sollte auch aus gesellschaftspolitischen Erwägungen heraus gewährleistet werden, daß der allergrößte Teil sozialer Dienstleistungen in Bremen in staatlicher Regie angeboten wurde. Gleichzeitig war es das erklärte Ziel des Senats, über eine keynsianistische antizyklische Politik die Arbeitsplatzverluste im Zuge der strukturellen Wirtschaftsumbrüche durch öffentliche Beschäftigung aufzufangen. (*Vgl. Warsewa u.a. 1997, S.38f.*)

Entwicklung zugrunde gelegt.[99] Dabei ist zu berücksichtigen, daß in Ostberlin die Zahl der im öffentlichen Dienst Beschäftigten bereits seit 1989 in erheblichem Umfang reduziert wurde.

Vor dem Hintergrund der außerordentlich angespannten Finanzlage der öffentlichen Haushalte ist es in den 90er Jahren das erklärte Ziel in allen drei Stadtstaaten, durch eine Reduzierung des öffentlichen Personals kostensteigernde Faktoren aufzufangen und so das Personalbudget zumindest stabil zu halten und damit die Haushalte zu entlasten. Diese Sparbemühungen finden ihren Niederschlag in der Personalentwicklung der 90er Jahre. In allen drei Stadtstaaten wird das Personal in dieser Phase ganz erheblich reduziert: In Berlin sinkt die Zahl der Beschäftigten von 1991 bis 1996 um 25,5 Prozent, in Hamburg gar um 26,3 Prozent und in Bremen immerhin um 21,1 Prozent.

Dabei ist der Rückgang der Beschäftigten in den 90er Jahren zu einem großen Teil auf die rechtliche Verselbständigung von Eigen- und Regiebetrieben[100] und der dadurch bedingten Ausgliederung aus den jeweiligen Landeshaushalten[101] zurückzuführen. Wie schon einleitend bemerkt, lassen sich die auf die Ausgliederung zurückzuführenden Effekte auf der Grundlage der amtlichen Statistik nicht von tatsächlichen Personalkürzungen trennen. Die Auflistung der erfolgten Ausgliederungen in den Stadtstaaten (*Siehe Fußnote*) macht aber (ebenso wie die auffällig starke Reduzierung in einzelnen Jahren) deutlich, daß sie für den

---

[99] Um eine bruchlose Entwicklung darstellen zu können, wurde die Zahl der Beschäftigten in Gesamtberlin in der Abbildung mit einem neuen Index für 1991 gleich 112,3 gesetzt, obwohl sie tatsächlich durch die Eingliederung der Beschäftigten Ostberlins um rd. 130.000 Personen gestiegen ist.

[100] Grundsätzlich lassen sich öffentliche Betriebe *ohne* eigene Rechtspersönlichkeit unterscheiden von öffentlichen Betrieben *mit* eigener Rechtspersönlichkeit (Körperschaften oder Anstalten des öffentlichen Rechts, öffentlich-rechtliche Stiftungen). Öffentliche Betriebe ohne eigene Rechtspersönlichkeit können jedoch nach §26 der Bundeshaushaltsordnung aus der Verwaltung ausgegliedert und als autonome Wirtschaftskörperschaften bzw. kommunale Eigenbetriebe geführt werden. (*Siehe dazu ausführlich: Heseler, Hickel, Thomas 1994, S.31ff*)

[101] Seit Anfang der 90er Jahre sind in den Stadtstaaten (ohne Anspruch auf Vollständigkeit) folgende Bereiche bzw. Institutionen aus den Landeshaushalten ausgegliedert worden (*Vgl. BMF a. 1998, S.330ff*):
- Ausgliederung aus dem Landeshaushalt **Berlin**: Deutschen Oper Berlin, Deutsche Staatsoper Berlin, Deutsches Theater/Kammerspiele, Komische Oper, Schlösser und Gärten, Volksbühne, Maxim Gorkitheater, Carrousel-Theater, Schauspielhaus Berlin und Philharmonisches Orchester.
- Ausgliederung aus dem Landeshaushalt **Hamburg**: Landesbetrieb Friedhöfe, Landesbetrieb Pflegen und Wohnen, Landesamt für Informationstechnik sowie die Stadtentwässerung. Zudem erfolgte die Ausgliederung der Stadtreinigungen der Bezirke Bergedorf und Harburg aus dem hamburgischen Haushalt und die Zusammenlegung mit dem Landesbetrieb Hamburger Stadtreinigung zur Anstalt "Stadtreinigung Hamburg". Der Landesbetrieb Krankenhäuser ist seit 1994 eine Anstalt des öffentlichen Rechts.
- Ausgliederung aus dem Landeshaushalt **Bremen**: Aufgabenbereiche "Stadtentwässerung" und "Abfallwirtschaft", "Werkstatt Bremen", Universität/Hochschule, Rechenzentrum, Hochbauamt, fernmeldetechnisches Amt, Staatliches Hygiene-Institut, Staatliche Chemische Untersuchungsanstalt, Staatliches Veterinäruntersuchungsamt, Gartenbauamt, Friedhofswesen, Kataster- und Vermessungsverwaltung. Zusätzlich erfolgte die Ausgliederung der Stadtentwässerung, der Straßenreinigung, der Abfallentsorgung und der Tankstelle und Reperaturwerkstätten aus dem Haushalt der Seestadt Bremerhaven.

Die Ausgliederung aus dem Landeshaushalt besagt jedoch nicht in jedem Fall, daß die Beschäftigten damit automatisch aus der Personalstatistik fallen, da die Institutionen als budgetierte öffentliche Betriebe ohne eigene Rechtspersönlichkeit geführt werden können.

starken Rückgang der im unmittelbaren öffentlichen Dienst Beschäftigten in den 90er Jahren einen ganz erhebliche Bedeutung haben. (Die Entwicklung des Personals des öffentlichen Dienstes in den 90er Jahren wird deshalb im Kapitel III. 4.3 differenziert nach einzelnen Aufgabenbereichen noch einmal nachgezeichnet, um hier evtl. näheren Aufschluß zu gewinnen. In Kapitel IV 3.2.3.1 werden die Beteiligungsberichte der Länder ausgewertet werden.)

Abbildung 41

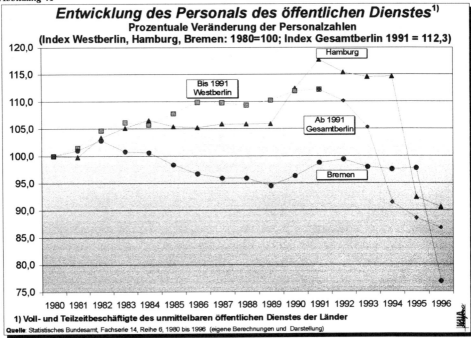

Die Bemühungen zur Reduzierung der Kosten im Personalbereich finden ihren Niederschlag nicht nur in quantitativer sondern auch in qualitativer Hinsicht. Einhergehend mit einer allgemeinen Tendenz der "Deregulierung" von Arbeitsbeziehungen und Beschäftigungsbedingungen (*Vgl. Muscheid, Prange 1998, S.25ff*) haben auch im öffentlichen Dienst atypische[102] Beschäftigungsformen und Arbeitsverhältnisse stark zugenommen. Zu den atypischen Arbeitsverhältnisse zählen befristete Arbeitsverhältnisse[103] ebenso wie die

---

[102] Als „Normalarbeitsverhältnis" gilt heute noch eine ganzjährige und dauerhafte Vollzeitarbeit mit tariflicher, arbeits- und sozialrechtlicher Ausgestaltung.

[103] Der Ausweitung der zeitlich befristeten Arbeitsverhältnisse wird im Folgenden nicht weiter nachgegangen, obwohl ihre Bedeutung in den zurückliegenden Jahren massiv zugenommen hat. Ein weiterer Schub ist durch die Verabschiedung des Reformgesetzes zur Reform des öffentlichen Dienstrechtes durch den Bundestag 1997 zu erwarten, da nunmehr auch bei Beamten eine Übertragung von Führungsaufgaben auf Zeit ermöglicht wird. (*§§12a,12b BRRG*) Mittlerweile wird in allen drei Stadtstaaten über Möglichkeiten der Umsetzung auch auf dieser Ebene nachgedacht.

Teilzeitarbeit[104], deren Ausweitung oftmals mit sonstigen Formen der Flexibilisierung wie z.B. der Ausweitung der Bereitschaftsdienste im Gesundheitswesen einhergeht.

Von besonderer Bedeutung seit Anfang der 80er Jahre ist die starke Zunahme der Teilzeitarbeit für die Beschäftigungssituation insgesamt und auch im öffentlichen Dienst. Dabei ist Teilzeitarbeit nichts Neues, bereits in den 60er Jahren wurde sie ausgeweitet. Ihre Ausweitung diente zu jener Zeit allerdings v.a. der Ausschöpfung des damals knappen Arbeitspotentials, vor allem Frauen[105] sollten auf diese Weise für die Aufnahme einer Erwerbsarbeit gewonnen werden. Von dieser Zielsetzung kann jedoch heute angesichts der Massenarbeitslosigkeit keine Rede sein. Die zu beobachtende Zunahme der atypischen Arbeitsverhältnisse im Allgemeinen und der Teilzeitarbeit im Besonderen ist von Seiten der öffentlichen (und privaten) Arbeitgeber auch v.a. dem Bemühen geschuldet, den Personalstand und die Personalkosten möglichst niedrig und flexibel zu halten. Allerdings deckt sich dieses Bemühen mit dem Wunsch vieler Arbeitnehmerinnen und Arbeitnehmer, die eigene Arbeitszeit individueller und flexibler bestimmen zu können ebenso wie mit dem Ziel, über die Einführung von Teilzeitarbeit vorhandene Arbeit unter den Arbeitswilligen und -suchenden besser aufteilen zu können und so einen wirksamen Schritt gegen die anhaltende Massenarbeitslosigkeit zu unternehmen.

In Westberlin hat sich der Anteil der Teilzeitbeschäftigten zwischen 1980 und 1991 von neun Prozent auf 17 Prozent[106] nahezu verdoppelt. Durch die Eingliederung der Beschäftigten Ostberlins, deren Teilzeitanteil 1991 lediglich 6,5 Prozent betrug, lag der Teilzeitanteil der gesamtberliner Beschäftigten des öffentlichen Dienstes 1991 bei 12,8 Prozent. In den folgenden Jahren stieg der Anteil der Teilzeitbeschäftigten Gesamtberlins auf 16,4 Prozent 1996. In Hamburg lag der Anteil der Teilzeitbeschäftigten an allen Beschäftigten des öffentlichen Dienstes 1980 bei 15,3 Prozent und in Bremen sogar bei 19,3 Prozent. Von 1980 bis 1996 ist die Teilzeitarbeit sowohl in Hamburg als auch in Bremen kontinuierlich ausgeweitet worden, der Unterschied zwischen den beiden Stadtstaaten wurde jedoch durch die wesentlich stärkere Ausweitung der Teilzeitarbeit in Hamburg nivelliert, so daß 1996 sowohl in Hamburg als auch in Bremen rd. ein Viertel der Beschäftigten des öffentlichen Dienstes einer Teilzeitarbeit nachgehen. (*Siehe Abbildung*)

Die Teilzeitarbeit ist eindeutig eine Domäne der Frauen, rd. 80 Prozent der Teilzeitarbeitsplätze in Berlin und Hamburg und 90 Prozent der Teilzeitarbeitsplätze in

---

[104] Als Teilzeitbeschäftigte gelten alle Personen, die zur Ableistung einer kürzeren als der orts-, branchen- oder betriebsüblichen Wochenarbeitszeit eingestellt werden. Die Personalstatistik unterscheidet zwischen Teilzeitbeschäftigten T1 mit mindestens der Hälfte der regelmäßigen Wochenarbeitszeit und den Teilzeitbeschäftigten T2 mit weniger als der Hälfte der regelmäßigen Wochenarbeitszeit eines Vollzeitbeschäftigten.

[105] Teilzeitarbeit ist vor allem deshalb für Frauen besonders attraktiv, weil sie es eher ermöglicht, die Anforderungen und Belastungen von Beruf und Familie miteinander zu vereinbaren, Teilzeitarbeitsplätze werden deshalb v.a. von den Frauen der Altersgruppen (25 bis 40 Jahre) stark nachgefragt, die dieser „Doppelbelastung" ausgesetzt sind. (*Vgl. dazu ausführlich: Hiller, Prange 1998, S. 53ff*)

[106] Dieser Wert zeigt auch, daß der deutlich höhere Anteil von Teilzeitbeschäftigten in Hamburg und Bremen gegenüber Berlin 1996 keineswegs nur auf die Eingliederung der Beschäftigten Ostberlins zurückzuführen ist, sondern auch Westberlin im Vergleich der drei Stadtstaaten einen relativ geringen Anteil an Teilzeitbeschäftigten aufweist. 1991 hatte Hamburg einen Teilzeitanteil von rd. 24 Prozent und Bremen bereits von rd. 25 Prozent.

Bremen werden von Frauen wahrgenommen. In Bremen geht mit rd. 48 Prozent nahezu die Hälfte aller im öffentlichen Dienst beschäftigten Frauen einer Teilzeitarbeit nach, in Hamburg liegt der entsprechende Anteil bei 41 Prozent, in Berlin dagegen "nur" bei 22 Prozent.

Abbildung 42

Unter Berücksichtigung der massiven Ausweitung der Teilzeitarbeit erscheint auch die Personalentwicklung im öffentlichen Dienst der drei Stadtstaaten in einem anderen Licht. Zur Berücksichtigung des unterschiedlichen Beschäftigungsvolumens von Voll- und Teilzeitarbeitskräften wurden als Grundlage der folgenden Abbildung die Teilzeitarbeitsplätze auf Vollzeitarbeitsplätze umgerechnet, indem stark vereinfachend die Zahl der teilzeitbeschäftigten Personen halbiert wurde.[107] Es zeigt sich, daß der Personalausbau unter Berücksichtigung des Arbeitszeitvolumens in Westberlin und Hamburg in den 80er Jahren wesentlich moderater ausgefallen ist, als die Entwicklung der Personenzahlen suggerieren. Demgegenüber ist der tatsächliche Beschäftigungsabbau in Bremen in dieser Phase ausgeprägter, da parallel zur Reduzierung des Personals Vollzeitarbeitsplätze in Teilzeitarbeitsplätze umgewandelt wurden. Dagegen unterscheidet sich die Reduzierung des Personals in Bremen in den 90er Jahren bei auf Vollzeit umgerechneten Stellen nicht wesentlich von der Reduzierung der Personalzahlen insgesamt, da der Anteil der Teilzeitarbeitsplätze in dieser Phase nicht weiter steigt, während in Hamburg und v.a. Berlin auch in dieser Phase Vollzeitarbeitsplätze in Teilzeitarbeitsplätze umgewandelt werden, weshalb dort die Personalreduzierungen durch die Umrechnung der Teilzeitarbeitsplätze auf Vollzeitarbeitsplätze deutlicher ausfällt.

---

[107] Dieses Verfahren ist z.B. auch von Vesper vorgeschlagen und angewandt worden. (*Vesper 1995, S.*)

Abbildung 43

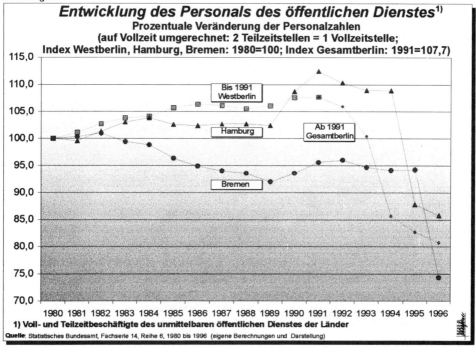

Die Entwicklung der Personalkosten spiegelt die Entwicklung der Personalzahlen nicht vollständig wieder, da hier z.B. auch Tariferhöhunngen eingehen.[108] Der steile Anstieg der Personalkosten in Berlin seit Anfang der 90er Jahre um fast ein Viertel ist z.B. im Wesentlich darauf zurückzuführen, daß das Lohn- und Gehaltsniveau der Beschäftigten Ostberlins auf das der Beschäftigten Westberlins angehoben wurden. *(Vgl. Abbildung44)* Seit Mitte der 90er Jahre greift jedoch auch in Berlin trotz der Anpassung der Ostbeschäftigten die Sparstrategie und die Personalkosten sinken. In Hamburg machen sich seit Mitte der 90er die zentral vorgegebenen Sparquoten bemerkbar, die 1995 zunächst bei 50 Mio lag und seitdem bei 75 Mio. DM jährlich bis zum Jahr 2001. Ausgenommen von der Sparstrategie Hamburgs sind lediglich die Lehrer und Lehrerinnen, die Polizie und die Feuerwehr, deren Sparquoten von anderen Bereichen erwirtschaftetz werden müssen. Es scheint, daß Bremen aufgrund der viel früher ansetzenden Sparpolitik mittlerweile an die Grenzen seiner den Bürgerinnen und Bürgern zumutbaren Möglichkeiten angelangt ist. Von 1997 zu 1998 steigen die Personalkosten entgegen der Entwicklung in Hamburg und Berlin leicht an.

---

[108] Aufgrund von unterschiedlichen Handhabungen bei der Erfassung der Personalkosten einerseits und der Personalzahlen andererseits erfolgen zudem die "Ausschläge" aufgrund von Ausgliederungen aus dem Kernhaushalt bei den Personalkosten zu einem anderen Zeitpunkt als bei den Personalzahlen.

Abbildung 44

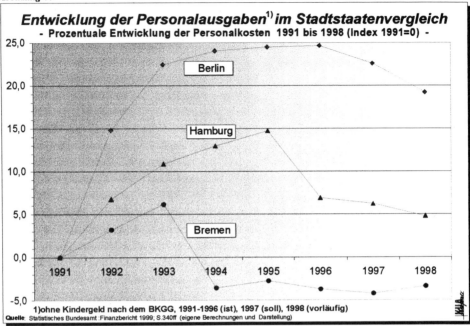

Trotz der starken Reduzierung der Personalzahlen ist die Personalausstattung der Stadtstaaten je Einwohner immer noch wesentlich höher als die der Flächenländer, wie die folgende Abbildung deutlich macht. Dies liegt nicht nur an dem agglomerationsbedingt höheren Personalbedarf etwa in sozialen Bereichen oder im Bereich der öffentlichen Sicherheit und Ordnung, die Stadtstaaten übernehmen auch zentralörtliche Funktionen für die Bevölkerung des näheren und weiteren Umlandes, etwa im Bildungs- und Wissenschaftsbereich, im Gesundheitssektor und im Kultur- und Sportbereich. Hinzu kommt, daß sie aufgrund ihrer relativen Kleinheit pro Kopf der Bevölkerung einen höheren Bedarf an politischen und verwaltungstechnischen Führungspersonal haben.[109]

Hamburg und Bremen liegen mit einer rechnerischen Personalausstattung von 55,1 bzw. 55,5 Beschäftigten des unmittelbaren öffentlichen Dienstes je 1.000 Einwohner recht dicht beieinander, jedoch deutlich über der durchschnittlichen Personalausstattung der alten Bundesländer je Einwohner. In Berlin ist der öffentliche Dienst auch im Vergleich mit Hamburg und Bremen überproportional ausgestattet, dort entfielen auf 1.000 Einwohner 1996 durchschnittlich 71,1 Beschäftigte. Dies hat im wesentlichen zwei Ursachen: Im Westteil Berlins wurde der öffentliche Dienst in Vor-Wendezeiten bewußt stark ausgebaut, um die wirtschaftliche Situation der durch die Insellage stark beeinträchtigten Stadt zu stützen. Dies betraf keineswegs nur die gezielte Ansiedlung von Bundesbehörden, sondern

---

[109] Vgl. dazu ausführlich Hickel, Roth, Troost 1988. Ein Vergleich mit anderen Großstädten (wie in den vorangegangenen Kapiteln) ist hier jedoch nicht sinnvoll, da die Stadtstaaten im Gegensatz zu den übrigen Großstädten sowohl Landes- wie auch Kommunalaufgaben wahrnehmen, was sich natürlich auch in der Personalausstattung niederschlägt.

auch den Landesdienst in Westberlin. Auch im Ostteil der Stadt mit ihrer Funktion als Hauptstadt der ehemaligen DDR hatte der öffentliche Dienst eine überproportionaler Bedeutung, dies galt auch für den Magistrat und die östlichen Stadtbezirke. (*LT Drucksache 13/1091 S.13*) Gemessen an der Beschäftigtenzahl je Einwohner war der Ostteil der Stadt sogar noch stärker mit Personal ausgestattet als der Westteil. (*Vgl. DIW 1996, S. 2*)

Abbildung 45

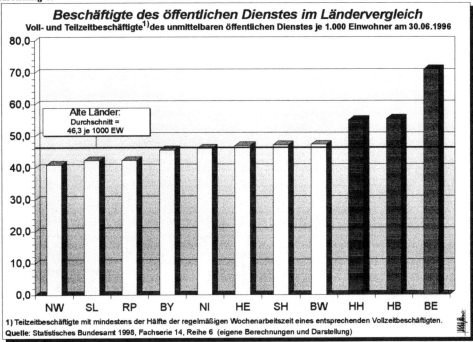

Allerdings ist in der obigen Darstellung nicht berücksichtigt, daß der Anteil der Teilzeitbeschäftigten im öffentlichen Dienst zwischen den einzelnen Bundesländern differiert. Da Berlin das einzige der hier dargestellten Bundesländer ist, dessen Teilzeitanteil an den Beschäftigten des öffentlichen Dienstes unter 20 Prozent liegt, während die Teilzeitanteile der beiden anderen Stadtstaaten deutlich über 20 Prozent liegen, würde sich der Abstand bei Umrechnung der Teilzeitstellen auf Vollzeitstellen zwischen Hamburg und Bremen einerseits und Berlin andererseits noch deutlicher darstellen. Da in der obigen Darstellung jedoch nur die Teilzeitbeschäftigten mit mindestens der Hälfte der regelmäßigen Wochenarbeitszeit eines entsprechenden Vollzeitbeschäftigten berücksichtigt sind, wird hier auf eine Umrechnung verzichtet.

Im Folgenden soll kurz auf die unterschiedliche Bedeutung der Dienstverhältnisse (Beamte, Angestellte, Arbeiter)[110] eingegangen werden. Lediglich für Tätigkeiten der "klassischen"

---

[110] **Beamte** sind Bedienstete, die - auf Lebenszeit, Zeit, Probe oder Widerruf - durch eine Ernennungsurkunde in das Beamtenverhältnis berufen worden sind. Mit dem beamtenrechtlichen Status ist z.B. das Fehlen eines Streikrechts

Hoheitsverwaltung ist der Beamtenstatus zwingend vorgeschrieben, ansonsten können die Beschäftigten sowohl Beamte oder Angestellte bzw. Arbeiter sein. Dabei weist die Höhe der Aufwendungen für Angestellte im öffentlichen Dienst und Beamte im zeitlichen Verlauf erhebliche Unterschiede auf: *"In der aktiven Zeit fallen für die Angestellten weit höhere Zahlungen als für Beamte an, weil die Arbeitgeber für die anteiligen Beiträge zur Sozialversicherung der Angestellten aufkommen müssen. Für Beamte entstehen in deren aktiver Zeit keine entsprechenden Ausgaben. Auch die Grundgehälter differieren zum Teil beträchtlich, insbesondere in den Anfangsjahren der Beschäftigung; anders als die Beamten müssen die Angestellten aus ihrem Bruttoeinkommen den Arbeitnehmeranteil zur Sozialversicherung bestreiten. Nach der aktiven Zeit belasten die Beamtenpensionen im Unterschied zu den Renten der Angestellten die öffentlichen Haushalte."* (*Vesper 1996, S.1*) Insbesondere im Hinblick auf die Beurteilung der aktuellen Personalkosten (*Vgl. Kapitel 4.4*) ist die Unterscheidung des öffentlichen Personals nach Dienstverhältnissen ein wichtiger Indikator.

Die Stadtstaaten unterscheiden sich darin untereinander, welchen Anteil die verschiedenen Dienstverhältnisse an den Beschäftigten des unmittelbaren öffentlichen Dienstes haben. In Hamburg und Bremen liegt der Anteil der Beamten jeweils deutlich über 40 Prozent, während in Berlin lediglich ein Drittel der im öffentlichen Dienst Beschäftigten verbeamtet sind. Von herausgehobener Bedeutung in Berlin dagegen ist der Anteil der Angestellten: Mit 56 Prozent sind weit mehr als die Hälfte der öffentlich Beschäftigten Berlins Gehaltsempfänger. In Hamburg und Bremen liegt der Anteil der Angestellten an den öffentlich Beschäftigten mit 43 Prozent in Hamburg bzw. 41 Prozent in Bremen deutlich unter der 50 Prozent-Marke. In Bremen liegt der Anteil der Arbeiter deutlich über dem entsprechenden Anteil in Hamburg und Berlin: Mit 16 Prozent ist nahezu jeder sechste Beschäftigte in Bremen Lohnempfänger, während der entsprechende Anteil in Hamburg und Berlin bei jeweils 11 Prozent liegt. Dies könnte ein Hinweis darauf sein, daß das Reinigungspersonal in Hamburg und Berlin in einem größeren Umfang als in Bremen aus dem Landeshaushalt ausgegliedert wurde.

---

verbunden. Die Besoldung und Versorgung der Beamten wird nicht durch einen Tarifvertrag sondern durch den Gesetzgeber geregelt. **Angestellte** sind Beschäftigte, die in der Regel in der Rentenversicherung der Angestellten (Bundesversicherungsanstalt für Angestellte) versicherungspflichtig sind, und die ein Gehalt und keinen Lohn beziehen. Angestellte stehen ebenso wie die Arbeiter in einem privatrechtlichen Arbeitsvertragsverhältnis. **Arbeiter** sind Beschäftigte, die in der Rentenversicherung für Arbeiter (Landesversicherungsanstalt) versicherungspflichtig sind und Lohn beziehen.

Abbildung 46

Der Anteil der Teilzeitbeschäftigten differiert je nach Dienstverhältnis sehr stark (*Siehe Tabelle 6*). In allen drei Stadtstaaten haben die Beamten mit 16,7 Prozent in Hamburg, 14,1 Prozent in Bremen und nur neun Prozent in Berlin den geringsten Anteil an Teilzeitbeschäftigten. Demgegenüber ist der Anteil der teilzeitbeschäftigten Arbeiter an den Arbeitern insgesamt in Bremen mit 45,2 Prozent mehr als drei mal so hoch wie der entsprechende Anteil bei den Beamten, und auch in Hamburg liegt er über 40 Prozent. Die Ausnahme bildet auch hier wieder Berlin, wo die Arbeiter nur zu 16,3 Prozent teilzeibeschäftigt sind. Die Teilzeitquote der Angestellten liegt in Bremen mit 29,7 Prozent sowie Hamburg mit 30,4 Prozent etwas unter einem Drittel, während in Berlin gut ein Fünftel der Angestellten einen Teilzeitarbeitsplatz einnehmen.

Tabelle 6: Anteil Teilzeitbeschäftigte 1996 nach Dienstverhältnissen

Länder	Insgesamt	Beamte/Richter	Angestellte	Arbeiter
Hamburg	25,1	16,7	30,4	40,4
Bremen	25,5	14,1	29,7	45,2
Berlin	16,3	9,0	20,8	16,3

Quelle: Stat. Bundesamt 1998, Fachserie 14, Reihe 6

3.2 Personal nach Aufgabenbereichen

Eine vergleichende Analyse des Personals des unmittelbaren öffentlichen Dienstes in den drei Stadtstaaten nach Aufgabenbereichen ist nicht nur wegen der zurückliegenden Ausgliederungen der Personalkosten (und damit des statistisch erfaßten Personals) aus den Landeshaushalten problematisch, ein detaillierter Vergleich ist auch deshalb wenig aussagekräftig, weil gleiche Dienste bzw. Dienstleistungen in den drei Stadtstaaten mitunter unterschiedlichen Aufgabenbereichen zugeordnet und somit statistisch verschieden erfaßt werden. Wir beschränken uns deshalb in der Darstellung auf einige wesentliche Aufgabenbereiche.

Bei der Entwicklung des Personals[111] nach Aufgabenbereichen (*Vgl. Tabelle 7*) fällt zunächst auf, daß die (statistische) Personalreduzierung bei den Institutionen mit eigenständiger kaufmännischer Rechnungsführung besonders ausgeprägt war: Während das in den Kernhaushalten der Stadtstaaten geführte Personal in allen drei Stadtstaaten um "nur" unter 20 Prozent reduziert wurde (Bremen -22,3%, Berlin -13,0%, Hamburg -11,8%), wurde bei den Institutionen der sog. "Sonderrechnungen" das Personal bis fast um die Hälfte und mehr reduziert (Hamburg -69,5%, Berlin -59,1%, Bremen -41,4 %). Hier zeigt sich, daß seit Anfang der 90er Jahre gerade die im Landeshaushalt geführten Institutionen und Betriebe mit eigenständiger Rechnungsführung in großem Umfang aus den Landeshaushalten ausgegliedert wurden.

Bei den in den Kernhaushalten geführten Aufgabenbereichen (ohne die Betriebe mit kaufmännischer Rechnungsführung) sind die Allgemeinen Dienste in Hamburg und Bremen in den 90er Jahren weit weniger von den Personalreduzierungen betroffen als in Berlin, wo seit 1991 allein in diesem Bereich 29,4 Prozent der Stellen abgebaut wurden. Dies lag ganz wesentlich an dem Aufgabenbereich Politische Führung, zentrale Verwaltung, wo in Berlin über die Hälfte der Stellen gestrichen wurden. Diese Entwicklung deutet auf die vereinigungsbedingte Sondersituation in Berlin hin: Gerade der Bereich Politische Führung und zentrale Verwaltung war bei den 1991 in den gesamtberliner Stellenhaushalt eingegliederten Personal Ostberlins in besonderem Maße von Kürzungen betroffen.

Insgesamt läßt sich in allen drei Stadtstaaten feststellen, daß die Aufgabenfelder differenziert behandelt werden. Die Vollzugsdienste (z.B. Polizei) im Aufgabenbereich "Öffentliche Sicherheit", die Gerichte und Staatsanwaltschaften zum Teil deutlich geringer reduziert worden bzw. sogar noch ausgebaut worden. Gleiches läßt sich für die Finanzverwaltungen und die Hochschulen feststellen.

---

[111] Zur Berücksichtigung des unterschiedlichen Beschäftigungsvolumens von Voll- und Teilzeitarbeitskräften wurden die Teilzeitarbeitsplätze analog zum Vorgehen in den vorherigen Kapiteln auf Vollzeitarbeitsplätze umgerechnet, in dem die Zahl der teilzeitbeschäftigten Personen halbiert wurde.

Tabelle 7: Entwicklung des Personals nach Aufgabenbereichen (auf Vollzeit umgerechnet)

Aufgabenbereiche	Beschäftigte 1996			Beschäftigte 1991			Entwicklung 1991/1996 in Prozent		
	Berlin	Hamburg	Bremen	Berlin	Hamburg	Bremen	Berlin	Hamburg	Bremen
Insgesamt	232.140	86.627	33.102	317.556	113.491	42.614	-26,9	-23,7	-22,3
Kernhaushalt	193.025	79.523	28.781	221.874	90.196	35.239	-13,0	-11,8	-18,3
Allgemeine Dienste	80.468	33.919	12.581	113.942	35.611	13.503	-29,4	-4,8	-6,8
dar.: Politische Führung, zentrale Verwaltung	31.810	13.303	5.955	66.760	14.214	6.403	-52,4	-6,4	-7,0
dar.: Politische Führung	9.350	676	2.166	14.081	744	2.248	-33,6	-9,1	-3,6
Steuer- und Finanzverwaltung	9.988	5.752	1.891	7.830	5.732	1.932	27,6	0,3	-2,1
Öffentliche Sicherheit	36.125	14.401	5.003	36.972	14.710	5.137	-2,3	-2,1	-2,6
dar.: Polizei	28.840	10.190	3.651	29.692	10.322	3.593	-2,9	-1,3	1,6
Rechtsschutz	12.581	6.216	1.623	10.211	6.688	1.964	23,2	-7,1	-17,3
dar.: Gerichte, Staatsanw.	8.468	3.970	985	6.496	4.475	1.324	30,4	-11,3	-25,6
Bildung, Wissenschaft, Kultur	64.140	27.249	12.597	58.403	27.885	12.919	9,8	-2,3	-2,5
dar.: Schulen	41.582	18.258	8.754	31.275	18.048	9.217	33,0	1,2	-5,0
Hochschulen	19.209	7.236	2.461	20.613	8.079	2.438	-6,8	-10,4	0,9
Soziale Sicherung	33.503	9.436	1.180	28.375	11.188	3.415	18,1	-15,7	-65,5
Gesundheit, Sport	10.209	3.605	749	16.607	4.073	847	-38,5	-11,5	-11,6
Wohnungswesen, Raumordnung	2.604	1.276	572	2.629	6.967	2.991	-0,9	-81,7	-80,9
Energie- und Wasserwirtschaft	66	583	29	216	513	148	-69,6	13,6	-80,3
Verkehrs- und Nachrichtenwesen	899	3.343	1.073	793	3.769	1.361	13,4	-11,3	-21,2
Sonderrechnungen	39.115	7.104	4.321	95.682	23.296	7.376	-59,1	-69,5	-41,4
dar.: Hochschulkliniken	15.465	6.934	0	10.460	6.855	0	47,8	1,2	*
Krankenhäuser	23.651	85	2.239	37.233	0	0	-36,5	*	*

Quelle: Statistisches Bundesamt, Fachserie 14, Reihe 6, 1991 u. 1996; Statistische Landesämter (eigene Berechnungen)

Tabelle 8: Beschäftigte nach Aufgabenbereichen insgesamt (30.06.1996)

Aufgabenbereiche 1996	Berlin Besch. Insg	Anteil in %	Hamburg Besch. Insg	Anteil in %	Bremen Besch. Insg	Anteil in %
Insgesamt	252.839	100,0	99.024	100,0	37.890	100,0
Kernhaushalt	209.465	82,8	90.618	91,5	33.203	87,6
Allgemeine Dienste	83.583	33,1	36.020	36,4	13.439	35,5
dar.: Politische Führung, zentrale Verwalt	33.900	13,4	14.571	14,7	6.511	17,2
dar.: Politische Führung	9.995	4,0	713	0,7	2.396	6,3
Statistischer Dienst	500	0,2	300	0,3	113	0,3
Steuer- und Finanzverwaltung	10.631	4,2	6.265	6,3	2.096	5,5
Öffentliche Sicherheit	36.645	14,5	14.816	15,0	5.150	13,6
dar.: Polizei	29.163	11,5	10.379	10,5	3.736	9,9
Rechtsschutz	13.085	5,2	6.633	6,7	1.778	4,7
dar.: Gerichte, Staatsanw.	8.865	3,5	4.312	4,4	1.114	2,9
Bildung, Wissenschaft, Kultur	72.886	28,8	34.126	34,5	15.771	41,6
dar.: Schulen	45.512	18,0	22.796	23,0	11.166	29,5
Hochschulen	23.477	9,3	9.131	9,2	2.974	7,8
Soziale Sicherung	37.285	14,7	10.946	11,1	1.387	3,7
Gesundheit, Sport	10.824	4,3	4.039	4,1	873	2,3
Wohnungswesen, Raumordnung	2.732	1,1	1.362	1,4	599	1,6
Ernährung	1.164	0,5	116	0,1	0	*
Energie- und Wasserwirtschaft	66	0,0	615	0,6	30	0,1
Verkehrs- und Nachrichtenwesen	925	0,4	3.394	3,4	1.104	2,9
Sonderrechnungen	43.374	17,2	8.406	8,5	4.687	12,4
dar.: Hochschulkliniken	17.159	6,8	8.214	8,3	0	*
Krankenhäuser, Heilanstalten	26.215	10,4	101	0,1	2.494	6,6

Quelle: Statistisches Bundesamt, Fachserie 14, Reihe 6; Stat. Landesämter (eigene Berechnungen)

Setzt man die Beschäftigten in ein Verhältnis zur Einwohnerzahl der drei Stadtstaaten, wird die überproportionale Personalausstattung Berlins deutlich, die trotz der im Stadtstaatenvergleich höchsten Reduzierungsrate Berlins in den 90er Jahren nach wie vor gegeben ist. In nahezu allen Aufgabenbereichen lag die rechnerische Beschäftigtenzahl je 1.000 Einwohner in Berlin deutlich über den Vergleichszahlen aus Hamburg und Bremen. Am größten ist der Unterschied bei den in den Sonderrechnungen geführten Institutionen, mit einer Personalquote von 11,3 Beschäftigten je 1.000 Einwohner ist die Personalausstattung in Berlin mehr als doppelt so hoch wie im Durchschnitt von Hamburg und Bremen. 17 Prozent der Beschäftigten des öffentlichen Dienstes werden in Berlin nicht im Kernhaushalt geführt, sondern fallen unter die sog. Sonderrechnung mit eigenständigem kaufmännischem Rechnungswesen. In Hamburg dagegen werden über 90 Prozent der Beschäftigten dem Kernhaushalt zugeschlagen, unter die Sonderrechnung fallen nur acht Prozent. Mit einem Anteil von rd. 12 Prozent der Beschäftigten, die nicht im Kernhaushalt geführt werden, nimmt Bremen die mittlere Position zwischen Berlin und Hamburg ein. Dies könnte ein Hinweis darauf sein, daß die Ausgliederung aus dem Landeshaushalt in Berlin weniger stark vorangeschritten ist als in Hamburg und Bremen.[112]

Die teilweise sehr großen Abweichungen der Personalausstattung zwischen den einzelnen Aufgabenbereichen dürften zu einem nicht unerheblichen Teil auf institutionellen Unterschieden in den drei Stadtstaaten beruhen. So ist z.B. die wesentlich höhere Personalquote Berlins und Bremens im Aufgabenbereich "Politische Führung" im Vergleich zu Hamburg unter anderem darauf zurückzuführen, daß in Bremen und Berlin wird im Gegensatz zu Hamburg der "ministerielle" Bereich der einzelnen Senatsressorts dieser

---

[112] So stellt z.B. Bürsch fest, daß die "Privatisierung von bislang öffentlichen Aufgaben (...), soweit erkennbar, keine herausgehobene Rolle im Berliner Reformkonzept" spielt. (Bürsch 1996, S.25). Dies hat sich allerdings in den Jahren 1997 und 1998 geändert (*Vgl.dazu Kapitel IV.3*).

Funktion zugeordnet wird. (*Vgl. Vesper 1997, S.10*). Dagegen sind die Unterschiede in der Personalausstattung der Stadtstaaten v.a. in den Bereichen interessant, die (bislang) von Ausgliederungen nicht betroffen waren: So zeigen sich z.B. deutliche Ausstattungsvorsprünge der Berliner Polizeibehörde gegenüber Hamburg und Bremen.

Tabelle 9: Beschäftigte nach Aufgabenbereichen (Teilzeit auf Vollzeit umgerechnet)

Aufgabenbereiche 1996	Beschäftigte je 1.000 Einwohner			Abweichung vom Mittelwert (=100)		
	Berlin	Hamburg	Bremen	Berlin	Hamburg	Bremen
Insgesamt	66,9	50,7	48,8	120,5	91,4	88,0
Kernhaushalt	55,6	46,6	42,5	115,3	96,6	88,1
Allgemeine Dienste	23,2	19,9	18,6	112,9	96,7	90,4
dar.: Politische Führung, zentrale Verwalt.	9,2	7,8	8,8	106,8	90,8	102,4
dar.: Politische Führung	2,7	0,4	3,2	128,6	18,9	152,5
Statistischer Dienst	0,1	0,2	0,2	87,7	110,0	102,3
Steuer- und Finanzverwaltung	2,9	3,4	2,8	95,5	111,8	92,6
Öffentliche Sicherheit	10,4	8,4	7,4	119,1	96,5	84,5
dar.: Polizei	8,3	6,0	5,4	126,8	91,0	82,2
Rechtsschutz	3,6	3,6	2,4	112,6	113,0	74,4
dar.: Gerichte, Staatsanw.	2,4	2,3	1,5	117,7	112,2	70,1
Bildung, Wissenschaft, Kultur	18,5	16,0	18,6	104,6	90,3	105,2
dar.: Schulen	12,0	10,7	12,9	101,0	90,1	108,9
Hochschulen	5,5	4,2	3,6	123,9	94,8	81,3
Soziale Sicherung	9,7	5,5	1,7	171,2	98,0	30,9
Gesundheit, Sport	2,9	2,1	1,1	143,3	102,9	53,9
Wohnungswesen, Raumordnung	0,8	0,7	0,8	96,1	95,7	108,2
Ernährung	0,3	0,1	0,0	249,4	50,6	0,0
Energie- und Wasserwirtschaft	0,0	0,3	0,0	14,0	254,1	31,9
Verkehrs- und Nachrichtenwesen	0,3	2,0	1,6	20,5	154,5	125,0
Sonderrechnungen	11,3	4,2	6,4	155,0	57,2	87,7
dar.: Hochschulkliniken	4,5	4,1	*	*	*	*
Krankenhäuser	6,8	0,0	3,3	201,1	1,5	97,5

Quelle: Statistisches Bundesamt, Fachserie 14, Reihe 6; Stat. Landesämter (eigene Berechnungen)

IV. BAUSTEINE UND MANAGEMENT DER MODERNISIERUNGSPOLITIK

1. Finanzpolitische Sanierungsstrategien und Diskussion um die Ausgleichssysteme

1.1 Finanzpolitische Sanierungsstrategien

Die Darstellung der finanzpolitischen Sanierungsstrategien der drei Stadtstaaten erfolgt auf der Grundlage der vorgelegten Finanzpläne. Die Finanzpläne sind als finanzpolitische Programmpapiere zu verstehen, die keine rechtlich bindende Wirkung haben. Ihre Aufgabe ist es, eine längerfristige Orientierung zu ermöglichen. Die aktuellen Finanzpläne der drei Stadtstaaten umfassen die Haushaltsjahre 1998 (=Haushaltsanschlag, in Bremen aktualisiert um die Auswirkungen der Steuerschätzung vom Mai 1998), 1999 (=Haushaltsentwurf) sowie die eigentlichen Planungsjahre 2000 bis 2002.

Die dramatische Zuspitzung der Finanzlage **Berlins** schlägt sich in den Konsolidierungsbemühungen des Senats nieder. Die Situation Berlins ist weiterhin dadurch gekennzeichnet, daß es auch im Stadtstaatenvergleich immer noch erhebliche Ausgabenüberhänge gibt, die abgeschmolzen werden sollen. Ziel der Konsolidierungsstrategie Berlins ist es, den Betriebshaushalt, der die laufenden Kosten umfaßt, zu sanieren, um so die strukturellen Finanzierungsdefizite auf ein "langfristig erträgliches Maß" (*Finanzplan, S. 38*) zurückzuführen.

Die Konsolidierungsstrategie Berlins basiert auf folgenden Punkten (*Vgl. Finanzplan S. 38*):

- die Verringerung der jährlichen Nettoneuverschuldung am Kreditmarkt um 650 Mio. DM; langfristig soll die Nettoneuverschuldung auf ein Volumen gesenkt werden, welches unterhalb des Volumens der eigenfinanzierten Investitionen liegt.

- die Reduzierung des strukturellen Finanzierungsdefizits durch den Abbau des Defizits des Betriebshaushaltes auf der Grundlage struktureller Konsolidierungsmaßnahmen. Dazu sind für die vier Konsolidieriungsfelder Pesonalausgaben, konsumtive Sachausgaben der Hauptverwaltungen sowie der Bezirke und die Investitionsausgaben Höchstbeträge durch die Haushaltsstrukturgestze festgelegt, die bei der Veranschlagung nur unter engezogenen Voraussetzungen überschritten werden dürfen.

- die Abfederung des Konsolidierungsprozesses durch eine zeitlich begrenzte Veräußerung von Vermögen zur Schließung der Deckungslücken. Dabei ist festgelegt, daß die Haushalte ab dem Jahr 2001 ohne Einnahmen aus der Veräußerung von Vermögen ausgeglichen werden. Weitere Aktivierungen von Vermögen sollen dann vorrangig für zusätzliche Investitionen zur Stärkung der Wirtschafts- und Finanzkraft Berlins genutzt werden.

Auch in **Hamburg** ist das wesentliche Ziel der Haushalts- und Finanzpolitik die weitere Fortsetzung der Sparpolitik, um den Haushalt Hamburgs nachhaltig zu sanieren. Die Ziele und Rahmenbedingungen werden dabei zentral festgelegt, weitgehend jedoch dezentral umgesetzt. Die Zuwachsraten der bereinigten Gesamtausgaben sollen entsprechend den Empfehlungen vom Finanzplanungsrat für die Haushalte von Bund, Ländern und Gemeinden auf höchstens 2 Prozent jährlich begrenzt werden, tatsächlich liegen sie im Durchschnitt der Jahre 2000 bis 2002 noch unter diesem Wert. Dabei sollen die politischen Schwerpunkte des Regierungsprogrammes trotzdem "innerhalb der finanziellen Möglichkeiten z.B. durch Umschichtung, Effizienzsteigerungen, mittelfristige Planungssicherheit oder differenzierte Behandlung im Rahmen der Konsolidierung umgesetzt" werden. (*Finanzplan, S.16*) Die Perspektive der Finanzplanung ist dabei, den Betriebshaushalt bis zum Jahr 2001 auszugleichen. Um dabei der Dynamik steigender Zinsbelastungen im Betriebshaushalt entgegenzuwirken, wird die Investitionsobergrenze von 1,9 Mrd. DM entsprechend den Vorjahresplanungen auch in der aktuellen Planungsperiode beibehalten. Erstmalig seit 1991 soll der Betriebshaushalt ab 2001/2002 wieder einen Beitrag zur Finanzierung von Investitionen leisten. Für den Ausgleich der Defizite des Betriebshaushaltes ist eine Vermögensmobilisierung im Umfang von rd. 3,5 Mrd. DM in den Jahren 1998 bis 2000 notwendig und vorgesehen. Neben den eigenen Konsolidierungsanstrengungen wird im Finanzplan Hamburgs jedoch auch die Notwendigkeit betont, die bundesweiten finanziellen Rahmenbedingungen, insbesondere für die Stadtstaaten, substantiell zu verbessern. (*Finanzplan S.16*)

Die finanziellen Rahmenbedingungen **Bremen**s unterscheiden sich ganz maßgeblich von denen in Hamburg, aber auch von denen in Berlin. Bremen befindet sich in einer "extremen Haushaltsnotlage", wie dies auch vom Bundesverfassungsgericht mit seinem Urteil vom 27. Mai 1992 bestätigt wird. Die extreme Haushaltsnotlage fand Ausdruck in einer verfassungswidrigen Verletzung des Grundgesetzes (*Vgl. Senator für Finanzen 1992, S.11*):

- Da die Nettokreditaufnahmen die eigenfinanzierten Investitionen seit Jahren überstiegen, ohne daß eine Störung des gesamtwirtschaftlichen Gleichgewichts vorlag, erfüllte Bremen nicht den Art. 115 GG.

- Zusätzlich erfüllte Bremen auch nicht den Art. 109 Abs.2 GG, wonach ein Land in der Lage sein muß, im Falle der Störung des gesamtwirtschaftlichen Gleichgewichts einen Beitrag zur Stabilisierung zu leisten. Bremen war aber schon gezwungen, bereits in konjunktureller Normallage Art. 115 GG zu verletzen.

Durch das Urteil des Bundesverfassungsgerichtes zur Haushaltsnotlage Bremens und des Saarlandes ist die Zinssteuerquote in den Mittelpunkt des finanzpolitischen Interesses gerückt. In dem Urteil ist die Zinssteuerquote als ein ganz wesentlicher Indikator für die Haushaltslage eines Landes gewertet worden. Eine extreme Haushaltsnotlage liegt danach dann vor, wenn der Haushalt eines Landes (oder des Bundes) durch Zinszahlungen so stark belastet ist, daß eine Sanierung aus eigener Kraft nicht mehr möglich ist. Die Zinssteuerquote des nächst schwächeren Bundeslandes (Schleswig-Holstein), das sich nicht in einer akuten Haushaltsnotlage befindet, wurde vom BVG für eine Modellrechnung herangezogen, um den Sanierungsbedarf Bremens und des Saarlandes rechnerisch zu ermitteln. Zielsetzung der bremischen Sanierung ist damit, die eigene Zinssteuerquote an die Zinssteuerquote des Referenzlandes Schleswig-Holstein heranzuführen.

Das BVerfG stellte in seinem Urteil fest, daß die extreme Haushaltsnotlage Bremens aus einer "Kombination von wirtschaftlicher Strukturschwäche und hierdurch mitverursachter übermäßiger Verschuldung" herrührt und unterstützte den Anspruch Bremens (und des Saarlandes) auf finanzielle Hilfestellungen seitens der Länder und des Bundes, fordert allerdings auch Eigenanstregungen bei der Sanierung des Haushaltes ein. Der Senat hat ein Sanierungsprogramm vorgelegt, das sich eng an die Vorgaben aus dem Urteil des Bundesverfassungsgerichtes hält. Das Sanierungsprogramm Bremens beinhaltet zwei Grundelemente:

- Einerseits die Eigenanstrengungen Bremens; der Eigenbeitrag Bremens zur Sanierung bemißt sich an der Unterschreitung der bremischen Ausgabenzuwachsrate gegenüber der vom Finanzplanungsrat empfohlenen Zuwachsrate. Wenn jedoch die empfohlene Zuwachsrate vom Durchschnitt der Länder und Kommunen unterschritten wird, ist als Maßstab der Eigenanstrengungen die durchschnittliche Zuwachsrate zu sehen. Die Zuwachsrate bemißt sich an dem vergleichbaren Haushalt des Vorjahres, d.h. Ausgliederungen und ähnliches müssen zuvor bereinigt werden. (*Vgl. SfF Finanzbericht 6/96, S.2*)

- Andererseits die Sanierungszahlungen des Bundes (Sonderbundesergänzungszuweisungen) seit 1994 über fünf Jahre mit pro Jahr 1,8 Mrd. DM. Die Sanierungszahlungen werden ausschließlich zur (Brutto-)Schuldenreduzierung genutzt, die so gewonnenen finanziellen Spielräume (in Höhe der rechnerischen Zinsersparnis[113] aufgrund der Sanierungszahlungen) werden in ein Investitionssonderprogramm eingespeist, um die Wirtschaftsstruktur Bremens zu stärken und so auch die Steuereinnahmen zu verbessern.[114]

Die finanzpolitischen Ziele in Bremen bleiben auch im neuen Finanzplan gegenüber den vorherigen Finanzplänen konstant. Oberste finanzpolitische Ziele sind die Beseitigung der extremen Haushaltsnotlage und die nachhaltige Stärkung der Wirtschafts- und Finanzkraft auch über den festgelegten Sanierungszeitraum (1994 bis 1998) hinaus. Bremen fordert allerdings auch weitere Sanierungsgelder von Seiten des Bundes und der Länder ein, da im Vergleich mit den im ursprünglichen Sanierungsprogramm getroffenen Annahmen die tatsächlichen Einnahmen in den Jahren 1994 bis 1997 um 4,6 Mrd. DM (kummuliert) zurückgeblieben sind. Die Einforderung weiterer Sanierungszahlungen von Bund und Ländern erhalten dabei den "Konsolidierungsdruck auf hohem Niveau" aufrecht. (*Vgl.*

---

[113] Bei dem hier zugrunde gelegten Begriff der "rechnerischen Zinsersparnis" geht es nicht unbedingt um tatsächlich reduzierte Zinsausgaben, sondern um die Differenz zwischen den Zinszahlungen auf der Grundlage der Sanierungszahlungen und denen, die ohne Sanierungszahlungen bei einer entsprechend hohen Neuverschuldung bzw. geringeren Reduzierung zu zahlen gewesen wären.

[114] Es war dem Lande Bremen freigestellt, ob diese Zinsersparnisse zur Schuldenreduzierung oder für Investitionen genutzt werden. Anders als das Saarland hat sich Bremen jedoch dafür entschieden, diesen gegebenen Spielraum in Gänze für ein Investitionssonderprogramm zur langfristigen Stärkung der Wirtschafts- und Finanzkraft zu nutzen.

Finanzplan S.10f.)

Der bremische Finanzplan berücksichtigt bereits weitere Sanierungsbeträge zum Fortgang der Haushaltssanierung in Höhe von insgesamt 6,7 Mrd. DM. Grundlage dieser Berücksichtigung ist ein Schreiben des ehemaligen Bundesministers der Finanzen Waigel vom 08. Juli 1998, wonach "die Bundesregierung beabsichtigt, die 1998 auslaufenden Sanierungshilfen für die Länder Bremen und Saarland auf der Entscheidung des Bundesverfassungsgerichts als gemeinsame Finanzierung - je zur Hälfte - von Bund und Ländern fortzusetzen". (*zitiert nach Finanzplan, S.4f.*) Damit hat der Finanzplan allerdings nur "vorläufigen Charakter", da aufgrund der laufenden Überprüfungsverhandlungen zur Sanierung des Bremischen Haushaltes derzeit keine abschließenden Aussagen über weitere Sanierungszahlungen (und deren Höhe) an Bremen gemacht werden können. Wie die jüngsten Entwicklungen zeigen, könnten sich die Verhandlungen über die konkrete Ausgestaltung weiterer Finanzierungshilfen für Bremen (und das Saarland) trotz der parteiübergreifend weitgehenden Übereinstimmung über die prinzipielle Notwendigkeit weiterer Zahlungen als schwierig erweisen. So haben z.B. die Finanzminister der Länder Niedersachsen und Hessen Mitte November 1998 erklärt, daß sie davon ausgingen, daß die Sanierungshilfen für Bremen und das Saarland in voller Höhe von Seiten des Bundes getragen werden. Die Forderung des Bundesfinanzministers Lafontaine nach Beteiligung der Länder sei *"menschlich verständlich, finanzpolitisch aber nicht."* (Zitiert nach: *Weser Kurier 16.11. 1998, S.1*)

Zusammenfassend läßt sich feststellen, daß alle drei Stadtstaaten unabhängig von den durchaus unterschiedlichen Ausgangsvoraussetzungen in den kommenden Jahren rigoros sparen wollen, um ihre Haushalte spürbar zu entlasten. Die besonderen Sparbemühungen der drei Stadtstaaten zeigen sich auch im Vergleich mit den übrigen (alten) Bundesländern: Während die bereinigten Gesamtausgaben der alten Bundesländer bis zum Jahr 2002 jahresdurchschnittlich um 2,2 Prozent steigen sollen, will Berlin[115] die Ausgaben im gleichen Zeitraum um jahresdurchschnittlich 0,5 Prozent senken. Hierbei ist allerdings zu berücksichtigen, daß die Ausgabensenkung 1999 gegenüber 1998 von 3,8 Prozent ganz weitgehend auf die geplante Einrichtung eines Liegenschaftsfonds[116] zurückzuführen ist. Ohne die sich dadurch ergebenden Einsparungen läge die Ausgabenentwicklung Berlins etwa bei der Bremens, wo das Ausgabenvolumen des Jahres 1997 bis zum Jahr 2002 festgeschrieben werden soll. In Hamburg ist ein geringfügiges Ausgabenplus mit einem jahresdurchschnittlichen Zuwachs von 0,5 Prozent in den Jahren 1998 bis 2002 geplant,

---

[115] Im Finanzplan Berlins sind den aktuellen Finanzplaneckwerten "revidierte Zielgrößen" gegenübergestellt, die auf der Grundlage der Annahmen, daß in den Konsolidierungsfeldern "konsumtive Sachausgaben der Hauptverwaltung" und "konsumtive Sachausgaben der Bezirke" in den Jahren 2000 und 2001 die Höchstsparbeträge realisiert würden und darüber hinaus der Konsolidierungskurs im Jahr 2002 fortgesetzt würde, festgelegt wurden. Die Ausgaben Berlins sind nach den revidierten Zielgrößen zwischen 500 Mio. und einer Mrd. DM in den Jahren 2000 bis 2002 geringer als die aktuellen Finanzplaneckwerte. (*Vgl. Finanzplan S. 47ff*) Im Folgenden beziehen wir uns jedoch ausschließlich auf die aktuellen Finanzplaneckwerte.

[116] Dieser bis zum 01.01.1999 einzurichtende Liegenschaftsfonds soll mit Grundstücken im Wert von 24 Mrd. DM ausgestattet werden. Sozusagen als Kaufpreis übernimmt die Gesellschaft gleichzeitig Schulden im Wert von 15 Milliarden Mark aus dem Landeshaushalt. Diese Schulden sollen mit dem Grundstücks- und Gebäudeverkauf allmählich abgebaut werden. Auf diese Weise sollen die Zinsausgaben ab dem Jahre 1999 dauerhaft um eine Milliarde DM pro Jahr abgesenkt werden. (*Vgl. TAZ-BERLIN vom 09.07.1998 Seite 21*)

das Wachstum kann allerdings nicht die zu erwartende Inflationsrate ausgleichen und bleibt auch deutlich unter den durchschnittlichen Wachstumswerten der Länder insgesamt zurück. (*Vgl. Tabelle 10* [117]).

Tabelle 10

Ausgabenwachstum gegenüber dem Vorjahr					
	1998	1999	2000	2001	2002
Berlin	-0,8	-3,8	0,3	-0,2	0,2
Hamburg	-0,1	0,3	0,3	0,2	2,4
Bremen	-0,2	-0,2	-0,4	0,4	0,4
Durchschnitt Länderhaushalte	2,0	2,0	2,3	2,3	2,3

Quelle: Finanzpläne der Länder 1998 bis 2002 (eigene Berechnungen)

Ein Vergleich der bereinigten Gesamtausgaben je Einwohner[118] zeigt, daß Berlin 1998 mit durchschnittlichen Ausgaben von 12.013 DM je Einwohner über dem Hamburger, aber auch über dem Bremer Niveau liegt. Im Zeitraum der Finanzplanung ergibt sich allerdings eine Annäherung zwischen den drei Stadtstaaten. Danach liegt Bremen im Jahr 2002 mit Ausgaben von 11.681 DM je Einwohner an der Spitze der drei Stadtstaaten, während Hamburg mit Ausgaben von 10.918 DM je Einwohner nur knapp unterhalb der 11.000 DM-Grenze liegt.

Tabelle 11

Ausgaben je Einwohner					
	1998	1999	2000	2001	2002
Berlin	12.013,0	11.559,1	11.594,7	11.565,8	11.594,7
Hamburg	10.570,9	10.605,6	10.640,4	10.666,2	10.917,5
Bremen	11.653,3	11.634,8	11.585,8	11.630,3	11.680,9

Quelle: Finanzpläne der Länder 1998 bis 2002 (eigene Berechnungen)

Das für diese Verschiebung der Stellung die immer noch sehr hohen Zinszahlungen in Bremen verantwortlich sind, geht aus der folgenden Tabelle hervor, die die Entwicklung der bereinigten Gesamtausgaben abzüglich der Zinslasten je Einwohner für den Planungszeitraum bis zum Jahr 2002 zeigt. Danach zeigt sich, daß sich die Differenz der Ausgaben je Einwohner ohne Berücksichtigung der Zinszahlungen zwischen Bremen und Hamburg im Ausgangsjahr 1998 erheblich verringert, hingegen der Abstand zwischen Hamburg und Bremen einerseits und Berlin andererseits weiterhin sehr groß ist. Zwar kommt es auch hier aufgrund der Einrichtung des geplanten Liegenschaftsfonds 1999 in Berlin und den weiteren Ausgabenkürzungen zu einer deutlichen Annäherung zwischen den drei Stadtstaaten, allerdings liegen danach die geplanten Ausgaben je Einwohner Berlins auch im Jahr 2002 über den entsprechenden Ausgaben Hamburgs und Bremens. (*Vgl. Tabelle 12*)

---

[117] Die Zahlen dieser und der folgenden Tabellen dieses Kapitels stammen (oder basieren auf) den Finanzplänen der drei Stadtstaaten. Sie umfassen die Haushaltsjahre 1998 (Haushaltsanschlag); 1999 (Haushaltsentwurf) sowie die eigentlichen Planungsjahre 2000 bis 2002.

[118] Bei den Berechnungen für 1998 und die folgenden Jahre wurde der jahresdurchschnittlich Bevölkerungsstand von 1997 zugrunde gelegt.

Tabelle 12

Ausgaben (ohne Zinszahlungen) je Einwohner					
	1998	1999	2000	2001	2002
Berlin	11.015,1	10.814,3	10.781,4	10.692,6	10.653,9
Hamburg	9.426,3	9.422,0	9.418,4	9.386,2	9.564,9
Bremen	9.940,9	9.992,6	10.025,1	10.106,3	10.173,5

Quelle: Finanzpläne der Länder 1998 bis 2002 (eigene Berechnungen)

Der Anteil der Personalausgaben an den Gesamtausgaben soll in allen drei Stadtstaaten trotz noch unterhalb der Inflationsrate liegenden Wachstumsraten bzw. realer Kürzungen der Gesamtausgaben stabil bleiben. (*Vgl. Tabelle 13*) Gleichzeitig sind in allen drei Stadtstaaten neben den Tarif- und Besoldungssteigerungen die steigenden Versorgungsansprüche von ehemaligen Beschäftigten aus dem öffentlichen Dienst schon allein aufgrund der absehbaren Zunahme der Zahl der Versorgungsempfänger zu berücksichtigen. Dies zeigt, daß in allen drei Stadtstaaten auch in den kommenden Jahren in erheblichem Umfang Stellen abgebaut werden müssen, um die Planungen zu realisieren:

- Im Finanzplan **Berlin**s ist für das Jahr 1999 ein Stellenabbau von 6.200 Stellen bzw. Beschäftigungspositionen geplant, im Jahr 2000 sollen 3.750 Stellen abgebaut werden und für das Jahr 2001 ist ein weiterer Abbau von 2.500 Stellen geplant. Im Jahr 2002 sollen die Einsparungen fortgeführt werden, ohne allerdings konkrete Zahlen zu nennen. Gleichzeitig sollen die Auswirkungen der Bezirksreform im gesamten Planungszeitraum zusätzlich zur Absenkung der Personalausgaben führen. (*FINANZPLAN, S.71*)

- Im **Hamburg**er Finanzplan sind für die Jahre 1998 bis 2001 Stellenstreichungen im Volumen von jährlich 75 Mio. DM vorgesehen, für das Jahr 2002 ist dagegen kein weiterer Konsolidierungsbeitrag des Personalhaushaltes veranschlagt. (*FINANZPLAN; S.32ff*)

- In **Bremen** enthalten die Ansätze der Personalkosten im aktuellen Finanzplan jährliche Sparvorgaben von 400 Vollkräften bis zum Jahr 2000 bzw. durchschnittlich 2,3 Prozent im Jahr, die Finanzierung von Tarif- und Besoldungseffekten soll durch weitere personalwirtschaftliche Maßnahmen realisiert werden. Für die Jahre 2001 und 2002 sind weitere Einsparungen von jeweils 200 Vollkräften geplant. (*Finanzplan, S.28ff*)

Tabelle 13

Personalausgabenquote					
	1998	1999	2000	2001	2002
Berlin	32,9	33,6	32,9	33,1	33,0
Hamburg	34,5	34,8	35,1	35,4	35,4
Bremen	33,3	33,4	33,5	33,9	34,4

Quelle: Finanzpläne der Länder 1998 bis 2002 (eigene Berechnungen)

Die im Vergleich mit Hamburg hohen Investitionsquoten in Berlin und Bremen sind dem Bemühen geschuldet, über gezielte Investitionen die wirtschaftlichen Strukturdefizite zu beheben und so die Wirtschafts- und Finanzkraft zu verbessern. Während Bremen jedoch seine Investitionsquote dauerhaft über 14 Prozent halten will, sinkt die Investitionsquote Berlins im Planungszeitraum von 14 Prozent im Jahr 1998 auf 11,9 Prozent in 2002. (*Vgl.*

Tabelle 14) Die anhaltend hohe Investitionsquote Bremens ist das zweite Standbein der Sanierungsstrategie. Im Finanzplan heißt es dazu: "Nur wenn es gelingt, die wirtschaftlichen Strukturdefizite des Landes abzubauen, kann langfristig eine wesentliche Ursache der extremen Haushaltsnotlage beseitigt werden. Der Staat kann und sollte mit Hilfe von Investitionen die Rahmenbedingungen für ein qualifiziertes Wirtschaftswachstum schaffen." *(Finanzplan, S.12f)*

Tabelle 14

Investitionsquote					
	1998	1999	2000	2001	2002
Berlin	14,0	13,7	13,4	12,7	11,9
Hamburg	10,7	10,5	10,5	10,4	10,2
Bremen	14,4	16,0	15,7	15,2	14,4

Quelle: Finanzpläne der Länder 1998 bis 2002 (eigene Berechnungen)

Ein zentrales finanzpolitisches Kriterium zur Beurteilung der finanziellen Situation der Stadtstaaten ist die Zins-Steuerquote, also der Anteil an den laufenden Steuereinnahmen und steuerähnlichen Einnahmen wie Zuweisungen aus dem Länderfinanzausgleich und damit in Zusammenhang stehenden Fehlbetrags-Bundesergänzungszuweisungen, der für die Finanzierung von Zinszahlungen aufgewendet werden muß. Hier zeigt sich, daß Bremen und Hamburg bemüht sind, über eine Absenkung der Zins-Steuerquote Anschluß an die Haushaltslage der übrigen (alten) Bundesländer zu erlangen, während Berlin über eine Reduzierung der Netto-Neuverschuldung und die Einrichtung des Liegenschaftsfonds bemüht ist, das Wachstum der Zins-Steuerquote zu bremsen.

In Berlin sinkt die Zins-Steuerquote mit der geplanten Einrichtung des Liegenschaftsfonds sprunghaft von 17,4 Prozent 1998 auf 12,7 Prozent 1999. In den folgenden Jahren steigt sie allerdings entgegen dem Bundestrend und auch entgegen der Entwicklung in Bremen und Hamburg auf 13,8 Prozent im Jahr 2002 an. Ohne Einrichtung des Liegenschaftsfonds läge die Zins-Steuerquote Berlins im Jahr 2002 bei 17,8 Prozent und damit nur noch 1,7 Prozent unter der entsprechenden Zins-Steuerquote Bremens.

In Hamburg soll die Zins-Steuerquote in dem Fünfjahreszeitraum bis 2002 um 0,5 Prozent auf 15,8 Prozent sinken. Am deutlichsten sinkt die Zins-Steuerquote in Bremen von 26,3 Prozent 1998 auf 19,5 Prozent im Jahr 2002. Dabei sind allerdings weitere Sanierungszahlungen die Voraussetzung. Trotzdem bleibt die Zins-Steuerquote Bremens auch im Jahr 2002 immer noch deutlich über der durchschnittlichen Zins-Steuerquote der alten Bundesländer von 11,7 Prozent. Laut Finanzbericht Bremens könne aber auch in den Folgejahren mit einer weiteren Verbesserung gerechnet werden, da die Deckungsquote des Bremer Haushaltes eine Aufwärtstendenz zeige. *(Vgl. Finanzplan, S.12)*

Tabelle 15

Zins-Steuerquote					
	1998	1999	2000	2001	2002
Berlin	17,4	12,7	13,2	13,4	13,8
Hamburg	16,3	16,0	15,7	15,7	15,8
Bremen	26,3	23,9	21,9	20,5	19,5
Durchschnitt Länderhaushalte	11,6	11,6	11,7	11,7	11,7

Quelle: Finanzpläne der Länder 1998 bis 2002 (eigene Berechnungen)

Die Haushalte der drei Stadtstaaten weisen mehr oder weniger große strukturelle Finanzierungsdefizite[119] auf, die über die Mobilisierung von Vermögen oder weitere Kreditaufnahmen geschlossen werden müssen. Genaueren Aufschluß über die strukturellen Finanzierungsdefizite gibt die Defizitquote, bei der das strukturelle Finanzierungsdefizit in ein Verhältnis zu den bereinigten Gesamtausgaben gesetzt wird.

Insgesamt planen die alten Länder eine deutliche Rückführung ihrer Defizitquoten von durchschnittlich 8,9 Prozent 1998 auf 3,8 Prozent im Jahr 2002. Auch die drei Stadtstaaten planen eine Rückführung ihrer Defizitquoten ein, allerdings unterscheiden sich sowohl die Ausgangslagen als auch die jeweilige Ausmaße der Reduzierung deutlich voneinander. In Berlin soll die Defizitquote von 19,3 Prozent 1998 bis 2002 auf 8,8 Prozent und damit auf weniger als die Hälfte reduziert werden. Hamburg plant im gleichen Zeitraum eine Reduzierung der Defizitquote von 15,5 Prozent auf 5,2 Prozent und damit auf ein Drittel des Standes von 1998 ein.

Die extreme Haushaltsnotlage Bremens wird anhand der Defizitquote besonders augenfällig, mit 25,9 Prozent beträgt sie 1998 fast das Dreifache der Defizitquote im Durchschnitt der alten Bundesländer. Ohne die Sanierungsrate in Höhe von 1,8 Mrd. DM hätte sich Bremen weiter verschulden müssen, um den Haushalt zu decken, tatsächlich konnten aufgrund der Hilfe des Bundes und der Bundesländer die Schulden netto reduziert werden. Wie notwendig zusätzliche Sanierungszahlungen an Bremen sind, zeigt die weitere Entwicklung der Defizitquote Bremens. Zwar sinkt sie kontinuierlich und mit minus 9,1 Prozent auch in ähnlichem Ausmaß wie in Hamburg und Berlin, aufgrund der unterschiedlichen Ausgangslage bedeutet dies jedoch nur die Reduzierung von etwa einem Drittel. Auch im Jahr 2002 liegt die Defizitquote Bremens mit 16,8 Prozent mehr als vier Mal so hoch wie die Defizitquote im Durchschnitt der alten Bundesländer.

---

[119] Das strukturelle Finanzierungsdefizit ist definiert als bereinigte Gesamtausgaben abzüglich der Gesamteinnahmen ohne Einnahmen aus der Veräußerung von Vermögen und ohne Netto-Neuverschuldung. In Bremen wurden auch die Sanierungszahlungen nicht berücksichtigt.

Tabelle 16

Strukturelles Finanzierungsdefizit (in Prozent)					
	1998	1999	2000	2001	2002
Berlin	19,3	14,5	13,8	11,0	8,8
Hamburg	15,5	13,5	10,3	6,8	5,2
Bremen	25,9	22,8	21,1	18,8	16,8
Durchschnitt Länderhaushalte	8,9	8,1	7,3	5,6	3,8

Quelle: Finanzpläne der Länder 1998 bis 2002 (eigene Berechnungen)

Insgesamt zeigt sich, daß die drei Stadtstaaten auch über den Zeitraum der Finanzplanung hinaus erhebliche Sanierungsanstrengungen unternehmen müssen, um den Anschluß an die Haushaltsentwicklung der übrigen Bundesländer zu gewinnen. Dies trifft in besonderem Maße auf Berlin und v.a. Bremen zu, deren Haushaltsstruktur im Vergleich mit den übrigen alten Bundesländern auch nach dem Jahre 2002 durch relative hohe strukturelle Finanzierungsdefizite geprägt sein werden. Aber auch in Hamburg ist eine strukturelle Defizitquote zu erwarten, die deutlich über der der alten Bundesländer im Durchschnitt liegt. Vor diesem Hintergrund wird von allen drei Stadtstaaten eine grundlegende Reform des föderalen Finanzsystems eingefordert, um die Finanzkraft der Stadtstaaten (und der Großstädte insgesamt) dauerhaft zu stärken.

1.2 Positionen zur Reform des Ausgleichswesens

Das sekundäre Ausgleichssystem und insbesondere der Länderfinanzausgleich (horizontaler Finanzausgleich) sind aktuell besonders durch die Ende Juli 1998 erfolgte Einreichung der Klageschriften[120] der Geberländer Baden-Württemberg und Bayern beim Bundesverfassungsgericht in die öffentliche Diskussion gelangt. Im Mittelpunkt der Diskussion steht dabei von Seiten der klagenden Länder Baden-Württembergs und Bayerns[121] das derzeitige Ausgleichsniveau, welches zu unzulässiger "*Gleichmacherei*" führe, "*die weder mit dem Solidaritätsgedanken noch mit dem föderalen Prinzip zu rechtfertigen*" sei. (*FAZ 18.04. 98, S.17*) Bedingt durch die ("Über-")Nivellierung fehle der Anreiz bei den Nehmerländern, eigenständige Schritte zur Stärkung der eigenen Wirtschafts- und Finanzkraft zu unternehmen.

Umstritten ist zusätzlich die (pauschale) Abgleichung der Hafenlasten[122] Hamburgs, Niedersachsens, Bremens und Mecklenburg-Vorpommerns. Ebenso wird die Einwohnerwertung der Stadtstaaten in Frage gestellt, da es hierbei um typische Stadt-Umland-Probleme gehe, für "deren Lösung der Länderfinanzausgleich nicht der richtige Platz" sei. (*Bayerisches Staatsministerium der Finanzen 1998, S. 5f.*) Der bayerische Finanzminister Erwin Huber stellt zusammenfassend klar: "*Wir sind nicht bereit, von der Mehrheit der Empfängerländer auf Dauer ausgebeutet zu werden.*" (*Die Zeit, 27.08.1998; S.28*)

Von Seiten Bayerns und Baden-Württembergs wird die Kritik deshalb verknüpft mit einem Vorschlag zur grundlegenden Reform des Finanzausgleiches, die im Wesentlichen darauf zielt, die bisherige "Übernivellierung" zurückzuführen und gleichzeitig die Einwohnerwertung der Stadtstaaten sowie die Geltungmachung besonderer Hafenlasten abzuschaffen[123].

---

[120] Die beiden Länder haben je eigenständige Normenkontrollanträge eingereicht, die sich jedoch nicht substantiell unterscheiden. Die Strategie laute, so der bayerische Finanzminister Erwin Huber,: "Getrennt marschieren, vereint schlagen". (*SZ 31.07./01.08.1998, S.3*) Beide Länder greifen das Gesamtsystem des Länderfinanzausgleichs als verfassungswidrig an.

[121] Die Hessische Regierung hat sich ausdrücklich von der Argumentation und dem Vorgehen Baden-Württembergs und Bayerns distanziert. Sie will aber eine eigene Klage einreichen, um die eigenen Interessen als Geberland zu wahren und eine Neuregelung des Finanzausgleiches zu erzwingen. (*Vgl. "Die Zeit" 27.08.1998, S.28*) Die Regierungen der beiden übrigen Geberländer Nordrhein-Westfalen und Hamburg halten eine Neuregelung des LFA ebenfalls für notwendig, wollen dies aber politisch durchsetzen und nicht per Gericht. Dies liegt auch daran, daß die Erfolgschancen einer Klage angesichts früherer Urteile des Bundesverfassungsgerichtes als "minimal" angesehen werden. (*Vgl. Ebenda, S.29*) Auch wird die Stoßrichtung der klagenden Länder für überzogen erachtet. Für den Hamburgischen Bürgermeister Ortwin Runde haben sich die klagenden Länder Baden-Württemberg und Bayern damit "*aus der Solidarität der Länder verabschiedet*". (*Handelsblatt 31.07./01.08. 1998, S.2*)

[122] Die Abgeltung der Hafenlasten schlägt sich in einer vorab vorgenommenen Verringerung der Finanzkraftmeßzahl nieder, sie wirkt also so, als hätten die Küstenländer geringere Einnahmen. (*Vgl. dazu z.B. Hickel 1998, S.35*)

[123] Der Reformvorschlag beinhaltet folgende Kernpunkte (*Vgl. Bayerisches Staatsministerium der Finanzen 1998*):
- Der Umsatzsteuervorwegausgleich soll ersatzlos gestrichen werden. Der Länderanteil der Umsatzsteuer soll zu 100 Prozent nach Einwohnern verteilt werden.

Ideologische Unterstützung erhalten Baden-Württemberg und Bayern von einer Gruppe marktradikaler Politiker und Wissenschaftler um den Präsidenten des Bundesverbandes der deutschen Industrie, Hans-Olaf Henkel, und den Vorsitzenden der Friedrich-Naumann-Stiftung Otto Graf Lambsdorff[124], die sich mit einer eigenen *"Denkschrift"* zum Thema *"Neuordnung der Finanzverantwortung"* zu Wort gemeldet haben. Darin fordern sie das *"Ende der Vollkaskoversicherung ohne Selbstbeteiligung"* für finanzschwache Länder, der Länderfinanzausgleich solle *"auf ein Minimum zurückgeführt"* werden. (*"Handelsblatt"*, *24.08.1998, S.7*) Notwendig sei *"der Abschied von der Nivellierungs-Ideologie"*, das Verfassungsgebot zur Herstellung einheitlicher Lebensverhältnisse dürfe nicht länger *"überschätzt"* werden. (*SZ 22./23.08.1998, S.24*) Insbesondere mit der *"Prämierung von dem Stadtstaaten-Status (...) feiern Willkür und Undurchschaubarkeit Triumphe"*.(*FAZ 22.08.1998, S.14*)

Der Position von Baden-Württemberg und Bayern werden folgenden Argumente entgegengesetzt:

- Eine Übernivellierung, also die Besserstellung der empfangenden Länder gegenüber den Geberländern, ist bei dem derzeitigen Finanzausgleichssystem nicht möglich. Die Übernivellierung war schon bei der letzten Reform des Finanzausgleiches ein zentrales Argument der Geberländer, eine Verschiebung der Rangfolge wurde deshalb auch gesetzlich ausgeschlossen (*§ 10 Abs. 5 des Finanzausgleichgesetzes*). Sollte unter besonderen Konstellationen eine Verschiebung tatsächlich eintreten, schreibt das Gesetz einen zusätzlichen Ausgleichsschritt vor, der die Verschiebung in der Finanzkraftrangfolge wieder korrigiert. Die Rechenbeispiele Baden-Württembergs und Bayerns basieren denn auch auf der Einbeziehung der Sonderbundesergänzungszuweisungen (BEZ 2)[125]. Bremens Finanzsenator Perschau meint dazu: *"Wenn sich Baden-Württemberg und Bayern etwa mit Ländern vergleichen, die diese Sonderzahlungen erhalten und behaupten, aufgrund dieser Leistungen würden sie schlechter gestellt bzw. komme es zu Rangfolgeverschiebungen, beanspruchen sie Leistungen für Lasten, die bei ihnen nicht vorliegen. Dies zeigt, wie absurd der Ansatz ist."* (*Finanzsenator Perschau, in: HWWA-Wirtschaftsdienst 2/98 S.75*)

- Aus regionalökonomischer Sicht wird auf die Unhaltbarkeit der These hingewiesen, die

---

- Überschüsse und Fehlbeträge zur durchschnittlichen Finanzkraft sollen mit einer einheitlichen Quote von 50 Prozent abgeschöpft bzw. ausgeglichen werden. Eine Einwohnerwertung soll dabei nicht vorgenommen werden. Ebenso soll die bisherige Berücksichtigung der Hafenlasten entfallen.
- Die Fehlbetrags-BEZ sowie Ergänzugszuweisungen zum Ausgleich überproportional höherer Kosten der politischen Führung für die kleinen Bundesländer sollen gestrichen werden.
- Um eine sofortige dramatische Schlechterstellung der Empfängerländer zu vermeiden, sollen sie den Status quo im Jahr vor der Einführung des neuen Rechts zunächst als Festbeträge garantiert bekommen. Die Festbeträge sollen anschließend mit jährlich zwei Prozentpunkten schrittweise abgebaut werden.

[124] Neben Henkel und Lambsdorff ist die "Denkschrift" von dem früheren Präsidenten des Bundesverbandes der deutschen Industrie Tyll Necker, dem früheren Bundesbankpräsidenten Karl-Otto Pöhl, dem Vorsitzenden der Ludwig-Erhard-Stiftung Otto Schlecht sowie einer Reihe von Wissenschaftlern unterzeichnet worden.(*Vgl. "Handelsblatt", 24.08.1998, S.7*)

[125] Die BEZ 2 dienen nicht dem Ausgleich, sondern dürfen nur für besondere Lasten gewährt werden und ergänzen insofern den Finanzausgleich.

Finanzschwäche der empfangenden Bundesländer sei auf mangelnde Eigenanstrengungen zurückzuführen. Die damit implizierte Vorstellung, die Wirtschaft sei durch die Politik beliebig steuerbar und es beruhe auf dem "*marktwirtschaftlichen Wohlverhalten*" einzelner Landesregierungen, ob das Land finanzschwach oder finanzstark sei, sei unsinnig und durch die Realität nicht zu belegen. (*Vgl. Sörgel 1998, S.206*) Im Umkehrschluß des Arguments der "mangelnden Eigenanstrengungen" müßte beispielsweise der Rückgang der Zahlungen Baden-Württembergs in den Länderfinanzausgleich, die im Zeitraum 1991 bis 1994 von 2,5 Milliarden DM auf 400 Millionen DM jährlich gesunken sind, auf politischem Versagen beruhen. Dies werde jedoch von Seiten der klagenden Länder nicht behauptet werden wollen. (*Vgl. Sen. für Finanzen, Finanzbericht 1/98*)

- Die Infragestellung der Einwohnerwertung wird mit dem Hinweis auf die problematische Situation der Großstädte insgesamt zurückgewiesen. Es gehe dabei nicht um den "Status der Stadtstaaten, sondern um eine aufgabengerechte Finanzierung der städtischen Ballungsräume insgesamt. Sie sind überproportional im Verhältnis zu ihrer hohen Einwohnerzahl und zu ihrer hohen Wirtschaftsleistung etwa durch Sozialhilfeausgaben belastet und gleichzeitig unterproportional an den staatlichen Einnahmen beteiligt." (*Diepgen: 6. November 1997, Presseerklärung Nr. 215*) Ohne einen Ausgleich der strukturellen Nachteile der Stadtstaaten gegenüber beispielsweise den Hauptstädten[126] in den Flächenländern wären sie fiskalisch nicht überlebensfähig. (*Vgl. dazu ausführlich: Hickel 1998, S.31ff*)

Im Kern geht es jedoch bei der Auseinandersetzung um die Finanzausgleichsregelungen zunächst darum, ob man sich der Argumentation einer zu starken "Gleichmacherei" Bayerns und Baden-Württembergs und ihnen nahestehender Kreise anschließt oder nicht. Das die ideologische Verortung bzw. die Parteizugehörigkeit bei der Positionierung in dieser Frage nicht immer im Vordergrund steht, sondern vielmehr das eigene (Landes-)Interesse, zeigt z.B. die Stellungnahme des regierenden CDU-Bürgermeisters von Berlin, Eberhard Diepgen, der die Absichten der klagenden Länder als "falsch und verwerflich" charakterisiert. Diepgen weiter: "Die soziale und wirtschaftliche Entwicklung Deutschlands als Bundesstaat konnte nur erfolgreich sein, weil wohlhabendere Länder - aus welchen Gründen auch immer - bedürftigeren Hilfe durch den Finanzausgleich leisteten." (*Diepgen: 6. November 1997, Presseerklärung Nr. 215*)

Die konkreten Auswirkungen der Reformvorschläge Bayerns und Baden-Württembergs sollen an einem Punkt beispielhaft deutlich gemacht werden. Unter Stützung auf das Urteil des Bundesverfassungsgerichtes zur Vermögenssteuer im Jahr 1995, nach dem der Staat dem Steuerzahler nicht mehr als die Hälfte seines Einkommens und seiner Erträge nehmen darf, wird von Seiten Bayerns und Baden-Württembergs vorgeschlagen, nicht wie bislang 80 Prozent der überdurchschnittlichen Finanzkraft eines Landes abzuschöpfen, sondern

---

[126] Beim kommunalen Finanzausgleich z.B. innerhalb Bayerns werden die Einwohner der Landeshauptstadt München mit dem Faktor 1,8 "veredelt", um die besonderen Lasten auszugleichen (*Vgl. Weser Kurier 15.10.98, S.19*).

höchstens 50 Prozent.[127] Würde dieser Vorschlag umgesetzt, müßten v.a. alle neuen Bundesländer (incl. Berlin) massive Einbußen hinnehmen, wie aus der folgenden Abbildung hervorgeht. Von diesem Reformschritt wären von den alten Bundesländern lediglich Bremen und das Saarland negativ betroffen, allerdings im Vergleich mit den neuen Bundesländern in sehr eingeschränktem Maße.

Abbildung 47

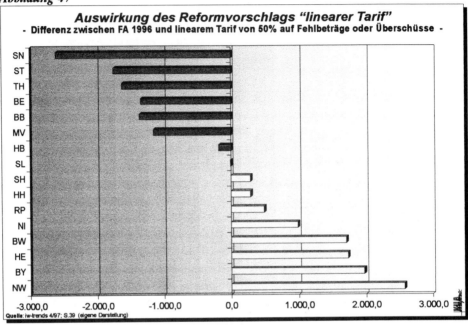

Trotz der harten Auseinandersetzung über das Thema Finanzausgleich ist zwischen den verschiedenen Positionen relativ unbestritten, daß der Länderfinanzausgleich als Spitzenausgleich gedacht und konzipiert war, mit der Vereinigung jedoch als ein Ausgleichssystem zwischen strukturell völlig verschiedenen Bundesländern wirkt. Der Länderfinanzausgleich ist dann nicht mehr funktionsfähig, wenn sich einzelne Länder erheblich von der durchschnittlichen Bandbreite der Finanzkraft der Länder entfernen, da der dadurch notwendige Finanzausgleich die Länder überfordert. Da allgemein davon ausgegangen wird, daß der Aufholprozeß der neuen Bundesländer gegenüber den alten Bundesländern erheblich mehr Zeit in Anspruch nehmen wird, als ursprünglich angenommen, wird eine Reform des Finanzausgleichssystems deshalb von keiner Seite kategorisch abgelehnt.

Allerdings gibt es unterschiedliche Auffassungen sowohl über den Zeitpunkt einer Reform als auch besonders über ihren Inhalt. Zum Zeitpunkt betonen die Gegner einer aktuellen

---

[127] Diese Argumentionskonstruktion ist, vorsichtig ausgedrückt, zumindest fragwürdig. So wies z.B. mit dem NRW-Finanzministerium eine Institution mit durchaus potentiellem Interesse an einer Verringerung der Ausgleichspflichten der Geberländer in der Diskussion darauf hin, daß ja kein Land über die Hälfte seiner Steuereinnahmen abtreten müsse, sondern es gehe vielmehr nur um den Betrag, der die durchschnittliche Finanzkraft übersteige. (*Vgl. Handelsblatt 31.07./01.08. 1998, S.2*)

Reform, daß mit dem Solidarpakt erst 1993 eine Einigung gefunden wurde, den Ausgleich zwischen den Bundesländern zu regeln. (*Vgl. z.B. Perschau 1998, S.3 in SfF (Hrsg.) Finanzbericht 1/98*) Auf einer Sondersitzung in Potsdam wurde das neue Finanzausgleichsgesetz als gemeinsamer Standpunkt aller Länder einstimmig beschlossen. Die Einigung war dabei, daß das neue Gesetz bis zum Jahr 2004 Bestand haben soll. Erst zu diesem Zeitpunkt müsse das Finanzausgleichssystem neu geregelt werden. Dabei wird von den Gegnern der bayerischen und baden-württembergischen Reformvorschläge wie z.B. Berlins Finanzsenatorin Anette Fugmann-Heesing betont, daß trotz der Reform des Länderfinanzausgleiches "das System seiner Grundstruktur jedoch erhalten werden" müsse (*Handelsblatt 19.08.98; S.6*).

Allerdings gibt es Kritikpunkte am Länderfinanzausgleich, die bei einer Reform Berücksichtigung finden sollten. So werden im Länderfinanzausgleich die Gemeindesteuern nur zu 50 Prozent angesetzt. Dadurch werden die Stadtstaaten benachteiligt und insbesondere die (Flächen-)Länder bevorzugt, die über reiche Gemeinden verfügen. Aufgrund dieser Regelung wurde z.B. die Finanzkraft Baden-Württembergs 1996 um 1,37 Mrd. DM niedriger ausgewiesen (*Vgl. FAZ 18.04.1998, S.17*).

Von Seiten der Stadtstaaten (und vieler Kommunen) wird gefordert, die finanziellen Beziehungen zwischen Bund, Ländern und Gemeinden grundlegend neu zu ordnen mit dem Ziel, die Steuerkraft und die Finanzautonomie der Städte und Gemeinden nachhaltig zu stärken. Ein Kernpunkt der Bestrebungen ist dabei die Einführung des Konnexitätsprinzips, welches schlicht besagt, daß diejenige staatliche Ebene, die aufgrund von gesetzlichen Regelungen oder Aufgabenverteilungen Kosten verursacht, diese Kosten auch tragen soll und damit für eine Zusammenführung von Aufgaben und Ausgabenkompetenzen eintritt. (*Vgl. Memorandum der Freien und Hansestadt Hamburg 1996, S. 13*) Dahinter steht die Erfahrung, daß in der Vergangenheit Kosten für zahlreiche Leistungen bzw. Reformen wie den gesetzlichen Anspruch auf einen Kindergartenplatz oder die Neuregelung des Arbeitsförderungsgesetzes (mit mehr Sozialhilfeempfängern im Gefolge) auf die Kommunen abgewälzt wurden. In den Koalitionsvereinbarungen zwischen SPD und Bündnis 90/Die Grünen vom 20. Oktober 1998 ist die Einhaltung dieses Prinzips auch festgelegt worden: "Die neue Bundesregierung tritt dafür ein, daß zukünftig Aufgabenverlagerungen im Verhältnis der staatlichen Ebenen - Bund einerseits, Länder und Gemeinden andererseits - im Rahmen des bundesstaatlichen Finanzausgleichs berücksichtigt werden (Konnexitätsprinzip)." (*Koalitionsvereinbarungen 1998, S.13*)

Des Weiteren wird die Entlastung der Kommunen von Sozialhilfeaugaben für arbeitslose Sozialhilfeempfängerinnen und Sozialhilfeempfänger durch Eintreten des Bundes für Sozialhilfekosten gefordert, die den Kommunen durch Langzeitarbeitslosigkeit entstehen. Ebenso seien die Sozialkosten für Asylbewerber, Aussiedler und Bürgerkriegsflüchtlinge aus Sachgründen eigentlich vom Bund zu erbringen. Noch weitergehender äußerte sich der Regierende Bürgermeister Berlins, Eberhard Diepgen,: "Ich meine, die klar abgrenzbaren Kosten eines Teils der Sozialhilfe, nämlich die Hilfe zum Lebensunterhalt, müßten in einem ersten Schritt auf den Bund verlagert werden." (*Diepgen: 6. November 1997, Nr.: 215*).

Ein besondere Forderung der Stadtstaaten (und der Großstädte) als Arbeitsmarktzentren mit einem hohen Überschuß an Einpendlern ist die Änderung der Lohnsteuerzerlegung. Das 1969/1970 eingeführte Wohnortprinzip bei der Lohnsteuererhebung hat die Stadtstaaten finanziell erheblich getroffen. Um zu einem fairen Ausgleich zwischen Kernstädten und dem jeweiligen Umland zu kommen, soll das Aufkommen zukünftig hälftig zwischen Arbeits- und Wohnort aufgeteilt werden. *(Memoradum Hamburg, S.13)*

Auch wenn von Seiten der Stadtstaaten betont wird, daß auch im geltenden Finanzausgleichssystem jedes Land ein elementares Interesse hat, seine originäre Finanzkraft zu stärken *(Vgl. z.B. Perschau 1998, S.3)*, bleibt trotzdem festzustellen, daß auf Seiten der Empfängerländer die Mehreinnahmen nahezu vollständig durch Mindereinnahmen im Finanzausgleich kompensiert werden. Dies ist allerdings v.a. ein Problem der Empfängerländer und nicht der Geberländer, wie das folgende Beispiel deutlich macht: Ausgehend vom LFA 1996 würden in Baden-Württemberg von 1.000 DM zusätzlichen Landessteuereinnahmen für die Landeskasse Einnahmen in Höhe von 317 DM verbleiben, die übrigen 683 DM würden über den LFA abgeschöpft. Von 1.000 DM zusätzlicher Landessteuereinnahmen hätte Bremen jedoch nur einen Nettoeffekt von 11 DM, die restlichen 989 DM gingen durch Verringerung des Ausgleichs verloren. *(Vgl. Wernhard Möschel, in:Handelsblatt 05.11.98; S. 49)*

2. Leitbilder der Stadtentwicklung: Konzepte, Umsetzungsstrategien und Beteiligungsstrukturen[128]

In diesem Kapitel werden die Stadtentwicklungskonzepte der Stadtstaaten Berlin, Bremen und Hamburg dargestellt, um Gemeinsamkeiten und Unterschiede bezüglich der Entwicklungsziele und der grundsätzlichen Herangehensweise bei der Erstellung der Stadtentwicklungskonzepte aufzuzeigen. Als ein planerisches Instrument werden Stadtentwicklungspläne seit den 60er Jahren angewendet. Sie bezeichnen die kommunalen Planungen und umfassen „die Gesamtheit der Tätigkeiten, mit denen die Schaffung, nachhaltige Sicherung und ständige Verbesserung der materiellen und immateriellen Voraussetzungen für das Wohl der Gemeindemitglieder und für die Funktionsfähigkeit der Gemeindeorganisationen unter Berücksichtigung der Dynamik des sozialen Lebens angestrebt wird" (*Albers 1990, S. 883*).

In den Stadtentwicklungskonzepten werden Leitbilder für die räumliche Entwicklung aufgestellt, die als Orientierungsrahmen einer zukünftigen Entwicklung angesehen werden sollen und nicht als strikt anzuwendendes Regelwerk. Insofern haben die in den Stadtentwicklungskonzepten geäußerten Ideen und Entwicklungsziele einen visionären bzw. rahmengebenden Charakter, an dem sich die sektoralen Planungen der unterschiedlichen Ressorts ausrichten sollen. Anschließend an das Stadtentwicklungskonzept wird i.d.R. ein neuer Flächennutzungsplan entwickelt, der die räumliche Verortung der Entwicklungsziele aus dem Stadtentwicklungskonzept darstellt.

Die Planungsaufgaben und -strategien haben sich von den 60er Jahren bis heute grundlegend gewandelt. In der Phase der Angebots- und Auffangplanung wurde nach dem „Gott-Vater-Modell" (*Siebel 1989, S. 83*) vorgegangen. Planung aus dieser Sichtweise war flächendeckend, umfassend, langfristig und an einem einheitlichen Ziel ausgerichtet. Dieser hohe Anspruch konnte nicht eingelöst werden, da Planung eben nicht widerspruchsfrei ist, nicht über vollständige Informationen verfügt und die räumliche Entwicklung dynamisch und somit nicht eindeutig prognostizierbar ist (*Vgl. Selle 1994, S. 38f.*).

Nach dem Ende der Entwicklungsplanung, die auch als „geschlossenes Planungsmodell" (Häußermann/Siebel 1993, S. 142f.) bezeichnet wird, folgte in den 70er Jahren das „offene Planungsmodell". In diesem Modell wird Planung als „Durchwursteln" bzw. „schrittweises Vortasten" bezeichnet, bedacht darauf, bloß Abhilfe statt endgültige Lösungen zu schaffen (Vgl. ebenda). Dieser aus der Kritik am umfassenden Planungsansatz entstandene Inkrementalismus hat nach Ganser konstruktive Ansätze und wird nicht nur als resignierte Anpassung an aktuelle Entwicklungen verstanden (*Vgl. Ganser 1991, S. 59ff.*).

Das Planungsmodell mit seinen konstruktiven Elementen wird als perspektivischer Inkrementalismus bezeichnet und umfaßt, daß

---

[128] Die Ausführungen dieses Kapitels beruhen auf den Ergebnissen eines Werkvertrages mit dem Dipl.Ing. Michael Glatthaar und Matthias Rethmeier. Für die Unterstützung wollen wir uns herzlich bedanken.

- Zielvorgaben auf dem Niveau von gesellschaftlichen Grundwerten bleiben,
- Zieltreue an symbolischen Einzelfallentscheidungen nachgewiesen wird,
- konkrete Projekte an die Stelle abstrakter Programmstrukturen treten und
- langfristige Programmstrukturen durch mittelfristige überschaubare Handlungszeiträume ersetzt werden (*Vgl. Ganser 1991, S. 59ff.*).

Seit Beginn der 90er Jahre ist bundesweit und auch in europäischen Nachbarländern eine Renaissance der Stadtentwicklungsplanung festzustellen. Vordergründige Auslöser dafür sind u. a. die Bevölkerungszuwanderungen und die Erwartungen im Vorfeld der Europäischen Union. Die tatsächlichen Ursachen sind aber „der Wandel großräumiger, politisch-institutioneller Strukturen und des globalen Marktes, sowie wirtschaftliche, demographische und gesellschaftliche Umschichtungs- und Konzentrationsprozesse". Im Vordergrund der Planungsdiskussion stehen dabei Fragen nach den Entwicklungszielen und –visionen der Stadt, nach Verwertungskriterien und vor allem auch nach neuen Leitbildern der Stadtent-wicklung. Im Mittelpunkt der Betrachtungen steht bei der ‚strategischen Entwicklungsplanung' wieder das komplexe Gesamtgebilde der Stadt (*Vgl. Wentz 1997, S. 5*).

2.1 Berlin

2.1.1 Planungsansatz und Verfahrensablauf

In Berlin gibt es ein Bausteinkonzept statt eines Gesamtkonzepts, das aus einem räumlichen Strukturkonzept von 1992 sowie sektoralen Konzepten zu den unterschiedlichen Nutzungskategorien, die sich auf die Gesamtstadt beziehen und als sektorale Stadtentwicklungspläne angesehen werden, besteht (*Vgl. Senatsverwaltung für Stadtentwicklung und Verkehr 1994, S. 55*). Die Konzepte dienen als Vorläufer für den Flächennutzungsplan (FNP) von 1994. Sie werden jedoch nicht von diesem abgelöst, sondern haben weiterhin Bestand.

In den Konzepten wird ein Planungszeitraum bis ca. zum Jahr 2010 anvisiert, dem ein flexibles Planungskonzept zugrundeliegt. Im FNP ist ein Wachstum für bis zu 300.000 zusätzliche EinwohnerInnen und ebenso viele Beschäftigte vorgesehen (*Vgl. Senatsverwaltung für Stadtentwicklung und Verkehr 1992, S. 4*). Die gleiche Wachstumsspanne gilt für das Brandenburgische Umland. Die Zuwachsvereinbarungen sind das Ergebnis von Aushandlungsprozessen zwischen Berlin und dem Brandenburgischen Umland.

Nach unterschiedlichen Nutzungskategorien aufgeteilt (Wohnen, Arbeitsstätten, Freiflächen, Zentren/Einzelhandel, Öffentlichen Einrichtungen, Ver- und Entsorgung, Verkehr) werden auf Basis der Status-Quo Analyse Entwicklungstendenzen skizziert und Annahmen zum Flächenbedarf vorgenommen. Daran anschließend werden Leitsätze und Planungen dargestellt (*Vgl. Senatsverwaltung für Stadtentwicklung und Verkehr 1994*).

Das in Berlin angewendete Planungsmodell, ist als „Planung durch Projekte" zu bezeichnen. Es ist eine Fortführung des projektorientierten Ansatzes, der bei der IBA-Berlin (Internationale Bau-Ausstellung – Berlin, Neubau) verwendet wurde. Hierbei werden übergeordnete und abstrakte Leitbilder auf Einzelprojekte übertragen und nur anhand der Einzelprojekte werden Konflikte zwischen den verschiedenen Zielen gelöst.

Beim Erstellungsprozeß zum Stadtentwicklungskonzept sind zwei Ebenen zu unterscheiden: Einerseits die sektoralen Konzepte und der FNP mit der Formulierung räumlicher Entwicklungslinien und andererseits das Stadtentwicklungsforum in seiner beratenden Funktion.

Seit April 1991 besteht das Stadtentwicklungsforum Berlin, das Entscheidungen des Senats für Stadtentwicklung (Verkehr, Versorgung etc. bis zu Erholungsräumen, Umweltschutz und Freiflächen) in öffentlichen Sitzungen vorbereiten und optimieren soll (*Vgl. Selle 1994, S. 210*). Das Stadtforum besteht im wesentlichen aus einem Plenum mit ca. 60 Personen, die unterschiedliche gesellschaftliche Bereiche abdecken (Industrie- und Handelskammer, Gewerkschaften, Unternehmer/Investoren, Mieterverein, politischen Parteien, Fachleute der städtischen Verwaltung, Fachverbände wie z.B. Architekten, Stadtplaner etc. und unabhängige Sachverständige, sowie sog. Querdenker) und einer Anzahl von ca. 200 ZuhörerInnen. Neben dem Plenum gibt es verschiedene Gremien, die sich aus Lenkungsgruppe (6 Personen), Moderator, Bänke (Architekten, Stadt- und Landschaftsplaner, spezielle Fachleute, Berliner Gesell-schaft, Zwischenrufer, Region und Bezirke, Abgeordnetenhaus Berlin, Bundestag), Werkbänke (personell wechselnde Arbeitsgruppen vertiefen Themen aus dem Stadtforum), Zuhörer (Verwaltung, Senator, Staatssekretäre) und einer Geschäftsstelle zusammensetzen (*Vgl. Selle 1994, S. 211ff.*). In den ersten Jahren tagte das Forum 14-tägig und änderte 1993 seinen Sitzungsrhythmus auf vier Wochen.

Innerhalb der oben aufgeführten zwei Ebenen der Stadtentwicklung werden Leitbilder, Strategien der Umsetzung, städtebauliche Konzepte und neue rechtliche Instrumente der Planung wie z.B. städtebauliche Verträge entwickelt und angewendet. Die Notwendigkeit einer abgestimmten Planung mit dem angrenzenden Brandenburgischen Umland wird als Voraussetzung für die gesamte Stadtentwicklungsplanung angesehen (*Senatsverwaltung für Stadtentwicklung und Verkehr 1992, S. 12*).

2.1.2 Allgemeine Rahmenbedingungen zur Stadtentwicklung

2.1.2.1 Entwicklungsimpulse

Ein wesentlicher Entwicklungsimpuls ist im Beschluß des Deutschen Bundestags von 1991 zur „Hauptstadtentscheidung" zu sehen. Im Zuge dieser Entscheidung werden der Bundestag sowie 10 Ministerien nach Berlin verlagert (*Vgl. Senatsverwaltung für Stadtentwicklung und Verkehr 1994, S. 18f.*). Zusätzlich werden direkte und indirekte Wirkungen der Verlagerung erwartet, die insgesamt eine Ansiedlung von ca. 30.000 Arbeitsplätzen, überwiegend von höher qualifizierten Beschäftigten nach sich ziehen sollen und erhebliche Sekundäreffekte (Auswirkungen auf den Arbeits- und Wohnmarkt) haben werden (*Vgl. z.B. Vosgerau 1997, S. 105*).

Die Öffnung nach Osteuropa mit der Wiederbelebung der Rolle Berlins als Vermittler zum osteuropäischen Markt wird erhebliche langfristige Entwicklungsimpulse durch verstärkte Austauschbeziehungen auslösen. Angesichts des Wirtschaftsgefälles zwischen Ost und West wird ein erhebliches demographisches und ökonomisches Wachstum erwartet (*Vgl. Senatsverwaltung für Stadtentwicklung und Verkehr 1994, S. 20*).

Ein weiterer Entwicklungsimpuls ist in der neuen zentralörtlichen Funktion durch die deutsche Vereinigung und das Zusammenführen von zwei Großstädten zu sehen. Diese Entwicklung birgt positive wie negative Tendenzen. Einerseits bestehen erhebliche Strukturschwächen dadurch, daß die Stadt an den Modernisierungsimpulsen der 80er Jahre, den Auswirkungen des sektoralen Strukturwandels und der Globalisierung nur bedingt partizipiert hat (*Vgl. Vosgerau 1997, S. 106*). Andererseits wird eine nachholende Entwicklung im Bereich der hochwertigen Waren und spezialisierten Dienstleistungen analog zum Profil großer westdeutscher und westeuropäischer Metropolen erwartet (*Vgl. Senatsverwaltung für Stadtentwicklung und Verkehr 1994, S. 19f.*).

Berlin ist mit einer Fläche von ca. 890 qkm mit Abstand die größte Stadt der Bundesrepublik. Der heutige Stadtraum Berlins ergibt sich aus konzentrisch um den heutigen Stadtkern (Berlin Mitte) gelegenen im 19. und 20. Jahrhundert entwickelten Stadterweiterungen. Die erste Welle der Stadterweiterung war im wesentlichen innerhalb des heutigen S-Bahn-Rings. Später wurden die Erweiterungen uneinheitlich ausgedehnt. Im Jahr 1920 wurden die Berlin umgebenden Städte (z.B. Charlottenburg, Neukölln, Schöneberg, Wilmersdorf) eingemeindet (*Vgl. Vosgerau 1997, S. 104*).

Durch die Teilung Berlins ergaben sich zwei getrennte Stadtentwicklungsprozesse im Ost- und Westteil. Prägend für den Osten waren u.a. die Hauptstadtplanungen und umfangreiche neue Wohngebiete vor allem am östlichen Rand. Bedingt durch die realsozialistischen Planungskonzepte gab es keine Suburbanisierung von Arbeits- und Wohnstätten. Im Westteil gab es bedingt durch die „Insellage" gleichfalls keine Suburbanisierung.

Die Stadtstruktur im Westteil ist polyzentral und weist verschiedene Bezirkszentren auf, demgegenüber ist der Ostteil der Stadt überwiegend auf den Kern ausgerichtet und hat funktionale Defizite (fehlende Arbeitsplätze, schlechte Erreichbarkeit der Erholungsgebiete) in den nur ansatzweise vorhandenen Stadtteilzentren.

Der wirtschaftliche Umbruch bewirkte vor allem Arbeitsplatzverluste und -verlagerungen durch den Verlust der zentralörtlichen Funktion des Ostteils und durch den Subventionswegfall im Westteil. Auch wirtschaftsstrukturell sind Defizite vorhanden, so fehlen neben international bedeutsamen Firmen auch bedeutsame Forschungs-, Entwicklungs- und Marketingabteilungen. Darüber hinaus ist der private Dienstleistungssektor nur gering ausgeprägt und die Bruttowertschöpfung im Verarbeitenden Gewerbe ist aufgrund des hohen Anteils gering qualifizierter Massenfertigung relativ gering (*Vgl. Kapitel II.4*).

Die sozialräumliche Struktur im Ostteil kann bis 1990 als ausgeglichen bezeichnet werden, ab diesem Zeitpunkt findet eine langsame Angleichung an die im Westteil vorhandenen stärkeren Tendenzen zur Polarisierung und Segregation statt (*Vgl. Vosgerau 1997, S. 104ff.*).

Die räumlich-bauliche Struktur im Ostteil weist einen erheblichen Sanierungs- und Modernisierungsbedarf auf, der sowohl die Gründerzeitgebiete als auch die Großsiedlungen umfaßt. Auch der Westteil hat, wenn auch in weit geringerem Maße, ausgewiesene Sanierungsbereiche.

2.1.2.5 Regionale Verflechtung

Die Stadt-Umland-Entwicklung zwischen Berlin und Brandenburg ist durch zwei parallele Vorgehensweisen gekennzeichnet: Einerseits der Versuch der Länderfusion, der 1996 durch Volksentscheid scheiterte und andererseits die Gemeinsame Landesplanung (GP). Die Grundlage der GP in Berlin/Brandenburg wurde durch einen Staatsvertrag von 1995, also noch vor der Volksentscheidung, gebildet. Durch diesen Landesplanungsvertrag verpflichten sich beide Länder eine auf „Dauer angelegte gemeinsame Raumordnung und Landesplanung zu betreiben" (*Priebs 1996, S. 544*). Hierzu wurde eine gemeinsame Landesplanungsabteilung eingerichtet, in der jeweils Vertreter aus beiden Landesregierungen an den Erarbeitungsprozessen beteiligt sind und alle Entscheidungen einvernehmlich treffen. In der aktuellen Diskussion der GP sind zwei Planungsräume: einerseits ein Raum, der Berlin und den engeren Verflechtungsraum umfaßt, für den ein gemeinsamer Landesentwicklungsplan seit März 1998 vorliegt und andererseits der Gesamtraum Berlin-Brandenburg, für den ein gemeinsames Landesentwicklungsprogramm erarbeitet wurde.

Als Eckwerte bisheriger Vereinbarungen sind die polyzentrische Landesentwicklung mit dem räumlichen Leitbild der dezentralen Konzentration, die Sicherung von Freiflächen, eine ausgewogene Verteilung von Neubauflächen, die Konzentration der Siedlungsentwicklung auf erschlossene, bahnhofsnahe Gebiete und die leitbildgerechte Entwicklung zu bezeichnen.

2.1.3 Stadtentwicklungsmaßnahmen

2.1.3.1 Leitziele der Stadtentwicklung

Berlin setzt an oberste Stelle das Leitbild der kompakten, urbanen, europäischen Stadt. Innerhalb der vier Themenbereiche des Leitbildes, Ökonomie, Ökologie, sozialräumliche Situation und Planung, werden die Grundsätze zur Entwicklung der Stadtstruktur benannt:

Die neue nationale und internationale Bedeutung Berlins soll für die Stadtentwicklung genutzt werden, indem insgesamt eine Verbesserung der Lebensqualität und eine Aufwertung von Stadtbereichen erreicht werden soll. Gewerbegebiete außerhalb der Innenstadt sollen durch Mischung mit anderen Nutzungen qualitativ aufgewertet werden, kleinräumige Mischungen von Wohnen, Gewerbe, Handwerk und Dienstleistungen sollen so weit wie möglich gesichert werden und neue Dienstleistungen sollen sowohl am S-Bahnring und seinen Knotenpunkten als auch im Außenbereich der Innenstadt realisiert werden. Ziel ist es die Innenstadt zu entlasten, das Doppelzentrum durch neue Nutzungen aufzuwerten und die polyzentrale Struktur Berlins zu stärken. Dabei soll das "verträgliche Stadtwachstum" durch eine enge regionale Zusammenarbeit gewährleistet werden. (*Vgl. Senator für Stadtentwicklung und Umwelt 1994, S. 23*)

Bedeutsame innerstädtische Grünflächen und der Kleingartengürtel sollen im Rahmen einer auch ökologisch ausgerichteten Stadtentwicklung erhalten bleiben. Zudem sollen neue Großgrünräume nahe der Großsiedlungen und der Stadterweiterungsgebiete ausgewiesen werden (*Vgl. Senator für Stadtentwicklung und Umwelt 1994, S. 24*).

Zum Erhalt und zur Förderung der Lebensqualität ist es das Ziel der Stadtentwicklung ein ausgewoge-nes und leistungsfähiges Netz von sozialen Infrastruktureinrichtungen zu schaffen. Des weiteren sollen großräumige Ungleichgewichte von Arbeitsplätzen und Wohnraum ausgeglichen werden (*Vgl. Senator für Stadtentwicklung und Umwelt 1994, S. 25*).

Grundsätzlich soll das Planungsprinzip "Innenentwicklung vor Außenentwicklung" gelten. Dabei sollen besiedelte Räume verträglich verdichtet werden. Die trotzdem erforderliche Stadterweiterung soll unter der Maßgabe eines urbanen, ökologisch orientierten Städtebaus durchgeführt werden. Es wird angestrebt durch die Siedlungsstruktur die Verkehrsbelastung zu minimieren. Durch die engere Zuordnung von verschiedenen Nutzungen und die Stärkung der polyzentralen Struktur, soll eine 'Stadt der kurzen Wege' gefördert werden. Hinsichtlich der Verkehrsmittel hat in der Stadt Berlin die Rekonstruktion und Erweiterung des schienengebundenen Verkehrsnetzes Priorität vor dem Ausbau des Straßennetzes (*Vgl. Senator für Stadtentwicklung und Umweltschutz 1994, S. 23ff.*).

2.1.3.2 Das räumliche Leitbild

Die Siedlungsstruktur Berlins ist überwiegend geprägt durch die von der Kernstadt ins Umland radial verlaufenden Siedlungsachsen. Von den Rändern der Innenstadt, die durch den S-Bahnring begrenzt wird, bis in die Landschaftsräume des stadtnahen Umlands erstrecken sich Grünzüge die durch ringförmig verlaufende Grünräume ergänzt werden. Der innerstädtische Bereich ist durch ein Doppelzentrum geprägt. (*Vgl. Senatsverwaltung für Stadtentwicklung und Umweltschutz 1994, S. 111f.*).

Die stadträumliche Gliederung ist geprägt von der Teilung der Stadt und unterschiedlichen Planungsideologien. Die Aufhebung der "Insellage" Berlins und die "Hauptstadtent-scheidung" haben eine sehr starke Nachfrage nach Flächen unterschiedlichster Art bewirkt. Für die Stadtentwicklung Berlins bedeutsame Großprojekte wurden beschlossen bevor ein neuer Flächennutzungsplan (FNP) für die gesamte Stadt Gültigkeit erlangte.

Das räumliche Leitbild des FNP nimmt das 'Stern-Modell' des Entwurfs zum Landesentwicklungsplan in seinen Grundzügen auf. Danach soll sich die Stadtentwicklung zukünftig an den Achsen des Schienenverkehrs orientieren, die 'Grünkeile' sollen bis in den inneren Stadtraum freigehalten werden und eine Stärkung der Zentren an den Endpunkten der Achsen soll eine Dezentralisierung der Entwicklung fördern (*Vgl. Senatsverwaltung für Stadtentwicklung und Umweltschutz 1994, S. 17*).

2.1.3.3 Umsetzungsmaßnahmen in Stadtentwicklungsbereichen

Wegen der besonderen Situation Berlins können keine Prognosen über den zukünftigen Flächenbedarf für Arbeitsstätten im Verarbeitenden Gewerbe und im Dienstleistungsbereich gemacht werden. Alle Flächenannahmen basieren auf groben Schätzungen. Im Verarbeitenden Gewerbe wird bis zum Jahr 2010 mit einem Flächenbedarf von ca. 1.000 ha gerechnet, wovon die Hälfte der Flächen im Bestand abgedeckt werden kann. Im Dienstleistungsbereich wird von einer Verdoppelung der Büroflächen ausgegangen (*Vgl. Senatsverwaltung für Stadtentwicklung und Umweltschutz 1994, S. 92 ff*).

Zur Abdeckung des geschätzten Gewerbe- und Dienstleistungsflächenbedarf, sind folgende Umsetzungsmaßnahmen vorgesehen (*Vgl. Senatsverwaltung für Stadtentwicklung und Umweltschutz 1994, S. 95ff*):

- Vorhandene gewerblich genutzte Flächen sollen erhalten werden. Recyclingflächen und innere Reserven sollen vorrangig erschlossen werden. Vorhandene Gewerbeflächen sollen durch eine sinnvolle Ergänzung weiterer Nutzungen (Verdichtung) und durch den Einsatz weiterer regulierender Instrumente (z.B. technischer Umweltschutz) aufgewertet werden.

- Die Verwendung von brachgefallenen Flächen soll Vorrang haben vor der Nutzung neuer Flächen.

- Neue Gewerbeflächen sollen einen Bahnanschluß haben und vorrangig dazu dienen, großräumige Ungleichgewichte von Wohngebieten und Arbeitsstätten im Stadtgebiet zu verringern.

- Innerhalb Berlins sollen vornehmlich Gewerbeflächen für Unternehmen bereitgestellt werden, die auf ein städtisches Umfeld angewiesen sind und stadtverträglich (z.B. Verkehr) integrierbar sind.

- Arbeitsstandorte des Handwerks und des verarbeitenden Gewerbes in kleinräumiger Mischung mit Wohnnutzungen sollen erhalten und gefördert werden um kurze Wegebeziehungen zu erhalten bzw. zu schaffen und so eine umweltverträgliche Planung zu unterstützen. Großflächige Monostrukturen sollen insgesamt vermieden werden.

- Im innerstädtischen Bereich sollen teilweise gezielt Flächen für das Verarbeitende Gewerbe geschaf-fen werden. Eine hohe Arbeitsplatz und Wohnkonzentration soll hier preisgünstige Flächen ermögli-chen.

- Im Doppelzentrum der inneren Stadt sollen Dienstleistungen mit 'höchsten Standortanforderungen' angesiedelt werden. Sie sollen die künftige Struktur prägen. Einer Verdrängung anderer Nutzungen wie z.B. Wohn- und Grünflächen soll durch 'geeignete Maßnahmen' begegnet werden.

- Neue Dienstleistungsschwerpunkte sollen vor allem entlang des S-Bahnrings und an den neuen Re-gional- und Fernbahnhöfen in Kombination mit anderen Nutzungen geschaffen werden. Zur Förde-rung der äußeren Bereiche sollen mischgenutzte Flächen in den Bezirkszenteren und insbesondere in den Großsiedlungen gefördert werden.

Im Flächennutzungsplan wird davon ausgegangen, daß bis zum Jahr 2010 400.000 zusätzliche **Wohnungen** benötigt werden. Ausschlaggebend dafür sind die sanierungsbedingten Abbrüche und die Zusammenlegung von Wohnungen vor allem im Ostteil der Stadt, eine weiterhin stattfindende Zweckentfremdung von Wohnraum und der zusätzliche Wohnungsbedarf durch den geschätzten Bevölkerungszuwachs (*Vgl. Senatsverwaltung für Stadtentwicklung und Umweltschutz 1994, S. 73*).

Berlin benennt drei Schwerpunkte in deren Rahmen einer zukünftiger Wohnungsbau stattfinden soll. Neben der Bestandssicherung und einer Verbesserung der Wohn- und Wohnumfeldqualität, soll eine Bestandsentwicklung in besiedelten Bereichen und eine schrittweise Stadterweiterung vollzogen werden (Vgl. Senatsverwaltung für Stadtentwicklung und Umweltschutz 1994, S. 79ff.).

Folgende Umsetzungsmaßnahmen werden genannt:

- Innerhalb der vorhandenen Wohngebiete sollen durch Lückenschließung, Arrondierung und Verdichtung insbesondere im Einzugsbereich der Schnellbahn neue Flächen erschlossen werden. Des weiteren soll auf Industriebrachen, extensiv genutzten Industrieflächen und anderen minder genutzten Flächen gemischte Nutzungsstrukturen geschaffen werden. Monostrukturierte Gebiete sollen insgesamt vermieden werden.

- Einfamilienhausgebiete sollen soweit wie möglich verdichtet werden. "Eigenheimähnliche" Wohnformen sind vor allem an den Verkehrsbändern vorgesehen.

- Wohnungsbedarf, der nicht durch eine Innenentwicklung abgedeckt werden kann, soll in neuen Wohngebieten stattfinden, die durch eine Nutzungsmischung geprägt sein sollen und mittelfristig ei-genständige Zentren erhalten sollen.

- Wohnraum in der Innenstadt soll vor der Verdrängung durch Handel und Dienstleistungen geschützt werden. Neben der Mischung von Wohnungen und Dienstleistungsbereichen, soll eine gezielte Verdichtung betrieben werden (z.B. Baulückenschließung, Dachgeschoßausbau).

- Im Innenbereich der Stadt sollen vorhandene gemischte Nutzungsstrukturen erhalten bleiben. Einer Verdrängung von Gewerbe und Handwerk soll bspw. durch technische Maßnahmen begegnet wer-den.

- Der notwendige Flächenbedarf für soziale Infrastruktur soll berücksichtigt werden (*Vgl. Senatsverwaltung für Stadtentwicklung und Umweltschutz 1994, S. 73ff.*)

Auf die **sozialräumliche Entwicklung** und entsprechende Umsetzungsmaßnahmen wird im Rahmen des Flächennutzungsplans nicht eingegangen. Es gibt jedoch zwei Stadtentwicklungspläne zur sozialen Infrastruktur, die die strukturellen und funktionalen Defizite auf Ortsteilebene darstellen (*Vgl. Flikke/Wékel 1997, S. 16*).

Die stark expandierende Stadtentwicklung der letzten Jahre und die erwartete Entwicklung hat und wird sowohl in Berlin als auch im Verflechtungsbereich eine **steigende Verkehrsnachfrage** nach sich ziehen. Die unterschiedlichen Bestandsstrukturen, fehlenden Verknüpfungen, Modernisierungsdefizite, Kapazitätsengpässe und eine zum Teil zu stark radial ausgerichtete Struktur führen in Berlin immer wieder zu Überlastungen (*Vgl. Senatsverwaltung für Stadtentwicklung und Umweltschutz 1994, S. 173*). Allein schon der geschätzte Bevölkerungszuwachs in der Region und in der Stadt Berlin wird bei gleichbleibendem Mobilitätsverhalten das Verkehrsaufkommen um 10% erhöhen (*Vgl. Senatsverwaltung für Stadtentwicklung und Umweltschutz 1994, S. 177*).

Als Umsetzungsmaßnahmen werden genannt:

- Der Verkehr soll durch eine 'Stadtstruktur der kurzen Wege' reduziert werden. Dazu wird eine kleinräumige Zuordnung sich ergänzender Nutzungen und die Stärkung der polyzentralen Stadtstruktur angestrebt. Unterstützend wirken soll ein attraktiver ÖPNV und gute Wegenetze für Radfahrer und Fußgänger.

- Eine höhere städtebauliche Dichte durch Nutzungsmischung soll vor allem an den Verknüpfungs- und Haltepunkten des Schienennetzes vorgenommen werden. Dadurch soll auch der "modal split" (Verkehrsaufkommen je Verkehrsträger) zugunsten des öffentlichen Verkehrs verbessert werden.

- Die Wiederherstellung, Modernisierung und Erweiterung des S-Bahnverkehrsnetzes hat Vorrang vor dem Ausbau des Straßennetzes. Straßenbau soll lediglich der Ergänzung des Straßennetzes und dem Wirtschaftsverkehr dienen. Güterverkehr soll weitestgehend auf die Schiene und Wasserstraßen verlagert werden.

- Durch die Schließung des "kleinen Innenstadtrings", die Förderung öffentlicher Verkehrsmittel und ein Parkraumkonzept, soll die innere Stadt vom Durchgangsverkehr freigehalten werden.

- Die Nutzung der Eisenbahn soll als Alternative zum Straßenverkehr und Kurzstreckenflug gefördert werden.

2.2 Bremen

2.2.1 Planungsansatz und Verfahrensablauf

Der Ansatz des Bremer Stadtentwicklungskonzepts umfaßt alle Stadtentwicklungsbereiche. Es gliedert sich in zwei Hauptteile. Im ersten Teil werden Rahmenbedingungen und Leitziele der Stadtentwicklung aufgezeigt und im zweiten Teil werden 10 Bausteine unterteilt nach Nutzungskategorien dargestellt. Anschließend wird eine vergleichende Bewertung verschiedener Nutzungsziele vorgenommen sowie auf die Umsetzungsstrategien eingegangen. Durch das Investitionssonderprogramm von Bremen (ISP), das die Konsolidierung des Haushalts zum Ziel hat, werden politische Vorgaben für die generelle Entwicklung festgelegt (*Vgl. Sen. BVS 1998, S. 10*).

Ziel 1 geht von einer gleichbleibenden Bevölkerungsanzahl und einem Anstieg von 6.000 zusätzlichen Arbeitsplätzen aus, wodurch der Anschluß an die bundesdurchschnittliche Entwicklung erreicht wäre und Ziel 2 von einer Bevölkerungszunahme um 44.000 und einer Arbeitsplatzzunahme von 32.000 was zum Anschuß an die bundesdurchschnittliche Entwicklung und zur Überwindung des „zurückliegenden" Abstandes führen würde.

Diese Wachtumsorientierung hat zur Folge, daß in den jeweiligen Bausteinen des Stadtentwicklungskonzeptes Flächen entsprechend der in Ziel 2 vorgegebenen Entwicklungsziele inklusive einer Flächenreserve von 60 % anvisiert werden. Die Darstellung der 10 Bausteine geschieht überwiegend nach dem Muster: aktuelle Entwicklungen/Trends, Flächenbedarf für Ziel 1 und 2, Benennung von einzelnen Flächen und Einzelprojekten zur Bedarfsdeckung. Auch die Benennung von Problemfeldern und Handlungsansätzen zur Problemlösung ist in der Bausteindarstellung integriert. Die Bewertung der Bausteinkonzepte wird nach „Nachhaltigkeitsgesichtspunkten" vorgenommen (*Vgl. Sen BVS 1998, S. 13 u. S. 129f.*).

Im Stadtentwicklungskonzept von Bremen wird auf die existentielle Bedeutung einer regionalen Zusammenarbeit eingegangen und auf die Kooperationen mit dem Niedersächsischen Umland wie z.B. das Regionale Entwicklungskonzept für den Raum der gemeinsamen Landesplanung Bremen/Niedersachsen verwiesen (*Vgl. Sen. BVS 1998, S. 13*).

Seit März 1998 liegt das Bremer Stadtentwicklungskonzept im Entwurf vor. Der derzeitige Stand ist das Ergebnis einer ressortübergreifend tätigen Arbeitsgruppe (Lenkungsgruppe) und interner gesamtstädtischer Abstimmungsprozesse. Die Lenkungsgruppe setzt sich aus VertreterInnen unterschiedlicher Senatsressorts, dem Planungsamt sowie dem Bauamt Bremen-Nord zusammen. Ab März 1998 soll im Rahmen breit angelegter Abstimmungsprozesse den Ortsämtern und Beiräten, benachbarten Gebietskörperschaften, Fraktionen, Parteien und gesellschaftlichen Gruppen die Möglichkeit der Äußerung und Anregung gegeben werden. Darüber hinaus gibt es seit April 1998 einen Diskussionsprozeß, der in Form von ExpertInnenrunden und in sechs öffentlichen Diskussionen, sogenannten Stadtentwicklungsgesprächen, stattfindet. Nach dem derzeitigen Zeitplan des Senators für Bau, Verkehr und Stadtentwicklung soll 1999 über das endgültige Stadtentwicklungskonzept in der Bremer Bürgerschaft abgestimmt werden. Angestrebt ist im Stadtentwicklungskonzept ein Zeitraum bis zum Jahr 2010 (*Vgl. Sen BVS 1998, S. 8f.*).

2.2.2 Allgemeine Rahmenbedingungen zur Stadtentwicklung

2.2.2.1 Entwicklungsimpulse

Wesentliche Entwicklungsimpulse Bremens sind durch die starken wirtschaftlichen Strukturveränderungen mit einem Wachstum des tertiären Sektors gegeben, die als Angleichung an den Bundestrend zu werten sind. In den letzten Jahren sind zwar keine international bedeutsamen Entwicklungsimpulse zu verzeichnen, jedoch bestehen regional bedeutsame Schwerpunkte im Handels- und Verkehrsbereich (aufgrund der Häfen und hafenorientierten Funktionen), im gewerblichen Bereich sowie im Technologie-/Dienstleistungsbereich.

Negative Entwicklungsimpulse im wirtschaftsgeographischen Raum sind durch die Öffnung der Grenzen zu Osteuropa und die Wiedervereinigung ausgelöst worden, wodurch Bremen weiter ins „Hinterland" abgedrängt wurde.

Historisch und geographisch bedingt entwickelte sich Bremen entlang der Weser zu einer Bandstadt (von Bremen-Nord in Richtung Achim - Verden). Später entstand eine Querachse entlang der B75 (von Oldenburg - Delmenhorst über Bremen in Richtung Lilienthal) (*Vgl. Sen BVS 1995, S. 16f.*). In den 50er bis 70er Jahre entstanden teilweise entlang der Achsen, aber auch in den Achszwischenräumen die für diese Zeit typischen Stadterweiterungsgebiete (Großsiedlungen) mit überwiegender Orientierung auf die Wohnnutzung. Tangential zu den Achsen wurden Autobahnen gebaut (BAB 1 und BAB 27), die zu einer bis heute anhaltenden Dekonzentration der Siedlungsentwicklung entlang der Achsen (*Vgl. Sen. BVS 1998, S. 16*) - bzw. zu einer wachsenden Konzentration von Arbeitsplätzen an verkehrsgünstig gelegenen Standorten diesseits und jenseits der Stadtgrenze führte. Die Zuwächse gehen vor allem auf innerregionale Verlagerungen hin zu peripheren Standorten zurück (*Vgl. FORUM 1997, S. 84f.*). Bremen hat eine polyzentrische Siedlungsstruktur mit einem Oberzentrum in der Innenstadt, einem Mittelzentrum in Vegesack (Bremen-Nord) sowie 13 Nebenzentren (Stadtteilzentren) und 22 Ortsteilzentren (*Vgl. Sen. BVS 1998, S. 17f.*).

Die Einzelhandelsentwicklung ist durch den Trend zu Konzentrationen und Rationalisierung gekennzeichnet. Eine Ausprägung dieser Entwicklung sind die großflächigen Einzelhandelzentren und Fachmärkte auf der grünen Wiese. Hierdurch entstehen starke Konkurrenzen zu der vorhandenen Zentrenstruktur, die zu Kaufkrafteinbußen und letztlich zu Geschäftsaufgaben und damit zu einer Verringerung des Angebots geführt haben (*Vgl. Sen. BVS 1998, S. 59ff*).

Die Stadterweiterungsgebiete der 50er - 70er Jahre sind u.a. durch zunehmende soziale Segregation und durch eine hohe Fluktuationsrate gekennzeichnet, mit der Folge, daß sie fast ausschließlich als Nachbe-serungs- oder Sanierungsgebieten ausgewiesen wurden (*Vgl. Sen. BVS 1998, S. 119ff.*).

Das Hafenareal ist durch zwei Entwicklungen gekennzeichnet, einerseits einen stark genutzten Teil (Holz- und Fabrikhafen, Getreidehafen, Industriehafen) und andererseits große Flächen, die wenig oder überhaupt nicht genutzt werden (*Vgl. Sen. BVS 1998, S. 43ff.*).

2.2.2.5 Regionale Verflechtung und Zusammenarbeit

Seit 1963 gibt es - mit Unterbrechungen zwischen Mitte der 80er Jahre und Anfang der 90er Jahren - Ansätze einer gemeinsamen Landesplanung zwischen Bremen und Niedersachsen. Aktuell umfaßt der Planungsraum die Fläche um die Städte Bremen, Bremerhaven und Oldenburg. Im Jahr 1995 wurde ein regionales Entwicklungskonzept für den Raum der Gemeinsamen Landesplanung Bremen/Niedersachsen aufgestellt, das ausschließlich empfehlenden Charakter hat (*FORUM 1995*). Seit 1996 liegt zudem ein

Handlungsrahmen vor. Bisher gibt es in diesem Planungsraum weder eine verbindliche Regionalplanung noch eine grenzüberschreitende Flächennutzungsplanung.

2.2.3 Stadtentwicklungsmaßnahmen

2.2.3.1 Leitziele der Stadtentwicklung

Das generelle Ziel des Stadtentwicklungskonzepts ist die Sanierung Bremens. Durch Neuflächenausweisungen soll den Zielen des Investitionssonderprogramms nachgekommen werden. Die Zielbereiche des Stadtentwicklungskonzepts, die bei der Darstellung der 10 Bausteine näher differenziert werden, gliedern sich in vier thematische Bereiche (*Vgl. Sen BVS 1998, S. 14f.*):

- in den Bereich Ökonomie mit den Zielen Verbesserung der Wettbewerbsfähigkeit, dauerhafte Stärkung der Wirtschaftskraft, Schaffung neuer Arbeitsplätze durch Ausbau von Infrastrukturmaßnahmen; Verbesserung der überregionalen Erreichbarkeit; Stärkung des Mittelstandes, Umrüstung der Häfen;
- in den Bereich Ökologie/ Nachhaltigkeit Ausbau mit den Zielen regenerativer Energiegewinnung, Förderung des Umweltverbundes (ÖPNV), Vorrang von Innenentwicklung und integrativer Stadtentwicklung, Stadt der kurzen Wege vor Außenentwicklung;
- in den Bereich "Lebensqualität" mit den Zielen Sicherung der Lebensqualität, Vermeidung ungleicher Entwicklungen, Sicherung ausgewogener Kultur- und Bildungsversorgung, Gestaltung der Zentrenstrukturen für die Bevölkerung und als Schwerpunkte des Einzelhandels, Erhalt vielfältiger Wohnraumangebote
- sowie in den Bereich Planung mit den Zielen Angebotsplanung von Flächen im Innen- und Außenbereich mit der Vorgabe, nur dort Flächen im Außenbereich auszuweisen, wo die Nutzung innenstadtunverträglich ist, und vordringlich Flächen im Innenbereich zu modernisieren und umzurüsten.

Insgesamt kann bei der Zielnennung eine eindeutige Präferenz der Binnen-/ Innenentwicklung sowie der Stärkung der vorhandenen Zentren festgestellt werden, hierdurch soll dem Trend der Suburbanisierung von Beschäftigten und Bevölkerung entgegengewirkt werden. Trotz dieser Präferenz werden umfangrei-che Flächenangebote im Innen- und Außenbereich gemacht, die je nach Nutzungsart unterschieden wer-den.

2.2.3.2 Das räumliche Leitbild

Die zukünftigen Entwicklungen im Bereich Arbeiten und Wohnen sollen sich an einem räumlichen Leitbild, dem Achsenmodell orientieren. Das gesamträumliche Leitbild Bremens weist zwei Achsen aus (Bremen-Nord/ Innenstadt/ Mahndorf und Huchting/ Innenstadt/ Borgfeld), die historisch bedingt sind (*siehe Kap 2.2.4 und Sen BVS 1998, S. 16f.*). Entwicklungen, die dem Achsenmodell entgegensprechen, sind durch den Bau der

Autobahnen BAB 1 und BAB 27, die tangential zu den Achsen verlaufen und zu einer anhaltenden Dekonzentration der Siedlungsdichten (Gewerbe und Wohnen) führen, gegeben (ebenda). Auch die Siedlungserweiterungsgebiete der 50er bis 70er Jahre, die zu einer Verdichtung im Wohnungsbau geführt haben, liegen teilweise neben den Achsen.

Die polyzentrische Siedlungsstruktur soll erhalten und durch Erweiterungen gestärkt und unterstützt werden. Großflächige Einzelhandelsentwicklungen, die in Bremen und im Bremer Umland vorhanden sind, sollen zukünftig in die vorhandenen Zentrenstrukturen eingebunden werden.

Gewerblich arbeitsplatzintensive Entwicklungen wie z.B. Airport-Stadt und Technologiepark Universität liegen überwiegend an den Achsen während die arbeitsplatzextensiven Gebiete wie z.B. Güterverkehrszentrum oder Industriepark Bremen eindeutig autobahnorientiert sind.

In den Achszwischenräumen sollen die vorhandenen Freiraumkeile erhalten werden. Über diese wird eine Verbindung zu den weniger besiedelten Landschaftsräumen im Außenbereich (Niedersächsisches Umland) geschaffen.

Entgegen dem räumlichen Leitbild des Achsenmodells können alle zukünftigen sowohl arbeitsplatzintensiven wie -extensiven gewerblichen Entwicklungen durch eine andere räumliche Orientierung dargestellt werden. Sie liegen ausschließlich an vorhandenen bzw. zu schaffenden Autobahnverbindungen. Die ein-zige Ausnahme dieser Orientierung bildet das gesamte Hafenentwicklungsgebiet, das nur am Rand von der B 75 erschlossen wird. Die neu ausgewiesenen Wohngebiete gliedern sich nicht eindeutig in das Achsenmodell und auch nicht in eine Autobahnorientierung ein, sondern liegen sowohl in beiden räumlichen Bereichen, als auch in den Zwischenbereichen.

2.2.3.3 Umsetzungsmaßnahmen in Stadtentwicklungsbereichen

Der sozioökonomische Strukturwandel prägt Bremen anhaltend u.a. durch Arbeitsplatzverluste im sekundären Sektor und bestimmte wirtschaftliche Schwächen z.B. im Bereich der unternehmensorientierten Dienstleistungen. (*Vgl. Kapitel II*) Angesichts dieser Trends sind die Ansatzpunkte einer Gewerbeentwicklung im Bestand die Bestandspflege, Sanierung und Nachverdichtung von Gewerbegebieten. Des weiteren sollen neue Gewerbeflächen für arbeitsextensive und -intensive Unternehmen ausgewiesen werden (*Vgl. Sen. BVS 1998, S. 21*). Dienstleistungsstandorte sind überwiegend in der Innenstadt und an den Hauptverkehrsstraßen der Innenstadterweiterungsgebiete vorzufinden. Der im Stadtentwicklungskonzept angenommenen anhaltend hohen Nachfrage nach Bürostandorten in der Innenstadt soll durch die Ausweisung neuer Flächen in den angrenzenden Stadtteilen begegnet werden.

Die Umsetzungsmaßnahmen im Stadtentwicklungsbereich **Ökonomie** umfassen folgende Ansätze:

- bestehende Gewerbegebiete sollen in ihrer Nutzungs- und Infrastruktur qualitativ aufgewertet und weiterentwickelt werden. Der Ausbau von Forschungs- und Entwicklungseinrichtungen, der Auf- und Ausbau moderner Kommunikationsinfrastruktur, die Ausweisung von Gründer- und Gewerbezentren und eine verbesserte überregionale Verkehrsinfrastruktur sollen dazu beitragen.

- im Rahmen der Gewerbeflächenentwicklung sollen verstärkt neue Verfahren wie public-privat-partnerships und ein verstärktes Flächenmanagement eingesetzt werden.
- arbeitsplatzintensive Gebiete sollen durch vielfältige Nutzungsstrukturen angereichert und verdichtet werden.
- arbeitsplatzextensive Gebiete sollen in regionaler Abstimmung mit dem Umland ergänzt werden.
- die Dienstleistungsarbeitsplätze im Innenstadtrandbereich sollen erhalten und ausgebaut werden.
- zur Vermeidung von Flächennutzungskonflikten zwischen Dienstleistungen und Einzelhandel sollen Nutzungskonzepte entwickelt werden die eventuelle Mischungsmöglichkeiten überprüfen.

Hauptziel im Bereich des **Wohnungsbaus** ist die Eindämmung der Suburbanisierung durch Schaffung von Wohnungsangeboten. Bremen ist im Vergleich zu anderen Großstädten weniger dicht besiedelt und eine Stadt der Ein- und Zweifamilienhäuser (*Vgl. Sen BVS 1998, S. 50ff.*). Folgende Umsetzungsmaßnahmen sind im Stadtentwicklungskonzept genannt: (*Ebenda, S. 53ff.*)

- Insgesamt sollen gegenüber der Vergangenheit mehr Einfamilienhausgebiete ausgewiesen werden. Das bisherige Verhältnis von Einfamilienhausgebieten zu Geschoßwohnungsbau 30:70 soll zugunsten der Einfamilienhäuser auf 42:58 geändert werden.
- Neue Wohnungsbaugebiete sollen vor allem entlang der Siedlungsachsen mit möglichst guter ÖPNV-Anbindung geschaffen werden.
- Geschoßwohnungsbau soll erhalten und aufgewertet werden. Dabei sollen Instandhaltungs- und Mo-dernisierungsmaßnahmen begleitet werden von Maßnahmen zur Stärkung von Nachbarschaften und neuen Verfahren der Bürgerbeteiligung.
- Neue Instrumente sollen die sozial- und wohnungspolitischen Auswirkungen der aus der sozialen Bindung herausfallenden Wohnungen auffangen.
- Alle Maßnahmen solle durch ein Marketingkonzept begleitet werden, daß zum Ziel hat, Bremen stärker als eigenen Wohn- und Arbeitsort zu präsentieren.

Im **sozialräumlichen Bereich** ist das vordringliche Ziel der Erhalt sozialer Ausgewogenheit und die Weiterentwicklung der Wohn- und Lebensqualitäten. Die Kumulation negativer Aspekte, wie steigende Arbeitslosigkeit etc. haben in bestimmten, vor allem am Stadtrand gelegenen Quartieren, die überwie-gend zu den Großsiedlungen zu rechnen sind, zur Verfestigung von sozialen Problemen geführt (*Vgl. Sen BVS 1998, S. 121*). Folgende Maßnahmen sollen einer weiteren Polarisierung entgegenwirken (*Ebenda, S. 119ff*):

- Angebote und Maßnahmen sozialer Infrastruktur sollen insbesondere auf Gebiete konzentriert werden, die durch einen hohen Anteil benachteiligter Bevölkerungsgruppen und Problemlagen gekenn-zeichnet sind.

- Sozial-, Wohnungsbau-, Bildungs-, Wirtschafts- und Gesundheitspolitische Stützungsprogramme sollen auf sozial benachteiligte Gebiete der Stadt konzentriert werden, um benachteiligte Lebenslagen zu kompensieren.

- Zur Umsetzung der stadtentwicklungspolitischen Maßnahmen, soll vor allem ein stadtteil- und quar-tiersbezogener Ansatz verfolgt werden. Ziel ist es die Innovationspotentiale durch Selbstorganisation und Selbsthilfe verstärkt zu nutzen

Der Bereich des Straßenverkehrs, sowohl bezogen auf die überregionale Erreichbarkeit als auch auf die innerregionale Verkehrsströme werden trotz Engpässe an Knoten und bestimmten Strecken insgesamt als gut bezeichnet. Der überregionale Verkehr (Eisenbahnverkehr) und der schienengebundenen Personennahverkehr (SPNV) werden als gut bis befriedigend eingeschätzt. Schwächen des SPNV gegenüber dem motorisierten Individualverkehr (MIV) bestehen vor allem bei der Erreichbarkeit peripherer Ziele. Der nicht motorisierte Verkehr ist durch zwei Entwicklungen gekennzeichnet, den höchsten Fahrradanteil von über 20% im Vergleich mit anderen Großstädten andererseits und einen geringer werdenden unter 20% liegenden Anteil des Fußgängerverkehrs (*Vgl. Sen. BVS 1998, S. 91ff.*). Folgende Umsetzungsmaßnahmen sind im **Verkehrsbereich** für die Attraktivitätssteigerung und angesichts eines zu erwartenden höheren Gesamtverkehrsaufkommens vorgesehen (*Vgl. Sen BVS 1998, S. 97ff.*):

- Engpässe im Straßen- und Schienenverkehr sollen durch eine Verbesserung und Ausweitung des Straßennetzes behoben werden;

- durch einen veränderten modal split verbunden mit qualitativen Schnittstellen zwischen individual- und öffentlichem Verkehr (z.B. Park&Ride etc.), einem Parkraummanagement und einem Ausbau und der Vernetzung der Verkehrsleitsysteme, soll die allgemeine Erreichbarkeit der Stadt verbessert werden;

- durch ergänzende Maßnahmen wie der Weiterentwicklung der City-Logistik, Anwohnerparken, Ver-besserung des Rad- und Fußwegenetze, Erweiterung der Mobilitätsberatung in Betrieben und dem Ausbau von Car Sharing soll die verkehrliche Situation in Bremen nachhaltig verbessert werden.

2.3 Hamburg

2.3.1 Planungsansatz und Verfahrensablauf

1996 verabschiedete der Senat Hamburgs ein neues Stadtentwicklungskonzept. Es soll Grundlage sein für ein gesamträumliches Leitbild bis zum Jahr 2010 sowie für die Neufassung des Flächennutzungs-plans und des Landschaftsprogramms. Die wesentlichen Leitziele gemäß des Arbeitsauftrags an die Projektgruppe der Stadtentwicklungsbehörde (STEB) sind dabei, die Sicherung der Identität der Stadt als "Grüne Metropole", die verstärkte Nutzungsmischung und Innenentwicklung sowie ein sozialer Aus-gleich (*Vgl. Buff 1995, S. 138*). Eine wesentliche orientierende Grundlage für das Stadtentwicklungskonzept war das Leitbild und der Orientierungsrahmen des sich parallel in Erarbeitung befindlichen Regionalen Entwicklungskonzeptes (REK) (*Vgl. STEB 1996, S. 7f.*).

Von Beginn an wurde in Hamburg das Ziel verfolgt, kein umfassendes Stadtentwicklungskonzept zu erarbeiten, das alle mehr oder weniger bedeutsamen sektoralen Handlungsfelder für die Stadtentwicklung beinhaltet. Vielmehr sollte auf die zunehmende Komplexität der Stadtentwicklung mit einer "strategischen Planung" reagiert werden "die Ziele formuliert, Spielräume aufzeigt und thematisch wie räumlich Schwerpunkte setzt" (*STEB 1996, S. 30*).

Auf der Basis einer umfangreichen problemorientierten Analyse der bisherigen Siedlungsentwicklung Hamburgs und sektoraler Szenarien zu den Politikfeldern "Stadtökonomie", "Stadtgesellschaft" und "Stadtökologie", erarbeitete eine interdisziplinäre Projektgruppe des STEB als Grundlage für einen ersten STEK-Entwurf, zwei kontrastierende Szenarien zur zukünftigen Entwicklung der Stadt. Zum einen das Szenario 'Expansion', das nach einer Leitidee ausgerichtet war, die die Ökonomie und die Stadt als europäische Metropole in den Mittelpunkt stellte. Die Stadtentwicklungsstrategie orientierte sich dabei auf eine verstärkte Stadterweiterung unter umfangreicher Inanspruchnahme von bisher baulich nicht genutzten Landschaftsräumen und parallel dazu durch qualitative Ausgleichsmaßnahmen im ökologischen und sozialen Bereich. Zum anderen ein Szenario 'Integration', das dem Stadtumbau Vorrang vor der Stadterweiterung einräumte und insgesamt eine sozial-ökologische Ausrichtung hatte. Die Schonung ökologischer Ressourcen und eine Stärkung der Binnenentwicklung hatten in diesem Fall in der Stadtentwicklungspolitik einen vorrangigen Stellenwert. (*Vgl. STEB 1996, S. 35*)

Die Diskussion der Szenarien unterstützte in der weiteren STEK-Erarbeitung eine Konzentration auf räumliche Schwerpunkte. 'Flächenschonende Stadtentwicklung' und 'Stadt des sozialen Ausgleichs' sollten als thematische Schwerpunkte zusammen mit den zuvor formulierten allgemeinen Leitzielen der Stadtentwicklung und dem räumlichen Leitbild die Leitorientierung des STEK's bilden. Hierauf basierend wurden Maßnahmepakete zu handlungsorientierten Projektfeldern aufgestellt. In diesen Projektfeldern sind einzelne konkrete Projekte aufgeführt, zu denen die sozialen und ökonomischen Auswirkungen und die Veränderungen des städtischen Raums benannt werden. Die Projekte können für sich als kleine 'Stadtentwicklungskonzepte' angesehen werden (*Vgl. Netzband 1994, S. 79*).

Bezugsrahmen des Stadtentwicklungskonzeptes war immer der "funktional verflochtene Wirtschaftsraum" und nicht die staatsrechtlich abgegrenzten Gebietskörperschaften (*Vgl. STEB 1996, S. 18; nähere Ausführungen hierzu siehe unter Kapitel 3.2.5 und Kapitel 4*).

Die vorbereitenden Untersuchungen, Analysen und Szenarien wurden von einer interdisziplinären Projektgruppe der STEB bestehend aus VertreterInnen der Stadt, LandschaftsplanerInnen, ÖkonomInnen und einer Stadtsoziologin, unter zeitweiliger Hinzuziehung externer Fachbüros, begleitenden Gutachten, dialogorientierter Partizipationsformen auf Verwaltungsebene, Behörden-Arbeitskreise und bilateraler

Behördenkontakte erarbeitet (*Vgl. STEB 1995, S. 22*).

Um die komplexe und langfristige Stadtentwicklungsdiskussion für die Öffentlichkeit transparenter zu machen, wurde in Hamburg der Stadtdialog initiiert. Im ersten Stadtdialog wurden in einer halböffentlichen Veranstaltung mit 150 TeilnehmerInnen (je ein Drittel: BürgerInnen, Politik- und Intressengruppen, Verwaltung und Wissenschaft) erste Arbeitsergebnisse der STEB-Projektgruppe diskutiert (*Vgl. Buff 1995, S. 144*). Parallel dazu fanden Interviews mit BezirksamtsleiterInnen, Fachgespräche. mit Verbänden, Hochschulen, Gewerkschaften und Kammern und themenzentrierte Workshops statt. Ein zweiter Stadtdialog fand zu den zwei Szenarien 'Expansion' und 'Integration' statt *(Vgl. STEB 1994, S. 6)*.

3.3.2 Allgemeine Rahmenbedingungen zur Stadtentwicklung

2.3.2.1 Entwicklungsimpulse

Ein Entwicklungsimpuls ist in der veränderten geopolitischen Lage Hamburgs zu sehen, die durch die Vollendung des Europäischen Binnenmarktes, die Erweiterung der EU in Richtung Schweden und Finnland und dem Ende der Systemkonkurrenz gekennzeichnet ist. Die Stadt befindet sich wieder in einer zentralen Lage, von der die Stadt und die gesamte Stadtregion (Stadt Hamburg und die angrenzenden Landkreise der Bundesländer Schleswig-Holstein und Niedersachsen) ökonomisch wie auch demographisch profitieren (*Vgl. Vosgerau 1997, S. 117*).

Seit Beginn der 80er Jahre ist eine Wende zu einer "unternehmerischen Stadtpolitik" eingeleitet worden, um den wirtschaftlichen Strukturwandel zu fördern und abzusichern. Ziel ist es, die hafenorientierte Wirtschaft zu halten, zugleich aber die Stadtentwicklung schwerpunktmäßig auf die neuen Dienstleistungs- und Technologiebranchen auszurichten. Dadurch soll vor allem das Bild Hamburgs als "nordeuropäische Dienstleistungsmetropole" und als "internationales Logistik- und Distributionszentrum" gestärkt werden (*Ebenda, S. 117*).

Der sozio-ökonomische Strukturwandel, die neue Lagegunst Hamburgs und die veränderte Ausrichtung der Stadtentwicklung hat einen Wandel der Wirtschafts- und Beschäftigtenstruktur nach sich gezogen. Mittlerweile avancierte die Stadt nach Frankfurt a.M. zum zweitwichtigsten Finanzplatz und neben München zur deutschen Medien- und Versicherungsmetropole. Insgesamt konnte jedoch das Wachstum des tertiären Sektors die Arbeitsplatzverluste im Fertigungsbereich nicht auffangen (Ebenda, S. 118). Einen negativen Entwicklungsimpuls stellt die zunehmende Armut in Hamburg dar. Die Zahl der SozialhilfeempfängerInnen verdoppelte sich zwischen 1980 und 1993 (*Vgl. STEB 1996, S. 21*).

2.3.2.4 Stadtstruktur

Hamburg ist mit einer Fläche von 755,2 km² und 1,7 Millionen Einwohnern nach Berlin die zweitgrößte Stadt der Bundesrepublik. Sie wird im Zentrum durch die alte Kernstadt und das Hafengebiet stadträumlich strukturiert. Der Hafen erstreckt sich im wesentlichen entlang des südlichen Elbufers bis an die westliche Stadtgrenze. Die innere Stadt ist durch Tertiärnutzungen geprägt. Sie wird von einem Ring kaiserzeitlicher Wohngebiete und eingemeindeter Städte umgeben. Der äußere Rand des Siedlungsgefüges bilden die Stadterweiterungsgebiete des 20. Jahrhunderts (*Vgl. Vosgerau 1997, S. 116*).

Die Siedlungsstruktur Hamburgs ist gekennzeichnet durch eine polyzentrische Struktur entlang der innerstädtischen Entwicklungsachsen. Ein bestimmendes Ordnungselement innerhalb Hamburgs ist das System der zentralen Standorte mit der City, den Bezirkszentren, Bezirksentlastungszentren und den Stadtteilzentren. Damit verknüpft ist das sog. "Dichtemodell" nach dem sich eine Bebauung im näheren Umfeld der Schnellbahnhaltestellen konzentrieren soll.

Das Bild der innerstädtischen und innenstadtnahen Räume ist im wesentlichen von der neuen Standortpolitik bestimmt. Seitdem Ende der 80er Jahre eine wachsende Nachfrage finanzkräftiger Haushalte nach gut ausgestatteten Wohnungen in attraktiven, zentralen Lagen einsetzte, zog eine Welle der MieterInnenverdrängung durch die Viertel der gesamten inneren Stadt. Zugleich wurde der Büro-, Messe- und Hotelbereich erweitert und der Einzelhandel qualitativ gestärkt. Im Vergleich zu anderen deutschen Großstädten verfügt Hamburg über eine einzigartige City-Einzelhandelskonzentration des überwiegend höher- und hochwertigen Bereichs. Während sich Dienstleistungsnutzungen (Büro- und Handel sowie Verkehr) in zentralen Lagen, vorzugsweise auf leergefallenen Industrie- und Gewerbeflächen etablieren, wird das Verarbeitende Gewerbe durch Büro- und Wohnnutzungen in die Außenbezirke und Region verdrängt. (*Vgl. Vosgerau 1997, S. 120ff*)

Die nutzungsstrukturelle Entwicklung ist auch in Hamburg von einer zunehmenden Funktionsentmischung zwischen Wohn- und Gewerbe und zwischen industriell und handwerklich arbeitenden Gewerbebetrieben gekennzeichnet. Die Flächennutzung im Hafengebiet ist in den letzten zwei Jahrzehnten vor allem beschäftigungsextensiv verlaufen. Die Zahl der Arbeitsplätze nimmt im Hafen jedes Jahr im Vergleich zur sonstigen Entwicklung in Hamburg überproportional ab. Das stadtnahe Hafengebiet ist ebenso wie die Gewerbegebiete der jüngeren Zeit, durch eine Zunahme von Dienstleistungsfunktionen innerhalb des produzierenden Gewerbes gekennzeichnet. Das Hafengebiet soll in den kommenden Jahren um 250 ha erweitert werden. (*Vgl. STEB 1996, S. 54*)

2.3.2.5 Regionale Verflechtung und Zusammenarbeit

Die Freie und Hansestadt Hamburg bildet faktisch mit dem Umland einen wirtschaftlichen, sozial und verkehrlich zusammenhängenden Ballungsraum von gegenwärtig rund 3,2

Millionen Menschen. Grundlage der Zusammenarbeit aller in der sogenannten "Metropolregion Hamburg" befindlichen Kreise, Städte und Gemeinden ist das Regionale Entwicklungskonzept. Nachdem sich Hamburg, Niedersachsen und Schleswig-Holstein 1994 auf ein gemeinsames Leitbild und einen Orientierungsrahmen mit Prognosen und Entwicklungszielen verständigt hatten, folgte Ende 1996 ein Handlungsrahmen, der konkrete Projekte und Vereinbarungen beinhaltet, die in den kommenden Jahren umgesetzt werden sollen. Die Gemeinsame Landesplanung zwischen Hamburg, Niedersachsen und Schleswig-Holstein findet nicht trilateral statt, sondern jeweils bilateral zwischen Hamburg und Niedersachsen sowie zwischen Hamburg und Schleswig-Holstein.

Mittlerweile liegt ein erster Entwurf einer Überarbeitung des Leitbildes vor. Dieses ist notwendig geworden, nachdem sich die allgemeinen Rahmenbedingungen der Region seit 1994 wesentlich geändert haben. Zudem sollen zusätzlich neue Themenfelder wie z.B. Wissenschaft und Forschung mit in die trilaterale Zusammenarbeit aufgenommen werden (*Vgl. STEB 1998, S. 1*).

2.3.3 Stadtentwicklungsmaßnahmen

2.3.3.1 Leitziele der Stadtentwicklung

Die Leitziele der Stadtentwicklung bildeten neben dem räumlichen Leitbild u.a. die Grundlage für die Erarbeitung des Stadtentwicklungskonzepts. Die in den Leitzielen formulierten "qualitativen Orientierungen" sollen in den Schwerpunktprojekten Bestand haben (*Vgl. STEB 1996, S. 36*). Die fünfzehn im Stadtentwicklungskonzept aufgeführten Leitziele lassen sich in vier thematische Felder gliedern:

- Zuvorderst soll die Position Hamburgs als nordeuropäische Logistik- und Distributionszentrale gewahrt bzw. ausgebaut werden. Ziel soll es dabei sein, die Bedeutung des Hafens, der City und der 'zentralen Standorte' (polyzentrale Stadtstruktur), zu stärken. Zur Erhaltung und Schaffung von Arbeitsplätzen soll vor allem die Sicherung des Mittelstands im Mittelpunkt stehen. Zur Durchsetzung 'strategisch wichtiger Projekte' wird eine 'abgestimmte Regional- und Strukturpolitik' als unerläßlich angesehen (*Vgl. STEB 1996, S. 23f.*).

- Neben einer nachhaltig ausgerichteten Stadtentwicklungsplanung sollen vor allem ökologisch, sozial und kulturell bedeutsame Grünanlagen und Stadträume in ein städtisches Freiraumverbundsystem eingebun-den werden. Ziel ist es, dieses regional in Landschaftsachsen weiterzuführen (*Ebenda, S. 23ff*).

- Im Rahmen des Ansatzes einer Stadt des 'sozialen Ausgleichs', wird eine zukünftige Stadtentwicklung angestrebt, die Eigeninitiative, Kooperation und Nachbarschaft unterstützt und Hilfe zur Selbsthilfe bzw. Selbstorganisation anregt. Unterstützend wird dazu in Zukunft eine verstärkte strukturelle Verknüpfung von Nutzungen (Nutzungsmischung) angestrebt. Zudem sollen vorrangig in benachteiligten Stadtteilen Beschäftigungspotentiale gefördert werden. Der während der Erstellung des STEK begonne-ne Bürgerdialog soll kontinuierlich weitergeführt werden.

- Im Rahmen einer nachhaltig ausgerichteten Stadtentwicklung soll zur Intensivierung einer Innenentwicklung eine systematische Analyse der inneren Entwicklungspotentiale vorgenommen werden. Eine Stadterweiterung soll sich an den vorhandenen Entwicklungsachsen und den Nachbargemeinden von Hamburg orientieren.

2.3.3.2 Das räumliche Leitbild

Das räumliche Leitbild der zukünftigen Stadtentwicklung Hamburgs basiert auf dem Achsenmodell. Die städtebauliche Entwicklung soll sich dabei entlang der von den Zentren ausgehenden Achsen (Verkehrswege) orientieren. Die Achsen verknüpfen innerhalb der Stadt die zentralen Orte und regional die kooperierenden Städte. Die zwischen den Achsen liegenden Landschaftsräume (Grünachsen) sollen durch die axialen Siedlungsentwicklungsräume gesichert werden. In regionaler Kooperation sollen sie zu einem Freiraumverbundsystem weiterentwickelt werden. Im Inneren der Stadt fügen sich die Entwicklungsachsen zum Siedlungskern zusammen. Auf diesen Bereich und auf die Einzugsgebiete von Haltestellen des Nahverkehrs auf den Siedlungsachsen soll sich die Entwicklung von 'städtebaulicher Dichte' konzentrieren. Ziel des Achsenmodells ist es die polyzentrische Siedlungsstruktur zu stärken, wobei eine systematische Zentrenentwicklung, Verdichtung und Mischnutzung die Basis für eine flächenschonende Stadtentwicklung Hamburgs sein soll. (*Vgl. STEB 1996, S. 36ff.*)

Flankiert wird das räumliche Leitbild von 'Leitorientierungen' für Stadtgestalt, Ökologie und Verkehr. In ihnen werden vorrangig zu fördernde Projektansätze und Entwicklungsbereiche benannt. Z.B. sind ökologische Projekte demnach vorrangig zu fördern, wenn sie "zugleich die Wirtschafts- und Beschäftigungssituation sowie die soziale Qualität der Stadtteile verbessern helfen" (*STEB 1996, S. 47*).

3.3.3.3 Umsetzungsstrategien in Stadtentwicklungsbereichen

Die zukünftige Nachfrage nach gewerblichen Flächen im produzierenden Bereich und im Dienstleistungsbereich sowie bei den Wohnflächen sind schwer prognostizierbar. Die Grenzen des Flächenverbrauchs sind jedoch sichtbar. Bei einem gleichbleibenden Flächenverbrauch wird Hamburg im kommenden Jahrzehnt an seine Grenzen stoßen; in einzelnen Stadtteilen ist dieses bereits jetzt der Fall. Deshalb befaßt sich das Stadtentwicklungskonzept schwerpunktmäßig mit dem Thema der "flächenschonenden Stadtentwicklung" (*Vgl. STEB 1996, S. 68*).

Für die Themenfelder "Arbeiten" und "Wohnen" bedeutet das, daß sich die Umsetzungsstrategien im wesentlichen auf eine Minimierung des Flächenverbrauchs ausrichten. Trotz allem wird davon ausgegangen, daß ein Teil der notwendigen Arbeitsstättenflächen aus den Entwicklungsreserven des Flächennutzungsplans abgedeckt werden müssen (Vgl. STEB 1996, S. 68).

Folgende Umsetzungsstrategien sind gemäß des Stadtentwicklungskonzeptes im Themenfeld "**Arbeiten**" für eine zukünftige Stadtentwicklung vorgesehen(*Vgl. STEB 1996,*

S. 57ff.):

- Möglichkeiten der Innenentwicklung auf Brachflächen, ehemaligen Bahnflächen und Altstandorten, Straßenflächen und unterwertig genutzten Gewerbestandorten, sollen systematisch erhoben werden. Häufig vorhandene eigentumsbedingte Hemmnisse verhindern einen "Selbstlauf", ein aktives Flächenmanagement soll deshalb betrieben werden. Eine Innenentwicklung soll nur dort stattfinde, wo technische und fiskalische Möglichkeiten dies zulassen.

- Im gewerblich-industriellen Bereich wird bisher nur ein Drittel der planungsrechtlich möglichen Ge-schoßfläche tatsächlich ausgenutzt. Deshalb soll geprüft werden, in welchem Umfang hier Potentiale für eine Innere Entwicklung vorhanden sind.

- Eine Sicherung und Erweiterung von Betrieben am Standort soll Vorrang vor einer Verlagerung ha-ben. Bestandspflege soll deshalb ein zukünftiger zentraler Bestandteil der Stadtplanung sein.

- Die Möglichkeiten zur Verdichtung am Standort sollen gefördert werden. Alle Möglichkeiten der Verdichtung, Stapelung, flächensparenden Anordnung und der gemeinsamen Nutzung vorhandener Einrichtungen sollen unter Berücksichtigung der Bedingungen geprüft werden.

- Neue Formen der Umsetzung stadtentwicklungspolitischer Projekte (Flächenvergabe, Projektentwicklung durch Baugesellschaften, PPP's) sollen geschaffen werden.

- Stadtteile sind nicht nur Standorte sondern auch zunehmend "Entwicklungsumfeld". Deshalb sollen auf Stadtteilebene wirtschaftliche Akteure mit in die Stadtplanung einbezogen werden. Neue Stadtteil-Entwicklungskonzepte sind zu koppeln mit Beschäftigungs- und Qualifizierungsmaßnahmen.

- Ziele und Anforderungen an die Arbeitsstättenplanung sollen 'im regionalen Zusammenhang betrachtet werden'

Auch wenn die Bedarfsberechnungen für **Wohnflächen** hohe Unsicherheiten aufweisen, soll sich die Flächenvorsorge für Wohnungsneubau am oberen Wert der Bedarfsberechnungen orientieren. Nur so könne ein notwendiger Handlungsspielraum für nicht prognostizierbare Entwicklungen geschaffen werden. (*Vgl. STEB 1996, S. 51*).

Das Stadtentwicklungskonzept Hamburgs nennt drei Schwerpunkte, die den zukünftigen Entwicklungskorridor des Wohnungsbaus bestimmen sollen. Danach soll sowohl eine Siedlungsentwicklung auf neuen Flächen stattfinden, die mit einer "angemessenen Dichte" und Mischnutzung zu entwickeln sind, als auch eine Innere Entwicklung, die soweit wie möglich in bereits besiedelten Gebieten vorgenommen werden soll. Als dritter Schwerpunkt wird eine städtebauliche Mischnutzung angestrebt, die Wegekettensysteme schafft und eine "Stadt-der-kurzen-Wege" ermöglicht. (*Vgl. STEB 1996, S. 52f.*)

Folgende Umsetzungsstrategien werden genannt:

- Sowohl bei der Planung neuer Quartiere als auch bei einer Inneren Entwicklung ist eine städtebauli-che Verdichtung zur Schaffung bzw. Wahrung einer städtebaulichen Qualität vorgesehen. Durch eine systematische Untersuchung der Gesamtstadt sollen weitestgehend alle möglichen 'Dichtespiel-räume' und die Mobilisierbarkeit von Reserven überprüft werden.

- Die öffentliche Förderung von Wohnungsneubau soll im Rahmen der finanziellen Mittel weiterentwickelt werden. Öffentlich und privat finanzierter Wohnungsbau soll kombiniert werden, um räumliche Polarisierungen bzw. soziale Segregationen vorzubeugen. Möglichkeiten einer gezielten Belegungspolitik sollen geprüft werden.

- In Bebauungsplänen sollen Festlegungen vermieden werden, die eine Überschreitung der Kostengrenze für den geförderten Wohnungsbau zur Folge hätten. Ebenso sollen gestalterische Vorschriften auf das zwingend erforderliche Maß beschränkt werden, um Spielräume für kostensparendes Bauen zu eröffnen.

- Für eine verkehrsvermeidende Siedlungspolitik sollen neue Quartiere 'soweit wie möglich' durch schienengebundenen Personennahverkehr erschlossen werden, eine Innere Entwicklung soll vor allem im Einzugsbereich von Schnellbahnradialen stattfinden.

- In neuen Quartieren sollen Teilflächen offen gelassen werden, um für die Zukunft Entwicklungsoptionen für neue Nutzungen zu ermöglichen.

- Für eine gemeinsame Förderung des Wohnungsbaus im Umland unter der Maßgabe einer gerechten Nutzungs- und Lastenverteilung (Belegungsmöglichkeiten für Hamburg) bietet das Regionale Entwicklungskonzept (REK) einen Ansatzpunkt (*Vgl. STEB 1996, S. 53*).

Konzeptionell erhebt die Stadt Hamburg im Stadtentwicklungskonzept den Anspruch eine **"Stadt des sozialen Ausgleichs"** werden zu wollen, die Armut bekämpfen, Ausgrenzungen vermeiden und sozialräumliche Spaltungstendenzen überwinden will. Dazu soll die zukünftige Stadtentwicklungsplanung an "lokalen Wohnbedürfnissen, sozialen und kulturellen Erwartungen und ökonomischen Möglichkeiten der BewohnerInnen orientiert sein". Das heißt, das (*Vgl. STEB 1996, S. 80ff.*):

- das Quartier als die wesentliche Handlungsebene angesehen wird. Das Grundprinzip der Umsetzungsstrategien einer sozialen Stadtentwicklungsplanung ist in diesem Sinne die Förderung von offenen und flexiblen Prozessen die je nach Erfahrung den lokalen Gegebenheiten angepaßt werden können;

- im Rahmen einer integrierten Quartiersentwicklung ein wesentlicher Ansatz die Stadterneuerung sein soll. Sie soll als querschnittsorientierter, integrierter Handlungsansatz, wohnungs-, sozial-, beschäftigungs-, wirtschaftspolitische und soziokulturelle Ziele quartiersbezogen miteinander verbinden. Ziel ist es vorhandene Potentiale und Fähigkeiten in den Quartieren gezielt zu fördern. Dazu sollen ebenso Kooperationen zwischen den Beteiligten der Verwaltung, wie auch zwischen Akteuren der freien Wirtschaft, der öffentlichen Hand und der intermediären, halb staatlichen Organisationen geschaffen werden;

- im Rahmen einer sozialverträglichen Stadterweiterung neue Quartiere so geplant werden sollen, daß eine Selbstregulierung und soziale Integration der zukünftigen BewohnerInnen ermöglicht wird, durch die Berücksichtigung der unterschiedlichen

Formen des Zusammenlebens und einer alltagsorientierten Zuordnung von Arbeitsplätzen, Freiräumen und Versorgung.

Parallel zum Stadtentwicklungskonzept wurde ein Konzept zur Verkehrsentwicklung erarbeitet. Darin genannte allgemeine Ziele einer Strategie der Verkehrsvermeidung- und Verlagerung ohne Hinderung des Wertschöpfungspotentials der Stadt, werden im Stadtentwicklungskonzept durch das Modell einer 'Stadt der kurzen Wege' aufgenommen (*Vgl. STEB 1994, S. 47f.*). Dazu sollen im Themenbereich **Verkehr** folgende Maßnahmen umgesetzt werden (*Vgl. STEB 1994, S. 48*):

- Das Schienen- und Straßennetz soll teilweise ergänzt werden, um Engpässe aufzuheben. Alle baulichen Maßnahmen - auch die der Magnetschnellbahn - sollen dabei im Sinne einer nachhaltigen Stadtentwicklung durchgeführt werden.

- Im Rahmen der Entwicklung des Hafens, sollen die Wasserstraßen ausgebaut werden.

- Der Kurzstreckenflugverkehr soll möglichst weitgehend auf den Schienenverkehr verlagert werden. Zusammen mit der Umlenkung einzelner Verkehre auf andere Flughäfen soll der Flughafen Hamburgs entlastet werden.

- Zur Verlagerung des Güterverkehrs auf die Schiene, soll eine stadtverträgliche City-Logistik und Güterverkehrszentrenkonzeption entwickelt werden.

- Als ergänzende Maßnahmen, sollen bspw. örtliche Beschränkungen für Lkw und ein verstärkter Ausbau des Radwegenetzes vorgenommen werden. Sie sollen mit dazu beitragen, daß City- und Wohngebiete von Verkehrsbeeinträchtigungen freigehalten werden und umweltfreundliche Verkehrsmittel gefördert werden.

2.4 Vergleich der Stadtentwicklungskonzepte

Das Stadtentwicklungskonzept von Hamburg ist vom Senat der Hansestadt Hamburg durch Abstimmung als Konzept für die zukünftige Entwicklung der Metropole angenommen worden. Es hat durch diesen Beschluß keine rechtliche Verbindlichkeit als Planungsinstrument erlangt sondern ist zum politischen Ziel der Stadt erklärt worden. Das Bremer Stadtentwicklungskonzept befindet sich noch im Entwurfsstadium, es ist bisher nur das Ergebnis behördeninternen Abstimmungen. Anschließend an eine öffentliche Diskussion, den Abstimmungen mit dem niedersächsischen Umland und den Parteien, Verbänden, Ortsämtern etc. soll die überarbeitete Fassung im Senat der Hansestadt Bremen 1999 verabschiedet werden. In Berlin gibt es kein Stadtentwicklungskonzept, das vergleichbar mit dem Bremens oder Hamburgs ist, sondern einen Flächennutzungsplan mit Stadtentwicklungskonzept-Funktion. Dieser Verfügt nicht über eine Rechtsverbindlichkeit sondern bewirkt nur die Selbstbindung der Stadt Berlin bezüglich der Flächenentwicklung.

Der Planungsansatz von Berlin weicht gegenüber dem der beiden anderen Städten ab. Auf ein eigenständiges Stadtentwicklungskonzept und einen daraus abgeleiteten FNP wird zugunsten von Bausteinkonzepten verzichtet. Die Einschränkung von Berlin ist darin zu sehen, daß der Aufbau der generellen Zielaussagen für die Stadtentwicklung entsprechend der Bereiche der Flächennutzungsplanung festgelegt ist. Deshalb fehlen stadtentwicklungspolitische Zielaussagen zum sozialen Bereich auf dieser Planungsebene.

Auf der Ebene der allgemeinen Zielsetzungen sind keine wesentlichen Unterschiede zwischen den drei Stadtentwicklungskonzepten auszumachen. Sie gleichen sich in der eindeutigen Ausrichtung auf eine Innenentwicklung, in der Herausstellung der Notwendigkeit einer regionalen Zusammenarbeit, der Forderung und Stärkung gemischter Strukturen, einem Vorrang des ÖPNV vor dem MIV sowie auch durch die Selbstbindung in Bezug auf eine flächensparende bzw. nachhaltige Entwicklung.

Trotz aller Gemeinsamkeiten in den Ansätzen der Stadtentwicklungskonzepte finden sich jedoch auffällige Unterschiede. Bremen legt vor dem Hintergrund des Themenfeldes "Flächenpolitik" ein alle Nutzungskategorien umfassendes Konzept vor. Hamburg konzentriert sich demgegenüber auf zwei Schwerpunkte (Flächenschonende Stadtentwicklung/ Stadt des sozialen Ausgleichs). Desweiteren werden in Bremen in allen Bausteinbereichen Projekte benannt während sich in Hamburg die Projektbenennung überwiegend an der Prioritätensetzung orientiert.

Der Bereich der länderübergreifenden Planung in den drei Stadtstaaten weist erhebliche Unterschiede auf. Die Gemeinsame Landesplanung von Berlin/Brandenburg ist durch den Staatsvertrag und die Einrichtung der Landesplanungsstelle als verbindliche Landesplanung anzusehen. Der Stadtstaat Berlin verzichtet mit Inkrafttreten des Landesplanungsvertrages auf eine eigenen Raumordnung zugunsten einer länderübergreifenden, was sich u.a. dadurch äußert, daß der FNP von Berlin nur für eine Übergangszeit den Charakter eines Landesentwicklungsplans behält und anschließend nur noch ein kommunaler Bauleitplan sein wird (*Vgl. Priebs 1996, S. 545*). Die Landesplanungen von Bremen/Niedersachsen und von Hamburg/Niedersachsen/Schleswig-Holstein sind in viel geringerem Maße verbindlich. In beiden Stadtstaaten gibt es bilaterale Landesplanungen, die nicht auf einem Staatsvertrag, sondern aus Senats- und Kabinettsbeschlüssen beruhen. Auch gibt es in beiden Regionen keine gemeinsame grenzüberschreitende Regionalplanung, sondern lediglich Leitbild, Orientierungs- und Handlungsrahmen für ein regionales Entwicklungskonzept. Bei diesen Entwicklungskonzepten steht weniger die Steuerung der Raum- und Siedlungsstruktur als der Konsens über „vorrangig regionale Zukunftsaufgaben und die freiwillige Selbstbindung der Akteure" (*Ebenda, S. 542*) im Vordergrund. Die grenzüberschreitende Landesplanung von Bremen/Niedersachsen verfügt seit jüngster Zeit über eine gemeinsame Geschäftsstelle, die jedoch im Gegensatz zur Landesplanungsstelle von Berlin/Brandenburg weniger eine „Clearing-Stelle", denn eine Organisationsstelle der Gremien ist und nur zum Teil die inhaltliche Betreuung umfaßt. Im Raum der gemeinsamen Landesplanung von Hamburg/Niedersachsen/Schleswig-Holstein fehlt eine trilaterale Geschäftsstelle vollständig; die Gründung einer solchen ist derzeit auch nicht in der Diskussion.

Die Unterschiedlichkeit der gemeinsamen Landesplanung zwischen den Stadtstaaten beruht vor allem auf verschiedenen historischen und politischen Rahmenbedingungen. Bremen und Hamburg sind als traditionsreiche Stadtstaaten anzusehen, gegenüber Berlin, das erst seit 1881 Stadtstaatenstatus besitzt und im Bewußtsein der Menschen eine Stadt in Brandenburg geblieben ist (*Ebenda S. 546*). Insofern waren in Berlin, was sich nicht zuletzt durch den Versuch der Länderfusion zeigt, nie ein derart großes

Eigenständigkeitsbewußtsein vorhanden. Gleichwohl kann der Ansatz zur länderübergreifenden Regionalplanung von Berlin/Brandenburg wegweisend für die Landesplanungen der Stadtstaaten Bremen und Hamburg sein (*Ebenda S. 548ff.*).

Auch bezüglich der Zielvorgaben der Stadtentwicklungskonzepte bestehen erhebliche Unterschiede. In Bremen wird aufgrund von politischen Vorgaben ein detaillierter zusätzlicher Flächenbedarf ermittelt, der angesichts der realen Entwicklungen eine deutlich zu positive Wachstumserwartung annimmt. In Hamburg und Berlin werden zwar auch Wachstumsprognosen ermittelt und Flächen analog zum Neuflächenbedarf ausgewiesen, jedoch wird hier explizit auf die Unsicherheit der zukünftigen Entwicklung hingewiesen, dementsprechend wird ein eher flexibles und offenes Planungskonzept zugrundegelegt.

Weitergehende Unterschiede werden sichtbar, wenn eine grobkörnigere Sichtweise angenommen wird. Hamburg und Bremen formulieren beide ein räumliches Leitbild. In Bremen wird versucht das Achsenmodell in den einzelnen Bausteinen mehr oder weniger deutlich herauszustellen. Hamburg bleibt im Gegensatz dazu bei der Formulierung des räumlichen Leitbildes auf der abstrakten Ebene und weist Projekte unabhängig von diesem Raummuster aus. Entsprechend dem Wandel des Planungsverständnisses geht Hamburg eher den Weg der „Planung durch Projekte", wohingegen in Bremen der Versuch unternommen wird, die gesamträumlichen Muster auch auf die Einzelkonzepte zu übertragen. Gerade hierin jedoch hat das Bremer Konzept seine Schwächen, da die räumliche Modellvorstellung in den Nutzungskategorien nicht stringent eingehalten wird und umfangreiche Flächenausweisungen auch in den Achszwischenräumen vorgesehen sind.

Das Konzept von Berlin beinhaltet durch die Sondersituation der Wiedervereinigung teilweise eine andere Schwerpunktsetzung. Die Entwicklung des Doppelzentrums und die Verknüpfung der beiden Stadtteile (z.B. S-Bahnnetz) haben Priorität. Zudem sollen vordringlich die inneren peripheren Räume entwickelt werden. Das Berliner Konzept kann auf der einen Seite als komplex und vielschichtig bezeichnet werden, das jedoch unter dem Eindruck hoher Investitionen steht (*Vgl. Welch Guerra 1995, S. 56f.*). Angesichts des Investitionsdrucks, dessen Hochphase zeitlich früher als die Fertigstellung des FNP lag, sind einige Vorgaben des FNP eher als nachträgliche Planungsanerkennung anzusehen, denn als Zielaussage eines Stadtentwicklungskonzepts. Auch besteht die Gefahr, daß die notwendige Orientierung auf die kleinteiligeren, endogenen Potentiale durch die erwarteten Neuansiedlungen vor allem in Dienstleistungsbereich vernachlässigt werden (*Vgl. Eichstädt 1992, S. 433ff.*). Auf der anderen Seite können die Investitionsvorhaben, die während der Erstellung des FNP bekannt waren und vor allem im Stadtforum diskutiert wurden auch positiv dahingehend angesehen werden, daß sie bei der Aufstellung von Entwicklungszielen einbezogen werden konnten und hierdurch kurze Entscheidungswege eher möglich waren, als dies durch bindende Planungen gegeben ist.

Im Vergleich zum Hamburger Stadtentwicklungskonzept ist Bremen eine stärkere Prioritätensetzung innerhalb der konkreten Projektnennungen nahezulegen. Dieser Ansatz könnte auch noch über den Hamburger hinausgehen, indem ähnlich wie bei ExWoSt-Forschungsfeldern im Rahmen der Stadtentwicklung anhand von Einzelprojekten nach verschiedenen Gebietstypen versucht wird, verallgemeinerbare Modernisierungs- und

Entwicklungsstrategien aufzuspüren und diese auf andere Projekte zu übertragen. Dabei sollte eine Konzentration auf wenige Aktivitätsfelder vorgenommen werden, um die wenigen noch vorhandenen kommunalen und staatlichen Mittel zusammenzuführen und Verwaltungskräfte zu bündeln. Großprojekte können dabei nur ein Aspekt neben anderen in der Stadtentwicklung sein. So reizvoll es ist, privates Kapital im großen Stil in einer neuen Kooperationskultur von öffentlichen und privaten Akteuren in die Stadtentwicklung einzubeziehen, beinhalten sie ebenso die Gefahr, daß sich mächtige Investoren allein durch die schiere Größe der Projekte und ihre ökonomische Potenz durchsetzen. Eine besondere Bedeutung für die Stadtentwicklung haben Großprojekte vor allem dann, wenn sie Anstöße für experimentelle Planungskulturen geben, neue Prozesse initiieren und die Vorstellung von Stadt umsetzen (*Vgl. Pfromm 1997, S. 65ff.*).

Wie die folgende Abbildung (*48*) zeigt, sind trotz vielfachen Überschneidungen bei den angestrebten Entwicklungszielen, die angesichts der allgemeinen Formulierungen und ähnlicher Problemlagen in allen Großstädten Westeuropas wenig verwundert, doch erhebliche Unterschiede vorhanden. Eine pauschale Beurteilung der „best practice" bezüglich des Erstellens von Stadtentwicklungskonzepten kann hieraus jedoch nicht abgeleitet werden, da in allen Ansätzen Schwächen und Stärken liegen. Die Lösung von immanenten Disparitäten z.B. zwischen Freiraumentwicklung und neuen Gewerbestandorten oder nachhaltiger Entwicklung und der Ausweisung von Neubauflächen kann nur in jeweils konkreten Situationen auf Projektebenen erfolgen. Insofern werden die Leitziele der Stadtentwicklung erst in der konkreten Anwendung auf ihren Richtigkeit hin zu überprüfen sein.

Abbildung 48

Stadtentwicklungskonzepte im Überblick

	Berlin	Bremen	Hamburg
Aktueller Stand	Der im März 1994 verabschiedete Flächennutzungsplan (FNP) erfüllt zugleich eine Stadtentwicklungskonzept-Funktion.	Seit März 1998 liegt ein Entwurf des Stadtentwicklungskonzepts vor. 1999 soll ein Konzept verabschiedet werden.	Im Dezember 1996 wurde das Stadtentwicklungkonzept verabschiedet.
Laufzeit	Der anvisierte Planungszeitraum reicht bis zum 2010.	Der anvisierte Planungszeitraum reicht bis zum 2010.	Der anvisierte Planungszeitraum reicht bis zum 2010.
teilräumliche Entwicklungskonzepte	Ja	Nein, Mitte der 80er Jahre eingestellt	Ja
Gliederung	Die Gliederung entspricht einer klassischen Flächennutzungsplangliederung. Nach Darstellung der Rahmenbedingungen einer zukünftigen Stadtentwicklung, inhaltliche Aussagen zu den Bereichen: • Wohnen • Arbeitsstätten • Freiflächen • Zentren, Einzelhandel • Öffentliche Einrichtungen • Ver- und Entsorgung • Verkehr	Darstellung der Rahmenbedingungen, der Leitziele und des räumlichen Leitbildes einer zukünftigen Stadtentwicklung. Aussagen zu sektoralen Teilkonzepten, sogenannten Bausteinen: • Gewerbestandortkonzept • Bürostandortkonzept • Entwicklungskonzept Hafenreviere • Wohnungsbaukonzept • Zentrenkonzept • Innenstadtkonzept • Grün- und Freiraumkonzept • Verkehrskonzept • Freizeitinfrastrukturkonzept • Sozialräumliches Konzept	Darstellung der Rahmenbedingungen und der Leitziele für eine zukünftige Stadtentwicklung. Auf der Basis zweier Entwicklungsszenarien, der räumliche Schwerpunkte des Konzepts (Flächenschonende Stadtentwicklung und Stadt des sozialen Ausgleichs), den zuvor formulierten allgemeinen Leitzielen der Stadtentwicklung und dem räumlichen Leitbild, werden die Leitorientierungen Stadtgestalt, Ökologie und Verkehr, entwickelt. Hierauf basierend werden Maßnahmepakete zu handlungsorientierten Projektfeldern aufgestellt.
Konkretisierung	Im Flächennutzungsplan wird lediglich gemäß eines FNP eine flächenspezifische Konkretisierung vorgenommen. Das System der räumlichen Planung sieht innerhalb der sektoralen Entwicklungsplanung (STEP) bzw. der teilräumlichen Entwicklungsplanung (BEP) eine Konkretisierung vor.	Am Ende wird eine vergleichende Bewertung der Bausteinkonzepte vorgenommen. Benennung von Einzelprojekten innerhalb der Bausteine, die teilweise themenfeldübergreifend sind.	In den Projektfeldern sind einzelne konkrete Projekte aufgeführt, zu denen die sozialen und ökonomischen Auswirkungen und Veränderungen des städtischen Raumes benannt werden.
Bürgerbeteiligung	Seit 1991 Stadtentwicklungsforum. Es besteht im wesentlichen aus einem Plenum mit ca. 60 Personen aus unterschiedlichen gesellschaftlichen Bereichen und bis zu 200 Zuhörer:innen. Desweiteren gibt es verschiedene Gremien und eine Geschäftsstelle. Von 1991-1992 tagte das Forum 14-tägig, seit 1993 alle 4 Wochen.	Von April bis Oktober 1998 sechs sogenannte Stadtentwicklungsgespräche zu vorher festgelegten Themenbereichen.	Zwei sogenannte Stadtdialoge wurden durchgeführt.

3. Verwaltungsmodernisierung: Programme, Strategien, Prozesse

3.1 Verwaltungsmodernisierung in der Bundesrepublik Deutschland

Nach übereinstimmender Einschätzung sind die Kommunen Vorreiter der Verwaltungsmodernisierung in Deutschland. Sie folgen dabei überwiegend der Modernisierungsphilosophie des Neuen Steuerungsmodells (NSM) der dezentralen Ressourcenverantwortung, das von der Kommunalen Gemeinschaftsstelle für Verwaltungsvereinfachung (KGSt) entwickelt wurde und von ihr weiter verbreitet wird.

Der Strukturwandel ist aus der Sicht der KGSt angesichts veränderter Rahmenbedingungen für die Kommunalverwaltung unbedingt erforderlich. Verwiesen wird auf die Ausgliederung von Aufgaben, die Bevölkerungsentwicklung, die Möglichkeiten moderner Informationstechnik, wachsende Anforderungen der Bürger und die veränderten Einstellungen der Mitarbeiter. Die Kommunalverwaltung müsse sich zunehmend auf einen Wettbewerb mit anderen Kommunalverwaltungen und privaten Anbietern einstellen. Die Unternehmen seien ebenso wie die Menschen schneller zu einem Ortswechsel bereit, wenn die Standortbedingungen an einem anderen Ort besser seien. Ziel der KGSt ist die bessere, schnellere, flexiblere und bürgernähere Leistungserbringung in den Kommunen. *(Busse u.a. 1997, S. 33 ff.)*

Die Aufgabenerfüllung soll durch die Vorgabe und/oder Vereinbarung von Leistungs- und Finanzzielen (Ergebnissen) zwischen der Politik und der Verwaltungsführung, den Querschnittsämtern und den Fachbehörden gesteuert werden. Innerhalb eines Handlungsrahmens sollen die Fachbehörden eigenverantwortlich handeln können. Über die Einführung eines ergebnisbezogenen Controllings ist aber die Verwaltungsführung laufend über den Erfolg (oder Mißerfolg) von Maßnahmen zu informieren, um ihr weiterhin ein steuerndes Eingreifen zu ermöglichen.

Im Zuge der Verwirklichung des neuen Steuerungsmodells müssen aus der Sicht der KGSt die Binnenstrukturen des kommunalen öffentlichen Dienstes erheblich verändert werden. Erforderlich seien ein neues Selbstverständnis der politischen Selbstverwaltungsgremien der Kommune, ein anderes Verhältnis von Politik und Verwaltung, die Durchsetzung kollegi-aler und kooperativer Managementformen sowie erhebliche Veränderungen des Haushaltsrechts. Die KGSt benennt als Reformfelder u.a. die Personalentwicklung, anforderungs- und leistungsgerechte Bezahlungssysteme, eine leistungsgerechte Beförderung, die Beteiligung an Veränderungsprozessen sowie Jobrotation und die befristete Übertragung von Funktionen.

Die KGSt geht davon aus, daß zur Verwirklichung des neuen Leitbildes eines politisch gesteuerten "Dienstleistungsunternehmens Kommunalverwaltung" keine grundlegenden Gesetzesänderungen erforderlich seien.

Die kommunalen Beteiligungsunternehmen (Eigenbetriebe und Eigengesellschaften) müßten - bei aller gewollten Selbständigkeit - in die von den politischen Gremien verfolgten kommunalpolitischen Ziele eingebunden werden, da sie kommunale Aufgaben zu erfüllen hätten. Die Qualität der Steuerung und Kontrolle durch den Eigentümer (Trägerkommune) entscheidet nach Auffassung der KGSt neben ausgebildeten Wettbewerbsbedingungen über den Erfolg der Modernisierung. In manchen Großstädten erreicht der Anteil der Beteiligungsunternehmen an der Zahl der kommunalen Bediensteten, am Gesamtausgabevolumen und am Gesamtinvestitionsvolumen schon einen Anteil von etwa 50%. Die KGSt befürchtet in diesem Zusammenhang eine Erosion der kommunalen Selbstverwaltung, falls dieser Trend weitergehe. Die neue Struktur müsse aktiviert werden durch Wettbewerb bzw. Wettbewerbssurrogate. Die KGSt spricht von einer Strategie-, Management-, Attraktivitäts- und Legitimationslücke der Kommunalverwaltungen. Die Output-Steuerung soll u.a. über die Bildung von Produkten erfolgen. Die Dezentralisierung der Ressourcenverantwortung solle über Pilotprojekte eingeführt werden, während die Budgetierung für einen flächendeckenden Einstieg geeignet sei. Für kleinere Gemeinden zwischen 10.000 bis etwa 50.000 Einwohnern wird eine schlankere Form des neuen Steuerungsmodells empfohlen.

Die KGSt selbst beschreibt die Entwicklung und Einführung des neuen Steuerungsmodells als einen organisierten Lernprozeß, der 5 bis 10 Jahre in Anspruch nehmen werde. Sie ist bemüht, einen Erfahrungsaustausch über Tagungen sowie Gutachterverfahren zu weiteren Bausteinen des Modells zu organisieren.

Die KGSt konzentriert ihre Empfehlungen auf Rezepte zur Überwindung der Führungsprobleme innerhalb der Kommunalverwaltungen. Ausgangspunkt dieses Ansatzes ist nicht eine Analyse der gegenwärtigen Lage der Städte und Gemeinden im politisch-administrativen Gesamtsystem, die durch die Aushöhlung ihrer Finanzkraft einerseits und die Überlassung weiterer öffentlicher Aufgaben (Beispiele: Sozial- und Arbeitsmarktpolitik, Verwirklichung des durch Bundesrecht geschaffenen Rechtsanspruchs auf einen Kindergartenplatz) andererseits gekennzeichnet ist. Auch Fragen der Bürgerbeteiligung, einer Demokratisierung der Kommunalverfassung sowie der arbeitspolitischen Regulierung wurden von der KGSt zunächst nicht breiter thematisiert.

Das KGSt-Modell der dezentralen Ressourcenverantwortung kann zu dem Bereich des New Public Management gezählt werden. Mit den Vorschlägen zur Reform der Verwaltungsführung wird versucht, einzelwirtschaftliche Steuerungsmethoden aus der privaten Wirtschaft auf die kommunale Verwaltung zu übertragen. Es werden alte und neue Instrumente miteinander verknüpft:

- Steuerung der Verwaltung und ihrer Mitarbeiter durch Zielvereinbarungen bzw. Kontrakte zwischen Verwaltungsführung/Politik und ausführenden Organisationseinheiten (Management by Objectives und Management by Results)
- Verantwortungszentren, d.h. Enthierarchisierung durch Dezentralisierung und Verselbständigung von Verwaltungseinheiten (Konzernmodell als Prinzip der Organisation)
- Formulierung von Leistungs-, Qualitäts- und anderen Standards (Leistungsindikatoren)
- Einführung betriebswirtschaftlicher Formen der Personalrekrutierung, -beurteilung,

und -entwicklung (Personalmanagement) sowie

- Controlling/Budgetierung als neue Form der Steuerung kommunaler Haushalte und kommunalen Handelns.

Die Empfehlungen der KGSt zum neuen Steuerungsmodell können als ein Modernisierungsprogramm für ein neues Verwaltungsmanagement verstanden werden. Sie sprechen in selektiver Weise die Akteursperspektive der Verwaltungsführungen in den Kommunen an und blenden die politischen, arbeitspolitischen und arbeitsprozessualen Konsequenzen der Modernisierung des öffentlichen Sektors bisher weitgehend aus. Da der Bund und die meisten Länder und Kommunen über keine originären modernisierungspolitischen Programme verfügen, wird dort oftmals auf die Modernisierungsprogrammatik der KGSt zurückgegriffen. Insoweit erfüllt das Modernisierungsprogramm der KGSt auch eine Rolle als ordnungspolitischer „Lückenbüßer".[129]

Informationen zum Stand der Umsetzung des neuen Steuerungsmodells bietet die jüngste Umfrage des Deutschen Städtetages zum Stand der Verwaltungsmodernisierung in den Städten. Danach steigt die Zahl der "Reformstädte" beständig. Mit inzwischen 203 Städten beschreiten 1998 mehr als drei Viertel der 271 unmittelbaren Mitgliedsstädte des Deutschen Städtetages den Reformweg. (*Deutscher Städtetag 1998*)

Schwerpunkte der Modernisierungen in den Rathäusern bilden ausweislich der Umfrage:
- das Haushalts- und Rechnungswesen[130],
- die Personal- und Organisationsentwicklung[131] und
- die Ausgliederung städtischer Aufgaben[132].

Eine systematische Bestandsaufnahme des Stands der Modernisierungsprozesse in den 16 Bundesländern zu Beginn des Jahres 1996 bietet Bürsch (1996). Er weist darauf hin, daß der öffentliche Dienst in einem ständigen Anpassungsprozeß an veränderte gesellschaftliche Anforderungen stehe. Verwaltungsreform sei komplexer und differenzierter zu betrachten, als viele Betrachter und Betrachterinnen sich dieses wünschen würden.

Bei den Ländern ist in den letzten Jahren ein breites Spektrum von Reformansätzen

---

[129] Neben der KGSt versuchen u.a. die Gewerkschaft ÖTV mit ihrer Initiative „Zukunft durch öffentliche Dienste", die Hans-Böckler-Stiftung des DGB mit einem Forschungsförderschwerpunkt „Modernisierung des öffentlichen Sektors" und die Bertelsmann-Stiftung netzwerkartige Kooperationsbeziehungen durch Projekte der Forschung und Entwicklung zu organisieren. Bertelsmann-Stiftung, die KGSt und die Hans-Böckler-Stiftung kooperieren im Netzwerk „Kommunen der Zukunft"(*Vgl. Mezger 1998, S.54*).

[130] In 142 Städten (67%) gibt es *dezentrale Ressourcenverantwortung* und in 155 Städten *Budgetierung* (73%). Die radikale Neugestaltung des kommunalen Rechnungswesen hin zur kaufmännischen Buchführung und die Einführung einer Kosten- und Leistungsrechnung haben 9% der Städte bereits abgeschlossen, 166 Städte (79%) befinden sich derzeit noch in der Aufbauphase, 25 Städte (12%) planen schon erste Pilotprojekte.

[131] In 26 Städten (13%) ist die Umgestaltung der Organisationsstrukturen (Reduzierung der Hierarchieebenen, Optimierung der Geschäftsprozesse, Einführung von Qualitätsmanagement) abgeschlossen, wogegen 142 Städte (68%) noch mitten im Umbauprozeß stehen. 79 Städte (37%) nutzen zur Verbesserung ihrer Organisationsstrukturen die Ergebnisse regelmäßiger Bürgerbefragungen. 49 Städte (24%) betreiben inzwischen ein Qualitätsmanagement. Über eine moderne Personalentwicklung verfügen 10% der Städte, bei 149 (71%) wird sie derzeit eingeführt.

[132] Die Ausgliederung von Aufgaben (z.B. auf private Gesellschaften) wird im Rahmen der Verwaltungsmodernisierung laut Umfrage zunehmend eingesetzt: Nahezu jede zweite Stadt (49%) in den neuen Bundesländern gliedert Aufgaben aus, in den alten Ländern ist es dagegen nur knapp jede vierte Stadt (24%).

festzustellen. Zwei Länder (Saarland und Baden-Württemberg) begannen bereits in der zweiten Hälfte der 80er Jahre mit der Umsetzung von Reformkonzepten. Sechs Länder - Baden-Württemberg, Bayern, Niedersachsen, Rheinland-Pfalz, Saarland und Schleswig-Holstein - versuchen mittlerweile, die Verwaltungsreform mit einer größeren Zahl von Projekten (etwa 50-70 pro Land) voranzutreiben. Auch die neuen Bundesländer haben sich der Reform ihrer Verwaltungen in unterschiedlicher Weise zugewandt (*Bürsch 1996, S.8*).

Die Finanznot und der mehr oder weniger rigide Personalabbau der Länder beginnen die Reformansätze zu überlagern und die Beschäftigten zu verunsichern. Einige Länder haben darauf reagiert und besondere Aktivitäten zur Pflege des Reformklimas entfaltet. Es wurden Verwaltungsreformabkommen mit den Interessenvertretungen und Gewerkschaften vereinbart und ein Leitbild für die prozeßhafte und beteiligungsorientierte Umsetzung der Verwaltungsreform (z.B. Schleswig-Holstein) entwickelt. Allerdings bedienen sich die Länder neben der Aufgabenkritik (z.B. für den Abbau von ministeriellen Aufgaben und zur Ausdünnung mittlerer Verwaltungsebenen) erst allmählich verstärkt betriebswirtschaftlicher Instrumente.

Das Neue Steuerungsmodell nach KGSt-Muster spielt nur in den Stadtstaaten eine größere Rolle. Betriebswirtschaftliche Instrumente wie die Kosten- und Leistungsrechnung, Berichtswesen und Controlling werden aber auch in Baden-Württemberg, Bayern, Niedersachsen, Rheinland-Pfalz, Brandenburg, Thüringen und Sachsen-Anhalt in bestimmten Aufgabenfeldern und Institutionen erprobt. Die direkte Privatisierung öffentlicher Aufgaben wird bisher von Landesregierungen nur vereinzelt praktiziert, während die Verlagerung der Durchführung öffentlicher Aufgaben in andere Betriebsformen des öffentlichen Sektors häufiger vorzukommen scheint.

3.2 Verwaltungsmodernisierung in den drei Stadtstaaten

3.2.1 Ausgangslage und Ziele

Fragen nach der Verwaltungsmodernisierung schließen die Frage nach einer modernisierungspolitischen Gesamtstrategie für die Entwicklung und den Umbau des öffentlichen Sektors ein. Inwieweit ist ein integriertes Konzept für das strategische Management der Leitbilder und Prozesse der Politik-, Regierungs- und Verwaltungsreform in den drei Stadtstaaten nachweisbar? Nach unseren bisherigen Recherchen kommen die Berliner Reformaktivitäten diesem idealtypischen Bild einer modernisierungspolitischen Gesamtstrategie im Vergleich der drei Stadtstaaten am nächsten. Nur in Berlin wurde die Reform des politischen Systems (Verkleinerung des Parlamentes und des Senats) erklärtermaßen zusammen mit einer Reform des Verwaltungsaufbaus (Verlagerung von Aufgaben auf die Bezirke) in Angriff genommen und auch durch Verfassungsänderungen und Verwaltungsreformgesetze legitimiert (*Senatsverwaltung für Inneres, Senatsvorlage über ein Drittes Gesetz zur Reform der Berliner Verwaltung vom 11.November 1998 mit Begründung, S. 25 ff*).

Die Stadtstaaten mit ihrer Zwitterstellung als Kommunen und Länder, in denen kommunale und staatliche Aufgaben auf "komplexe Art miteinander verwoben" (*Nümann-Seidewinkel 1997, S.20*) sind, gelten unter den Ländern als Vorreiter bei der praktischen Erprobung des von der KGSt entwickelten NSM (*Vgl. z.B. Bürsch 1996, S.10*). Berlin, Hamburg und Bremen müssen sich aber auch im Modernisierungswettbewerb der Großstädte behaupten. Dabei bestehen zwischen den drei Stadtstaaten im grundsätzlichen Herangehen an die Verwaltungsmodernisierung durchaus Unterschiede: In Berlin besteht der Anspruch einer sofortigen flächendeckenden Einführung des NSM, wobei zunächst ein Zeitraum von zwei bis drei Jahren vorgesehen war.[133] Bremen und Hamburg bevorzugten dagegen zunächst das Erproben der neuen Steuerungsmethoden in Pilotprojekten, um ausgehend von den Erfahrungen dieser "Reforminseln" zu einer umfassenden Modernisierung zu gelangen:

- Die Vorgeschichte der Berliner Verwaltungsreform reicht bis 1984 zurück, als die Enquete-Kommission des Abgeordnetenhauses einen umfangreichen Bericht zur Verwaltungsreform vorlegte. Doch erst nach 1989 mit der sich abzeichnenden akuten Finanznot Berlins wurde die Umsetzung der Verwaltungsmodernisierung forciert. (*Vgl. Bürsch 1996, S.23*) Mit dem Beschluß vom 24. August 1993 sowie der Konkretisierung dieses Beschlusses am 10. Mai 1994 über die flächendeckende „Einführung eines Neuen Führungs- und Steuerungssystems in der Berliner Verwaltung." hat der Senat die Voraussetzungen für die Verwaltungsreform geschaffen. Das Projekt erhielt den Namen „**BERLIN Unternehmen Verwaltung**". Durch die Änderung der Verfassung von Berlin und die Verabschiedung des Verwaltungsreformgesetzes im Juni 1994 wurden maßgebliche Eckwerte der Reform wie die Neuordnung der Aufgabenverteilung und die Erweiterung der Finanzverantwortung durch Globalzuweisungen an die Bezirke festgeschrieben.

- Die Vorgeschichte zur Verwaltungsreform in Hamburg reicht bis zum Jahr 1981 zurück, als eine "Kommission zur Überprüfung von Verbesserungsmöglichkeiten in der Hamburger Verwaltung" konkrete Ergebnisse vorlegte, die allerdings zunächst - das Schicksal vieler Kommissionspapiere teilend - in den Schubladen verschwanden (*Vgl. Bürsch 1996, S.34*). Sie bildeten jedoch eine wesentliche Grundlage für das vom Senat 1993 beschlossene Umsetzungskonzept für eine Verwaltungsstrukturreform. Am 30. Juni 1994 hat der Senat die Erprobung des NSM in ausgewählten Verwaltungsbereichen beschlossen. Die Fortsetzung dieses Weges wird auch in den Koalitionsvereinbarungen zwischen der SPD und Bündnis 90/Die Grünen für die Legislaturperiode 1997 bis 2001 festgelegt: "*Die Koalitionspartner vereinbaren, in dieser Legislaturperiode das Neue Steuerungsmodell schrittweise in allen geeigneten Bereichen einzuführen und weiterzuentwickeln. Dabei werden Bereichsbudgets, z.B. für Schulen und eigenes Controlling als erster Schritt eingeführt. Basierend auf dem Controlling wird das Berichtswesen an das Parlament verbessert.*"

---

[133] Dieser ehrgeizige Zeitplan konnte nicht eingehalten werden. Dies deckt sich mit den auch andernorts gemachten Erfahrungen. So fällt in der neuesten Umfrage des Deutschen Städtetages 1998 die Einschätzung der Städte zum Zeithorizont der Modernisierung anders als noch in den Jahren 1995 und 1996 vorsichtiger aus: Mehr als die Hälfte (54%), nämlich 114 Städte, rechnet für das Gelingen des Reformprozesses noch mit fünf bis zehn Jahren. (*Vgl. Deutscher Städtetag 1998*)

(*Koalitionsvereinbarung 1997, S.85*) Mit Beginn des Jahres 1996 hat der Senat für die notwendige Gesamtkoordinierung und die in den konzeptionellen Grundlagen einheitliche Ausrichtung des Einsatzes neuer Steuerungsinstrumente das "**Projekt Verwaltungsinnovation (ProVi)**" eingesetzt (*Vgl. LT-Drucks. 15/5844; S.5*).

- Auslöser der Verwaltungsmodernisierung in **Bremen** war das Urteil des Bundesverfassungsgerichts 1992, in dem das Gericht Bremen Eigenanstrengungen zur Gewinnung haushaltspolitischer Stabilität auferlegte. Mit der anschließenden Entwicklung und Beschlußfassung des "Personalentwicklungsprogramms"[134], welches verbindliche Festlegungen zur Reduzierung des Personals um 10 Prozent in den Jahren 1992 bis 1997 enthielt, wurden auch Ziele zum Umbau der Verwaltung formuliert. Erste konkrete Umsetzungsschritte der Verwaltungsmodernisierung wurden bereits während der "Ampel-Koalition"[135] eingeleitet (*Vgl. Lühr 1997*). Das Projekt erhielt den Namen "**Dienstleistungsunternehmen Stadt**". Die seit 1995 bestehende Koalition aus SPD und CDU setzte an den bestehenden Beschlüssen an[136]. Die koordinierte Einführung des NSM soll danach zweigleisig erfolgen: „1. Die vielfältigen schon begonnenen Reformansätze und -aktivitäten sollen weitergeführt und ausgebaut und durch ein integriertes `Schnittstellenmanagement` koordiniert werden. 2. In ausgewählten Dienststellen sollen Bausteine des neuen Steuerungsmodells modellhaft erprobt werden, um Erfahrungen für die flächendeckende Umsetzung zu gewinnen." (*Freie Hansestadt Bremen 1998, S. 3*) Am 28.01.1997 hat der Senat Bremens ein Gesamtkonzept zur Einführung der verschiedenen NSM-Bausteine beschlossen. Für die Planung, Koordination und Umsetzung des Gesamtprojektes ist daraufhin ein Projektteam ("NSM-Team Bremen") aus Mitarbeitern und Mitarbeiterinnen verschiedener Ressorts[137] gebildet worden.

Inhaltlich orientieren sich alle drei Stadtstaaten an dem von der KGSt entwickelten NSM und den damit verknüpften Zielstellungen wie Bürger-/Kundenfreundlichkeit, Effektivität und Effizienz, Abbau von Hierarchien und Dezentralisierung.

Berlin will die Verwaltungsreform mit einem betriebswirtschaftlichen Steuerungssystem, einer "kundendienst"-orientierten dezentralisierten Verantwortung und einem modernen Personalmanagement, um dadurch eine effektive und bürgernahe Verwaltung zu gewährleisten. Im Sinne der Dezentralisierung soll die Verlagerung von Aufgaben aus der Hauptverwaltung in die Bezirke weiter betrieben werden. Mit der Entschlackung des Normensystems soll in der Stadt ein Klima geschaffen werden, das eine Belebung von Wirtschaft und Arbeitsmarkt ermöglicht.

Ziel der Verwaltungsmodernisierung in **Hamburg** ist es, die Effektivität und Effizienz des

---

[134] *Vgl. Senator für Finanzen der Freien Hansestadt Bremen 1993*

[135] Koalition zwischen SPD, Grünen und FDP (1991 bis 1995), die durch den Ausstieg der FDP vorzeitig beendet wurde, weshalb es 1995 zu vorgezogenen Neuwahlen in Bremen kam.

[136] Ein wesentlicher praktischer Unterschied zwischen dem Modernisierungskurs der Ampelkoalition und der derzeitigen großen Koalition besteht darin, daß während der Ampelkoalition auf Privatisierungen weitgehend verzichtet wurde (*Vgl. Busse u.a. 1996, S.46ff*)

[137] Senatskommission für das Personalwesen, Senator für Finanzen, Senator für Inneres

Verwaltungshandelns kontinuierlich zu erhöhen und öffentliche Dienstleistungen möglichst kostengünstig und in der erforderlichen Qualität anzubieten. Für die unterschiedlichen Verwaltungsbereiche sollen mit einem dezentralen Reformansatz maßgeschneiderte Lösungen entwickelt werden.

Durch die Modernisierung soll die Verwaltung verstärkt als kostenbewußter Dienstleister handeln, dabei die Wirksamkeit und die Wirtschaftlichkeit des Verwaltungshandelns erhöhen und die Kunden- und Mitarbeiterorientierung verbessern. Dies bedinge eine grundlegende Neuorientierung insbesondere in bezug auf Kernpunkte wie Ergebnisorientierung, Dezentralisierung von Verantwortung, Steuerung über Vereinbarungen und Wettbewerb. Die Entscheidung, in Hamburg die Verwaltungsmodernisierung nach den Grundzügen des von der KGSt entwickelten NSM zu betreiben, habe sich bewährt. Allerdings müßten die einzelnen Elemente an die besonderen Erfordernisse der hamburgischen Verwaltung angepaßt werden. Das „Neue Steuerungsmodell" schließe den Einsatz betriebswirtschaftlicher Instrumente ein, die aber an die spezifischen Anforderungen der Verwaltung angepaßt werden müßten. Wichtig seien weniger einzelne Reforminstrumente, als vielmehr das Ziel der Kundenorientierung und die Beteiligung und Qualifikation der Mitarbeiter für einen dauernden Reformprozeß. (*Vgl. LT-Drucks. 15/7826, S.1f.*) Da das NSM vorrangig auf Mittel- und Großstädte in Flächenstaaten zugeschnitten sei, könnten die dort gewonnenen Erfahrungen nur eingeschränkt auf die stadtstaatliche Struktur Hamburgs übertragen werden (*Bürsch 1996*).

Auch **Bremen** hat festgelegt, daß sich die "Neugestaltung der Steuerungsinstrumentarien" an der "Grundstruktur des Neuen Führungs- und Steuerungsmodells der KGSt" ausrichten soll. (*Koalitionsvereinbarung 1995, S.41*) Mit der Einführung des Neuen Steuerungsmodells in der bremischen Verwaltung werden die Ziele verfolgt, "*die Wirtschaftlichkeit, die Qualität und Wirksamkeit und insbesondere auch die Dienstleistungsorientierung/Bürgerorientierung von Verwaltungshandeln zu fördern und zu erhöhen. Zum einen heißt das, daß die Strukturen der Bremischen Verwaltung konsequent an diesen Zielen auszurichten sind. Nach dem Leitgedanken der NSM-Philosophie wird dies erreicht durch die Zusammenfassung von Fach- und Ressourcenverantwortung, die Dezentralisierung von Entscheidungskompetenzen, eine Steuerung über Zielvereinbarungen (Finanz-, Personal- und Leistungsziele), den Aufbau eines mehrstufigen Controllings, die Einführung betriebswirtschaftlicher Instrumente sowie die Einführung von Instrumenten zur Erhöhung der Dienstleistungs-/Bürgerorientierung (Qualitätsmanagement) und die Verbesserung der Geschäftsprozesse. Zu anderen ist aber auch ein gewandeltes Aufgabenverständnis aller beteiligten Akteure erforderlich, aus dem sich neue Anforderungen ergeben. Um diesen neuen Herausforderungen gerecht zu werden, brauchen die Mitarbeiter/innen aller Hierarchieebenen einerseits die neuen (Steuerungs-)Instrumente und andererseits die Kompetenz, diese Instrumente für ihre Arbeit zu nutzen.*" (*Freie Hansestadt Bremen 1998, S.2*).

3.2.2 Das Primat der Haushaltskonsolidierung

In Berlin, Hamburg und Bremen ist jedoch nicht die Verwaltungsmodernisierung, sondern die Haushaltskrise das dominierende politische Thema - vor dem Hintergrund der besonders zugespitzten finanzwirtschaftlichen Situation in Bremen und Berlin noch wesentlich deutlicher als in Hamburg. Dabei besteht das Problem, daß die Verwaltungsreform mit der Haushaltskonsolidierung bzw. Kostensenkung von den verschiedenen Akteuren gleichgesetzt wird, wie es sich auch in anderen Städten gezeigt hat. (*Vgl. Naschold 1997, S.31*) Der Zusammenhang der Verwaltungsreform mit der angestrebten Haushaltskonsolidierung wird von den politischen Akteuren offen diskutiert:

- In den Koalitionsvereinbarungen der **Berliner** Landesverbände von CDU und SPD wird der Punkt der angestrebten Haushaltssanierung und der daraus abzuleitenden notwendigen Einsparungen ausdrücklich angesprochen und es werden die Bezüge zur Verwaltungsmodernisierung hergestellt: *"Im Wesentlichen sind die Einsparungen durch Kürzungen der Personalausgaben, durch die Reform der Verwaltung, durch die Überprüfung von Leistungsgesetzen, Einnahmeverbesserungen und durch die Streckung von Investitionen zu erbringen."* (Präambel, Punkt 5) Unter dem Punkt "Verwaltungsreform" in den Koalitionsvereinbarungen werden zwar weitere mit der Reform verbundene Ziele benannt, jedoch wird auch hier der Zusammenhang mit der Sparpolitik hergestellt: *"Die Verwaltungsreform muß fortgesetzt werden. Ziel ist: mehr Service für die Bürger und mehr Motivation für die Mitarbeiter. Außerdem liegt hier noch ein großes Sparpotential."* (Präambel, Punkt 7)

- Auch die Koalitionsvereinbarung zwischen den **Bremer** Landesverbänden von SPD und CDU für die 14. Wahlperiode der Bremischen Bürgerschaft 1995-99 stellt den angestrebten grundlegenden Umbau der Verwaltung in unmittelbaren Zusammenhang mit der notwendigen Haushaltskonsolidierung: *"Herkömmliche Strukturen und Methoden der Aufgabenerfüllung reichen nicht mehr aus, um auf neue Herausforderungen des öffentlichen Bereichs angemessen eingehen zu können. Verwaltungsreform im Lande Bremen muß einen Beitrag zur Haushaltskonsolidierung nach den Sanierungsregelungen (Finanzausgleichsgesetz, Verwaltungsvereinbarung) leisten. Ziel der Verwaltungsreform ist daher die Umwandlung der öffentlichen Verwaltung in ein effizientes, transparentes, bürgernahes und rechtsstaatliches `Dienstleistungsunternehmen Öffentliche Verwaltung`. Der öffentliche Dienst muß dabei kleiner und besser werden."* (*Koalitionsvereinbarung 1995, S. .39*)

In den Koalitionsvereinbarung zwischen dem **Hamburger** Landesverband der SPD und dem Landesverband von Bündnis 90/Die Grünen (GAL) nehmen die schwierige Haushaltssituation[138] und Maßnahmen zu ihrer Beseitigung zwar auch eine zentrale Stelle ein, ein unmittelbarer Zusammenhang zwischen den Sparbemühungen und der Verwaltungsmodernisierung wird hier jedoch nicht hergestellt. Dagegen heißt es unter dem

---

[138] Interessant ist, daß die Beschreibung der schwierigen finanziellen Situation im Hamburger Koalitionsvertrag verknüpft ist mit einer Benennung der Ursachen und grundlegenden Lösungsvorschlägen: „Die Koalitionspartner stimmen in der Beurteilung der außerordentlich schwierigen Haushaltslage Hamburgs und der Beurteilung der Ursachen überein. Sie stellen fest, daß mit der Steuerschätzung Mitte November 1997 weitere Einnahmeausfälle in dreistelliger Millionenhöhe zu erwarten sind und die Tendenz zu einer Zerstörung der öffentlichen Finanzen in Deutschland immer dramatischere Ausmaße annimmt." (*Koalitionsvereinbarung 1997, S.6*) Insbesondere wird die „Verbesserung der bundespolitischen Rahmenbedingungen" eingefordert, wobei die „Verbesserung der Finanzsituation der großen Städte, insbesondere der Stadtstaaten (Änderung des Zerlegungsgesetzes und Beteiligung des Bundes an den Kosten der Sozialhilfe und der Zuwanderung)" im Zentrum steht. (*Ebenda S 6f.*)

Punkt Haushaltssanierung: *"Die Maßnahmen zur Haushaltsmodernisierung sollen fortgesetzt werden. Globalisierung, Flexibilisierung und Budgetierung werden weiter entwickelt. Änderungen des Haushaltsgrundsätzegesetzes werden unterstützt mit dem Ziel, mehr Anreize zu wirtschaftlichem Verhalten durch Ausweitung von Deckungsfähigkeiten, Übertragbarkeiten und Einnahmebindungen zu erreichen. Ausgliederungen sollen insoweit erfolgen, als die Rechtsform eine Umsetzung des Prinzips fördert, Aufgabe, Kompetenz und Verantwortung zu bündeln." (Koalitionsvereinbarung 1997)*

Aber auch wenn in Hamburg die politisch Verantwortlichen die Verwaltungsmodernisierung nicht ausdrücklich mit den Zielen der Haushaltskonsolidierung verknüpfen, werden die Zusammenhänge durchaus gesehen. So sagte die Hamburgische Finanzsenatorin Dr. Ingrid Nümann-Seidewinkel auf dem 2. Berliner Mitarbeiterkongreß im September 1997 mit Bezug auf das hamburgische Konsolidierungsprogramm: *"Tatsächlich ist diese kritische Finanzsituation **ein wichtiger Motor für die Verwaltungsreform**. Die Sparzwänge schaffen den notwendigen Modernisierungsdruck, dem sich heute niemand mehr entziehen kann. Und mit Hilfe **einer umfassenden, erfolgreich umgesetzten und nachhaltig wirkenden Verwaltungsreform** werden wir die ehrgeizigen Konsolidierungsziele erreichen können. Es kommt also darauf an, dieses **Spannungsverhältnis** produktiv zu nutzen." (Nümann-Seidewinkel 1997, S.20; Hervorhebungen im Orginal)* Hier zeigt sich der enge Zusammenhang, den der Hamburger Senat insgesamt zwischen der Verwaltungsmodernisierung und den aktuellen Haushaltskonsolidierungsbemühungen sieht: Nur mit Hilfe der Modernisierung könnten die Konsolidierungsziele erreicht werden. Umgekehrt schafften erst die Konsolidierungsnotwendigkeiten den gebotenen Modernisierungsdruck. *(Vgl. LT-Drucks. 15/7826)*

3.2.3 Strategische Reforminitiativen

3.2.3.1. Verschlankung des öffentlichen Sektors

3.2.3.1.1 Verkauf öffentlichen Vermögens, Organisationsprivatisierung und Verringerung der Leistungstiefe

In der Bundesrepublik gibt es schon seit längerem eine wissenschaftliche und politische Debatte darüber, in welchem Umfang ein von staatlichen Akteuren gesteuerter öffentlicher Sektor erforderlich ist. In der Debatte stehen sich - etwas vereinfacht – drei Grundpositionen gegenüber:

- Einer konservativliberalen Position zufolge ist der Staat auf seine sicherheitsstaatlichen Kernfunktionen zurückzuführen. Im Zuge einer Deregulierungspolitik erübrigen sich innere Reformen des Staates weitgehend. Die übrigen öffentlichen Aufgaben sind aus ordnungspolitischen Gründen möglichst zu privatisieren oder im sozialen Bereich gemeinützigen, zumeist kirchlich beeinflußten Einrichtungen zu überlassen. Im übrigen wird auf die Selbstheilungskräfte des Marktes oder die Selbsthilfefähigkeit gesellschaftlicher Gruppen und der Individuen gesetzt.

- Die traditionelle sozialdemokratische Position geht demgegenüber davon aus, daß in marktwirtschaftlich verfaßten Wirtschaftssystemen ein vom Staat gelenkter öffentlicher Sektor als gesellschaftliches Regulativ erforderlich ist. Deshalb habe der öffentliche Sektor umfassende demokratische, sozialstaatliche, infrastrukturelle und sicherheitsstaatliche Funktionen wahrzunehmen.

- Neuerdings wird eine dritte Position politisch und wissenschaftlich stärker vertreten, die zum Teil quer zu den bisherigen politischen Diskussionslinien verläuft. Sie geht davon aus, daß sich in einer modernen Gesellschaft der privatwirtschaftliche und öffentliche Sektor mit einem intermediären, gemeinnützigen dritten Sektor gegenseitig ergänzen. Unter dem Blickwinkel der Bürgerfreundlichkeit, demokratischer Beteiligung, einer verbesserten Dienstleistungsqualität sowie einer wirksameren Wahrnehmung öffentlich-staatlicher Steuerungsfunktionen sind die Aufgaben und erforderlichen Ressourcen für den aktiven Staat funktionaler Prägung zu überprüfen. Unter diesem Primat kann eine Konzentration auf die strategisch wichtigen öffentlichen Steuerungs- und Dienstleistungsaufgaben erfolgen. Öffentliche Aufgaben können auf diese Weise unter Aufrechterhaltung der staatlichen Regulativfunktion auch mit einer verringerten Leistungstiefe, im Zusammenwirken mit privaten Unternehmen, gemeinnützigen Einrichtungen oder Bürgergruppen organisiert werden. (*Vgl. Naschold u.a. 1996 sowie Naschold/Oppen/Wegener 1997*)

Umfang und Struktur der öffentlichen Sektoren in den Stadtstaaten wurden in der Aufbauphase der Nachkriegszeit und vor allem der Ausbauphase der 60er und 70er Jahre durch sozialdemokratisch geführte Regierungen geprägt. Mit der Zuspitzung wirtschaftlicher Krisenerscheinungen und Umbrüche, zunehmender Arbeitslosigkeit und öffentlicher Finanznot wurde im öffentlicher Sektor mit der Aufgabenkritik und später dem Umbau begonnen. Diese Entwicklungen wurde durch regionale Faktoren noch verstärkt (Suburbanisierung, spezielle Wirtschaftsstrukturkrisen, Integration der DDR). Die politische Führung der Stadtstaaten wechselte; es wurden andere Koalitionen gebildet. In Bremen verlor die SPD 1991 ihre absolute Mehrheit, eine Ampel-Regierung folgte für 4 Jahre. Diese wurde 1995 durch eine Große Koalition abgelöst (*Vgl. Heseler, Hickel, Prigge, 1998, 75 ff*). In Hamburg regierte die SPD bis vor kurzem mit der Statt-Partei, um nun mit den Grünen zu koalieren. In Berlin wird der Senat seit mehreren Wahlperioden von der CDU geführt, derzeit in einer Koalition mit der SPD. Interessant ist, daß trotz mehrerer Versuche eine dauerhafte Regierungsbeteiligung der Grünen bisher in keinem Stadtstaat zustande gekommen ist.

Im Rahmen ihrer finanzpolitischen Sanierungsstrategien haben Berlin und Bremen den Verkauf öffentlichen Vermögens und die Organisationsprivatisierung öffentlicher Aufgaben zum regierungspolitischen Programm erhoben und praktizieren dieses auch. Im Rahmen seines Haushaltskonsolidierungsprogramms hat Hamburg mit dem Verkauf von Anteilen an der Hamburgischen Landesbank und der Hamburgischen Elektrizitätswerke insgesamt 4,9 Milliarden DM an einmaligen Einnahmen erzielt. Berlin und Bremen setzen zunehmend zur Unterstützung von Auslagerungsstrategien private Unternehmensberatungsfirmen mit einem mehrere Millionen DM schweren Auftragsvolumen ein (Berlin z.B. ArthurD.Little, KPMG, Price Winterhouse, Bremen z.B. KPMG, McKINSEY u.a.).

Konflikte mit den Gewerkschaften, insbesondere der ÖTV, sind in dieser Frage in Berlin und Bremen unausweichlich. Gewerkschaftliche Aktionen gegen die Privatisierung haben dort auch in unterschiedlichen Formen (Flugblätter, Protest-Versammlungen, Demonstrationen, Streiks für Überleitungstarifverträge) bereits mehrfach stattgefunden. Von der ÖTV und den Personalräten konnten mit den Aktionen nur zum Teil Privatisierungen abgewendet und in eine Strukturreform des öffentlichen Sektors umgelenkt werden. Dies gelang bisher vor allem im Energie- und Wasserbereich des öffentlichen Wirtschaftssektor. Hier wurden zwar Aktienpakete oder Unternehmensanteile an Private verkauft, die Möglichkeit stadtstaatlicher Interventionen aber durch besondere Unternehmenskonstruktionen noch offen gehalten (z.B. Stadtwerke Bremen, GESAG und BEWAG Berlin). Anstelle der ursprünglich geplanten Privatisierungen sollen nun in Bremen Kultureinrichtungen in Eigenbetreibe oder öffentlich-rechtliche Stiftungen umgewandelt werden. Bei dieser Auseinandersetzung kämpften die Interessenvertretungen der Beschäftigten Seite an Seite mit der von Kulturschaffenden getragenen Bürgerintiative „Anstoß" für einen Fortbestand reformierter öffentlicher Kultureinrichtungen. Die meisten Auseinandersetzungen mit den Gewerkschaften endeten mit der sozialverträglichen Regulierung des Betriebsübergangs. Ein grundsätzlicher Wandel des Regierungskurses in diesen Fragen zeichnet sich bisher in Berlin und Bremen nicht ab. Hamburg scheint im Zusammenwirken mit der ÖTV einen pragmatischeren Kurs zu fahren und zunächst die Modernisierungschancen im öffentlichen Sektor ausschöpfen zu wollen. Die Fragen der Auslagerung öffentlicher Aufgaben sind im übrigen Gegenstand einer späteren Projektphase und werden noch eingehender von uns untersucht werden.

Alle diese Aktivitäten dienen der Deckung von Haushaltslücken sowie mittelfristig zur Reduzierung der Schuldenlasten. Neben dem Verkauf öffentlichen Vermögens und der Organisationsprivatisierung versuchen alle Stadtstaaten die Leistungstiefe des öffentlichen Sektors zu veringern und auf diese Weise Kosten zu reduzieren. Dies trifft vor allem die Gebäudereinigung, aber auch Rechenzentren, Bauleistungen, Grundstücksgeschäfte und Kommunikationsdienste, die verstärkt oder ganz an private Unternehmen vergeben werden.

Dabei werden unterschiedliche Begründungen in den Stadtstaaten angeführt. Berlin z.B. vertritt diese Politik höchst offensiv: *"Privatisierungsmaßnahmen sowie eine größere Effizienz der öffentlichen Verwaltung sind besonders geeignet, den Wirtschaftsstandort zu stärken. Die Konzentration auf die notwendigen öffentlichen Aufgaben erlaubt es der Berliner Verwaltung auf allen Ebenen (Haupt- und Bezirksverwaltungen), ihre Dienstleistungsfunktion gegenüber dem Bürger und der Wirtschaft zu verbessern. Ein weiterer positiver Effekt für den Wirtschaftsstandort: durch zielgerichtete Verkäufe von Landesvermögen kommen nationale und internationale unternehmerische Kompetenz sowie technisches Know-how nach Berlin. Beispiele wie die erste GESAG-Teilprivatisierung vom April 1994 und die aktuelle BEWAG-Privatisierung belegen dies deutlich."* (LT-Drucks. 13/2020; S.5)

In Berlin wird die Veräußerung von Liegenschaften in einer Größenordnung von 24 Mrd. DM; der Verkauf von Beteiligungen an der GESAG oder der restlichen 25% Anteile an der BEWAG und kleinerer Gesellschaften wie der Gewerbesiedlungsgesellschaft vorbereitet. Politisch unumstritten ist der Verkauf von Wohnungen der städtischen Wohnungsbaugesellschaften an die Mieter.

§ 7 II der Berliner LHO lautet: *„Für alle finanzwirksamen Maßnahmen sind angemessene Wirtschaftlichkeitsuntersuchungen durchzuführen. In geeigneten Fällen ist privaten Anbietern die Möglichkeit zu geben darzulegen, ob und inwieweit sie staatliche Aufgaben oder öffentlichen Zwecken dienende wirtschaftliche Tätigkeiten ebenso gut oder besser erbringen können (Interessenbekundungsverfahren). "*

In Hamburg werden die Veräußerungen und Privatisierungen dagegen nicht ordnungspolitisch sondern ausschließlich haushaltspolitisch begründet: *„Die Koalitionspartner stimmen darin überein, daß die Deckungslücke im Betriebshaushalt durch Vermögensmobilisierungen geschlossen werden muß. Die Veräußerung einzelner Vermögensteile wird von der Marktsituation abhängig gemacht unter Berücksichtigung eines Sensibilitäts-Kataloges der Koalitionspartner."* (Koalitionsvereinbarung 1997, S.8) Der damalige Finanzsenator, Ortwin Runde, grenzte den Hamburger Kurs explizit gegenüber radikalen Privatisierungsstrategien ab: *"Während andere vom schlanken Staat reden und strikt Privatisierung meinen, verbessert die Hamburger Verwaltung Schritt für Schritt ihre Wirtschaftlichkeit und Effektivität."* (Pressemitteilung der Finanzbehörde vom 29. Juli 1997) Diese Position ist in Hamburg keineswegs unumstritten, wie die folgende Erklärung des finanzpolitischen Sprechers, Dr. Michael Freytag, der CDU-Fraktion der Hamburger Bürgerschaft zeigt: *"Die Möglichkeiten der finanziellen Entlastung des Haushaltes durch die Verlagerung von Aufgaben in private Hände bleibt weitgehend ungenutzt. Der Anspruch des Senates, die öffentlichen Aufgaben mit teilweise erheblichem Einsatz von Steuergeldern selbst erfüllen zu wollen, verhindert eine strukturelle Entlastung des Haushalts."* (Pressekonferenz am 22. April 1998)

In den Bremer "Grundsätzen für die Organisation der bremischen Verwaltung" (Nr. 7) heißt es: *„Der Bildung von Organisationseinheiten voranzustellen ist die kritische Prüfung, ob die (Teil-)Aufgaben durch Vergabe an Dritte erledigt werden kann."* Kriterien für die Vergabe an Dritte sind Art und Struktur der Aufgabe, Wirtschaftlichkeit, Zuverlässigkeit der Aufgabenerfüllung durch Dritte. Die praktische Umsetzung erfolgt z. B. durch die Ausschöpfung der tarifvertraglich geregelten Vergabe-Quoten bei der Innenreinigung (40% Fremdreinigung nach dem Tarifvertrag möglich). Im übrigen läßt die Koalitionsvereinbarung zwischen SPD und CDU den Verkauf öffentlichen Vermögens und die Organisationsprivatisierung im Unterschied zur vorangegangenen Regierung ausdrücklich zu.

3.2.3.1.2 Verselbständigung von Verwaltungseinheiten

Die Verselbständigung von Verwaltungseinheiten steht in den drei Stadtstaaten nicht erst seit dem Beginn der jüngsten Verwaltungsreformbewegung auf der Tagesordnung. Sie wird - in allerdings unterschiedlichem Ausmaß - schon seit den frühen 80er Jahren betrieben. Inwieweit die fortschreitende organisatorische Zergliederung der Verwaltung mit der Logik des Neuen Steuerungsmodells zu vereinbaren ist, ist umstritten. Nach Auffassung der KGSt soll eine konsequent durchgeführte Verwaltungsreform gerade dazu führen, daß der „Ausgliederungsdruck" abnimmt. Andererseits läßt sich die Verselbständigung von

Verwaltungseinheiten als die konsequenteste Form der auch im Rahmen des Neuen Steuerungsmodells propagierten Budgetierung verstehen, da nur noch die Zuschüsse aus dem bzw. die Rückflüsse an den Landeshaushalt im Haushaltsplan auftauchen. Insofern erscheint es konsequent, von einer inhaltlichen Kompatibilität der Ausgliederungspolitik mit dem Neuen Steuerungsmodell auszugehen. Eine Verselbständigung von Verwaltungseinheiten ist sowohl in privatrechtlicher (GmbH, AG) als auch in öffentlich-rechtlicher Form möglich. Bei der Verselbständigung in öffentlich-rechtlicher Form kann zwischen Verselbständigungen ohne (Regiebetrieb, Eigenbetrieb) und mit eigener Rechtspersönlichkeit (Körperschaft, Anstalt oder Stiftung des öffentlichen Rechts) unterschieden werden. Da die detaillierte Untersuchung von Ausgliederungsprozessen einer späteren Projektphase vorbehalten ist, wird sich im Folgenden auf einen skizzenhaften Überblick über die Situation in den drei Stadtstaaten beschränkt.

In **Hamburg** stellt die Verselbständigung von Betriebseinheiten bereits seit längerem ein zentrales Element der Modernisierungsbemühungen dar. Die Ausgliederung von Verwaltungseinheiten war und ist dabei von der Vorstellung getragen, daß der Aufbau einer Betriebsorganisation dazu führen wird, die jeweilige Dienstleistung kostengünstiger und bedarfsorientierter zu produzieren (*Vgl. LT-Drucks. 15/3750, S. 5*). Nach Einschätzung des Senats haben die bisherigen Erfahrungen mit den Verselbständigungen die Erwartungen im Großen und Ganzen erfüllt. Die Einführung der kaufmännischen Buchhaltung sowie die weitergehende Einführung von Kosten- und Leistungsrechnungen, Budgetierung und Controlling in den Landesbetrieben sowie Anstalten des öffentlichen Rechts hätten eine effektivere und effizientere Leistungserstellung ermöglicht (*ebenda*). Seit Mitte der 80er Jahre sind in Hamburg Organisationseinheiten mit über 17.000 Beschäftigten aus dem Kernbereich der Verwaltung herausgelöst worden (*Nümann-Seidewinkel 1997, S. 21*). Allein zwischen 1994 und 1996 erhöhte sich die Gesamtzahl der in öffentlichen Unternehmen Beschäftigten um 55,2 Prozent (*Vgl. LT-Drucks. 16/303, S. 10*). Zunehmend wird dabei in Hamburg die Organisationsform des Eigenbetriebs durch die der Anstalt des öffentlichen Rechts ersetzt. In diesem Sinne umgewandelt worden sind in den letzten Jahren die staatlichen Krankenhäuser, die Stadtreinigung, die Stadtentwässerung, die Friedhöfe und der Betrieb „Pflegen und Wohnen" mit rund 24.500 Beschäftigten.[139] In den noch bestehenden neun Eigenbetrieben arbeiteten zum 31.12. 1997 nur noch rund 2.000 Personen. Eine gewichtige Rolle spielen in Hamburg auch die Sonderrechnungen gemäß § 15 LHO - hierzu gehören zum Beispiel die Hochschulen - mit zusammen rund 12.500 Stellen (ebenda). Hinzu kommen die Verselbständigungen in privatrechtlicher Form. In der Koalitionsvereinbarung zwischen den derzeitigen Regierungsparteien SPD und GAL wird der Punkt der Ausgliederungen allerdings nur vorsichtig angesprochen. Der einzige einschlägige Satz findet sich im Abschnitt „Haushalt und Finanzen", Ziff. 1.3.7 (Koalitionsvereinbarung 1997): *„Ausgliederungen sollen insoweit erfolgen, als die Rechtsform eine Umsetzung des Prinzips fördert, Aufgaben Kompetenz und Verantwortung zu bündeln."* Für die nähere Zukunft sind keine weiteren Ausgliederungen geplant.

---

[139] Stand: 31.12.1996 (*schriftliche Auskunft des Projekts Verwaltungsinnovation*)

In **Berlin** ist die Verselbständigung von Verwaltungseinheiten kein integraler Bestandteil des vom Senat beschlossenen Reformkonzepts über die Verwaltungsreform vom 10. Mai 1994. Auch im übrigen finden sich kaum programmatische Aussagen der politischen Akteure zur Frage der Ausgliederung. Gleichwohl sind auch in Berlin Verwaltungseinheiten in größerem Umfang verselbständigt worden (*Bürsch 1996, S. 25*): Wie dem 4. Bericht über Beteiligungen des Landes Berlin an Unternehmen des privaten Rechts zu entnehmen ist, waren zum 31.12.1995 in allen Gesellschaften, an denen das Land Berlin unmittelbar und nicht geringfügig beteiligt war, zusammen 37.205 Mitarbeiter beschäftigt (*LT-Drucks. 13/2020, S. 5*). Hinzu kamen rund 75.000 Beschäftigte bei den Körperschaften, Anstalten und Stiftungen des öffentlichen Rechts unter Aufsicht des Landes Berlin.[140] Verselbständigungen in der Form von Eigenbetrieben spielen in Berlin keine relevante Rolle mehr, seit zum 1.1.1994 die ehemaligen Eigenbetriebe Berliner Stadtreinigungsbetriebe, Berliner Wasserbetriebe, Berliner Verkehrsbetriebe und Berliner Hafen- und Lagerhausbetriebe mit zusammen rund 35.500 Beschäftigten in Anstalten des öffentlichen Rechts umgewandelt wurden (*Vgl. zur Entwicklung der ehemaligen Eigenbetriebe seit der Umwandlung in Anstalten des öffentlichen Rechts den Bericht des Senats, LT-Drucks. 13/2248*). Das Ausgliederungstempo scheint sich in Berlin - vorübergehend - verlangsamt zu haben.

Bremen setzt seit Mitte der 80er Jahre in erheblichem Ausmaß auf Ausgliederungen als Mittel der Verwaltungsmodernisierung. 1987 wurden die vier Zentralkrankenhäuser in Eigenbetriebe umgewandelt. Zwischen 1992 und 1998 sind dann sechs weitere Eigenbetriebe (Bremer Entsorgungsbetriebe, Werkstatt Bremen, Informations- und Datentechnik Bremen, Bremer Kommunikationstechnik, Justiz-Dienstleistungen Bremen und Stadtgrün Bremen) gegründet worden. Hinzu kommen zwei Regiebetriebe - Bremer Hochbaumanagement und Kataster und Vermessung Bremen - nach § 26 I LHO (*Vgl. Lühr 1997 S. 20 und Senator für Finanzen der Freien Hansestadt Bremen 1998*). Insgesamt waren 1997 in den Regiebetrieben, Eigenbetrieben und Sonderhaushalten 1997 rund 15.000 Personen beschäftigt (*SKP 1997, S. 17*). Im Koalitionsvertrag zwischen den derzeitigen Regierungsparteien SPD und CDU von 1995 heißt es unter Ziff. 231: *"Die Koalitionsparteien sind sich darüber einig, daß über eine Verselbständigung von Verwaltungseinheiten in Form von Betrieben nach § 26, Abs. 1 und 2 LHO bzw. in Form von juristischen Personen (z. B. GmbH) Effizienzsteigerungen möglich sind, die die Leistungen für die Bürger verbessern und öffentliche Haushalte entlasten können."* (*Koalitionsvereinbarung 1995*) Als geeignete Rechtsformen für Verselbständigungen sehen die Koalitionsparteien den Regiebetrieb, den Eigenbetrieb und die GmbH an. Keine Rolle spielt in Bremen bisher die in Hamburg und Berlin verbreitete Rechtsform der Anstalt des öffentlichen Rechts.

Während in Berlin und Hamburg der Prozeß der Ausgliederungen zu einem vorläufigen Abschluß gekommen zu sein scheint, steht in Bremen eine neue „Verselbständigungswelle" vor der Tür. Der Senat hat auf Grundlage der Vorschläge eines externen Beratungsunternehmens beschlossen, die Aufgabenwahrnehmung in den

---

[140] *Stand: 30.6.1995 (Statistisches Jahrbuch Berlin 1996, S. 510)*

Bereichen „Landesentwicklung", „Liegenschaftswesen" und „Kulturförderung- und Finanzierung" von Grund auf neu zu ordnen: Für den Bereich der Landesentwicklung wird eine Bremer Investitions-Gesellschaft (BIG) als operative Gesellschaft mit Besitzcharakter eingerichtet, der drei operative Betriebseinheiten als Tochtergesellschaften zugeordnet werden (Bremer Aufbaubank, BAB; Wirtschaftsförderungsgesellschaft Bremen, WfG; Bremer Innovationsagentur, BIA). Über dieses Geflecht von Gesellschaften soll zukünftig die gesamte Bremer Wirtschafts- und Technologieförderung abgewickelt werden. Geplant ist, daß die Gesellschaften als Beliehene unmittelbar und im eigenen Namen Zuwendungsbescheide erlassen können. Die gesetzlichen Grundlagen hierfür sind durch das Bremer Beleihungsgesetz bereits geschaffen worden.

Im Bereich des Liegenschaftswesens soll zukünftig eine „Asset-Management GmbH" das gesamte bremische Immobilienvermögen ressortübergreifend managen (Grundstücks- und Mietverkehr, Wert- und Flächenoptimierung, Vergabe von Bauunterhaltungsmitteln). Die ressortübergreifende Organsiation der Gebäudewirtschaft soll einer „Facility-Management-GmbH" übertragen werden. Ihr ist als Ausführungseinheit der Eigenbetrieb „Service-Center Bremen" (SCB) zugeordnet. Schließlich wird die gesamte Bauverwaltung neu strukturiert. Alle Hochbauaufgaben sollen künftig von zwei ausgegliederten Verwaltungseinheiten wahrgenommen werden: Eine „Bau-Management GmbH" soll die Aufgabe der Bauberatung und -betreuung wahrnehmen, während die eigentlich Bauausführung dem als Eigenbetrieb zu gründenden „Bremer Baubetrieb" (BBB) übertragen wird. Im Bereich der Kulturförderung schließlich wird in Zukunft auf eine Dreifaltigkeit von ausgegliederten Verwaltungseinheiten gesetzt: Dem „Kulturbüro e.V." werden die Aufgaben der Projekt- und Künstlerförderung und der Förderung der Sozio- und Stadtteilkultur übertragen. Die kulturellen Bildungs- und Medieneinrichtungen (u.a. Volkshochschule, Stadtbibliothek, Landeszentrale für politische Bildung) sollen künftig als Eigenbetriebe fungieren. Schließlich wird es noch eine „Kultur-GmbH" geben, die künftig die wirtschaftliche Beratung und das Controlling der großen Kultur- und Bildungseinrichtungen übernimmt, während die politische Steuerung bei einer verkleinerten Senatsverwaltung verbleiben soll.

3.2.3.2 Neuordnung der Aufgabenwahrnehmung und Reform der Aufbauorganisation

3.2.3.3.1 Neubestimmung der Aufgabenverteilung zwischen Senatsverwaltungen und kommunalen bzw. bezirklichen Verwaltungen

In **Berlin** und **Hamburg** gehört die Neubestimmung des Verhältnisses von zentraler und dezentraler Aufgabenwahrnehmung zu den integralen Bestandteilen der Verwaltungsreform. Durch die Dezentralisierung von Verwaltungsaufgaben auf die Bezirke sollen Doppelarbeit und Reibungsverluste vermieden und die Bürgernähe der öffentlichen Verwaltung erhöht werden. Im Unterschied zu vielen anderen Reformprojekten ist die Neuordnung der Aufgabenverteilung bereits in das Stadium der Realisierung eingetreten. In **Bremen** gibt es zur Zeit keine erkennbaren Bestrebungen, vom Land wahrgenommene Aufgaben in relevantem Umfang zu „kommunalisieren", d.h.

auf die Stadtgemeinden Bremen und Bremerhaven zu übertragen, bzw. von der Stadtgemeinde Bremen wahrgenommene Aufgaben zu „subkommunalisieren", d.h. auf die Ortsämter und Beiräte zu übertragen. Im Gegenteil: Aus Kostengründen wird zum Beispiel über eine Verstaatlichung der Bremerhavener Polizei (der letzten kommunalisierten Polizei in der Bundesrepublik Deutschland) und über eine Übernahme der in Bremerhaven tätigen Lehrer in den Landesdienst nachgedacht. Vereinzelte Initiativen aus dem politischen und wissenschaftlichen Raum zur Stärkung der - freilich erst 1989 wesentlich reformierten - stadtbremischen Ortsämter und Beiräte bzw. ihre Umwandlung in Bezirksämter und Bezirksversammlungen (*Vgl. Busse 1994, S. 68 ff; Thieme 1993, S. 366 ff*) sind bisher ohne größere Resonanz bei den relevanten politischen Akteuren geblieben. Administrative Dezentralisierungsprozesse sind im Rahmen der Verwaltungsmodernisierung natürlich auch in Bremen zu beobachten. Sie betreffen bisher jedoch ausschließlich den Binnenbereich der zentralen Landes- bzw. Kommunalverwaltungen und haben eine andere Qualität als Aufgabenübertragungen auf Bezirke oder Ortsämter, da nur in letzterem Falle auch die politische Aufgabenverantwortung dezentralisiert wird und - jedenfalls teilweise - auf die „subkommunalen" Volksvertretungen wie Bezirksversammlungen oder Beiräte übergeht.

Die detaillierte Untersuchung und Bewertung der Kompetenzverteilung zwischen Zentralverwaltungen und dezentralen politischen Verwaltungseinheiten in den Stadtstaaten ist einer nachfolgenden Projektphase vorbehalten. Gleichwohl soll schon an dieser Stelle die jüngste Dezentralisierungsgesetzgebung in Berlin und Hamburg skizziert werden:

In **Hamburg** wird die Aufgabenverteilung zwischen Senat und Bezirken auf Grundlage des Art. 4 II HambVerf. in den Grundzügen durch das Bezirksverwaltungsgesetz geregelt. Die Aufgabenklausel des Bezirksverwaltungsgesetzes ist in den letzten Jahren mehrfach geändert worden. Bis 1997 bestimmte § 3 II BezVG: *„Die Bezirksämter führen selbständig diejenigen Aufgaben der Verwaltung durch, die nicht wegen ihrer übergeordneten Bedeutung oder ihrer Eigenart einer einheitlichen Durchführung bedürfen. Solche Aufgaben werden vom Senat selbst wahrgenommen oder auf die Fachbehörden übertragen. Die Abgrenzung erfolgt abschließend durch den Senat."* Am 11. Juni 1997 trat eine Neuregelung in Kraft, die die (in ihrer Tragweite freilich umstrittene) gesetzliche „Aufgabenvermutung" zugunsten der Bezirke beseitigte und die Organisationsgewalt des Senats stärker herausstellte. § 3 I, II BezVG wurde wie folgt gefaßt: *„Die Bezirksämter nehmen die ihnen vom Senat übertragenen Verwaltungsaufgaben (Bezirksaufgaben) wahr." „Der Senat überträgt den Bezirksämtern die ortsnah zu erledigenden Verwaltungsaufgaben, soweit nicht Gründe der Wirtschaftlichkeit oder Zweckmäßigkeit eine andere Aufgabenzuweisung erfordern. (...)".* Begründet wurde die Gesetzesänderung damit, daß es nach Art. 57 S. 2 HambVerf. Aufgabe des Senats und nicht des Parlaments sei, die einzelnen Verwaltungszweige gegeneinander abzugrenzen (*LT-Drucks. 15/5357*). Gleichzeitig sprach sich der Senat dafür aus, zwecks Entflechtung der Verwaltung, Vermeidung von Doppelarbeit und größerer Bürgernähe weitere öffentliche Aufgaben auf die Bezirksämter zu übertragen und dafür die gesetzlichen Voraussetzungen zu schaffen. In einer Absichtserklärung teilte er der Bürgerschaft mit, daß er nach Inkrafttreten der von ihm angestrebten Gesetzesänderungen unter anderem folgende Aufgaben auf die Bezirke zu übertragen beabsichtige: Aufstellung von Bebauungsplänen- und Landschaftsplänen im

Rahmen globaler Vorgaben, Erlaß von Erhaltungssatzungen und sonstigen städtebaulichen Geboten, Erlaß von Gestaltungsverordnungen, Verwaltung der Naturschutzgebiete mit Ausnahme solcher mit überregionaler Bedeutung, Heimaufsicht über staatliche Heime, Lebensmittelüberwachung in staatlichen Krankenhäusern, Altenhilfe mit Ausnahme der ministeriellen Aufgaben, Stadtteilkultur (*LT-Drucks. 15/5357, Anlage 1*).

Weitergehenden Forderungen nach einer „Vollkommunalisierung" der Bezirke, insbesondere nach einer verfassungsrechtlichen Absicherung des bezirklichen Wirkungskreises, erteilte der Senat eine Absage: *„Für eine durchgreifend angelegte Reform der Regierungs- und Verwaltungsstrukturen ist auch nach der Überzeugung des Senats für den Stadtstaat Hamburg unverändert vom Prinzip der Einheitsgemeinde auszugehen; staatliche und gemeindliche Aufgaben sollen auch künftig nicht getrennt werden. Den Bezirken wird auch künftig keine Autonomie im Sinne des Kommunalrechts verliehen, da die bezirklichen Aufgaben innerhalb einer einheitlichen Gebietskörperschaft und innerhalb eines weltstädtischen Ballungsraums von der Enge und zugleich größe Hamburgs eine Koordinierung erfordern, um Leistungs- und Wirkungsgefälle zu verhindern, die den sozialen Frieden und die wirtschaftliche Leistungsfähigkeit stören könnten. Das Recht der gemeindlichen Selbstverwaltung im Sinne von Artikel 28 des Grundgesetzes (GG) steht der Stadt in ihrer Gesamtheit zu, es gibt keine verfassungsrechtlich geschützten Rechte der Bezirke, die Teile der Verwaltung sind."* (*LT-Drucks. 15/5357*). Die vom Senat vorgeschlagenen Gesetzesänderungen wurden von der Bürgerschaft, in der die SPD zu diesem Zeitpunkt mit der Statt-Partei eine Koalition bildete, im wesentlichen unverändert beschlossen.

Nachdem Neuwahlen eine SPD/GAL-Koalition ans Ruder gebracht hatten, wurde auf Druck der GAL das Bezirksverwaltungsgesetz erneut novelliert. Die Aufgabenverteilung zwischen Senat und Bezirken bestimmt sich jetzt wieder in Anlehnung an die vor 1997 gültige Regelung des Bezirksverwaltungsgesetzes. In § 3 I BezVG n.F. wurde wieder eine gesetzliche „Aufgabenvermutung" zugunstend der Bezirke verankert: *„Die Bezirksämter führen selbständig Bezirksaufgaben durch. Bezirksaufgaben sind diejenigen Aufgaben der Verwaltung, die nicht wegen ihrer übergeordneten Bedeutung oder ihrer Eigenart einer einheitlichen Durchführung bedürfen. Solche Aufgaben werden vom Senat selbst wahrgenommen oder auf die Fachbehörden übertragen. Die Abgrenzung erfolgt abschließend durch den Senat."* Von großer praktischer Bedeutung dürfte die erneute Gesetzesänderung angesichts der unangetastet gebliebenen Abgrenzungsbefugnis des Senats freilich nicht sein. Ihre Relevanz liegt mehr im Bereich des Symbolischen.

Im Zuge der Dezentralisierung von bisher von den Senatsverwaltungen wahrgenommenen Aufgaben ist auch die *Selbständigkeit* der Bezirksämter vergrößert worden. Zwar kann der Senat auch weiterhin in allen Angelegenheiten der Bezirksämter allgemein und für den Einzelfall Weisungen erteilen (§ 5 I BezVG n.F.). Echte Selbstverwaltungsrechte im Sinne des Art. 28 II GG, bei denen die Landesebene auf eine reine Rechtsaufsicht beschränkt ist, besitzen die Bezirke also nach wie vor nicht. Gleichwohl ist das Bestreben erkennbar, die Einmischung der Zentrale in die Arbeit der Bezirksämter zu reduzieren. Im Regelfall sollen die Bezirksämter fortan über vom Senat erlassene Globalrichtlinien gesteuert werden (§ 6 BezVG n.F.). Die Globalrichtlinien treten an die Stelle der bisherigen fachlichen Weisungen der Fachbehörden und sollen nach Bekunden des Senats so ausgestaltet sein, daß sie den Bezirksämtern größere Entscheidungsspielräume lassen als bisher (*LT-Drucks. 15/7300, S. 6 f.*). Dem entspricht die Legaldefinition des Begriffs der Globalrichtlinie in § 6 I 2 BezVG n.F.: *„Globalrichtlinien sind grundsätzlich ausfüllungsfähige und -bedürftige Vorgaben für die Umsetzung von politischen Zielen, Programmen und gesetzlichen Aufgaben unter Wahrung der Einheitlichkeit der Rechtsanwendung."* Die Kontrolle des bezirklichen Handelns im Einzelfall wird durch eine Erfolgskontrolle auf Grundlage eines neu zu schaffenden Berichtswesens ersetzt. In der Logik des Prinzips der Globalsteuerung liegt auch, daß den Bezirksämtern zukünftig größere finanzielle Eigenverantwortung eingeräumt wird (§§ 27 ff. BezVG n.F.). Soweit für Bezirksaufgaben ein Gestaltungsspielraum besteht, werden im Haushaltsplan des Landes für Aufgabenbereiche Rahmenzuweisungen an die Bezirksämter ausgewiesen. Geplant ist, das Volumen der von den Bezirken selbständig zu verausgabenden Finanzmittel zu verdoppeln (*LT-Drucks. 15/7300, S. 14*).

Um trotz der Dezentralisierung von Zuständigkeiten und der Vergrößerung der rechtlichen Selbständigkeit der Bezirksämter den Einfluß des Senats auf die Politik der Bezirke zu erhalten, war ursprünglich geplant, den Bezirksversammlungen das ihnen traditionell zustehende Recht zur (weitgehend) einseitigen Auswahl des Bezirksamtsleiters zu nehmen. Ohne Zustimmung des Senats sollte die Bezirksversammlung zukünftig keinen Bezirksamtsleiter mehr durchsetzen können. Durch die Einführung des Konsensprinzips solle, so die amtliche Begründung, der Tatsache Rechnung getragen werden, *„daß den Bezirken mehr Aufgaben als bisher übertragen werden sollen und daß sie diese in größerer Selbständigkeit wahrnehmen. Um gleichwohl den verfassungsrechtlichen Auftrag erfüllen zu können, daß der Senat sich gegenüber der Bürgerschaft für die ihm obliegende Leitung der gesamten Verwaltung zu verantworten hat, soll vorgesehen werden, daß ihm keine Person aufgezwungen werden kann, die nicht auch sein Vertrauen besitzt."* (Vgl. *LT-Drucks. 15/5357*). Eine entsprechende Änderung des Bezirksverwaltungsgesetzes trat, nachdem sie von der Bürgerschaft mit den Stimmen von SPD und Statt-Partei beschlossen worden war, am 11. Juni 1997 in Kraft. Nachdem die Statt-Partei jedoch bei der darauf folgenden Bürgerschaftswahl an der 5%-Hürde gescheitert war, nahm die neue rot-grüne Koalition auf Betreiben der GAL die Gesetzesänderung umgehend zurück und gab den Bezirksversammlungen wieder das Recht zur (weitgehend) einseitigen Auswahl der Bezirksamtsleiter.

In **Berlin** war die Dezentralisierung der Verwaltung - gerade auch im Vergleich zu Hamburg - immer schon relativ stark ausgeprägt. Gleichwohl ist zumindest die rechtliche Stellung der Bezirke in den letzten Jahren weiter ausgebaut worden, hat der Grad der „internen Kommunalisierung" Berlins spürbar zugenommen, ohne daß die Tätigkeit der Bezirke deshalb bereits als Selbstverwaltung im Sinne des Art. 28 GG qualifiziert werden könnte: 1994 wurden die Zuständigkeiten zwischen Hauptverwaltung und Bezirksverwaltungen neu geordnet. Während dem Senat zuvor alle Angelegenheiten vorbehalten waren, *„die wegen ihrer übergeordneten Bedeutung oder wegen ihrer Eigenart einer einheitlichen Durchführung bedürfen"*, bestimmte Art. 51 I BerlVerf. a.F. (Art. 67 I BerlVerf. n.F.) nunmehr, daß der Senat durch die Hauptverwaltung nur solche Aufgaben wahrnehmen kann, *„die von gesamtstädtischer Bedeutung sind oder wegen ihrer Eigenart zwingend einer einheitlichen Durchführung bedürfen."* Gleichzeitig wurde eine

Bestimmung in die Verfassung aufgenommen, derzufolge die Bezirke durch Gesetz ermächtigt werden können, zur Festsetzung von Bebauungsplänen und Landschaftsplänen Rechtsverordnungen zu erlassen (Art. 47 II BerlVerf. a.F., Art. 64 II BerlVerf. n.F.). Der neue verfassungsrechtliche Rahmen wurde vom einfachen Gesetzgeber durch das „Gesetz zur Reform der Berliner Verwaltung" vom 19. Juli 1994 (GVBl. S. 241) und durch das „Gesetz zur Änderung von Zuständigkeiten" vom 9.November 1995 (GVBl., S. 764) unverzüglich im Sinne einer weiteren Dezentralisierung der Aufgabenwahrnehmung ausgefüllt.[141]

Parallel zur Dezentralisierung der Aufgabenverantwortung wurde durch Einführung des Globalsummensystems für die Bezirke auch die Finanzverantwortung dezentralisiert. In Art. 73 BerlVerf. a.F. (Art. 85 II BerlVerf. n.F.) wurde ein neuer Abs. 2 mit folgendem Wortlaut aufgenommen: *„Jedem Bezirk wird eine Globalsumme zur Erfüllung seiner Aufgaben im Rahmen des Haushaltsgesetzes zugewiesen. Bei der Bemessung der Globalsummen für die Bezirkshaushaltspläne ist ein gerechter Ausgleich unter den Bezirken vorzunehmen. Zum Jahresabschluß wird das erwirtschaftete Abschlußergebnis auf die Globalsumme für den nächsten aufzustellenden Bezirkshaushaltsplan vorgetragen."* Während die Bezirksverordnetenversammlungen zuvor nur den jährlichen Finanzbedarf als „Unterlage" für den vom Abgeordnetenhaus aufzustellenden Haushaltsplan beschließen konnten, bekamen sie nunmehr das Recht, einen eigenen „Bezirkshaushaltsplan" zu beschließen (Art. 56 BerlVerf. a.F.; Art. 72 BerlVerf. n.F.). In seiner konkreten Anwendung ist das Budgetierungsverfahren allerdings umstritten. Diskutiert wird vor allem die Frage, was unter einem „gerechten Ausgleich" unter den Bezirken zu verstehen ist und wie Anreize zur sparsamen Mittelverwendung operationalisiert werden können, ohne die sozialen und ökonomischen Disparitäten zwischen den Bezirken zu vergrößern. Die Gefahren der formal bestechenden „Median-Kosten-Formel", derzufolge Bezirke, die oberhalb des Mittelwertes der von allen Bezirken geltend gemachten Produktkosten liegen „bestraft", Bezirke, die unterhalb dieses Mittelwertes liegen „belohnt" werden, sind in der Literatur bereits aufgezeigt worden (*Wollmann 1998, S. 37 ff*).

Die Tendenz zur Dezentralisierung haben Parlament und Regierung auch in den folgenden Jahren weitergeführt. Im Zuge der Verabschiedung einer neuen Gesamtberliner Verfassung im November 1995 wurde den Bezirken zunächst das ihnen bislang vom Berliner Verfassungsgerichtshof verwehrte Recht eingeräumt, die Einhaltung der verfassungsrechtlichen Zuständigkeitsordnung auch gerichtlich zu erzwingen (Vgl. Art. 84 II Nr. 3 BerlVerf. n.F.: *„Der Verfassungsgerichtshof entscheidet bei Meinungsverschiedenheiten oder Zweifeln über die Vereinbarkeit der im Gesetz geregelten Abgrenzung der Zuständigkeitsbereiche zwischen der Hauptverwaltung und den Bezirken mit der Verfassung auf Antrag eines Bezirks."*). Ende 1996 forderte dann das Abgeordnetenhaus den Senat auf, die Verwaltungsreform durch Konzentration der Senatsverwaltungen auf ministerielle, gesamtstädtische und Führungsaufgaben und durch Verlagerung aller anderen Aufgaben auf die Bezirke fortzuführen (*Vgl. den später beschlossenen Antrag von*

---

[141] Anders als in Hamburg kann in Berlin der Senat nicht aus seiner eigenen Organisationsgewalt heraus die Zuständigkeiten zwischen Hauptverwaltung und Bezirksverwaltungen abgrenzen.

SPD/CDU v. 5. Juni 1996, LT-Drucks. 13/556). 1998 ist daraufhin die Zuständigkeitsklausel des Art. 67 I BerlVerf. erneut geändert worden. Der Kreis der von der Hauptverwaltung zwingend wahrzunehmenden Aufgaben ist noch enger gefaßt worden. In der Vorschrift heißt es jetzt: *„Der Senat nimmt durch die Hauptverwaltung die Aufgaben von gesamtstädtischer Bedeutung wahr. Dazu gehören : 1. die Leitungsaufgaben (Planung, Grundsatzangelegenheiten, Steuerung, Aufsicht), 2. die Polizei-, Justiz- und Steuerverwaltung, 3. einzelne andere Aufgabenbereiche, die wegen ihrer Eigenart zwingend einer Durchführung in unmittelbarer Regierungsverantwortung bedürfen."* In Umsetzung dieser verfassungsrechtlichen Vorgaben sind durch Änderung insbesondere des Allgemeinen Zuständigkeitsgesetzes und des Allgemeinen Sicherheits- und Ordnungsgesetzes weitere Aufgaben auf die Bezirksebene übertragen worden (*Vgl. zweites Gesetz zur Reform der Berliner Verwaltung vom 25.6.98, GVBl. S. 177).*

Im Zuge der Reformen des Jahres 1998 ist auch die *Selbständigkeit* der Bezirksebene bei der Aufgabenwahrnehmung vergrößert worden. Dies kommt programmatisch zunächst darin zum Ausdruck, daß in Art. 66 II BerlVerf. n.F. jetzt stärker herausgestellt wird, daß die Bezirke *„ihre Aufgaben nach den Grundsätzen der Selbstverwaltung"* erfüllen. Praktisch bedeutsamer ist, daß die Aufsichtsdichte durch eine Änderung des Allgemeinen Zuständigkeitsgesetzes verringert wird. Zwar sind die Bezirke nach wie vor nicht nur an die Gesetze, sondern auch an die vom Senat bzw. an die von den einzelnen Senatsverwaltungen erlassenen Verwaltungsvorschriften gebunden (§ 7 AZG n.F.). Deshalb läßt sich - trotz des Art. 66 II BerlVerf. n.F. - nur schwer von einer Selbstverwaltung der Bezirke im Sinne des Art. 28 II GG sprechen. Doch ist der rechtliche Handlungsspielraum der Bezirke durch den Wegfall der Widerspruchszuständigkeit der Senatsverwaltungen und durch die Umwandlung der bisherigen Bezirksaufgaben unter Fachaufsicht in „normale" Bezirksaufgaben zweifellos gestärkt worden. Zu bedenken ist freilich, daß die zuständigen Senatoren nach wie vor Entscheidungen selbst treffen können, wenn im Einzelfall dringende Gesamtinteressen Berlins dies erfordern (§ 13a AZG). Außerdem plant das Land, durch den Erlaß eines Verwaltungsreform-Grundsätze-Gesetzes den Bezirken sehr viel detailierte Vorgaben als bisher hinsichtlich ihrer inneren Organisationsstruktur zu machen (*Vgl. Kapitel IV. 3.2.3.3.6).* Hier scheint ein gewisser Widerspruch zwischen den Zielen der Verwaltungsreform - größere Selbständigkeit und Eigenverantwortung der dezentralen Einheiten - und den Mitteln ihrer Verwirklichung auf.

Keine Realisierungschancen dürfte auf absehbare Zeit der von Bezirksseite gemachte Vorschlag haben, den „Rat der Bürgermeister" aufzuwerten und ihn möglicherweise sogar zu einem quasi-föderalen Kontrastorgan zum Abgeordnetenhaus weiterzuentwickeln.

3.2.3.2.2 Änderungen in der Führungsstruktur und in der horizontalen Gliederung der Senatsverwaltungen

In allen drei Stadtstaaten ist es die Aufgabe des Senats, die Verwaltung zu leiten. Änderungen in der Regierungsstruktur haben also immer auch Auswirkungen auf die Führungsstruktur der Verwaltung. Wie oben bereits gezeigt (*Vgl. Kapitel III 1.3),* ist in **Hamburg** das überkommene, stark durch das Kollegialprinzip geprägte Regierungssystem durch Einführung einer Ernennungs- und Richtlinienkompetenz des Ersten Bürgermeisters wesentlich modifiziert worden. Hingegen ist in **Berlin** der Vorschlag der Enquete-Kommission „Verfassungs- und Parlamentsreform", die Senatoren zukünftig vom Ersten Bürgermeister ernennen zu lassen und dessen Richtlinienkompetenz nicht mehr an das Einvernehmen des Senats zu binden, bisher nicht umgesetzt worden. Was schließlich **Bremen** betrifft, so lassen sich zur Zeit keine politischen Initiativen ausmachen, die auf eine grundlegende Änderung der Regierungsstruktur zielen.

Die horizontale Gliederung der Senatsverwaltungen und die Zuordnung von Organisationseinheiten zu den Senatsverwaltungen richten sich grundsätzlich nach der Geschäftsverteilung im Senat (In Hamburg allerdings bestimmt das Gesetz Anzahl und Art der Fachbehörden). In allen drei Stadtstaaten ist in den letzten Jahren eine Tendenz zur Verkleinerung der Senate und damit zur Verringerung der Zahl der Einzelverwaltungen zu erkennen. Der Zuschnitt der Ressorts variiert zwischen den Stadtstaaten zum Teil erheblich. Eine bestimmte Entwicklungstendenz ist hier nicht zu erkennen. Welche Organisationseinheiten der zentralen Verwaltung zu einer Senatsverwaltung zusammen-gefaßt werden, richtet sich offensichtlich weniger nach abstrakten Prinzipien administrativer Rationalität als nach (koalitions-)politischen Erwägungen (*Vgl. Kapitel III. 1.3*).

3.2.3.2.3 Bezirksgebietsreform

In **Berlin** ist die Neuordnung der Aufgabenverteilung zwischen Hauptverwaltung und Bezirken mit einer einschneidenden Gebietsreform verbunden worden. Aus den bislang 23 werden zum 1.1.2001 12 Bezirke (*Vgl. Zweites Gesetz zur Änderung der Verfassung von Berlin v. 3.4.98, GVBl. 1998, S. 82*). Entgegen der urspünglichen Absicht des Senats (*Vgl. LT-Drucks. 13/1871*) werden die Bezirke nach wie vor individuell in der Verfassung genannt (Art. 4 I BerlVerf.), so daß jede zukünftige Veränderung der Zahl der Bezirke wiederum eine Verfassungsänderung erforderlich machen wird. Der kleinste Bezirk wird zukünftig 219.581 Einwohner (bisher: 60.553), der größte 344.202 Einwohner (bisher: 312.918) haben. Triebkraft der lange Zeit auch zwischen den Koalitionsparteien SPD und CDU heftig umstrittenen Gebietsreform war in erster Linie die Aussicht auf Einsparung von Verwaltungskosten, insbesondere von Personalkosten. Nach Einschätzung des Senats lassen sich durch die Verringerung der Zahl der Bezirke jährlich bis zu 165 Mio. DM einsparen (*LT-Drucks. 13/1872*). Der Berliner Rechnungshof geht davon aus, daß der Wegfall von elf Bezirken zu jährlichen Minderausgaben in Höhe von rund 140 Mio. DM führt (*LT-Drucks. 13/390, Rz. 61*). Gleichzeitig wird nach Auffassung des Senats durch die Verringerung der Zahl der Bezirke auf zwölf die Bürgernähe der Verwaltung (noch) nicht beeinträchtigt. Kritiker der Gebietsreform halten demgegenüber die genannten Einsparpotentiale für unrealistisch und betonen die negativen Auswirkungen der Gebietsreform auf die Bürgernähe der Verwaltung (*Vgl. umfassend dazu die Stellungnahme des Rats der Bürgermeister, LT-Drucks. 13/1872, Anlage 6*). Problematisiert werden auch die Auswirkungen der Bezirksreform auf den Prozeß der (internen) Verwaltungsmodernisierung in den Bezirken (*Vgl. Wollmann 1998, S. 32 f.*). Noch vor der Gebietsreform ist 1995 die verfassungsrechtliche Grundlage für eine „interbezirkliche Zusammenarbeit" geschaffen worden (Vgl. Art. 67 V BerlVerf.:

"Einzelne Aufgaben der Bezirke können durch einen Bezirk oder mehrere Bezirke wahrgenommen werden. Im Einvernehmen mit den Bezirken legt der Senat die örtliche Zuständigkeit durch Rechtsverordnung fest."). Von einer verstärkten Kooperation der Bezirke erhofft man sich die Erschließung weiterer Einsparpotentiale.

In **Hamburg** wird eine Reform der Bezirksgliederung gegenwärtig nicht angestrebt. In der Vergangenheit ist zwar gelegentlich überlegt worden, die Zahl der Bezirke von sieben auf acht oder neun zu erhöhen. Zu konkreten Initiativen der Bürgerschaft oder des Senates haben diese Überlegungen aber noch nicht geführt. Erwähnenswert ist, daß dem Senat 1997 die Möglichkeit genommen wurde, die Grenzen der Bezirke aus eigener Machtvollkommenheit zu bestimmen. Zukünftig muß jede Änderung der Bezirksgrenzen durch Gesetz erfolgen (§ 2 II BezVG n.F.).

In **Bremen** spielt die Frage einer Gebietsreform zur Zeit keine Rolle. Sie würde nur dann aktuell werden, wenn eine - gegenwärtig nicht einmal in Ansätzen erkennbare - Umwandlung der Orts- in Bezirksämter anstünde.

3.2.3.2.4 Reform der Bezirksverfassung

Die Neuordnung der Aufgabenverteilung zwischen Hauptverwaltung und Bezirken und die Bezirksgebietsreform haben in **Berlin** bisher nicht zu einer durchgreifenden Veränderung der Bezirksverfassung im engeren Sinne geführt. Die Stellung der Bezirksverordnetenversammlungen und der Bezirksämter ist im Wesentlichen unverändert geblieben. Soweit ersichtlich, sind auch keine grundlegenden Änderungen geplant. Zu erwähnen sind aber einige wichtige Einzelentwicklungen und Reformdiskussionen zu Einzelfragen in den 90er Jahren:

- Nachdem der Berliner Verfassungsgerichtshof die 5%-Sperrklausel zu den Wahlen der Bezirksverordnetenversammlungen für verfassungswidrig erklärt hatte (*LKV 1998, S. 142 ff.*), ist nunmehr in Art. 70 II BerlVerf. eine 3%-Sperrklausel verfassungsunmittelbar festgeschrieben. Ebenfalls in Art. 70 II BerlVerf. wird festgelegt, daß nach erfolgter Gebietsreform die Zahl der Bezirksverordneten von jeweils 45 auf 55 erhöht wird. Probleme scheint es noch bei der genauen Austarierung der Kompetenzen von Bezirksverordnetenversammlung und Bezirksamt bei der Ausführung der 1994 neu eingeführten Globalhaushalte zu geben. Das Abgeordnetenhaus setzt sich hier einmütig für eine Stärkung der Kontrollrechte der Bezirksverordnetenversammlungen ein (*Vgl. LT-Drucks. 13/2145*).

- Mehrfachen Veränderungen unterworfen war in den letzten Jahren die Organisation der Bezirksämter: Seit den 70er Jahren bestanden die Bezirksämter aus einem Bürgermeister und weiteren sechs Mitgliedern. 1994 wurde die Zahl der weiteren Bezirksamtsmitglieder auf vier herabgesetzt. Nach Inkrafttreten der Gebietsreform sollen die Bezirksämter allerdings wieder aus dem Bezirksbürgermeister und fünf weiteren Bezirksamtsmitgliedern bestehen. Erweitert worden ist in den letzten Jahren der organisatorische Spielraum der Bezirksämter. Ursprünglich bestimmte § 37 I BezVG: *"Die Organisation der Bezirksverwaltung ist entsprechend der Organisation der Hauptverwaltung einzurichten. Ausnahmen bedürfen der Zustimmung der*

Aufsichtsbehörde." 1994 wurde die Vorschrift wie folgt neu gefaßt: *„Die Organisation der Bezirksverwaltung in fünf Abteilungen ist Aufgabe des Bezirksamtes. Sie soll sich an der Organisationsstruktur der Hauptverwaltung orientieren."* Der zweite Satz wurde 1998 gestrichen, wodurch der Organisationsgewalt der Bezirksämter größerer Raum gegeben wurde. Gleichzeitig wurde allerdings eine Verpflichtung zur Einrichtung von Bürgerämtern aufgenommen, um *„ortsnahe Anlaufstellen für publikumsintensive Leistungen der Bezirksverwaltungen"* zu gewährleisten (*LT-Drucks 13/1872, S. 5*). Eine erneute Änderung der Rahmenbedingungen für die Organisation der Bezirksämter wird das dritte Gesetz zur Reform der Berliner Verwaltung („Verwaltungsreform-Grundsätze-Gesetz" - VGG) bringen. Nach dem Entwurf des VGG vom 8.10.1998 macht § 37 BezVG den Bezirken künftig detaillierte Vorgaben hinsichtlich ihrer inneren Aufbauorganisation. Darauf wird weiter unten noch einzugehen sein. Zu erwähnen sind aber schon hier die Neuregelung der Organisationsgewalt des Bezirksamts (Vgl. § 37 VI BezVG in der Fassung des Entwurfs des VGG: *„Die Organisation der Bezirksverwaltung im gesetzlichen Rahmen ist Aufgabe des Bezirksamts. Es bildet aus allen Organisationseinheiten sechs Geschäftsbereiche (Abteilungen). Dabei werden Steuerungsdienst und Rechtsamt dem Geschäftsbereich des Bezirksbürgermeisters zugeordnet."*) und die Verpflichtung zur Einrichtung einer Stelle für Wirtschaftsberatung und -förderung (Vgl. § 37 IV BezVG in der Fassung des Entwurfs des VGG).

- Nach geltendem Recht werden die Bezirksämter entsprechend dem Stärkeverhältnis der Fraktionen in der Bezirksverordnetenversammlung besetzt (§ 35 II BezVG). Die schon länger erhobene Forderung nach Wiederabschaffung des in den 70er Jahren eingeführten „Proporz-Bezirksamts" und die Wiedereinführung eines „politischen Bezirksamts", dessen Mitglieder in Mehrheitswahl gewählt werden, konnte bisher genauso wenig eine Mehrheit finden wie die neuere Forderung nach einer Direktwahl des Bezirksbürgermeisters (*Vgl. LT-Drucks. 13/1872, Anlage 6 B*). Geändert worden ist allerdings das Verfahren bei der Wahl des Bezirksbürgermeisters. Nunmehr werden auch gemeinsame Wahlvorschläge der Fraktionen zugelassen. Diese Gesetzesänderung war vor allem gegen die PDS gerichtet, die seit den letzten Wahlen in mehreren Ost-Bezirken stärkste Fraktion ist, konnte jedoch nicht verhindern, daß die Partei mehrere Bezirksbürgermeister stellt.

Im Unterschied zu Berlin war es in **Hamburg** ursprünglich der Plan des Senats und der ihn tragenden Koalition aus SPD und Statt-Partei, im Zuge der Neuordnung der Aufgabenverteilung zwischen Fachbehörden und Bezirken auch das Verhältnis von Bezirksamt und Bezirksversammlung neu zu bestimmen. Am 11. Juni 1997 trat das neu gefaßte Bezirksverwaltungsgesetz in Kraft, das eine deutliche Stärkung der Stellung des Bezirksamtsleiters und des Senats und eine Zurückdrängung des Einflusses der Bezirksverordnetenversammlungen vorsah:

- Grundsätzlich sollten die Bezirksversammlungen nur noch beratende Beschlüsse fassen können und auch dies nur in „Angelegenheiten von grundsätzlicher Bedeutung". (§ 15 I BezVG). Nur ausnahmsweise sollten die Beschlüsse - vor allem im Bereich des durch das Globalsummensystem neu gestalteten bezirklichen Haushaltswesens - bindende

Wirkung haben (§ 16 BezVG). Nach der alten Rechtslage hatten demgegenüber die Beschlüsse der Bezirksversammlung in allen Angelegenheiten, die allein den Bezirk betrafen (Bezirksangelegenheiten), grundsätzlich bindende Wirkung (§ 12 BezVG 1978).

- Nach der alten Rechtslage hatte die Bezirksversammlung generell das Recht, „die Verwaltung des Bezirksamts zu überwachen." (§ 16 b) BezVG 1978). Nach der neuen Konzeption sollte es eine Überwachung und Kontrolle der laufenden Verwaltung durch die Bezirksversammlung hingegen bewußt nicht mehr geben. Nur in Angelegenheiten von grundsätzlicher Bedeutung sollten die Abgeordneten künftig noch Anfragen an das Bezirksamt richten dürfen (§ 8 V BezVG).

- Gleichzeitig wurden die Möglichkeiten der Bezirksversammlung zur Bildung von (verwaltungskontrollierenden) Fachausschüssen gesetzlich beschränkt (§§ 20 ff. BezVG). Die Stellung des Bezirksamtsleiters wurde weiter dadurch gestärkt, daß ihm ein weitreichendes Beanstandungsrecht, das sich sogar auf die nur beratenden Beschlüsse der Bezirksversammlung beziehen sollte, eingeräumt wurde (§ 18 BezVG).

- Schließlich wurde der Bezirksversammlung - wie oben bereits erwähnt - auch das Recht zur (weitgehend) einseitigen Auswahl des Bezirksamtsleiters genommen und durch ein Konsensprinzip ersetzt.

Das Gesetz vom 11. Juni 1997 und die in ihm enthaltende Konzeption einer primär administrativ-technokratisch ausgerichteten Dezentralisierung hatten nicht lange Bestand. Nachdem die SPD nach Ausscheiden der Statt-Partei aus der Bürgerschaft eine Koalition mit der GAL eingegangen war, wurde das Bezirksverwaltungsgesetz erneut umfassend novelliert. Dabei wurde die Stellung der Bezirksversammlungen deutlich gestärkt:

- § 15 I, II BezVG bestimmt nunmehr die Kompetenzen der Bezirksversammlungen generalklauselartig wie folgt: *„Die Bezirksversammlung regt Verwaltungshandeln an, kontrolliert die Führung der Geschäfte des Bezirksamts, entscheidet in den ihr vorbehaltenden Angelegenheiten und nimmt die in diesem Gesetz vorgesehenen Wahlen vor." „Das Bezirksamt unterrichtet die Bezirksversammlung laufend über die Führung der Geschäfte und die künftigen Vorhaben. Die Bezirksversammlung kann über alle Angelegenheiten des Bezirksamts jederzeit Auskunft verlangen. Sie kann durch Empfehlungen Verwaltungshandeln anregen. Das Bezirksamt setzt die Empfehlung um, wenn es sie nicht nach Maßgabe des § 18 beanstandet. Es bringt der Bezirksversammlung unverzüglich die aufgrund der Empfehlung durchgeführten Maßnahmen zur Kenntnis."*

- Das Fragerecht der Abgeordneten bezieht sich ausdrücklich wieder auf alle Angelegenheiten des Bezirksamts - nicht nur auf solche von grundsätzlicher Bedeutung (§ 13 V BezVG). Hinzu tritt ein Akteneinsichtsrecht, das auch von einer Minderheit ausgeübt werden kann (§ 13 I BezVG).

- Die Einschränkungen des Rechts der Bezirksversammlungen zur Bildung von Fachausschüssen fallen wieder weg.

- Schließlich ist auch das Konsensprinzip bei der Bestellung des Bezirksamtsleiters beseitigt worden. Der neue § 26 BezVG stellt sicher, daß letzten Endes stets die Bezirksversammlung ihren Willen durchsetzen kann.

3.2.3.3 Neues Steuerungsmodell und Reform der Verwaltungsprozesse

Wie bereits dargestellt (*Vgl. Kapitel IV.3.2*), orientieren sich alle drei Stadtstaaten bei der Reform ihrer Verwaltungen an dem von der KGSt entwickelten Neuen Steuerungsmodell (NSM). Allerdings erschöpfen sich die Veränderungen des öffentlichen Sektors in den Stadtstaaten nicht in der Einführung der bekannten Bausteine des NSM (Produktorientierung, Budgetierung, Kosten- und Leistungsrechnung, Kontraktmanagement, Qualitätsmanagement, Controlling). Sowohl die zu beobachtenden Reformen der Parlaments- und Regierungsstrukturen (*Vgl. Kapitel III.1.2 u. III.1.3*) wie auch die grundlegende Neubestimmung des Verhältnisses zwischen Hauptverwaltung und Bezirken in Berlin und Hamburg (*Vgl. Kapitel IV.3.2.3.2*) sind eigenständige Prozesse, die zwar mit der Einführung des NSM thematisch zusammenhängen, die aber nicht originäre Bestandteile der von der KGSt entwickelten Reformkonzeption sind. Deshalb sind in diesem Abschnitt unter der Überschrift „Neues Steuerungsmodell" nur einzelne Aspekte der Modernisierung des öffentlichen Sektors in den Stadtstaaten zu untersuchen. Dabei werden Zielsetzung und Wirkungsweise der verschiedenen Instrumente des NSM als grundsätzlich bekannt vorausgesetzt. Die Darstellung stützt sich - soweit nicht besonders vermerkt - auf die folgenden offiziellen Materialien:

- **Bremen**: Senator für Finanzen der Freien Hansestadt Bremen, Dezentrale Haushaltssteuerung, 2. Zwischenbericht März 1998; Henning Lühr, Bremische Verwaltung auf Reformkurs!, 2. Werkstattbericht 1997; Freie Hansestadt Bremen, 1. Zwischenbericht zur koordinierten Einführung des Neuen Steuerungsmodells in die bremische Verwaltung, Juli 1998
- **Berlin**: Statusberichte der Senatsverwaltung für Inneres zum Stand der Verwaltungsreform, Nr. 55-60 (November/Dezember 1997-September/Oktober 1998)
- **Hamburg**: Mitteilungen des Senats an die Bürgerschaft zum Stand der Verwaltungsmodernisierung in Hamburg (LT-Drucks. 15/7826, 15/5844, 15/3750, 15/1813).

Die Stadtstaaten folgen bei der Einführung der neuen Steuerungsinstrumente keiner einheitlichen Philosophie: Während Berlin von Anfang an auf eine schnelle flächendeckende Einführung aller Elemente des NSM gesetzt hat, haben sich Bremen und Hamburg für einen projektorientierten, inkrementalistischen Ansatz entschieden. Dies darf nicht darüber hinwegtäuschen, daß es in der Reformpraxis zu einer gewissen Angleichung zwischen beiden Ansätzen gekommen ist. Während in Bremen und Hamburg bestimmte Instrumente des NSM mittlerweile auch flächendeckend umgesetzt werden (sollen), mußte man in Berlin feststellen, daß sich die optimistischen Zeitpläne der ursprünglichen Reformkonzepte nicht einmal ansatzweise einhalten lassen. Im Berliner Projektstatusbericht Nr. 55 vom 12.12.1997 wird ausgewertet, daß es bisher noch in keinem einzigen Teilbereich der Verwaltung gelungen sei, „alle Reformelemente des in Berlin ganzheitlich angelegten Reformprozesses miteinander zu verknüpfen und die

Wechselwirkung der einzelnen Elemente auf die übrigen zu demonstrieren." (*S. 8*)

3.2.3.3.1 Produkte und Kosten- und Leistungsrechnung

Einer der zentralen Bausteine des NSM ist die Definition und Beschreibung von *Produkten*. Statt verfahrensorientiert in Funktionen und Zuständigkeiten soll die Verwaltung künftig ergebnisorientiert in Produkten und Prozessen denken. Als Kostenträger einer neu einzuführenden Kosten-und Leistungsrechnung (KLR) sollen die Produkte Aufschluß über die Kosten administrativen Handelns geben und perspektivisch als Ansatzpunkt einer ergebnisorientierten Budgetierung dienen. In **Berlin** und **Hamburg** sind mittlerweile sowohl für die Senatsverwaltungen als auch für die Bezirke nahezu flächendeckend Produkte und - als höhere Aggregationsebenen - Produktgruppen und Produktbereiche gebildet worden. In **Bremen** ist der Prozeß der Produktbildung noch in vollem Gange. Ursprünglich sollte er bis zum 30.6.1998 abgeschlossen sein. Dieser Zeitplan konnte jedoch nicht eingehalten werden. Abschließend definiert worden sind hingegen Produktgruppen, Produktbereiche und - als bremische Besonderheit - Produktgruppenpläne.

Tabelle 17: Anzahl der Produkte, Produktgruppen und Produktbereiche in den Stadtstaaten

	Berlin	Bremen	Hamburg
Produktbereiche	182	92	67
Produktgruppen	680	241	242
Produkte	3230	noch keine flächendeckende Produktbildung erfolgt	957

(Stand: Berlin und Bremen Ende 1997, Hamburg 1998)

Die obenstehende Tabelle gibt einen Überblick über die Anzahl der Produkte, Produktgruppen und Produktbereiche in den Stadtstaaten (Hauptverwaltung und Bezirke). Die stark divergierenden Produktzahlen in Berlin und Hamburg deuten daraufhin, daß die Frage, welche einzelnen Verwaltungsleistungen zu Produkten aggregiert werden sollen, sehr unterschiedlich beantwortet wird. Schwer zu beurteilen ist die praktische Brauchbarkeit der bisher gebildeten Produkte.

Das mit der Produktbildung verfolgte Ziel, Verwaltungshandeln transparent und vergleichbar und damit letztlich auch steuerbar zu machen, läßt sich nur dann in vollem Umfang erreichen, wenn den Produkten sowohl die genauen Kosten ihrer Erstellung zugeordnet sind als auch Kennzahlen hinsichtlich der Quantität und der Qualität der hergestellten Produkte bereitstehen.[142] Die Schwierigkeiten bei der Entwicklung steuerungsrelevanter Kennzahlen sind hinlänglich bekannt und werden auch in offiziellen Berichten zum Stand der Verwaltungsmodernisierung immer wieder beklagt. Probleme bereiten insbesondere die qualitativen Kennzahlen. Während zum Beispiel der Hamburger Produktkatalog 1998 immerhin 1.565 quantitative Kennzahlen verzeichnet, existierten bisher für insgesamt 242 Produktgruppen nur 228 qualitative Kennzahlen (*S. 529*). Dabei

---

[142] Vgl. dazu die Grundsätze für die Organisation der bremischen Verwaltung: „Zur Beurteilung der Qualität und Wirksamkeit der „Produkte"/Dienstleistungen zur Zielerreichung müssen operationalisierbare Qualitätsziele sowie aussagekräftige Kennzahlen- und Indikatorensysteme entwickelt werden." (Nr. 19).

verdienen die als qualitativ ausgewiesenen Kennzahlen bei näherem Hinsehen häufig dieses Etikett noch nicht einmal.[143] Nachdenklich stimmt auch, daß zwischen 1996 und 1998 die Zahl der als „qualitativ" eingestuften Kennzahlen von 512 auf 228 gesunken ist (*Produktkatalog 1998, S. 529*). Sicherlich ist es möglich, daß hinter dieser Entwicklung lediglich eine notwendige Straffung des Kennzahlenwesens steht. Dies erklärt aber noch nicht, warum ganze Fachbehörden wie die Kulturbehörde und die Baubehörde in den ihnen zugeordneten Produktgruppenplänen 1998 keine einzige qualitative Kennzahl mehr verwenden (*Ebenda*). Ohne daß hier eine systematische Analyse der Produktkataloge in den Stadtstaaten geleistet werden könnte, läßt sich auf Basis stichprobenartiger Überprüfungen die These aufstellen, daß der Produktansatz seine praktische Bewährungsprobe noch nicht bestanden hat. Im übrigen wäre selbst für den Fall, daß das Problem der qualitativen Kennzahlen befriedigend gelöst wird, das eigentliche Ziel der Produktbildung noch nicht erreicht. Dies wäre erst dann der Fall, wenn mit den Produkten tatsächlich gearbeitet wird, wenn sie zu Kristallisationspunkten zukunftsgerichteter Überlegungen über Leistungsoptimierungen und/oder Kostensenkungen werden.

Systematisch eng mit der Produktbildung verbunden ist die *Kosten- und Leistungsrechnung*. Sie „*unterstützt die Durchführung der betrieblichen Steuerung und Kontrolle innerhalb von Verwaltungsbereichen, indem sie den Produkten und Leistungen Kosten zeitnah und verursachungsgerecht zuordnet, die Kalkulationsgrundlagen für Gebühren und Entgelte verbessert sowie detailiertere und ergebnisbezogene Auswertungen als bislang ermöglicht."* (*Freie und Hansestadt Hamburg 1996, S. 6*). Auf Grundlage der bisherigen Haushaltssystematik ist eine Zuordnung von Produkten und Kosten nicht möglich, da im Haushaltsplan die Mittel (nur) nach Kostenarten veranschlagt und kalkulatorische Kosten nicht berücksichtigt werden.

Die Einführung der Kosten- und Leistungsrechnung ist seit 1.1.1998 nicht mehr ins Belieben der einzelnen Länder gestellt. § 6 III HGrG bestimmt jetzt*: „In geeigneten Bereichen soll eine Kosten- und Leistungsrechnung eingeführt werden."* Die Länder sind gehalten, eine entsprechende Bestimmung in ihre Landeshaushaltsordnungen zu übernehmen - was mittlerweile auch in allen drei Stadtstaaten geschehen ist. Die Einführung der Kosten- und Leistungsrechnung besitzt allerdings in den drei Stadtstaaten einen unterschiedlichen Stellenwert.

In **Berlin** sieht der Senat in der flächendeckenden Einführung der KLR nach wie vor eines der Kernelemente der Verwaltungsreform (*Vorlage für die Sitzung des Senats am 17.2.1998, S. 7*). Allerdings gibt es bei der Implementation immer noch erhebliche Probleme. Bisher waren alle Zeitpläne schon im Zeitpunkt ihrer Verabschiedung Makulatur. Im jüngsten Statusbericht zur Verwaltungsreform vom September/Oktober 1998 (Nr. 60) heißt es: „*Immer noch kann der Prozeß der Einführung der Kosten- und Leistungsrechnung in der Berliner Verwaltung als zäh, aber nicht unbedingt kritisch bezeichnet werden. Allerdings nimmt der Widerstand gegen die Umsetzung der Kosten- und Leistungsrechnung in einzelnen Bezirks- und Senatsverwaltungen stetig zu.*" (S. 19).

---

[143] So ist zum Beispiel in Hamburg einzige Qualitätskennzahl für die Produktgruppe 06 Lehrerausbildung die „Anzahl der Referendarinnen und Referendare pro Hauptseminar" (*Produktkatalog 1998, S. 108*). Damit läßt sich aus der Sicht der Politik, für die diese Information gedacht ist, wenig bis nichts anfangen.

Mit den Schwierigkeiten treten zunehmend auch die Kosten der KLR ins Bewußtsein. Der Senat schätzt, daß zur laufenden Betreuung der einmal eingeführten KLR zwischen 250 und 300 Dienstkräfte notwendig sind (*Vorlage für die Sitzung des Senats am 17.2.1998, S. 19*). Veranschlagt man die jährlichen Personalkosten für eine Dienstkraft mit 100.000 DM im Jahr - was sicherlich konservativ geschätzt ist -, dann kostet die KLR rund 25-30 Mio. DM im Jahr. Hinzu kommen die ganz erheblichen Einführungskosten.

Im Unterschied zu Berlin ist man in **Hamburg** der Ansicht, daß *„wegen des hohen Einführungsaufwandes und den noch geringen Erfahrungen mit dem Instrument (der KLR) in der öffentlichen Verwaltung Entscheidungen über eine flächendeckende Einführung gegenwärtig verfrüht wären." (Vgl. LT-Drucks. 15/7826, S. 3)*. Dementsprechend hat sich Hamburg dazu entschlossen, die KLR zunächst schrittweise in ausgewählten Verwaltungsbereichen zu erproben, um mehr Erfahrung darüber zu gewinnen, welchen Nutzen die KLR haben kann, wie hoch die Kosten einer Einführung sind, welche institutionellen Rahmenbedingungen vorhanden sein müssen und wie der Einführungsprozeß am besten organisiert werden kann (*Ebenda*).[144]

Bremen dagegen geht in der Frage der KLR eher den Berliner Weg. In den 1995 beschlossenen Grundsätzen für die Organisation der Bremer Verwaltung heißt es unter Ziffer 19: *„Zur Beurteilung der Wirtschaftlichkeit des „Produkterstellungsprozesses" sowie der Leistungsstandards im Verhältnis zu ihren Kosten müssen den „Produkten"/Dienstleistungen ihre Kosten zugeordnet werden."* (ABl. S. 421). Nach einer konzeptionellen Vorlaufphase und einer Erprobung der KLR in acht Pilotprojekten hat die Finanzdeputation hat am 12.9.1997 ihre flächendeckende Einführung bis zum Jahr 2000 beschlossen. Am 24. März 1998 wurde ein entsprechender Senatsbeschluß gefaßt. Die Konsequenzen dieser Entscheidung für die übrigen Reformelemente sind nach Einschätzung der Lenkungsgruppe Verwaltungsreform erheblich: *„Die personellen Kapazitäten in den Dienststellen für weitere Bausteine sind begrenzt, insbesondere da vermieden werden muß, daß die Dienststellen mit Reformprojekten überfrachtet werden."* (*Freie Hansestadt Bremen 1998, S. 11*).

3.2.3.3.2 Dezentrale Ressourcenverantwortung und Budgetierung

Um klarere Verantwortlichkeiten zu schaffen und um die Leistungsbereitschaft und die Kreativität der Beschäftigten zu stimulieren, sieht das Neue Steuerungsmodell die dezentrale Zusammenführung von Fach- und Ressourcenverantwortung vor. Ein wesentliches Element der dezentralen Ressourcenverantwortung ist die Budgetierung bei der Durchführung des Haushalts.[145] Unterschieden werden können inputorientierte und outputorientierte Arten der Budgetierung. Als inputorientierte Budgetierung läßt sich jede Form der zusammengefaßten Betrachtung von Haushaltsansätzen auf Grundlage der

---

[144] Für die bereichsweise Erprobung sind ganze drei (!) Verwaltungseinheiten ausgesucht worden.

[145] Budgetierung bei der Aufstellung des Haushalts läuft demgegenüber gerade nicht auf eine Dezentralisierung von Entscheidungskompetenzen hinaus, sondern dient vielmehr der Stärkung der politischen Zentralinstanzen: Die Budgets werden „top-down" aus der mittelfristigen Finanzplanung abgeleitet und ggf. um Konsolidierungsquoten reduziert, bevor es zum traditionellen „bottom-up" organisierten Mittelanmeldungsverfahren der Fachverwaltungen kommt.

traditionellen Haushaltssystematik bezeichnen. Budgetiert wird durch die Zusammenfassung bisher getrennt veranschlagter Titel oder durch die Ausweitung der gegenseitigen Deckungsfähigkeit von Titeln. Im Extremfall werden einer Verwaltungseinheit alle erforderlichen Sach- und Personalmittel in Form einer einzigen Globalsumme zur Bewirtschaftung zugewiesen. Die konsequenteste Form der inputorientierten Budgetierung bildet daher auch die Verselbständigung von Verwaltungseinheiten. Zum Konzept der Budgetierung gehört ferner, daß die Übertragbarkeit von Mitteln erleichtert wird, um Anreize für wirtschaftliches Handeln und für die Bildung von Rücklagen zu schaffen. Dem gleichen Ziel dient die Zweckbindung von Einnahmen, die durch managementbedingte Verbesserungen erzielt worden sind. Idealtypische Form der Budgetierung ist nach der Konzeption des Neuen Steuerungsmodells allerdings nicht die input-, sondern die outputorientierte Budgetierung. Budgetiert werden bei letzterem Verfahren nicht bestimmte Organisationseinheiten auf Grundlage der kameralistischen Haushaltssystematik, sondern mit Kennzahlen versehene Produkte oder Produktgruppen auf der Basis von Kostenrechnungsdaten. Praktische Erfahrungen mit einer vollentwickelten outputorientierten Budgetierung gibt es in Deutschland noch nicht.

Das Instrument der Budgetierung findet seit 1.1.1998 eine eindeutige gesetzliche Grundlage im neuen § 6a HGrG. In Absatz 1 der Vorschrift heißt es: *„Die Einnahmen, Ausgaben und Verpflichtungsermächtigungen können im Rahmen eines Systems der dezentralen Verantwortung einer Organisationseinheit veranschlagt werden. Dabei wird die Finanzverantwortung auf der Grundlage der Haushaltsermächtigung auf die Organisationseinheiten übertragen, die die Fach- und Sachverantwortung haben. Voraussetzung sind geeignete Informations- und Steuerungsinstrumente, mit denen insbesondere sichergestellt wird, daß das jeweils verfügbare Ausgabenvolumen nicht überschritten wird. Art und Umfang der zu erbringenden Leistungen sind durch Gesetz oder Haushaltsplan festzulegen."*[146] Die Länder sind verpflichtet, ihre Landeshaushaltsordnungen entsprechend anzupassen. Auch insoweit können alle drei Stadtstaaten bereits Vollzug melden.

In **Berlin** wurden - sieht man einmal von der Verselbständigung von Verwaltungseinheiten ab - erstmalig 1994 Haushaltsmittel in größerem Umfang budgetiert, indem für die Bezirke das Globalsummensystem eingeführt wurde (*Vgl. Kapitel IV 3.2.2.3.1*). In den folgenden Jahren sind der Budgetierung weitere Anwendungsbereiche erschlossen worden. So wurde zum Beispiel das Globalsummensystem für Personalausgaben 1996 auf die Hauptverwaltung erstreckt (Haushaltsstrukturgesetz vom 15.4.96, GVBl. S. 126). Gegenwärtig ist man dabei, den Übergang zur outputorientierten Budgetierung vorzubereiten. Dabei handelt es sich nach eigener Einschätzung um „eines der ambitioniertesten Vorhaben im Rahmen der Verwaltungsreform" mit dem die Berliner Verwaltung eine Vorreiterrolle einnehme. Gerade der Umstand, daß auf Erfahrungen

---

[146] § 6a II HGrG nennt dann die Instrumente, mit denen die Budgetierung im Rahmen der überkommen Haushaltssystematik zu verwirklichen ist: *„In den Fällen des Absatzes 1 soll durch Gesetz oder Haushaltsplan für die jeweilige Organisationseinheit bestimmt werden, welche 1. Einnahmen für bestimmte Zwecke verwendet werden sollen, 2. Ausgaben übertragbar sind und 3. Ausgaben und Verpflichtungsermächtigungen jeweils gegenseitig oder einseitig deckungsfähig sind."*

allenfalls partiell zurückgegriffen werden könne, erschwere den Weg ins finanzpolitische Neuland (*Vorlage zur Sitzung des Senats am 17.2.1998, S. 10*). Das erste Produktbudget soll im Jahr 2001 vorgelegt werden.

In **Bremen** wurde 1993 damit begonnen, eine Konzeptionen für die dezentrale Haushaltssteuerung (DHS) zu entwickeln (*Vgl. zum folgenden Finanzbericht Bremen 1998, S. 5*). Nachdem Erfahrungen in verschiedenen Modellprojekten gesammelt worden waren, beschloß der Senat am 19.12.1995 die flächendeckende Einführung der DHS. Zuvor hatten schon die im Mai 1995 erlassenen Grundsätze für die Organisation der Bremischen Verwaltung das Prinzip der Dezentralisierung für verbindlich erklärt.[147] Schrittweise wurde in den folgenden Jahren das Instrument der Budgetierung in die Bremische Verwaltung eingeführt. Ab 1.1.1998 ist der Gesamthaushalt für alle Ressorts flexibilisiert worden. Konsumtive Haushaltsmittel sind nunmehr generell übertragbar. Auch in Bremen steht für die Zukunft - ebenso wie in Berlin - der Übergang von der inputorientierten zur outputorientierten Budgetierung auf der Tagesordnung. Die Finanzdeputation hat den Senat schon am 18.12.97 darum gebeten, die Beratungen für die Haushalte ab dem Jahr 2000 auf der Grundlage des Bremer Produktgruppenplanes mit der darin erarbeiteten Struktur vorzubereiten.

Auch in **Hamburg** ist in den letzten Jahren der Anwendungsbereich der Budgetierung ständig ausgeweitet worden: *„Durch die Einrichtung von Deckungskreisen, Titelgruppen und Selbstbewirtschaftungsfonds wurden die Möglichkeiten zum flexiblen Haushaltsvollzug erweitert. Beim sogenannten Programm „fifty/fiyty" können sich Schulen 50% der von ihnen erzielten Energieeinsparungen für die Beschaffung von Unterrichtsmitteln gutschreiben lassen. Seit 1996 werden die gestaltbaren Sach- und Fachausgaben - mit Ausnahme einiger Sonderbereiche - von den Fachressorts im Rahmen von Budgets eigenständig verantwortet. Seit 1997 gilt dies auch für Personalausgaben (...)."* (Nümann-Seidewinkel 1997, S. 21).

Für eine umfassende Bewertung der praktischen Auswirkungen der eingeleiteten Budgetierungs- und Dezentralisierungsmaßnahmen fehlt bisher die empirische Grundlage. An Einzelbeispielen läßt sich zwar zeigen, daß mit Hilfe der Dezentralisierung

---

[147] In Ziffer 13 der OrgGrundsätze heißt es *„Aufgaben, Kompetenzen und Verantwortung sollen deckungsgleich sein, damit die Selbständigkeit des Handelns nicht eingeschränkt und die Verantwortung klar abgegrenzt wird: Entscheidungs- und Zeichnungsbefugnisse sind weitgehend zu delegieren. Korrespondierend zur Delegation von Entscheidungskompetenzen ist Verantwortung zu übertragen. Die Übernahme von Ergebnisverantwortung setzt voraus, daß die Ergebnisse tatsächlich auch dem „eigenen Handeln" zurechenbar sind und entsprechende Handlungs- und Gestaltungsspielräume bei der Aufgabenerfüllung genutzt werden können."* Als Voraussetzungen für eine Delegation von Verantwortung werden genannt: Vorgabe von Zielen für die Aufgabenerfüllung; Ausstattung mit den zur Aufgabenerfüllung notwendigen (fachlichen und ressourcenbezogenen) Kompetenzen; Transparenz über Kosten und Leistungen einschließlich Controlling. Ziffer 15 der OrgGrundsätze bestimmt: *„Die jeweils vorgesetzte Leitungsebene soll auf Verfahrens- und Detaileingriffe bei der Aufgabenerfüllung der Mitarbeiter/innen weitestgehend verzichten und statt dessen zu einer ziel- und ergebnisorientierten Steuerung übergehen. Im Rahmen der festgelegten Entscheidungsbefugnisse und Verantwortlichkeiten (Vgl. Nr. 13) sind Detaileingriffe auf solche Fälle zu beschränken, in denen die Erfüllung der Aufgaben gefährdet ist."*

managementbedingte Ergebnisverbesserungen erzielt werden können.[148] Doch ist fraglich, ob unter den Bedingungen der Finanzkrise ausreichend Anreize für die dezentralen Einheiten bestehen, sich dauerhaft um Ausgabensenkungen oder Einnahmeverbesserungen zu bemühen. Im Berliner Projektstatusbericht Nr. 55 vom 12.12.1997 wird die Frage rundheraus verneint: *„Die derzeitige Haushaltssituation und die damit verbundenen Haushaltskonsolidierungsmaßnahmen, die zum Teil kontraproduktiv zu den Zielen der Experimentierklausel sind, schaffen kaum Raum für die Nutzung der Anreizsysteme im Zusammenhang mit etwaigen managementbedingten Ergebnisverbesserungen. Das Vertrauen in die Wirkung derartiger Instrumente schwindet daher stetig, tendiert in vielen Bereichen zur völligen Negierung."* (*S. 8*). Ebenfalls noch nicht abzusehen sind die Auswirkungen der dezentralen Ressourcenverantwortung auf die Budgethoheit und die Steuerungsfähigkeit der Parlamente.

3.2.3.3.3 Kontraktmanagement und Controlling

Budgetierung und dezentrale Ressourcenverantwortung erhöhen das Gewicht der dezentralen Verwaltungseinheiten und können Fragmentierungsprozesse auslösen, wenn nicht gleichzeitig neue Formen zentraler Steuerung installiert werden. Das Neue Steuerungsmodell geht davon aus, daß eine Steuerung im Verhältnis von vorgesetzten zu nachgeordneten Organisationseinheiten möglichst nicht über Einzeleingriffe sondern über Zielvereinbarungen erfolgen soll (Kontraktmanagement). Damit die steuernde Einheit weiß, ob eine Zielvereinbarung auch tatsächlich eingehalten wird und auf Abweichungen unverzüglich reagieren kann, muß das Kontraktmanagement durch ein leistungsfähiges Controlling unterstützt werden. Kontraktmanagement und Controlling können grundsätzlich auf allen Hierarchieebenen innerhalb der Verwaltung ansetzen, also sowohl zwischen dem einzelnen Mitarbeiter und seinem unmittelbaren Vorgesetzten wie auch zwischen Abteilung und Amt oder Behördenleitung und Abteilung. Unklar ist zur Zeit noch, ob auch ein Kontraktmanagement im Verhältnis Parlament - Regierung möglich bzw. sinnvoll ist. Eine zentrale Frage ist dabei, ob die verfassungsrechtliche Eigenständigkeit der Regierung den Abschluß verbindlicher Zielvereinbarungen mit dem Parlament überhaupt erlaubt (*Vgl. Kapitel III 2.*). Eine entwickelte Diskussion hierüber gibt es gegenwärtig in keinem der drei Stadtstaaten.

In **Berlin** werden zwei Arten von Kontrakten unterschieden: Zielvereinbarungen zwischen Behördenleitungen und Leistungs- und Verantwortungszentren (LuV) und Servicevereinbarungen zwischen Leistungs- und Verantwortungszentren und Serviceeinheiten (SE).[149] § 2 V des geplanten Verwaltungsreform-Grundsätze-Gesetzes (*VGG-*

---

[148] In Berlin zum Beispiel konnten 1997 in 17 Leistungs- und Verantwortungszentren managementbedingte Ergebnisverbesserungen von insgesamt rund 500.000,- DM erzielt werden (Vgl. Projektstatusbericht Nr. 58 vom 30.5.1998, Anlage 8). Hochgerechnet auf die angestrebte Zahl von insgesamt 600 LuV in der Berliner Verwaltung würde sich die jährliche Ergebnisverbesserung allerdings insgesamt auf weniger als 20 Mio. DM belaufen. Das ist ein Betrag, der angesichts der Haushaltsprobleme Berlins fast zu vernachlässigen ist und nicht einmal die zusätzlichen Kosten eines Vollbetriebs der Kosten- und Leistungsrechnung deckt.

[149] Leistungs- und Verantwortungszentren treten nach der neuen Organisationssystematik der Berliner Verwaltung etwas verkürzt gesprochen an die Stelle der Fachämter, Serviceeinheiten an die Stelle der Querschnittsämter.

Entwurf, Stand: Oktober 1998) definiert Zielvereinbarungen wie folgt: *„Zielvereinbarungen sind Absprachen zwischen der Behördenleitung und den Leistungs- und Verantwortungszentren sowie anderen Organisationseinheiten, die der Schriftform bedürfen und auf eine Geltungsdauer für ein Haushaltsjahr angelegt sind. Sie umfassen als abgestimmte Vorgaben mindestens Festlegungen zu Leistungszielen (Mengen, Qualität, Termine), Finanzzielen und einzusetzenden Mitteln."* Zu den Servicevereinbarungen heißt es in § 2 III 3 VGG-Entwurf: *„Über die Leistungen, die Serviceeinheiten erbringen sollen, und über die dafür einzusetzenden Mittel werden Servicevereinbarungen zwischen den beauftragenden Organisationseinheiten und den Serviceeinheiten geschlossen."* Bislang sind in Berlin rund 70 Ziel- und Servicevereinbarungen abgeschlossen worden (*Senatsverwaltung für Inneres 1998, Projektstatusbericht Nr. 58*). Angesichts einer geschätzten Gesamtzahl von 2.500 abzuschließenden Kontrakten innerhalb der Berliner Verwaltung (*Vgl. Vorlage für die Sitzung des Senats vom 17.2.1998, S. 18*), erscheint diese Zahl relativ klein. Die Qualität der bisher abgeschlossenen Ziel- und Servicevereinbarungen wird als gemischt beurteilt. Ein Bericht an das Lenkungsgremium vom 18. Juni 1998 kommt zu dem Ergebnis, daß zur Zeit Kontrakte „immer nur in Teilaspekten als gelungen beurteilt werden" können (*Senatsverwaltung für Inneres, Projektstatusbericht Nr. 58 vom Mai/Juni 1998, Anlage 4*). Der Aufwand für den Abschuß aller ins Auge gefaßten 2.500 Kontrakte läßt sich auf Grundlage der Annahmen des Senats[150] mit 9.000-10.000 Arbeitstagen im Jahr, das ist die Arbeitsleistung von umgerechnet 30-40 Dienstkräften, beziffern. Was den Bereich des Controlling betrifft, so steht in Berlin gegenwärtig der Aufbau eines „Querschnittscontrolling" im Mittelpunkt der Anstrengungen. Darunter wird sowohl die Sammlung, Verdichtung, Auswertung und Bereitstellung berlinweiter Controllinginformationen zu Steuerungszwecken als auch die Strukturierung und Initiierung von Entscheidungsprozessen verstanden.

In **Bremen** sind die Grundlagen für eine flächendeckende Einführung des Kontraktmanagements 1995 mit dem Erlaß der Grundsätze für die Organisation der bremischen Verwaltung gelegt worden. Unter Ziffer 14 heißt es: *„Durch Zielvereinbarungen (Kontrakt-Management, Mitarbeiter-Vorgesetzten-Gespräch) kann der Vorgesetzte/ die Vorgesetzte von Koordinationsaufgaben entlastet und der Aktionsspielraum des Mitarbeiters/der Mitarbeiterin erhöht werden. Zwischen dem Vorgesetzten/der Vorgesetzten und den Mitarbeitern/Mitarbeiterinnen werden für einen bestimmten Zeitraum verbindliche Ziel- und Leistungsabsprachen getroffen. Dem Aufgabenträger/der Aufgabenträgerin obliegt das „Wie" der Aufgabenerfüllung."* In der Praxis scheinen Kontrakte aber noch keine große Rolle zu spielen. Erst für dieses Jahr war die Erstellung eines Leitfadens für das Kontraktmanagement geplant. Gut entwickelt ist in Bremen das zentrale Controlling. Der Senat hat am 28.1.1997 die Grundsätze zum Ressortcontrolling (Personal- und Sachhaushalt) beschlossen. Die vorgesehenen Berichte sind seither regelmäßig erstattet worden. Zur Zeit wird daran gearbeitet, ein Produktgruppencontrolling zu installieren, das regelmäßig über den Stand der Leistungserbringung, das damit

---

[150] Der Senat geht davon aus, daß der Abschluß einer Zielvereinbarung im Durchschnitt die Aufwendung von 5 Arbeitstagen, der Abschluß einer Servicevereinbarung im Durchschnitt die Aufwendung von 3,5 Arbeitstagen erfordert (*Vgl. Vorlage für die Sitzung des Senats vom 17.2.1998, S. 18*).

verbundene Ausgabe- und Einnahmevolumen und - soweit eine Kosten- und Leistungsrechnung vorhanden ist - den Ressourcenverbrauch auf der Steuerungsebene Produktgruppen berichten soll. Im Vergleich zum zentralen Controlling ist das dezentrale Controlling in Bremen noch wenig entwickelt.

In **Hamburg** scheint das Kontraktmanagement als eigenständiges Reformelement nur eine untergeordnete Rolle zu spielen. In den periodischen Mitteilungen des Senats an die Bürgerschaft über den Stand der Verwaltungsmodernisierung in Hamburg jedenfalls wird ihm keine eigene Rubrik eingeräumt. Von großer Bedeutung ist in Hamburg dagegen das Thema Controlling. Hierzu ist erst jüngst auf Ersuchen der Bürgerschaft ein eigener Bericht des Senats vorgelegt worden. Durch den stufenweisen Aufbau von Controlling-Systemen werden zwei Hauptziele verfolgt: *„Ausbau einer ziel-, effektivitäts- und effizienzorientierten Steuerung des Verwaltungshandelns sowie die Integration von Steuerungsinformationen, die durch andere Instrumente der Verwaltungsinnovation entwickelt und bereitgestellt werden."* (LT-Drucks. 15/7826, S. 5). Der tatsächliche Entwicklungsstand des Controlling in der Hamburger Verwaltung wird als uneinheitlich beurteilt. *„Controllingrelevante Elemente der Führungsunterstützung sind aber sowohl auf zentraler Ebene als auch in vielen Behörden vorhanden, darüber hinaus befindet sich eine wachsende Zahl von Ressorts und einzelnen Fachbereichen in der Phase konzeptioneller Überlegungen."* (Ebenda).

3.2.3.3.4 Qualitäts- und Kundenorientierung der Verwaltung?

Unter Bürgernähe wurde bei der Verwaltungsreform in den siebziger Jahren vor allem die Forderung nach der Demokratisierung von Politik und Verwaltung verstanden. Ergebnis dieses politischen Prozesses war z.B. die Einführung von Verfahren der Bürgerbeteiligung bei der kommunalen Bauleitplanung. Heute sollen sich Bürgerorientierte Kommunen möglichst durch die mitverantwortliche Beteiligung von Bürgerinnen und Bürger sowie ihrer Initiativen und Organisationen an Planungs-, Entwicklungs- und Gestaltungsentscheidungen auszeichnen und die dauerhafte, eigen- und mitverantwortliche Übernahme von öffentlichen Aufgaben durch die Bürgerschaft anstreben und fördern (*Trott zu Solz 1998*). Inwieweit die Dekonzentration der Verwaltung und die Beteiligung der Bürgerinnen und Bürger in den Stadtstaaten diesen Anforderungen genügen (können), soll in der zweiten Arbeitsphase des Projektes näher untersucht werden.

Um eine derartig weitgehende Vorstellung einer Bürgerorientierung geht es bei der Förderung einer Kunden- und gar Qualitätsorientierung durch die Verwaltungsmodernisierung in der Regel nicht. Mit der Kundenorientierung öffentlicher Verwaltungen und Einrichtungen wird die Frage angesprochen, wie eine größtmögliche Zufriedenheit des Bürgers als Kunden in der Rolle des Auftraggebers oder Abnehmers einer öffentlichen Dienstleistung erreicht werden kann. (*Bogumil; Kißler 1995*). Der Bürger soll damit aus der Untertanenrolle gegenüber der Verwaltung befreit werden. Die Verwaltung soll lernen, stärker auf die Bedürfnisse des Bürgers Rücksicht zu nehmen und eine bestimmte Qualität ihres Leistungsangebots zu garantieren.

Die Kundenrolle stößt im öffentlichen Sektor aber da an eine Grenze, wo die Beziehung zwischen dem Bürger und dem Staat notwendigerweise als öffentlich-rechtliches Gewaltverhältnis ausgestaltet ist (vgl. Insassen eines Gefängnisses, Empfänger eines Bußgeldbescheides). Von daher bietet es sich in öffentlichen Dienstleistungsorganisation an, die Kunden- mit der Qualitätsorientierung zu verbinden. Gefragt werden kann, wie die Qualität öffentlicher Dienstleistungen zu verbessern ist. Die Qualitätspolitik weist als bisher vorwiegend in privatwirtschaftlichen Unternehmen verbreitete Managementmethode eine eigene Entwicklungsgeschichte auf. Der Entwicklungsprozeß führte von einfachen Qualitätskontrollen über die integrative Qualitätssicherung zur programmatischen Vision des Total Quality Management (TQM). Umstritten ist mittlerweile, inwieweit formale Zertifizierungsverfahren nach der Deutschen Industrienorm (DIN) zur Auswahl und Anwendung des Qualitätsmanagements den prozeßbezogenen Anforderungen der betrieblichen Praxis und des strategischen Managements gerecht zu werden vermögen. Unstrittig ist aber, daß die Qualitätspolitik und das Qualitätsmanagement des deutschen öffentlichen Sektors auch im internationalen Vergleich noch relativ große Entwicklungsdefizite autweisen (Oppen 1995 und 1999).

Berlin wird in der Literatur eine zu starke Binnenorientierung bei der Verwaltungsreform und eine Vernachlässigung des Qualitätsmanagements vorgeworfen *(Reichard; Röber 1998)*. Um hieran etwas zu ändern, ist vorgesehen, durch das Verwaltungsreform-Grundsätze-Gesetz die Bürgerorientierung der Verwaltung gesetzlich festzuschreiben. Gemäß § 3 VGG-Entwurf (Stand: Oktober 1998) sollen Organisation und Art der Leistungserbringung an den Anforderungen der Leistungsempfänger „einschließlich der besonderen Belange der Wirtschaft" ausgerichtet werden. Mindestens alle zwei Jahre sind Kundenbefragungen durchzuführen. Öffnungs- und Sprechzeiten sind kundenfreundlich zu gestalten. Der Donnerstag wird bis auf weiteres als Dienstleistungstag mit Spätsprechstunden festgelegt. Kann eine Dienstleistung am selben Tag nicht abschließend erbracht werden, so ist unverzüglich, spätestens innerhalb einer Woche mitzuteilen, wer die Bearbeitung übernommen hat und welche Bearbeitungszeit zu erwarten ist. Schließlich soll ein Beschwerdemanagement eingerichtet werden, das dem Bürger eine rasche Bearbeitung seiner Beschwerde, auch ohne Bezug zu einem konkreten Verwaltungsvorgang, sichert. Den Bezirken wird durch das Bezirksverwaltungsgesetz zudem die Einrichtung eines Bürgeramtes, das den Bürgern als Anlaufstelle für alle typischen Anliegen dient, vorgeschrieben.

In **Bremen** wurde bereits 1995 in den Grundsätzen zur Organisation der bremischen Verwaltung festgelegt: *„Die Organisationsstruktur soll „kundenfreundlich" sein. Die „Kunden" der Verwaltung (...) sollen die für ihre Anliegen zuständigen Organisationseinheiten ohne Schwierigkeiten erkennen und nachvollziehen können. Eine angemessene organisatorische Gestaltung soll die Leistungsprozesse für die „Kunden" transparent machen und eine zügige Erledigung unterstützen."* (Ziff. 5). Ein Gesamtkonzept für das Qualitätsmanagement liegt zwar bisher noch nicht vor. Einzelne Projekte sind gleichwohl schon in die Realisierungsphase getreten *(Vgl. Lühr 1997, S. 4 ff)*: So werden in einem Modellprojekt drei ausgewählte Ortsämter zu dienstleistungsorientierten Bürgerämtern weiterentwickelt. Seit 27.3.1997 gibt es in der bremischen Verwaltung zwei Dienstleitungsabende in der Woche, an denen die

Amtsstuben bis 19 Uhr geöffnet haben. Durchgeführt wurden auch schon verschiedene Bürgerbefragungen.

Auch in **Hamburg** fehlt es noch an einem Gesamtkonzept zum Qualitätsmanagement. An einzelnen Punkten wird jedoch versucht, mit dem Prinzip der Bürgerorientierung Ernst zu machen. Verlängerte Öffnungszeiten und Kundenbefragungen gehören auch hier zu den Standardinstrumenten. Andere Instrumente sind: Einrichtung von Qualitätszirkeln, Verbesserungen des betrieblichen Vorschlagswesens, Neugestaltung von Dienst- und Warteräumen, Einrichtung von Bürgerbüros etc.

3.2.3.3.5 Verwaltung im Wettbewerb

Zu den umstrittenen Bausteinen des Neuen Steuerungsmodells zählt die Einführung von Wettbewerbselementen in die öffentliche Verwaltung. Skeptiker befürchten, daß eine „Vermarktwirtschaftlichung" des Staates mit seinem sozialstaatlichen Leistungsauftrag kollidiert. Andererseits kann es anerkanntermaßen zu Effizienzsteigerungen führen, wenn Verwaltungseinheiten dem Wettbewerb untereinander und mit Privaten ausgesetzt werden. In der Praxis der Verwaltungsreform in den Stadtstaaten spielen Wettbewerbselemente bisher nur eine untergeordnete Rolle.

Was **Berlin** betrifft, wird von einer „extrem schwach ausgeprägte(n) Wettbewerbskomponente" gesprochen (*Reichard; Röber 1998*). Allerdings ist geplant, durch das Verwaltungsreform-Grundsätze-Gesetz künftig den interadministrativen und interkommunalen Leistungsvergleich zur Pflicht zu machen. In § 4 I VGG-Entwurf (Stand: Oktober 1998) heißt es: *"Die Behörden unterziehen sich hinsichtlich Qualität und Kosten ihrer Leistungen mindestens jährlichen Vergleichen innerhalb und außerhalb der Berliner Verwaltung."* Außerdem wird ein Servicewettbewerb zwischen den einzelnen Behörden zugelassen: *"Leistungs- und Verantwortungszentren einer Behörde können sich unter Berücksichtigung der Ergebnisse der Kosten- und Leistungsrechnung und bei Zustimmung der beteiligten Behördenleitungen der Serviceeinheit einer anderen Behörde bedienen, soweit durch Gesetz nichts anderes bestimmt ist. (...) Untersagt die Behördenleitung die Inanspruchnahme der Serviceeinheit einer anderen Behörde, so gleicht sie finanzielle Nachteile in den Zielvereinbarungen bei der Zuordnung der personellen und sächlichen Mittel aus."* (§ 4 II VGG-Entwurf).

In **Bremen** heißt es in den Grundsätzen für die Verwaltungsorganisation: *"Ziel muß es sein, durch Transparenz und ggf. den Einbau von „Wettbewerbselementen" die Kosten- und Qualitätsverantwortlichkeit bei den Mitarbeitern/Mitarbeiterinnen zu fördern."* (Ziff. 19). Zu diesem Zweck beteiligt sich Bremen an verschiedenen interkommunalen Leistungsvergleichen, zum Beispiel im Bereich der Sozialhilfe. Was die internen Dienstleistungen betrifft, sollen die „Beziehungen" zwischen Querschnittseinheiten und verwaltungsinternen Abnehmern durch abgestufte Wahlfreiheit bei der Inanspruchnahme, durch interne Verrechnungen und eine echte Vertragsgestaltung zwischen Serviceeinheit und Auftragnehmer neu gestaltet werden (*Lühr 1997, S. 26 f.*).

In **Hamburg** wird davon ausgegangen, daß für eine wirtschaftliche Ressourcensteuerung der Vergleich von gleichartigen Produkten und Leistungen zwischen den

Verwaltungseinheiten von großer Bedeutung ist. Dementsprechend ist zum Beispiel versucht worden, in einem Bericht die Intendanzkosten der verschiedenen Behörden darzustellen und miteinander zu vergleichen. Dabei hat sich allerdings gezeigt, daß die Vergleichsmaßstäbe sehr sauber herausgearbeitet werden müssen, um nicht Äpfel mit Birnen zu vergleichen. Ein geschlossenes Konzept zur Wettbewerbsorientierung der öffentlichen Verwaltung existiert in Hamburg nicht.

3.2.3.3.6 Konsequenzen für die innere Verwaltungsorganisation

Es ist unvermeidlich, daß die Prinzipien der Outputorientierung, der Budgetierung, des Kontraktmanagements und der dezentralen Fach- und Ressourcenverantwortung zu einer Veränderung der inneren Aufbau- und der Ablauforganisation aller betroffenen Verwaltungseinheiten führen müssen. Gleichzeitig erweisen sich die „harten" organisationsstrukturellen Veränderungen häufig als am schwierigsten durchzusetzen, weil hier Macht- und Statusinteressen am unmittelbarsten berührt sind. So kann nicht verwundern, daß die Abflachung von Hierarchien im Zuge der Dezentralisierung von Verantwortung gerade auf der Führungsebene Widerstand hervorruft.

Am weitesten ist die Reform der inneren Verwaltungsorganisation in **Berlin** gediehen. Spätestens seit 1997 ist sie aus der Konzept- in die Umsetzungsphase getreten. Auf der Grundlage mehrerer vorangegangener Senatsbeschlüsse zum Thema wurde im Juni 1997 die „Richtlinie zur Neustrukturierung der Senatsverwaltungen" erlassen. Sie bildet seither den normativen Rahmen für die Organisationsentwicklungsprozesse in den Senatsverwaltungen. § 1 legt die Leitziele für die organisatorische Gestaltung von Senatsverwaltungen und nachgeordneten Einrichtungen (nicht aber von Bezirksämtern!) fest. Gefordert wird eine deutliche Verringerung der Anzahl der Organisationseinheiten und damit eine Abflachung der Hierarchien[151], eine hohe Wirksamkeit bei der Realisierung der Aufgaben und Produkte und eine verbesserte Wirtschaftlichkeit des Verwaltungshandelns. §§ 2 und 3 regeln die Aufgabenabgrenzung zwischen Senatsverwaltungen und nachgeordneten Einrichtungen. Die nachgeordneten Einrichtungen sind danach für alle Angelegenheiten zuständig, die nicht den Bezirken obliegen und die nicht zu den im engeren Sinne ministeriellen Aufgaben gehören. Die Senatsverwaltungen selber sollen nur noch in Ausnahmefällen mit Durchführungsaufgaben befaßt sein.

Gemäß § 4 ist den nachgeordneten Einrichtungen *„die Ressourcenverantwortung im Rahmen der grundsätzlichen Vorgaben und parlamentarischen Verantwortung der für den Einzelplan zuständigen Senatsverwaltung mit Ausnahme der Besetzung der Leitungsposition der Einrichtung zu übertragen. Die Fachverantwortung obliegt den nachgeordneten Einrichtungen nach Maßgabe der politischen Steuerungsanforderung und der parlamentarischen Verantwortung des zuständigen Senatsmitglieds."* Für die Konkretisierung der damit etablierten dezentralen Fach- und Ressourcenverantwortung und

---

[151] Gemäß Senatsbeschluß vom 20.2.1997 soll die Zahl der Abteilungen senatsweit von 81 auf 55 und die der Referate von 459 auf 341 reduziert werden. In der Literatur wird allerdings von einer eher schleppenden Umsetzung dieser Vorgaben berichtet (*Vgl. Wollmann 1998, S.47*).

der näheren Steuerungsregularien sind regelmäßig Zielvereinbarungen zwischen den Senatsverwaltungen und den nachgeordneten Einrichtungen abzuschließen.

§ 5 regelt die Binnengliederung der Senatsverwaltungen in Leistungs- und Verantwortungszentren (LuV), Serviceeinheiten (SE), Projektgruppen und den Steuerungsdienst. Grundsätzlich gilt: *„Die Aufgaben und Produkte einer Senatsverwaltung werden in Abteilungen durchgeführt, die nach außen als solche auftreten und die als Leistungs- und Verantwortungszentren mit dezentraler Fach- und Ressourcenverantwortung auszustatten sind."* Die Abteilungen sind mit dem Ziel einer Verringerung der bisherigen Organisationseinheiten in Referate und/oder Projektgruppen zu gliedern. Regelmäßig soll es pro Abteilung nicht mehr als sechs Referate und neben der Referatsleitung ca. sechs Referenten des höheren Dienstes bzw. insgesamt ca. 15 Dienstkräfte pro Referat geben. Die mittelbaren Querschnittsaufgaben/-produkte (Beispiel: Finanzen, Personal, Organisation, Informationstechnik), bei denen eine Wahrnehmung in den als Leistungs- und Verantwortungszentren ausgestalteten Abteilungen rechtlich unzulässig, unzweckmäßig oder unwirtschaftlich wäre, sind in Serviceeinheiten zusammengefaßt. Die Serviceeinheiten schließen Servicevereinbarungen mit den übrigen Organisationseinheiten über die Wahrnehmung der mittelbaren Querschnittsaufgaben ab. Der Steuerungsdienst wird bei der Behördenleitung als Stabsstelle gebildet. Er unterstützt die Behördenleitung durch die Wahrnehmung von Controllingaufgaben und berät die übrigen Organisationseinheiten, ohne insoweit über Weisungsbefugnisse zu verfügen. Neben den genannten Organisationseinheiten können unmittelbar der Behördenleitung unterstehende Projektgruppen eingerichtet werden. Grundsätze für die Steuerung in den Senatsverwaltungen stellt schließlich § 6 auf: Die Behördenleitung schließt danach unterstützt vom Steuerungsdienst mit den LuV und SE Zielvereinbarungen über die Konkretisierung der dezentralen Fach- und Ressourcenverantwortung und die Regularien der Steuerung und des Controllings in der Senatsverwaltung ab.

In der Literatur werden die Neustrukturierungsansätze grundsätzlich positiv beurteilt (*Reichard; Röber 1998*). Allerdings bestehe die Gefahr, daß es zu einer bloßen Umetikettierung komme. Zu beachten ist auch, daß die Zusammenfassung von Organisationseinheiten den unbeabsichtigten und dem Ziel einer Abflachung von Hierarchien diametral entgegenstehenden Effekt der Entstehung einer neuen Leitungsebene haben kann (*Landau; Meisner 1998, S. 97*).

Während die Richtlinie zur Neustrukturierung der Senatsverwaltungen sich nur mit organisationsstrukturellen Veränderungen in der Landeskernverwaltung befaßte, werden im schon mehrfach erwähnten geplanten Verwaltungsreform-Grundsätzegesetz Grundsätze (VGG) für die zukünftige innere Aufbauorganisation der Senatsverwaltungen *und* der Bezirke verbindlich festgeschrieben. Ein solches Gesetz ist in der Bundesrepublik Deutschland einmalig. Das gilt nicht nur hinsichtlich des Versuchs der flächendeckenden Neustrukturierung der Aufbauorganisation im Rahmen der Verwaltungsreform, sondern auch hinsichtlich der Tatsache, daß hier der Gesetzgeber in einen Bereich vordringt, der gemeinhin zum Hausgut der Exekutive gerechnet wird. Offenbar ist der Senat bereit, für die feste Verankerung der Organisationsreform auch den Preis einer wesentlichen Einschränkung seiner Organisationsgewalt hinzunehmen.

Grundeinheiten der Berliner Verwaltung werden künftig Leistungs- und Verantwortungszentren (LuV), Serviceeinheiten und Steuerungsdienste sein (§ 2 I VGG-Entwurf).

- Die LuV werden in den Senatsverwaltungen als Abteilungen, in den Bezirksämtern als Ämter bezeichnet. In den LuV werden *„zusammengehörende oder mehrere kleine Aufgabenbereiche gebündelt. Ihnen sind die personellen und sächlichen Mittel zur Aufgabenerfüllung zugeordnet. Einzelheiten zur Aufgabenerfüllung und zu Umfang und Art der personellen und sächlichen Mittel werden in Zielvereinbarungen zwischen der Behördenleitung und den Leistungs- und Verantwortungszentren festgelegt."* (§ 2 II VGG-Entwurf).

- Serviceeinheiten erfüllen im Auftrage anderer Organisationseinheiten *„Aufgaben des inneren Dienstbetriebes, insbesondere Personalservice, Finanzservice, Informationsservice und Immobilienservice."* (§ 2 III VGG-Entwurf). Dabei werden die Aufgaben aus den Bereichen Haushalt und Stellenwirtschaft zusammengefaßt. Auch den Serviceeinheiten werden die personellen und sächlichen Mittel zur Aufgabenerfüllung zugeordnet. Über die Leistungen, die Serviceeinheiten erbringen sollen, und über die dafür einzusetzenden Mittel werden Servicevereinbarungen zwischen den beauftragten Organisationseinheiten und den Serviceeinheiten geschlossen.

- Der Steuerungsdienst schließlich *„berät und unterstützt die Behördenleitung nach Maßgabe einer mit ihm abgeschlossenen Zielvereinbarung, indem er Controllingaufgaben in der Behörde wahrnimmt. Dies gilt insbesondere für die Erarbeitung und Erfüllung der Zielvereinbarungen und in Abstimmung mit den Leistungs- und Verantwortungszentren für Vorschläge bei Abweichungen von festgelegten Leistungs- und Finanzzielen."* (§ 2 IV VGG-Entwurf). Der Steuerungsdienst soll stets der Behördenleitung unmittelbar unterstellt sein.

- Schließlich bestimmt § 2 VI VGG-Entwurf, daß zur Regelung einer zeitlich befristeten, auf ein gemeinsames Arbeitsergebnis gerichteten Zusammenarbeit zwischen Organisationseinheiten einer oder mehrerer Behörden (Projekt) Projektvereinbarungen abzuschließen sind. Sie müssen mindestens Festlegungen zu Leistungszielen (Mengen, Qualität, Termine), Finanzzielen und einzusetzenden Mitteln umfassen.

Ergänzend zum VGG soll § 37 BezVG künftig detailliert die Grundsätze für die innere Organisation der *Bezirksämter* festgelegen. Danach gliedert sich das Bezirksamt in nicht mehr als fünfzehn LuV, nicht mehr als sechs Servivceeinheiten, den Steuerungsdienst und das Rechtsamt. LuVs werden für folgende Aufgabenbereiche eingerichtet (Kern-Ämter): Bürgerdienste (einschließlich Bürgerämter), Jugend, Gesundheitliche Hilfen und Betreuung, Soziales; Bildung, Schule und Kultur; Wirtschaft; Wohnen; Planen, Vermessen und Genehmigen; Bauen; Umwelt und Natur. In diesen LuV werden regelmäßig sämtliche Leistungen des bezirklichen Produktkatalogs (Aufgabenspektrum) erbracht. Bei besonderen bezirklichen Gegebenheiten können sie unter Beibehaltung der Grundstrukturen geteilt oder um nicht benannte Aufgabenbereiche ergänzt werden. Aufgabe des dem Bezirksbürgermeister unterstehenden Steuerungsdienstes ist es, das Bezirksamt und jedes Mitglied zu unterstützen.

Auch in **Bremen** wird die Frage der organisationsstrukturellen Änderungen angegangen. Einschlägig sind wiederum die Grundsätze für die Organisation der bremischen Verwaltung von 1995. Vorgeschrieben wird darin eine deutliche Reduzierung der Zahl der Organisationseinheiten und eine Abflachung von Hierarchien (*Vgl. Ziff. 6, 9, 10*). So soll es zum Beispiel unterhalb der Ebene der Referate/Sachgebiete keine weiteren Organisationseinheiten mehr geben (*Ziff. 20, 29*). Ferner wird angestrebt, durch „*eine klare organisatorische Abgrenzung zwischen der strategischen Vorgabe und Steuerung von Aufgaben und Zielen einerseits und dem operativen Bereich der Durchführung und Leistungserstellung einschließlich der hierzu erforderlichen Planung und Steuerung andererseits*" die Komplexität der Verwaltungsabläufe zu reduzieren und eine wichtige Voraussetzung für die Zuordnung von Ergebnisverantwortlichkeit zu schaffen. Mit der Notwendigkeit einer ergebnisorientierten Gestaltung der Aufbau- und Ablauforganisation setzen sich auch die Organisationsgrundsätze 8.1 bis 8.4 auseinander. Hier geht es um die Bildung von Organisationseinheiten nach „Produkt"-Orientierung, um den Einsatz von Projektarbeit und um die Bildung institutionalisierter Koordinierungsgruppen und selbststeuernder Arbeitsgruppen.

In **Hamburg** ist die innere Verwaltungsorganisation ebenfalls einem erheblichen Wandel unterworfen. Im Grundsatz ist die Entwicklungsrichtung die gleiche wie in den beiden anderen Stadtstaaten. „Abflachung von Hierarchien", „Ganzheitliche Sachbearbeitung" und „Flexible Organisationsstrukturen" heißen auch hier die Schlagworte (*LT-Drucks. 15/3750*). Allerdings sind in Hamburg die Organisationsgrundsätze nicht in einer Richtlinie oder in einem Gesetz im Zusammenhang niedergelegt. Dies dürfte eine direkte Konsequenz der Hamburger Reformphilosphie sein, die stärker auf die dezentrale Entwicklung der Verwaltungsreform setzt.

3.2.4. Prozeßsteuerung und Projektorganisation

In **Berlin** wird die Reform der inneren Verwaltungsmodernisierung von einem sechzehnköpfigen Lenkungsgremium gesteuert. Es ist der politische Kopf und fällt die strategischen Entscheidungen. Den Vorsitz führt der Regierende Bürgermeister Eberhard Diepgen.[152] Das Steuerungsgremium bestimmt die fachlich-inhaltliche Ausgestaltung des Projektes nach den Beschlüssen des Lenkungsgremiums und bereitet auch dessen Beschlüsse vor.[153] Die operative Projektleitung liegt beim Projektmanagement und der Projektleitung, die aus Vertretern der Senatsverwaltungen für Inneres und Finanzen sowie der Beratungsunternehmen besteht. Manager des Reformprozesses vor Ort in den Bezirken und Startsenatsverwaltungen ist jeweils ein Realisierungsbeauftragter, der in ein örtliches

---

[152] Dem Gremium gehören die Senatoren Prof. Dr. Dieter Heckelmann, Elmar Pieroth und Ingrid Stahmer an sowie die Vorsitzende des Finanz- und Innenausschusses des Rats der Bürgermeister, Abgeordnete des Abgeordnetenhauses, Reformexperten sowie je ein Vertreter/in des Hauptpersonalrates, der ÖTV, des DBB sowie Vertreter der drei Beratungsunternehmen an.

[153] Unter Leitung der Staatssekretäre für Finanzen und Inneres gehören ihm Vertreter der Senatskanzlei, des Hauptpersonalrates, der DAG und des DBB sowie Vertreter der Bezirke und in die Reform einbezogenen Senatsverwaltungen an. Darüber hinaus werden frauenspezifische Interessen von der Senatsverwaltung für Arbeit und Frauen vertreten.

Projektgremium eingebunden ist. In jedem Bezirk und in jeder Startsenatsverwaltung wurden zwei zusätzliche Stellen für wissenschaftlich ausgebildete Controller geschaffen, um den betriebswirtschaftlichen Sachverstand der Verwaltung zu stärken. Auffällig an der Berliner Implentationsstrategie ist die hohe Bedeutung der „Externen", die in allen Gremien maßgeblich beteiligt sind und die das Know-how an betriebswirtschaftlichem Denken und Managementerfahrung einbringen sollen. Für die hohe Bedeutung der externen Unternehmesberatungsfirmen spricht schon allein das Volumen des Auftrages, der mehr als 20 Mio. DM beträgt.

In **Hamburg** übernimmt die "Lenkungsgruppe Provi" unter Vorsitz der Finanzsenatorin die strategische Steuerung des Modernisierungsprozesses. In der Lenkungsgruppe sind Vertreter aller Fachbehörden und senatorischen Ämter, Vertreter der Bezirksämter, des Rechnungshofes sowie je ein Vertreter des DGB, der ÖTV, der DAG und des DBB Mitglied. Die Steuerung und operationale Umsetzung der Reform wird durch die "Projektgruppe ProVi übernommen, die aus 12 Personen besteht. Die Projektgruppe berät und unterstützt die konkrete Arbeit vor Ort über die Erstellung von Rahmenkonzepten und Checklisten, organisiert Workshops, Seminare und Weiterbildungsveranstaltungen und informiert regelmäßig über Erfahrungen und neue Entwicklungen. Auf der Ebene der verschiedenen Fachbehörden und senatorischen Ämter sind "NSM-Beauftragte" ernannt und auf der Ebene der Bezirksämter "Modernisierungsmoderatoren und -moderatorinnen". Im Gegensatz zu den anderen Ländern und fast allen großen Städten hat Hamburg bei der Umsetzung der Verwaltungsreform ganz weitgehend auf externe Berater verzichtet. (*Bürsch 1996, S.37*). Dieses Beschränken auf "ein Minimum an teuren, externen Beratern", sei, so die Finanzsenatorin Hamburgs, Ausdruck der bewußt gewählten "Philosophie, mit der wir den Prozeß organisiert haben und die sich zumindest teilweise vom Berliner Vorgehen unterscheidet, nämlich: dezentral und kooperativ." (*Nümann-Seidewinkel 1997, S.20f.*)

Bevor hier die konkrete Struktur der Steuerungsgremien **Bremens** nachgezeichnet wird, soll zunächst auf einen wichtigen Unterschied zu Berlin und Hamburg hingewiesen werden: Bremen verfügt mit der Senatskommission für das Personalwesen über eine zentrale Organisation der Personalpolitik und Personalverwaltung, die aber u.a. durch ein Organisationsgutachten aus dem Jahre 1997 in Frage gestellt wird. In der Praxis hat die Senatskommission für das Personalwesen bisher eine zentrale Rolle im Modernisierungsprozeß. Die Ausgangslage für eine zentrale Steuerung der Reform ist in Bremen aufgrund dieser Besonderheit wesentlich günstiger als in anderen Ländern. (*Vgl. Bürsch 1996, S. 33*).

Die strategische Steuerung der Verwaltungsmodernisierung nimmt in Bremen ein NSM-Projektlenkungsausschuß[154] unter Vorsitz des Abteilungsleiters der SKP wahr, für die

---

[154] Der Lenkungsausschuß in Bremen setzt sich wie folgt zusammen:
    Abteilungsleitung Senatskommission für das Personalwesen (Vorsitz),
    Abteilungsleitung Senator für Finanzen und
    Abteilungsleitung Senatskanzlei,
  sowie jeweils ein Vertreter aus den Ressorts:
    Senator für Frauen, Gesundheit, Jugend, Soziales und Umweltschutz,
    Senator für Inneres,
    Senator für Bildung, Wissenschaft, Kunst und Sport -Bereich Bildung-,

operative Betreuung der verschiedenen Modernisierungsprojekte wurde das Projektteam „NSM-Team Bremen" aus acht Personen zusammengesetzt. Die Aufgaben des NSM-Teams bestehen in der Entscheidungsunterstützung für den Lenkungsausschuß und v.a. in der Betreuung, Beratung und Vernetzung der ausgewählten NSM-Dienststellen; in der Koordination und Steuerung der flächendeckenden Einführung des neuen Steuerungsmodells sowie in der Informationsarbeit. Zudem übernimmt das NSM-Team Geschäftsstellenfunktion für den Lenkungsausschuß. Externer Sachverstand wird bei der Reform in Bremen bei Bedarf in Anspruch genommen, allerdings nur zurückhaltend. So stellt Bürsch in seiner vergleichenden Untersuchung fest: „Durchschnittlich wurden in den letzten Jahren für gezielte Beratung, begleitende Organisationsuntersuchungen, Unterstützung durch externe Moderatoren etc. zwischen zweieinhalb und drei Millionen DM ausgegeben." *(Bürsch 1996 S. 33).*

3.3 Arbeitspolitische Regulierung der Verwaltungsmodernisierung

3.3.1 Zur Rolle der Beschäftigten und ihrer Interessenvertretungen

Im Modernisierungsprozeß der Kommunen gehört es mittlerweile akteursübergreifend zum "guten Ton", die aktive Beschäftigtenbeteiligung einzufordern und ihr die Funktion einer tragenden Säule des Modernisierungsprozesses zuzubilligen, wobei durchaus unterschiedliche Absichten (Beschäftigungsbeteiligung als Motivationsverstärker, als Akzeptanzgewinnungsinstrument oder als Element der Effizienzsteigerung) zum tragen kommen können *(Vgl. Bogumil; Kißler 1998, S.54).* Auch in den drei Stadtstaaten wird die Beschäftigungsbeteiligung sowohl von Seiten der politisch Verantwortlichen als auch von den Spitzen der jeweiligen Verwaltungen sowie von den Interessenvertretungen eingefordert.

Aus verschiedenen Untersuchungen ist bekannt, daß die Verwaltungsmodernisierung bei den Beschäftigten eine erhebliche Betroffenheit auslöst. Erfahrungsgemäß halten sich Befürworter und Ablehner der Verwaltungsreform zunächst in etwa die Waage, je nach Prozeßverlauf und Organisationskultur kann dieses Bild durch eine starke Gruppe von Modernisierungsduldern differenziert werden. Zur Resignation vieler Beschäftigten mögen enttäuschende Erfahrung in einem bürokratisierten Arbeitsalltag und gescheiterter Ansätze der Verwaltungsreform in früheren Jahren ihren Beitrag geleistet haben. *(Busse u.a. 1997, S. 221ff.)*

Senator für Bildung, Wissenschaft, Kunst und Sport -Bereich Wissenschaft, Kunst und Sport-,
Senator für Bau, Verkehr und Stadtentwicklung,
Senator für Häfen, überregionalen Verkehr und Außenhandel,
Senator für Arbeit,
Senator für Wirtschaft, Mittelstand, Technologie und Europaangelegenheiten,
Senator für Justiz und Verfassung.
Als beratende Mitglieder sind darüber hinaus vertreten:
  ein Vertreter des Rechnungshofs der Freien Hansestadt Bremen,
  ein Vertreter des Gesamtpersonalrats und
  eine Vertreterin der Bremischen Zentralstelle für die Verwirklichung der Gleichberechtigung der Frau.

Die Modernisierungsängste der Beschäftigten haben nach unserem Eindruck im wesentlichen zwei Gründe. Einem Teil der Beschäftigten ist auf Grund einer früheren Tätigkeit in privatwirtschaftlichen Unternehmen, durch die öffentliche Darstellung der Rationalisierungsfolgen in privaten Unternehmen oder durch Gespräche im Bekanntenkreis durchaus bewußt, daß jede Rationalisierung mit dem Verlust des Arbeitsplatzes und einer gravierenden Veränderung der Arbeitsbedingungen verbunden sein kann. Die Modernisierungsängste können außerdem damit erklärt werden, daß die Arbeits- und Beschäftigungsbedingungen vor allem in den Verwaltungen des öffentlichen Dienstes lange Zeit außerordentlich stabil waren und kaum verändert wurden. Der Wandel an sich wird hier bereits als Bedrohung der eigenen Rechte empfunden.

Anlage und Wirkung des Modernisierungsprozesses können bei den Beschäftigten erhebliche Ängste vor einer Veränderung schüren, obwohl die Arbeitsbedingungen des öffentlichen Dienstes gemeinhin als relativ sozial und stabil gelten. Dadurch sind auch die Interessenvertretungen verunsichert. Sie reagieren interessenpolitisch in erster Linie auf die aktuelle Situation in ihrer Verwaltung und ihrem Betrieb. Für die Interessenvertretungen ist es wichtig, die Haltung ihrer Wähler- oder der Mitgliederbasis zuverlässig einschätzen zu können.

Die betrieblichen Interessenvertretungen konzentrieren sich verständlicherweise zunächst auf die Auswirkungen absehbarer Modernisierungsvorhaben für die Beschäftigten. Modernisierungspolitische Konzepte und Programme werden erst dann für sie interessant, wenn praktische Auswirkungen absehbar werden. Dann kann es aber für die Entwicklung und Durchsetzung modernisierungspolitischer Alternativen bereits zu spät sein.

Hauptinteresse der Interessenvertretungen ist die befriedigende soziale Regulierung der Modernisierungsfolgen und die Beteiligung am Modernisierungsprozeß. Modernisierungen mit weniger weitreichenden Auswirkungen für die Beschäftigten werden von den Interessenvertretungen eher favorisiert.

In der betrieblichen und überbetrieblichen Interessenvertretung gleichen die Gewerkschaften oft konkurrierende Gruppen- und Personeninteressen aus und vermitteln Beratung und äußere Unterstützung für die örtliche Interessenvertretung. Auf der örtlichen Ebene hängt das Verhältnis zwischen dem Personalrat und der Gewerkschaft von der interessenpolitischen Ausrichtung und der Kooperationsfähigkeit der handelnden Personen ab. Selbst eine relativ große Gewerkschaft wie die ÖTV kann hier jedoch schnell an Grenzen ihrer Unterstützungskapazität stoßen.

Organisation und Formen der repräsentativ und dual strukturierten Interessenvertretung unterliegen dort einem Wandel, wo der Modernisierungsprozeß praktisch greift und projekt- oder sogar programmförmig organisiert wird. Die Beteiligung der Interessenvertretung erfolgt nicht mehr in erster Linie fallbezogen, sondern erstreckt sich als ein Prozeß mit verschiedenen, aufeinander mehr oder weniger bezogenen einzelnen Schritten und Vorhaben über einen längeren Zeitraum. Ergebnisse und Verlauf der Entwicklung bleiben relativ offen. Auf die Form einer erweiterten Beteiligung in prozeßbezogenen Regelungen wurde bereits im Zusammenhang mit den

Handlungsmöglichkeiten der betrieblichen Interessenvertretungen bei der Rationalisierung durch Bildschirmgeräte und computergestützte Informationssysteme hingewiesen.[155] Ziele und Verfahren der Entwicklung werden nur grob festgelegt und lösen eine bisher ungewohnte und vom Einzelnen schwer zu überschauende "Informationsflut" aus:

Die traditionelle Form der Personalrats und Gewerkschaftsarbeit stößt an gewisse Grenzen, zum Teil werden auch die bestehenden gesetzlichen Handlungsmöglichkeiten nicht ausgeschöpft (Durchführung von Versammlungen, Herstellung und Verbreitung von Informationsschriften, Möglichkeit der sachverständigen Beratung und Unterstützung etc.).

Die Interessenvertretung ist durch freigestellte Personalratsmitglieder und Verbandsbeschäftigte stark professionalisiert worden. Ehrenamtlich wirkende Funktionsträger spielen eher am Rande eine Rolle. Die Professionalisierung erstreckt sich bisher vor allem auf personalrechtliche und soziale Qualifikationen. Projekt- und prozeßbezogene Mitbestimmung stellt aber neue qualifikatorische Anforderungen: Kommunikative Kompetenzen (Moderatorenfunktionen, demokratisch-kollegiale Versammlungs- und Arbeitstechniken, PC-Kenntnisse zur Unterstützung der Arbeit der Interessenvertretung), Kenntnisse der Projektarbeit und der modernen Steuerung des öffentlichen Sektors wären im Idealfalle ebenso erforderlich wie Kenntnisse volkswirtschaftlicher Zusammenhänge und der öffentlichen Betriebswirtschaftslehre.

3.3.2 Verwaltungsreformabkommen

Die Personalvertreter und zuständigen Gewerkschaften begleiten den Modernisierungsprozeß in allen drei Stadtstaaten aktiv um Gestaltungsspielräume, die die Modernisierungskonzepte sowohl bei der Entwicklung als auch während der Umsetzung bieten, aktiv zur Interessenvertretung zu nutzen. Gleichzeitig versuchen sie sozialverträgliche Rahmenbedingungen für die Verwaltungsmodernisierung durchzusetzen. Ob das vorherrschende Muster der Interessenvertretung dem der traditionellen, ausgleichenden oder progressiven Interessenvertretung entspricht, soll hier offen bleiben, da es im Rahmen der ersten Projektphase noch nicht möglich war eingehende Interviews mit Mitgliedern der betrieblichen Interessenvertretungen zu führen.[156]

Wie die Erfahrungen in anderen fortgeschrittenen Reformkommunen zeigen (*Vgl. Greifenstein, Kißler 1998, S.45*), sind die Chancen einer aktiv gestaltenden Interessenvertretung jedoch abhängig von der Anlage der Implementationskonzepte: Langfristig angelegte und Schritt für Schritt vorgehende Konzepte bieten mehr interessenpolitische Interventionschancen, während radikale Reorganisationsstrategien zu erheblichen Konflikten, Auseinandersetzungen und Unsicherheiten führen. Vor diesem

---

[155] Kubicek, Berger, Döbele, Seitz 1981, S. 107 ff.

[156] Greifstein/Kißler unterscheiden zwischen den Leitbildern der "traditionellen", "progressiven" und „ausgleichenden" Interessenvertretung für die Personalvertretungsarbeit im Modernisierungsprozeß. Während sich die traditionelle Interessenvertretung danach darauf beschränkt, den Status quo zu sichern und sich der Modernisierungsdiskussion gegenüber rein defensiv verhält, bringt sich die progressive Interessenvertretung aktiv (mit eigenen Vorstellungen) in die Modernisierungsdiskussion ein. Die ausgleichende Interessenvertretung versteht sich als Mittler und beschränkt sich auf das Machbare (*Vgl. Greifenstein, Kißler, 1998, S. 45*)

Hintergrund ist anzunehmen, daß es insbesondere in Berlin und zum Teil auch in Bremen den Interessenvertretungen schwerfallen dürfte, die Modernisierungspolitik der politischen Senate und Verwaltungsführungen zu unterstützen.

Als Erfolg der aktiven Interessenvertretung kann von den Personalräten und Gewerkschaften verbucht werden, daß sich die Standards zur sozialverträglichen Regulierung der Verwaltungsmodernisierung in den Stadtstaaten einander angeglichen haben. In allen Stadtstaaten sind mittlerweile zentrale Verwaltungsreformabkommen unterzeichnet worden, die die Interessen der Beschäftigten wie

- Sicherung des sozialen Besitzstandes,
- notwendige Qualifizierung und Personalentwicklung,
- Beteiligung der Beschäftigten an den Reformprojekten, sowie
- Beteiligung der Interessenvertretungen an der Prozeßsteuerung der Verwaltungsmodernisierung

grundsätzlich absichern.

Der aus der Sicht der Personalvertretungen zweifelsohne wichtigste Punkt ist der Schutz der Beschäftigten und hier insbesondere die Vermeidung von betriebsbedingten Kündigungen (Beendigungskündigungen und Änderungskündigungen) aus "Anlaß der Reformmaßnahmen". Beendigungskündigungen sind während der Laufzeit der Verwaltungsreformabkommen in allen drei Stadtstaaten ausgeschlossen worden. Ebenso ist die Sicherung der Besitzstände der Beschäftigten bei Änderungskündigungen festgeschrieben.

Alle von der Reform betroffenen Beschäftigten haben in allen drei Stadtstaaten das Recht und die Pflicht zu Schulungs- und Qualifizierungsmaßnahmen. Darüber hinaus sieht die Vereinbarung Berlins vor, Reformwerkstätten und weitere Möglichkeiten zu schaffen, um neue Formen der Personalführung und Arbeitserledigung zu erproben. In diesem Eperimentierstadium müssen Fehler toleriert werden.

Ebenso ist die Vertretung des Hauptpersonalrates, der örtlichen Personalräte und der Gewerkschaften in allen Projektgremien und -ausschüssen grundsätzlich gesichert. Eine Aufgabe bleibt die Qualifizierung der Personalräte und GewerkschafterInnen für die veränderten Aufgaben der Interessenvertretung.

Allerdings werden die Interessenvertretungen mit den Verwaltungsreformabkommen im Grundsatz auf das Neue Steuerungsmodell verpflichtet bzw. verzichten darauf, andere Ziele und Modelle der Verwaltungsmodernisierung für verbindlich zu erklären. Im Kompromißwege wurden auch zumeist die Fragen nach der Auslagerung und Privatisierung öffentlicher Aufgaben ausgeklammert.

Nach dem Abschluß eines zentralen Verwaltungsreformabkommen ist es in den Stadtstaaten mittlerweile noch zu einer Reihe weiterer Dienstvereinbarungen gekommen, die der sozialen Absicherung der Beschäftigten dienen bzw. einzelne Projekte der Verwaltungsreform sozialverträglich regeln (z.B. Entwicklung und Einführung von Verfahren der Kosten- und Leistungsrechnung, Modellversuche in Bezirks- und Ortsämtern, EDV-Unterstützung in der Personalarbeit etc.).

Vertragspartner der zentralen Abkommen auf Arbeitnehmerseite sind in Berlin und

Bremen der Haupt- bzw. Gesamtpersonalrat sowie die Gewerkschaften, in Hammburg gem. § 94 des Hamburgischen Personalvertretungsgesetzes der Deutsche Beamtenbund, die DAG sowie der DGB-Landesbezirk Nordmark.

3.3.3. Überleitungstarifverträge

Mit weiterer Intensivierung der Auslagerung öffentlichen Aufgaben und der Verselbständigung von Verwaltungseinheiten bis hin zur Organisationsprivatisierung ist es für die Beschäftigten von existentieller Bedeutung, wie ihre Beschäftigungs- und Arbeitsbedingungen tarifvertraglich gesichert werden können. Verbleibt die verselbständigte Verwaltungseinheit als Regie- oder Eigenbetrieb oder als Anstalt des öffentlichen Rechts im Geltungsbereich der Tarifverträge des öffentlichen Dienstes entsteht kein besonders gravierender Regelungsbedarf.

Im Fall der Umwandlung in ein privatrechtlich geführtes Unternehmen kann das Verlassen des unmittelbaren öffentlichen Dienstes geheilt werden, wenn der Arbeitgeber dem kommunalen Arbeitgeberverband beitritt. Dieses ist aber im Falle der Vermarktlichung einer bisher öffentlich organisierten Aufgabe eher unwahrscheinlich, weil in dem Falle die Konkurrenzbedingungen der privatwirtschaftlich organisierten Branche voll auf das Arbeitgeberinteresse durchschlagen dürften. Als aktuelles Beispiel soll hier auf die Bremer Entsorgungsbetriebe verwiesen werden. Sie wurden zunächst vom Amt in einen Eigenbetrieb umgewandelt und dann in drei private Untrernehmensbereiche (Müllabfuhr und -recycling, Müllverbrennungsanlage, Wasserbetrieb) aufgeteilt, die nun an getrennte private Eigentümer verkauft wurden. Da die gesetzlichen Regelungen des Betriebsübergangs nur einen vorübergehenden Schutz bieten, forderte die Gewerkschaft ÖTV einen Überleitungstarifvertrag vom alten öffentlichen Arbeitgeber. Dieser konnte in Bremen erst nach einer heftigen Interessenauseinandersetzung mit Warnstreiks durchgesetzt werden. Der Tarifvertrag beinhaltet:

- die Übernahme der Arbeits- und Ausbildungsverhältnisse zu den alten Arbeitsbedingungen,
- ein Rückkehrrecht in den öffentlichen Dienst,
- die Mitgliedschaft des neuen Arbeitgebers im kommunalen Arbeitgeberverband,
- eine betriebliche Zusatzversorgung nach den Regelungen für den öffentlichen Dienst,
- die Neuorganisation der betrieblichen Interessenvertretung sowie
- eine Regelungen zur Frauenförderung.

Derartige Tarifverträge konnten von der ÖTV in Bremen als Rahmenregelung für den Fall weiterer Ausgliederungen aus dem bremischen öffentlichen Dienst sowie bei der Informations- und Datentechnik Bremen und dem Grundstücksamt durchgesetzt werden. Bekannt ist, daß von den ÖTV-Bezirken Hamburg und Bremen ähnliche Tarifverträge bereits abgeschlossen wurden bzw. angestrebt werden. Dabei muß hier zunächst offen bleiben, inwieweit dabei von den Regionalgliederungen der Gewerkschaft unterschiedliche interessenpolitische Konzepte verfolgt wurden. Unterschiedliche Wege wurden von gewerkschaftlicher Seite im Vergleich von Hamburg und Bremen bezüglich der tarifpolitischen Regelung der Arbeitsbedingungen und der Privatisierung der Eigenreinigung des öffentlichen Dienstes beschritten. Ob der Modernisierungswettbewerb der Stadtstaaten und der zunehmende Erfahrungsaustausch der arbeitspolitischen Akteure zu einer Angleichung der Arbeitsbedingungen führen wird, bleibt zu beobachten.

V. DIE STADTSTAATEN IM FÖDERALEN SYSTEM: CHANCEN UND GRENZEN TERRITORIALER AUTONOMIE

Sozio-ökonomische Grundlagen

Der sozio-ökonomischen Situation der Stadtstaaten gemeinsam sind die Probleme, die als typische Großstadtprobleme charakterisiert werden können:

- Die Bevölkerungszahlen sinken aufgrund einer negativen natürlichen Bevölkerungsentwicklung sowie hohen Wanderungsverlusten an das jeweilige Umland (Suburbanisierung). Damit einher gehen sozial-räumliche Polarisationsprozesse, die zu einer Konzentration sog. "sozialer Problemgruppen" (Sozialhilfeempfänger, Asylbewerber usw.) in den Stadtstaaten führt, während die jeweiligen "Speckgürtel" von der Zuwanderung sozial bessergestellter und aktiver Bevölkerungsteile aus den Stadtstaaten profitieren. Diese Entwicklung und das dramatische Anwachsen der auf Sozialhilfe angewiesenen Bevölkerungsteile insgesamt hat in den Stadtstaaten z.B. zu einem im Ländervergleich weit überdurchschnittlichen Anteil von Sozialhilfeempfängern geführt. *Wanderungsverluste und Konzentration "sozialer Problemgruppen"*

- Parallel zu der Suburbanisation der Bevölkerung ist eine ähnliche Entwicklung bei den Unternehmen zu beobachten, d.h. Unternehmen aus den Stadtstaaten verlagern ihren Sitz in das Umland, wo z.B. die Flächenpreise wesentlich geringer sind, bleiben aber gleichzeitig "in der Nähe", um die großstädtischen Infrastrukturen der Stadtstaaten weiter nutzen zu können. *Arbeitsplatzverluste an das Umland*

- Die Stadtstaaten halten als Arbeitsmarktzentren ihrer Regionen Arbeitsplätze vor, die von Bevölkerungsteilen des jeweiligen Umlandes in Anspruch genommen werden. Die anhaltenden Wanderungsverluste an das jeweiligen Umland verstärken diesen Prozeß zusätzlich. In Bremen und Hamburg ist mehr als jeder dritte Arbeitsplatz von Einpendlern besetzt, die ihren Wohnsitz außerhalb der Landesgrenzen haben, in Berlin ist diese Entwicklung aufgrund der Insellage der Stadt noch weniger stark ausgeprägt, allerdings hat dort seit dem Fall der Mauer eine "nachholende Entwicklung" mit großer Geschwindigkeit eingesetzt, die schon bald zu einer ähnlichen Situation wie in Hamburg und Bremen führen dürfte. *Pendlerquote steigt stetig*

Bei allen Gemeinsamkeiten und Parallelen in der Entwicklung unterscheidet sich die wirtschaftliche Situation der Stadtstaaten jedoch auch deutlich:

- Von den zurückliegenden Strukturumbrüchen in den 70er und 80er Jahren war Bremen aufgrund eines hohen Anteils an den in die Krise geratenen Sektoren wie Schiffbau und Stahl in besonderem Maße betroffen. Keiner der beiden anderen Stadtstaaten hat seit Mitte der 70er Jahre derartige Wachstums- und Arbeitsplatzeinbußen hinnehmen müssen wie Bremen. Die Strukturkrise Bremens hält bis in die jüngste Zeit an, wie der Zusammenbruch der Vulkan-AG zeigt. Insgesamt bedarf es noch erheblicher Anstrengungen, um die strukturellen Defizite der Bremischen Wirtschaft (hoher Anteil an Fertigungstätigkeiten, Schwäche produktionsorientierter Dienstleistungen) zu überwinden. Hinzu kommt die hohe Exportquote der Bremischen Industrie und die dadurch bedingte risikoträchtige Abhängigkeit von konjunkturellen Weltmarktentwicklungen. Die schwierige wirtschaftliche Situation Bremens zeigt sich in einer weit überdurchschnittlich hohen Arbeitslosenquote.

  Bremen: tiefgreifender ökonomischer Strukturwandel seit Mitte der 70er Jahre

- Auch Hamburg konnte in den zurückliegenden Dekaden nicht mit dem bundesdurchschnittlichen Wirtschaftswachstum und der Arbeitsplatzentwicklung mithalten, gleichwohl sind dort die Strukturumbrüche nicht in dem Maße zum Tragen gekommen wie in Bremen. Insbesondere ein hoher Anteil an produktionsorientierten Dienstleistungsunternehmen sowie der stark ausgeprägte Kultur- und Medienbereich in Hamburg haben die Krise der hafenorientierten Industrieunternehmen abgefedert. Heute kann die strukturelle Krise in Hamburg als weitgehend überwunden gelten. Neben einem wettbewerbsfähigen Dienstleistungssektor verfügt Hamburg heute auch über forschungs- und entwicklungsintensive Industrieunternehmen. Die Arbeitslosenquote Hamburgs liegt etwa im Bundesdurchschnitt, gemessen am Durchschnitt der alten Bundesländer ist jedoch auch in Hamburg eine überdurchschnittlich hohe Betroffenheit von Arbeitslosigkeit festzustellen.

  Hamburg: Strukturwandel erfolgreich bewältigt

- Die wirtschaftliche Entwicklung Berlins ist geprägt durch die massiven Zusammenbrüche im industriellen Sektor im Ostteil der Stadt sowie der krisenhaften Entwicklung Westberlins seit der Wende. Die relativ geringe Produktivität der ostdeutschen Industrieunternehmen, der Wegfall der massiven Berlinförderung für Westberlin, massiv einsetzende Verlagerungsprozesse von Unternehmen und Betriebsstätten sowie eine insgesamt ungünstige Wirtschaftsstruktur haben in Berlin seit Ende der 80er Jahre dazu geführt, daß jeder fünfte Arbeitsplatz verlorenging. Trotz gewisser Erholungstendenzen in der jüngsten Zeit bleibt die Wirtschaftsstruktur Berlins weiterhin problematisch. Auch heute noch sind die Mehrzahl der industriellen Unternehmen als Tochterwerke mehr oder weniger "verlängerte Werkbänke" der v.a. in Süddeutschland sitzenden Zentralen. Hinzu

  Transformationskrise Berlins: Zusammenbruch im Ostteil; Krise im Westteil kommt die weit überdurchschnittliche Bedeutung des öffentlichen Sektors für Wirtschaftswachstum und Beschäftigung. Die Arbeitslosenquote Berlins ist entsprechend weit überdurchschnittlich hoch und liegt etwa auf der Höhe Bremens.

Institutionelle Grundlagen im Wandel des politischen Systems

Die institutionellen Grundlagen des politischen Systems sind in den Stadtstaaten aufgrund der Verklammerung der Landes- und Großstadtfunktionen ähnlich, die aber jeweils unterschiedlich ausgestaltet werden können. Im Bundesvergleich gehören die Stadtstaaten - insbesondere Berlin und Hamburg - überraschenderweise zur Nachhut in Sachen direkter Demokratie: Berlin und Hamburg haben von allen Bundesländern als letzte die rechtlichen Voraussetzungen zur Durchführung von Volksbegehren und Volksentscheiden geschaffen. Alle drei Stadtstaaten errichten in ihren Verfassungen vergleichsweise hohe verfahrensmäßige Hürden für erfolgreiche Sachplebiszite, wenn sich auch in jüngster Zeit eine Tendenz zur vorsichtigen Absenkung der Einschreibungs- und Abstimmungsquoren beobachten läßt. Berlin ist neben dem Saarland sogar das einzige Bundesland, das eine Verfassungsänderung durch Volksentscheid nicht zuläßt.

Nachholbedarf der Stadtstaaten in Sachen direkter Demokratie

Man könnte versucht sein, diesen Befund damit zu erklären, daß es unter den Bedingungen stadtstaatlicher Kleinräumigkeit ohnehin so viele informelle Möglichkeiten der Partizipation gab (und gibt), so daß für formelle Elemente unmittelbarer Demokratie nur ein geringes Bedürfnis bestand (und besteht). Überzeugender erscheint die These, daß es in den Stadtstaaten in der Vergangenheit politisch schlicht nicht gewollt war, den Bürgerinnen und Bürgern stärkeren unmittelbaren Einfluß auf die Staatsgeschäfte einzuräumen. Trifft diese Einschätzung zu, dann muß der in der politischen Ideengeschichte immer wieder hergestellte Zusammenhang zwischen demokratischer Struktur und räumlicher Ausdehnung eines Gemeinwesens für den Geltungsbereich des Grundgesetzes kritisch hinterfragt werden. Nicht ausgeschlossen ist allerdings, daß die Stadtstaaten aus ihren bisherigen Versäumnissen lernen und sich in Zukunft (wieder) zu Laboratorien der Demokratie entwickeln.

Unmittelbarer Einfluß der Bürgerinnen und Bürger politisch nicht gewollt?

Die Parlamente der Stadtstaaten befinden sich in einer schwierigen Situation: Das Schwinden der legislativen Autonomie der Länder wirkt sich auch in den Stadtstaaten negativ auf ihre politischen Gestaltungsmöglichkeiten aus und schwächt ihre Position im Verhältnis zu den Landesregierungen weiter, die aufgrund ihrer Verfügungsgewalt über den bürokratischen Apparat ohnehin strukturell überlegen sind. Gleichzeitig sind sie - und nicht die Regierungen - die Hauptadressaten einer verbreiteten Unzufriedenheit der Bürgerinnen und Bürger mit dem politischen System insgesamt. Damit unmittelbar zusammenhängend sehen

Funktionswandel oder Bedeutungsverlust der Stadtstaatenparlamente

sich die Landtage mit der Forderung konfrontiert, durch Verringerung der Zahl der Abgeordneten einen eigenen Beitrag zur Sanierung der Landeshaushalte zu leisten.

Bemerkenswerterweise haben die Landtage auf den schleichenden Bedeutungsverlust ihrer gesetzgeberischen Funktion nicht mit einer verstärkten Einmischung in den Verwaltungsvollzug geantwortet, obwohl dies angesichts ihrer Doppelstellung als Parlamente und Gemeindevertretungen durchaus nahegelegen hätte. Im Gegenteil: Die traditionell erheblichen Verwaltungsbefugnisse der stadtstaatlichen Parlamente sind in den letzten Jahren spürbar ausgedünnt worden. Erinnert sei vor allem an den Funktionsverlust der überkommenen Mittel parlamentarischer Haushaltssteuerung infolge des Übergangs zur Budgetierung und Privatisierung, aber auch an die Beseitigung von personalpolitischen Kompetenzen der Parlamente und an die Zurückdrängung des Deputationswesens in Bremen. Die zu beobachtende schrittweise Entflechtung der Aufgabenbereiche von Parlament und Regierung harmoniert mit der gegenwärtig in Wissenschaft und Praxis dominierenden Vorstellung von einer rationelleren Organisation des politisch-administrativen Systems. Die Volksvertreter aller Ebenen sollen sich danach der Einzeleingriffe in den Politikvollzug möglichst enthalten und statt dessen die Exekutive über Zielvereinbarungen „auf Abstand" steuern. Als Kompensation für den Verzicht auf Einzelentscheidungen werden den Parlamenten und Kommunalvertretungen verbesserte (nachträgliche) Informations- und Kontrollrechte in Aussicht gestellt.

Entflechtung von Parlament und Regierung = Zurückdrängung des parlamentarischen Einflusses?

Im Einklang mit dieser Konzeption sind in den letzten Jahren die verfassungsrechtlichen Kontrollmöglichkeiten der Landtage der Stadtstaaten (vor allem in Berlin und Hamburg) deutlich erweitert worden, was insbesondere den Minderheitsfraktionen zugute gekommen ist. Ob die Strategie „Kontrollieren statt Mitregieren" per saldo zu einer Stärkung der Stellung der Parlamente führen wird, bleibt allerdings abzuwarten. Insbesondere im Haushaltsbereich haben die neuen Steuerungskonzeptionen ihre Bewährungsprobe noch nicht bestanden. Bezweifelt werden kann, daß die Parlamente der Stadtstaaten mit ihren Teilzeitabgeordneten und (außer in Berlin) relativ kleinen Landtagsverwaltungen für eine professionelle Kontrolle der Regierungen und ihrer Verwaltungen ausreichend gerüstet sind.

Verbesserung der parlamentarischen Kontrollmöglichkeiten; Stärkung der Parlamente aber ungewiß

Will man die parlamentarische Steuerungsfähigkeit qualitativ verbessern, müßte der Übergang zum Vollzeitparlament, das durch einen leistungsfähigen wissenschaftlichen Dienst unterstützt wird, gewagt werden. Einige Schritte in diese Richtung sind in den letzten Jahren gemacht worden. Ein wirklicher Durchbruch in Richtung Professionalisierung hat jedoch noch nicht stattgefunden und ist angesichts

Professionalisierung der Parlamentsarbeit erforderlich

der finanziellen Rahmenbedingungen in den Stadtstaaten auch kaum zu erwarten. Wenn überhaupt, so ließe sich der Übergang zum wissenschaftlich beratenen Vollzeitparlament nur im Zuge einer deutlichen Parlamentsverkleinerung durchsetzen.

Die Landtage der Stadtstaaten haben in jüngerer Zeit einige Anstrengungen unternommen, um den Kommunikationsprozeß mit der Öffentlichkeit zu verbessern. Hervorzuheben ist die Erstreckung des Öffentlichkeitsprinzips auf die Ausschüsse. Weitere Maßnahmen unterschiedlicher Tragweite werden diskutiert. Politisch am sensibelsten sind zweifellos die Vorschläge, die auf eine stärkere Personalisierung des Wahlrechts zielen. Vor allem die Zulassung des Kumulierens und Panaschierens von Stimmen würde die Funktionsweise des politischen Systems spürbar verändern. Gerade deshalb dürften entsprechende Initiativen aber kaum Aussichten auf Realisierung haben. Wahrscheinlicher ist, daß über kurz oder lang Bremen und Hamburg das in Berlin schon bestehende Wahlkreissystem übernehmen werden.

Stärkung der parlamentarischen Repräsentationsfunktion

Organisation und Aufgaben der Landesregierungen in den Stadtstaaten haben sich in den letzten Jahren zwar nicht dramatisch, aber doch wahrnehmbar verändert. Drei bestimmende Entwicklungstendenzen lassen sich ausmachen:

Ansätze der Regierungsreform erkennbar

- Die eigenständigen Entscheidungsspielräume der Senate sind - unter anderem aufgrund der Dezentralisierung des Haushaltswesens - gewachsen. Gleichzeitig wurden allerdings die verfassungsrechtlichen Informations- und Kontrollmöglichkeiten der Parlamente ausgebaut.

- Das traditionell stark ausgeprägte Kollegialprinzip hat an Bedeutung verloren. In Hamburg wurde die Stellung des Ersten Bürgermeisters im Kabinett der des Bundeskanzlers angenähert. In Berlin wollen relevante politische Kräfte die Position des Regierenden Bürgermeisters in gleicher Weise stärken. Nur in Bremen ist die Frage der Richtlinienkompetenz des Regierungschefs in den letzten Jahren nicht (mehr) intensiv diskutiert worden.

- Die Anzahl der Senatoren ist durchweg verringert worden. Am radikalsten wurde dabei - ausgehend von einem sehr hohen Ausgangsniveau - in Berlin vorgegangen. Allerdings ist die Zahl der Staatssekretäre dort immer noch überdurchschnittlich hoch.

Alle drei genannten Entwicklungstendenzen befördern die Zentralisierung politischer Macht in den Stadtstaaten. Dies ist durchaus gewollt: Es besteht die verbreitete Hoffnung, auf diese Weise eine größere Effektivität und Effizienz staatlichen Handelns durchsetzen zu können. Dabei wird billigend in Kauf genommen, daß die Durchsetzung einer einheitlichen politischen Linie immer auch mit einer verstärkten Zurückdrängung und

Zentralisierungstendenzen der politischen Macht

Disziplinierung bestimmter sozialer Interessen einhergeht. Die demokratietheoretisch motivierte Kritik an der Zentralisierung politischer Macht bei der Exekutivspitze ist zwar nicht verschwunden, hat es aber angesichts der gegenwärtigen Existenzkrise der Stadtstaaten schwer. Allerdings sind die erhofften effizienz-/effektivitätssteigernden Auswirkungen der Machtzentralisierung keineswegs zwangsläufig. So kann zum Beispiel eine drastische Verringerung der Zahl der Senatoren und die damit verbundene Schaffung von zusammengewürfelten „Warenhausressorts" die ministerielle Steuerung der Vollzugsverwaltung sogar erschweren.

Finanzielle Situation der Stadtstaaten

Die sozio-ökonomischen Entwicklungsprozesse der Stadtstaaten finden ihren Niederschlag in der finanziellen Entwicklung. Auch hier lassen sich Probleme unterscheiden, die als besondere Großstadtprobleme allen drei Stadtstaaten gemeinsam sind von jenen Entwicklungen und Problemen, die aus der jeweils spezifischen Entwicklung und Struktur der drei Stadtstaaten resultieren.

Vor dem Hintergrund der besonderen Konzentration der steigenden Zahl von Menschen, die auf Sozialhilfe angewiesen sind, auf die städtischen Ballungszentren sind die Haushalte der Stadtstaaten in besonderem Maße mit Sozialausgaben belastet. Durch diverse Kürzungen bei der Arbeitslosenhilfe sowie bei den Maßnahmen der Arbeitsmarktpolitik (z.B. ABM-Maßnahmen) in den zurückliegenden Jahren sind zusätzliche Mehrbelastungen an Sozialhilfezahlungen auf die Kommunen abgewälzt worden, was sich im Ländervergleich negativ für die Stadtstaaten auswirkt. In keinem anderen Bundesland muß auch nur annähernd soviel Geld an Sozialausgaben je Einwohner aufgebracht werden wie in den drei Stadtstaaten. Zudem ist die finanzielle Situation der Stadtstaaten (und der Großstädte insgesamt) vor dem Hintergrund der anhaltenden Bevölkerungsverluste an das Umland und dem stetigen Anstieg der Pendlerquoten gekennzeichnet durch einen ständigen Verfall des städtischen Einkommensteueranteils.

Typische Großstadtprobleme: Hohe Sozialausgaben; geringe Lohnsteuereinnahmen

Trotz dieser gemeinsamen Probleme unterscheidet sich die finanzielle Situation der Stadtstaaten gravierend:

- **Bremen** befindet sich aufgrund der anhaltenden wirtschaftlichen Strukturumbrüche, die zu drastischen Einnahmeverlusten bei gleichzeitigem Anstieg der finanziellen Belastungen (insbesondere Sozialausgaben) in einer extremen Haushaltsnotlage, die ihren Ausdruck darin findet, daß nahezu jede dritte Steuermark allein für Zinszahlungen aufgebracht werden muß. Ohne finanzielle Hilfen von Außen wäre Bremen nicht in der Lage, die eigenen Haushaltsprobleme in den Griff zu bekommen, wie auch das Bundesverfassungsgericht

Extreme Haushaltsnotlage in Bremen

bestätigte.

- In **Berlin** entwickelt sich die finanzielle Situation seit der Wende in einer dramatischen Entwicklung: Mit dem Zusammenbruch der industriellen Basis und dem Wegfall der besonderen Berlinförderungen steigt die Neuverschuldung Jahr für Jahr in einem Ausmaß und in einer Geschwindigkeit wie in keinem anderen Bundesland. Dies liegt insbesondere an der sehr geringen Steuerdeckungsquote Berlins, die in keinem anderen Bundesland derart gering ist. Auch wenn die finanzielle Entwicklung Berlins seit der Wende besonders negativ war, ist die aktuelle Situation aufgrund einer relativ guten Ausgangsbasis heute noch nicht so dramatisch wie in Bremen.

   Dramatische Verschlechterung der Finanzen in Berlin

- **Hamburg** hat von den drei Stadtstaaten die ausgeglichenste Finanzsituation vorzuweisen. Aufgrund relativ hoher Steuereinnahmen gehört Hamburg im Gegensatz zu Berlin und Bremen zu den Geberländern im Länderfinanzausgleich, die über eine überdurchschnittliche Finanzkraft verfügen. Gleichwohl erfordert auch in Hamburg die relativ hohe Pro-Kopf-Verschuldung sowie die daraus resultierenden Zinsbelastungen eine Konsolidierung des Haushaltes.

   Relativ günstige Situation in Hamburg

Personalpolitik zwischen Personalabbau und Umstrukturierung

Die Personalpolitik der drei Stadtstaaten ist derzeit gekennzeichnet durch z.T. massiven Personalabbau, der im wesentlich durch den Versuch motiviert ist, so einen Beitrag zur Haushaltskonsolidierung zu erwirtschaften. Das Ausmaß der tatsächlichen Kürzungen ist auf der Basis der amtlichen Personalstatistik allerdings nur bedingt nachzuvollziehen, da parallel zum Personalabbau immer größere Teile der öffentlichen Dienstleistungen ausgegliedert und von Eigen- bzw. Regiebetrieben erbracht werden, sofern nicht in Gänze privatisiert wird. Bremen ist auf diesem Weg vor dem Hintergrund der anhaltenden Finanzprobleme seit Mitte der 70er Jahre früher gegangen und scheinbar weiter vorangeschritten als Berlin und Hamburg. In Berlin läßt sich allerdings feststellen, daß vor dem Hintergrund der aktuellen großen finanziellen Probleme sowie einer auch im Stadtstaatenvergleich überproportionalen Ausstattung in den zurückliegenden Jahren massive Bemühungen laufen, den Personalstand zu reduzieren. Aber auch in Hamburg wird derzeit im Personalbereich gespart (jährlich 75 Mio. DM), ausgenommen sind lediglich die Lehrer und Lehrerinnen, die Feuerwehr sowie die Polizei.

Bremen: Personalabbau seit den 80er Jahren

Berlin im Vergleich der Stadtstaaten noch überproportional ausgestattet

Auffällig ist, daß sich die Struktur des öffentlichen Personals in den drei Stadtstaaten unterscheidet: In Bremen und Hamburg hat mittlerweile jeder vierte Beschäftigte des öffentlichen Sektors eine Teilzeitstelle, während es in Berlin lediglich 16 Prozent sind. Andererseits fällt auf, daß der Anteil der Beamten an den Beschäftigten insgesamt in Hamburg und Bremen

Relativ geringe Teilzeit- und Beamtenquote in Berlin

wesentlich über dem in Berlin liegt.

Ein Vergleich der Personalausstattung der Stadtstaaten mit dem der Flächenländer ist jedoch nicht sinnvoll. Die sozio-ökonomischen Besonderheiten der Stadtstaaten bewirken natürlich auch Besonderheiten in der Bedarfsstruktur, die sich in einem höheren Personalbedarf in bestimmten Aufgabenfeldern ausdrückt. Natürlich führen die z.B. sozialen Probleme, die sich in den Großstädten in besonderem Maße konzentrieren, auch zu einem höherem Personalbedarf (z.B. bei den Sozialämtern). Andererseits übernehmen die Stadtstaaten verschiedenste Funktionen auch für die Bevölkerung außerhalb ihrer Grenzen, z.B. im Bildungs- und Kulturbereich, was zu einer höheren Personalquote je Einwohner führt.

Flächenländer kein geeigneter Vergleichsmaßstab für die Bestimmung des Personalbedarfs

Bausteine und Management der Modernisierungspolitik

In allen drei Stadtstaaten laufen zu Zeit massive Bemühungen, die Haushalte zu sanieren bzw. zu konsolidieren. Dies findet z.B. seinen Ausdruck in den geplanten geringen Ausgabensteigerungen, die deutlich unter den geplanten Ausgabensteigerungen im Durchschnitt der übrigen Bundesländer liegen. Dabei läßt sich feststellen, daß die Sparbemühungen in Bremen und Berlin noch radikaler ansetzen als in Hamburg. Bremen ist zusätzlich auf weitere Unterstützung bei der Sanierung von Seiten des Bundes angewiesen, um die Sanierungsziele zu erreichen. Trotz all dieser Bemühungen lassen die Zielstellungen der mittelfristigen Finanzplanungen erkennen, das eine dauerhafte Stabilität der Haushalte der Stadtstaaten eine grundlegende Reform der voraussetzt, die den besonderen Lasten der Großstädte Rechnung trägt und für einen entsprechenden Ausgleich sorgt.

Konsequente Sparpolitik in den Stadtstaaten

Die Diskussion um eine Reform der Finanzausgleichssysteme und insbesondere des Länderfinanzausgleichs ist derzeit vor dem Hintergrund der Klagen von Bayern und Baden-Württemberg mit besonderer Heftigkeit entbrannt. Dabei geht es im Kern um die Frage, wieviel Gleichheit bzw. Ungleichheit zwischen den Ländern politisch gewollt wird, d.h. wieviel der überdurchschnittlichen Finanzkraft eines reichen Landes zugunsten der ärmeren Bundesländer abgeschöpft werden darf. (Argumente, die von einer "Übernivellierung" auf der Grundlage des LFA sprechen, sind eindeutig falsch, eine solche Entwicklung ist vom Gesetzgeber ausgeschlossen.) Hier stehen die Vertreter eines um Ausgleich oder doch zumindest Eindämmung regionaler Disparitäten bemühten solidarischen Föderalismus den Vertretern eines Wettbewerbsföderalismus gegenüber, die die produktiven Kräfte der Konkurrenz befördert wissen wollen. Dabei geht es nur vordergründig um die spezifische Situation der Stadtstaaten, im Wesentlichen sollen die sich durch die Vereinigung ergebenden regionalen Disparitäten in bislang nicht gekanntem Ausmaß dazu genutzt werden, sich von der bislang vorherrschenden Interpretation des grundgesetzlichen Anspruchs auf Herstellung der Gleichwertigkeit der Lebensverhältnisse zu

Reform des Länderfinanzausgleichs politisch umstritten

verabschieden.

Die Diskussion um die Änderung der föderalen Finanzbeziehungen wird in der Öffentlichkeit oftmals verknüpft mit der Frage einer Länderneugliederung. (*Vgl. z.B. Handelsblatt 09.09.98, S.4*) Auch die beiden derzeit gegen die Länderfinanzausgleichsregelungen klagenden Länder machen sich im Zusammenhang mit einer Reform für eine Länderneugliederung stark. (*Handelsblatt 20.10.97 S.7*) Die kleineren Länder, so die These, seien aufgrund der im Verhältnis zur Einwohnerzahl relativ hohen Bedarfe für politische Führungsaufgaben zu teuer und müßten zu größeren Ländern zusammengefügt werden. Dieser Argumentation läßt sich mit Professor Hans Willgerodt von der Universität Köln entgegenhalten: "*Die ebenso beliebte These, der politische Apparat von Kleinstaaten sei zu teuer, hält einer genauen Prüfung nicht stand. Die deutschen Länder haben zum Beispiel sämtlich eine höhere Einwohnerzahl als Luxemburg und fast alle Schweizer Kantone, von denen niemand behauptet, daß sie schlechter regiert seien. Wo - von allen emotionalen und Traditionsgesichtspunkten einmal abgesehen - rein wirtschaftlich die optimale Landesgröße liegt, ist trotz aller Raumordnungsgutachten ebensowenig wissenschaftlich einwandfrei zu ermitteln wie die optimale Betriebsgröße von Unternehmen.*" (*Handelsblatt 02.07.98, S.2*)

Optimale Ländergröße nicht bestimmbar

Die derzeitigen finanziellen Probleme der Stadtstaaten (insbesondere Bremens und Berlins) sind weniger Ausdruck einer ineffizienten "Kleinstaaterei" als vielmehr der Kombination von Großstadtproblemen und der besonderen Betroffenheit von wirtschaftlichen Strukturumbrüchen, die z.T. bis heute noch nicht überwunden werden konnten. An diesen Problemen wird sich durch die Zusammenlegung von mehrerer kleineren Ländern zu wenigen Großen nichts ändern, auch wenn es ansonsten durchaus Argumente für den Zusammenschluß geben mag.

Probleme der Stadtstaaten: Großstadtprobleme und wirtschaftlichen Strukturumbrüche

Um hier dauerhaft Abhilfe zu schaffen, sind die finanziellen Beziehungen zwischen Bund, Ländern und Gemeinden grundlegend neu zu ordnen. Ziel muß es dabei sein, die Steuerkraft und die finanzielle Situation allgemein der Städte und Gemeinden nachhaltig zu stärken. Ein Kernpunkt einer solchen Reform ist die Einführung des Konnexitätsprinzip, auch die Sozialausgaben sollten zumindest zum Teil von Seiten des Bundes übernommen werden, um die besondere Belastungen der Großstädte zu vermindern. Ebenso wären die Stadtstaaten (und Großstädte) über eine Änderung der Lohnsteuerzerlegung zu entlasten, die das Aufkommen zukünftig mindestens hälftig zwischen Arbeits- und Wohnort aufteilt.

Finanzreform: Großstädte finanziell entlasten; Steuereinnahmen gerechter verteilen

Leitbilder der Stadtentwicklung

Die Stadtentwicklung als Querschnittplanung hat das Ziel, die verschiedenen Fachpolitiken wie Wirtschaft, Soziales, Umwelt und Verkehr in Abstimmung mit den verschiedenen Fachbehörden zu einem schlüssigen Gesamtkonzept zu bündeln. Insofern sind die Stadtentwicklungskonzepte - unabhängig von ihrer Verbindlichkeit - gut geeignet, sich einen Überblick über die Leitbilder und Zielstellungen der verschiedenen Politikbereiche zu verschaffen. Die Stadtentwicklungskonzepte gleichen sich in der eindeutigen Ausrichtung auf eine Innenentwicklung, in der Herausstellung der Notwendigkeit einer regionalen Zusammenarbeit, der Forderung und Stärkung gemischter Strukturen, einem Vorrang des ÖPNV vor dem MIV sowie auch durch die Selbstbindung in Bezug auf eine flächensparende bzw. nachhaltige Entwicklung.

Allgemeine Leitziele: Nachhaltigkeit und regionale Kooperation

Gleich ist auch in allen drei Stadtstaaten die anvisierte Wachstumsorientierung, allerdings bestehen bezüglich der Zielvorgaben erhebliche Unterschiede. In Bremen wird aufgrund von politischen Vorgaben den Planungen eine deutlich zu positive Wachstumserwartung zugrunde gelegt. Zwar wird auch in Hamburg und Berlin auf der Grundlage von Wachstumsprognosen geplant, jedoch wird hier explizit auf die Unsicherheit der zukünftigen Entwicklung hingewiesen, dementsprechend wird ein eher flexibles und offenes Planungskonzept zugrunde gelegt.

Wachstumsorientierung der Stadtstaaten;

Auch im Bereich der länderübergreifenden Planung weisen die drei Stadtstaaten erhebliche Unterschiede auf. Die Gemeinsame Landesplanung von Berlin/Brandenburg ist durch den Staatsvertrag und die Einrichtung der Landesplanungsstelle als verbindliche Landesplanung anzusehen. Die Landesplanungen von Bremen/Niedersachsen und von Hamburg/Niedersachsen/Schleswig-Holstein sind in viel geringerem Maße verbindlich. In beiden Stadtstaaten gibt es bilaterale Landesplanungen, die nicht auf einem Staatsvertrag, sondern aus Senats- und Kabinettsbeschlüssen beruhen. Auch gibt es in beiden Regionen keine gemeinsame grenzüberschreitende Regionalplanung, sondern lediglich "regionale Entwicklungskonzepte", die sich in Leitbild, Orientierungs- und Handlungsrahmen untergliedern.

Regionale Kooperation in Hamburg und Bremen relativ unverbindlich

Diese Unterschiedlichkeit der gemeinsamen Landesplanung beruht vor allem auf verschiedenen historischen und politischen Rahmenbedingungen. In Bremen und Hamburg als traditionsreichen Stadtstaaten ist das Eigenständigkeitsbewußtsein wesentlich ausgeprägter als in Berlin, das erst seit 1881 seinen Status als provinzangehörige Stadt verlor und erst nach 1945 zum Stadtstaat im eigentlichen Sinne wurde. Im Bewußtsein vieler Menschen ist Berlin eine Stadt in Brandenburg geblieben. Gleichwohl sollte der Ansatz zur länderübergreifenden Regionalplanung von Berlin/Brandenburg wegweisend für die Landesplanungen der Stadtstaaten Bremen und Hamburg sein.

Regionalplanung Berlins wegweisend auch für Hamburg und Bremen

Verwaltungsmodernisierung

Die Stadtstaaten gehören im bundesweiten Vergleich zu den Vorreitern der Verwaltungsmodernisierung auf Landesebene. Ursächlich dafür ist vor allem ihre prekäre Finanzsituation, die einen hohen Handlungs- und Veränderungsdruck erzeugt. So wird denn auch in den programmatischen Aussagen der politischen Akteure stets ein enger Zusammenhang zwischen den finanzpolitischen Sanierungsstrategien und der Verwaltungsmodernisierung hergestellt. Die Gefahr dieser an sich nachvollziehbaren Verknüpfung besteht darin, daß das Teilziel „Sparen, Sparen, Sparen" tendenziell alle übrigen Teilziele der Verwaltungsmodernisierung in den Hintergrund treten läßt, was - vor allem aus Sicht der Mitarbeiterinnen und Mitarbeiter des öffentlichen Dienstes - zu einer Legitimationskrise des Gesamtprojekts führen kann.

Haushaltskonsolidierung prägt Verwaltungsreform

Bei der Modernisierung ihrer Verwaltungen orientieren sich die drei Stadtstaaten weitgehend an dem von der Kommunalen Gemeinschaftsstelle (KGSt) entwickelten Neuen Steuerungsmodell (NSM). Die Veränderungen des öffentlichen Sektors in den Stadtstaaten erschöpfen sich allerdings nicht in der Einführung der bekannten Bausteine des Modells (Produktorientierung, Budgetierung, Kosten- und Leistungsrechnung, Kontraktmanagement, Qualitätsmanagement, Controlling).

Verwaltungsumbau nach dem Neuen Steuerungsmodell der KGSt;

Sowohl die zu beobachtenden Reformen der Parlaments- und Regierungsstrukturen wie auch die grundlegende Neubestimmung des Verhältnisses zwischen Hauptverwaltung und Bezirken in Berlin und Hamburg sind eigenständige Prozesse, die zwar mit der Einführung des NSM thematisch zusammenhängen, die aber nicht originäre Bestandteile der von der KGSt entwickelten Reformkonzeption sind. Gleiches gilt für die mannigfaltigen Privatisierungsbemühungen und die fortschreitende Verselbständigung von Verwaltungseinheiten. In keinem der drei Stadtstaaten gibt es bisher ein umfassendes, schriftlich niedergelegtes Konzept, in dem tatsächlich *alle* relevanten Initiativen zur Reform des öffentlichen Sektors zu einer Gesamtstrategie bewußt verknüpft werden. Berlin hat aber eine vorbildliche Verbindung der Staats- und Verwaltungsreform mit der Verkleinerung von Parlament und Senat, der Aufgabendelegation auf die Bezirke sowie die Reform der inneren Verwaltungsorganisation auf dem Weg gebracht.

Keine Gesamtstrategie zur Reform des öffentlichen Sektors

Vorbild Berlin: Verbindung von Staats- und Verwaltungsreform

Die radikalste Form der Veränderung des öffentlichen Sektors ist seine „Verschlankung" durch materielle Privatisierung. Anknüpfend an entsprechende bundesweite Initiativen (Sachverständigenkommission „Schlanker Staat") haben auch die Stadtstaaten in den letzten Jahren verstärkt auf Vermögens- und Aufgabenprivatisierungen gesetzt. Eine Vorreiterrolle nimmt dabei Berlin ein, gefolgt von Bremen. In Hamburg dagegen ist man mit materiellen Privatisierungen bisher vergleichsweise zögerlich.

Vermögens und Aufgabenprivatisierung vorangetrieben

Während materielle Privatisierung die Verkleinerung des öffentlichen Sektors zum Ziel hat, dient die Verselbständigung von Verwaltungseinheiten - auch in privatrechtlicher Form (formelle Privatisierung) - primär seinem organisatorischen Umbau. In den Stadtstaaten steht die Verselbständigung von Verwaltungseinheiten nicht erst seit der Beginn der jüngsten Verwaltungsreformbewegung auf der Tagesordnung. Sie wird - in allerdings unterschiedlichem Ausmaß - schon seit den frühen 80er Jahren betrieben. In Hamburg und Bremen stellt die Verselbständigung von Verwaltungseinheiten auch programmatisch ein zentrales Element der Modernisierungsbemühungen dar, während sie in Berlin bislang kein integraler Bestandteil des vom Senat beschlossenen Reformkonzeptes ist. Insgesamt kann festgestellt werden, daß die Verselbständigung in allen drei Stadtstaaten in den 90er Jahren zusätzlich forciert wurden, wie nicht zuletzt ein Blick auf die Personalstatistik zeigt. Dies unterstreicht die Notwendigkeit, in einer späteren Projektphase eine detaillierte Untersuchung von Ausgliederungsprozessen vorzunehmen, um hier zu Aussagen zu kommen.

Weitere Verselbständigung von Verwaltungseinheiten

In Berlin und Hamburg gehört die Verlagerung von bisher von den Senatsverwaltungen wahrgenommenen Aufgaben auf die Bezirke zu den zentralen Elementen der Verwaltungsreform, während es in Bremen zur Zeit keine erkennbaren Bestrebungen gibt, vom Land wahrgenommene Aufgaben in relevantem Umfang zu „kommunalisieren" bzw. von den Stadtgemeinde Bremen wahrgenommene Aufgaben zu „subkommunalisieren", d.h. auf die Ortsämter und Beiräte zu übertragen.

Aufgabenverlagerung auf die Bezirke in Berlin und Hamburg

In Berlin wird die Dezentralisierung verknüpft mit einer Zusammenlegung der Bezirke zu größeren Einheiten, während in Hamburg und Bremen an eine Reform der Bezirks- bzw. Ortsamtsgliederungen derzeit nicht gedacht wird.

Bezirksgebietsreform in Berlin

Nicht grundlegend verändert worden ist bisher in Berlin und Hamburg die innere Bezirksverfassung. Der in Hamburg gemachte Versuch, durch eine Zurückdrängung des Einflusses der Bezirksversammlungen das technokratisch-administrative Element in den Bezirken zu stärken, ist politisch gescheitert. Insgesamt werfen sowohl die zu beobachtenden Dezentralisierungstendenzen wie auch die Veränderungen im gebietlichen Zuschnitt der Bezirke und in der Organisation der Bezirksverwaltungen noch eine Reihe von Fragen auf, deren Untersuchung einer späteren Projektphase vorbehalten ist.

Innere Bezirksverfassung

In allen drei Stadtstaaten ist in den letzten Jahren eine Tendenz zur Verkleinerung der Senate und damit zur Verringerung der Zahl der Einzelverwaltungen zu erkennen. Der Zuschnitt der Ressorts variiert zwischen den Stadtstaaten zum Teil erheblich. Eine bestimmte Entwicklungstendenz ist hier nicht zu erkennen. Welche Organisationseinheiten der zentralen Verwaltung zu einer Senatsverwaltung zusammengefaßt werden, richtet sich offensichtlich weniger nach

Verkleinerung der Senate und neue Ressortzuschnitte

abstrakten Prinzipien administrativer Rationalität als nach (koalitions)politischen Erwägungen.

Die Stadtstaaten folgen bei der Einführung der neuen Steuerungsinstrumente zur inneren Verwaltungsmodernisierung keiner einheitlichen Strategie: Während Berlin von Anfang an auf eine schnelle flächendeckende Einführung aller Elemente des NSM gesetzt hat, haben sich Bremen und Hamburg für einen projektorientierten, inkrementalistischen Ansatz entschieden. Dies darf nicht darüber hinwegtäuschen, daß es in der Reformpraxis zu einer gewissen Angleichung zwischen beiden Ansätzen gekommen ist. Während in Bremen und Hamburg bestimmte Instrumente des NSM mittlerweile auch flächendeckend umgesetzt werden (sollen), muß man für Berlin feststellen, daß sich die optimistischen Zeitpläne der ursprünglichen Reformkonzepte nicht einmal ansatzweise einhalten lassen. Insgesamt hat sich gezeigt, daß nicht alle Elemente des ursprünglich für die kommunale Ebene entwickelten Modells ohne weiteres auf die anders gearteten (verfassungsrechtlichen) Verhältnisse eines Landes übertragen werden können. Dies gilt zum Beispiel für das Kontraktmanagement zwischen „Politik" und „Verwaltung".

Unterschiedliche Umsetzungsstrategien für das NSM

Auch der Umgang bzw. die konkrete Umsetzung einzelner Reformelemente wird in den Stadtstaaten höchst unterschiedlich gehandhabt und unterstreicht die Schwierigkeiten bei der konkreten Umsetzung der inneren Verwaltungsreform. Zu den greifbarsten Ergebnissen der bisherigen Verwaltungsreform-Bemühungen gehört die in allen drei Stadtstaaten fast flächendeckend umgesetzte Definition und Beschreibung von Produkten. Allerdings haben die Produktkataloge ihre praktische Bewährungsprobe noch nicht bestanden. Noch ist unklar, ob sie tatsächlich dazu beitragen, die Outputorientierung des Verwaltungshandelns zu verstärken und die politische Steuerungsfähigkeit der Parlamente und Behördenleitungen zu verbessern.

Nutzen der Produktkataloge noch unsicher

Als schwierig gestaltet sich die Einführung der systematisch eng mit der Produktbildung verknüpfte Kosten- und Leistungsrechnung (KLR). In Berlin, das sich für eine flächendeckende Einführung der KLR entschieden hat, waren bisher alle Zeitpläne schon kurz nach ihrer Aufstellung Makulatur. Zunehmend zeigt sich auch, daß Einführung und Betrieb der KLR mit erheblichen Kosten verbunden sind, die zumindest einen Teil der erhofften Einsparungen auffressen dürften. In Hamburg hat man deshalb von einer flächendeckenden Umsetzung der KLR Abstand genommen und setzt statt dessen auf ein inkrementalistisches Vorgehen, bei dem weitere Erfahrungen mit diesem für die öffentliche Verwaltung neuen Instrument gesammelt werden können. Bremen dagegen plant, trotz aller Hindernisse den Berliner Weg zu beschreiten.

Einführung der Kosten und Leistungsrechnung schwierig und langwierig

Praktische Fortschritte macht der Reformprozeß in allen drei Stadtstaaten was die Budgetierung und die dezentrale Ressourcenverantwortung betrifft. Allerdings ist auch hier fraglich, ob sich die mit den neuen Instrumentarien verknüpften Hoffnungen tatsächlich erfüllen. Unter den Bedingungen der Haushaltssanierung, die auf die Ausschöpfung aller vorhandenen finanziellen Reserven setzt, ist es sehr schwer, dauerhafte finanzielle Anreize für eine wirtschaftliche und sparsame Mittelverwendung durch dezentrale Einheiten zu etablieren. Noch in den Kinderschuhen steckt der Verwaltungsreformprozeß an den Punkten (interner) Wettbewerb und Bürgerorientierung. Daran zeigt sich, daß der reformerische Blick immer noch zu sehr nach innen gerichtet ist und die Wirkungen administrativen Handelns auf die gesellschaftliche Umwelt immer noch nicht die notwendige Aufmerksamkeit finden.

Budgetierung kommt voran

Es ist unvermeidlich, daß die Prinzipien der Outputorientierung, der Budgetierung, des Kontraktmanagements und der dezentralen Fach- und Ressourcenverantwortung zu einer Veränderung der inneren Aufbau- und der Ablauforganisation aller betroffenen Verwaltungseinheiten führen müssen. Gleichzeitig erweisen sich die „harten" organisationsstrukturellen Veränderungen häufig als am schwierigsten durchzusetzen, weil hier Macht- und Statusinteressen am unmittelbarsten berührt sind. So kann nicht verwundern, daß die Abflachung von Hierarchien im Zuge der Dezentralisierung von Verantwortung gerade auf der Führungsebene Widerstand hervorruft.

Defizite der Verwaltungs- reform

Am weitesten ist die Reform der inneren Verwaltungsorganisation in Berlin gediehen. Das geplante Verwaltungsreform-Grundsätzegesetz, mit dem Grundsätze für die zukünftige innere Aufbauorganisation der Senatsverwaltungen, Bezirke und Anstalten des öffentlichen Rechts verbindlich festgeschrieben werden sollen, ist in der Bundesrepublik Deutschland ohne Vorbild. Das gilt nicht nur hinsichtlich des Versuchs der flächendeckenden Neustrukturierung der Aufbauorganisation im Rahmen der Verwaltungsreform, sondern auch hinsichtlich der Tatsache, daß hier der Gesetzgeber in einen Bereich vordringt, der gemeinhin zum Hausgut der Exekutive gerechnet wird. Offenbar ist der Senat bereit, für die feste Verankerung der Organisationsreform auch den Preis einer wesentlichen Einschränkung seiner Organisationsgewalt zu zahlen. In Hamburg und Bremen steht die Frage organisationsstruktureller Änderungen ebenfalls auf der Tagesordnung. Im Grundsatz ist die Entwicklungsrichtung die gleiche wie in Berlin: „Abflachung von Hierarchien", „Ganzheitliche Sachbearbeitung" und „Flexible Organisationsstrukturen" heißen auch hier die Schlagworte. Allerdings läßt sich feststellen, daß die Umstrukturierung der inneren Verwaltungsorganisation sowohl den Umfang als auch die Tiefe der Umstrukturierungsprozesse betreffend behutsamer angegangen

In der Bundes- republik einmalig: Innere Verwaltungs- reform in Berlin durch gesetzliche Regelung

wird als in Berlin.

In allen drei Stadtstaaten wird die Beschäftigungsbeteiligung beim Modernisierungsprozeß sowohl von Seiten der politisch Verantwortlichen als auch von den Spitzen der jeweiligen Verwaltungen sowie von den Interessenvertretungen eingefordert. Die Personalvertreter und zuständigen Gewerkschaften begleiten den Modernisierungsprozeß überall aktiv, um Gestaltungsspielräume, die die Modernisierungskonzepte sowohl bei der Entwicklung als auch während der Umsetzung bieten, aktiv zur Interessenvertretung zu nutzen. Gleichzeitig versuchen sie sozialverträgliche Rahmenbedingungen für die Verwaltungsmodernisierung durchzusetzen.

Beschäftigungsbeteiligung grundsätzlich unstrittig

Die Chancen einer aktiv gestaltenden Interessenvertretung sind jedoch abhängig von der Anlage der Implementationskonzepte: Langfristig angelegte und Schritt für Schritt vorgehende Konzepte bieten mehr interessenvertretungspolitische Sicherheit, während radikale Reorganisationsstrategien zu erheblichen Konflikten, Auseinandersetzungen und Unsicherheiten führen. Vor diesem Hintergrund ist anzunehmen, daß es insbesondere in Berlin und zum Teil auch in Bremen den Interessenvertretungen schwerfallen dürfte, die Modernisierungspolitik der politischen Senate und Verwaltungsführungen zu unterstützen.

Konflikte mit Beschäftigten und ihren Interessenvertretungen abhängig vom Implementationskonzept

Als Erfolg der aktiven Interessenvertretung kann von den Personalräten und Gewerkschaften verbucht werden, daß sich die Standards zur sozialverträglichen Regulierung der Verwaltungsmodernisierung in den Stadtstaaten einander angeglichen haben. In allen Stadtstaaten sind mittlerweile zentrale Verwaltungsreformabkommen unterzeichnet worden, die die Interessen der Beschäftigten grundsätzlich absichern. Allerdings werden die Interessenvertretungen mit den Verwaltungsreformabkommen im Grundsatz auf das Neue Steuerungsmodell verpflichtet bzw. verzichten darauf, andere Ziele und Modelle der Verwaltungsmodernisierung zu verfolgen. Die heiklen Fragen nach der Auslagerung und Privatisierung öffentlicher Aufgaben wurden zumeist ausgeklammert. Nach dem Abschluß eines zentralen Verwaltungsreformabkommen ist es mittlerweile noch zu einer Reihe weiterer Dienstvereinbarungen gekommen, die der sozialen Absicherung der Beschäftigten dienen bzw. einzelne Projekte der Verwaltungsreform sozialverträglich regeln (zum Beispiel Entwicklung und Einführung von Verfahren der Kosten- und Leistungsrechnung, Modellversuche in Bezirks- und Ortsämtern, EDV-Unterstützung in der Personalarbeit etc.). Auf der Ebene der vertraglichen Regelungen sind keine grundsätzlichen Unterschiede zwischen den drei Stadtstaaten erkennbar, in der Praxis der Verwaltungsmodernisierung mag das jedoch ganz anders aussehen.

Verwaltungsreformabkommen mit ähnlichem sozialen Standard

Stadtstaaten im Modernisierungsfieber? - Abschließende Thesen

Die Stadtstaaten sind Teil des mehrstufigen Systems der Bundesrepublik Deutschlands, verfügen aber über eine institutionelle Sonderstellung, da sie gleichzeitig Bundesländer und Großstädte sind. Die Untersuchung der sozio-ökonomischen Rahmenbedingungen, der politischen Systeme, der Haushaltssituation und der Personalpolitik des öffentlichen Dienstes in den Stadtstaaten hat gezeigt, daß die Lage Berlins, Hamburgs und Bremens sowohl von vielen Gemeinsamkeiten als auch von abweichenden Entwicklungstendenzen gekennzeichnet ist.

Exponierte Stellung

Die Stadtstaaten versuchen, ihre schwierige regional- und finanzwirtschaftliche Lage durch eine Vielzahl eigener modernisierungspolitischer Aktivitäten zu verbessern. Sie unternehmen seit einigen Jahren mehr oder weniger große Anstrengungen zum Umbau des öffentlichen Sektors und zur Reform ihres politischen Systems. Im Rahmen der ersten Phase unseres Projektes haben wir die Strategien und Konzepte der finanzwirtschaftlichen Konsolidierung, der Stadtentwicklungspolitik und der Verwaltungsreformpolitik untersucht. Die konkrete Modernisierungspolitik ist nach unseren Befunden bisher vor allem auf Haushaltskonsolidierung, eine Reform der Haushaltssteuerung, kurzfristige fiskalische Effekte sowie eine Verbesserung der Standortqualität angelegt. Fragen nach der Qualität öffentlicher Dienstleistungen, nach einer größeren Bürger- und Kundennähe und nach einer demokratischen Beteiligung der Bürgerinnen und Bürger werden häufig als zweitrangig angesehen oder bleiben unbeantwortet.

Modernisierungsfieber mit Schwächen

Nach den Untersuchungsergebnissen unseres Projektes muß bezweifelt werden, daß die Stadtstaaten unter den gegebenen regionalwirtschaftlichen Bedingungen und angesichts der Art und Weise ihrer gegenwärtigen Einbindung in das gesamtstaatliche Finanz- und Aufgabenverteilungssystem gleichermaßen eine faire Chance haben, ihre Selbststeuerungsfähigkeit wieder zu gewinnen oder wenigstens entscheidend zu verbessern. Die Krise der Stadtstaaten (insbesondere Bremens und Berlins) ist kein Problem ihrer relativen Kleinheit, sondern basiert auf dem Zusammenspiel der spezifischen Probleme von Ballungsräumen, großstädtischen Zentren, regionalwirtschaftlichen und politischen Faktoren. Die hohe Arbeitslosenquote, der weit überproportionale Anteil der auf Sozialhilfe angewiesenen Einwohnerinnen und Einwohner, die teilweise problematische Wirtschaftsstruktur, die Integration Ostberlins: Alle diese Probleme würden unabhängig von dem institutionellen Status als Stadtstaat weiter existieren.

Besondere Lasten

Die nachhaltige Überwindung der schwierigen Umbruchsituation der Stadtstaaten ist nach unserer Meinung bei Fortsetzung der eigenen Modernisierungsaktivitäten letztlich nur gesamtstaatlich und gesamtwirt-

Finanzreform von existentieller Bedeutung

schaftlich möglich. Nur eine Finanzreform kann den Stadtstaaten einen höheren Anteil an dem selbst erwirtschafteten Steueraufkommen, die Entlastung von Sozialhilfekosten sowie von den Infrastrukturkosten gegenüber dem Umland bringen. Auch der entscheidende Abbau der Arbeitslosigkeit kann heute kaum noch regionalwirtschaftlich bewirkt werden.

Welche Lösungsansätze im Einzelnen auch immer verfolgt werden mögen, eine Zusammenlegung der Stadtstaaten mit anderen Flächenländern löst keines dieses Probleme. Die durch einen Zusammenschluß erzielbaren Effizienzgewinne dürften etwa in der Höhe der Zuweisungen des Bundes zum Ausgleich der besonderen Ausgabenlasten der Stadtstaaten aufgrund ihrer Kleinheit liegen, sind also im Vergleich zu den Gesamtausgaben der Stadtstaaten minimal und könnten durch eine entschiedene Modernisierungspolitik möglicherweise sogar übertroffen werden. Eine Neugliederung würde nach dem Grundgesetz im übrigen auch der demokratischen Zustimmung der betroffenen Wahlbevölkerung bedürfen.

Neugliederung löst nicht die Probleme

Allerdings müssen die Stadtstaaten mit ihrer Modernisierungspolitik eine Gratwanderung vollbringen. Sie nehmen im gesamtstaatlichen Gefüge der Bundesrepublik eine exponierte Stellung ein und sehen sich daher besonderen Herausforderungen gegenüber. Für die notwendige Reform des gesamtstaatlichen Regulierungssystems brauchen sie die Unterstützung des Bundes, der anderen Länder und Großstädte. Ein derartiges Reformbündnis dürfte aber nur gelingen, wenn die Stadtstaaten ihren öffentlichen Sektor und ihr politisches System vorbildlich reformieren. Dabei müssen auch qualitative Vergleiche mit anderen Regionen und Großstädten erfolgreich bestanden werden.

Reformbündnis schmieden

Den Stadtstaaten bleibt aus unserer Sicht nur der konsequente Weg weiterer Modernisierung und Reformen, wenn sie die Unterstützung ihrer Bevölkerung nicht verlieren wollen. Sie müssen die überschaubare Kleinräumigkeit und die Verschränkung von Landes- und Kommunalaufgaben positiv nutzen. Die große Chance der Stadtstaaten sehen wir darin, sich zu Reformlaboratorien für eine innovative Wirtschaft, mehr Bürgerbeteiligung und direkte Demokratie, für wirksame parlamentarische Kontrolle, für einen schlanken Regierungsapparat, für qualitativ gute und bürgernahe öffentliche Dienstleistungen, für die Mitbestimmung der Beschäftigten und ihrer Interessenvertretungen zu entwickeln. Das wäre ein vielversprechender Ansatz, der die Bürgerinnen und Bürger ebenso wie die Beschäftigten und andere gesellschaftlichen Gruppen für "ihren" Stadtstaat neu begeistern könnte. Der von den Stadtstaaten eingeschlagene Kurs wäre allerdings unter dieser Zielstellung noch an etlichen Punkten zu korrigieren.

Stadtstaaten Stadtstaaten als innovative Reformlaboratorien

LITERATURVERZEICHNIS

Abgeordnetenhaus von Berlin, LT-Drucks. 12/4376 vom 18.5.1994, Schlußbericht der Enquente-Kommission Verfassungs- und Parlamentsreform

Abgeordnetenhaus von Berlin, LT-Drucks. 13/1542 vom 10.4.1997, Antrag der Fraktion der SPD und der Fraktion der CDU über die endgültige Bestellung von Ausschüssen in der 13. Wahlperiode

Abgeordnetenhaus von Berlin, LT-Drucks. 13/1542-3 vom 10.4.1997, Änderungsantrag der Fraktion der SPD und der Fraktion der CDU zum Antrag der Fraktion der SPD und der Fraktion der CDU über die endgültige Bestellung von Ausschüssen in der 13. Wahlperiode

Abgeordnetenhaus von Berlin, LT-Drucks. 13/1872, Entwurf eines Gesetzes zur Änderung der Verfassung von Berlin

Abgeordnetenhaus von Berlin, LT-Drucks. 13/1872, Entwurf eines Gesetzes über die Verringerung der Zahl der Berliner Bezirke

Abgeordnetenhaus von Berlin, LT-Drucks. 13/2070 vom 29.9.1997, Bericht des Präsidenten des Abgeordnetenhauses von Berlin gemäß § 22 des Landesabgeordnetengesetzes

Abgeordnetenhaus von Berlin, LT-Drucks. 13/2145 vom 30.10.1997, Mitteilung des Senats an das Abgeordnetenhaus u.a. über Stärkung der Rechte der Bezirksversammlungen zur Kontrolle der Globalhaushaltsführung

Abgeordnetenhaus von Berlin, LT-Drucks. 13/2216 vom 18.11.1997, Antrag der Fraktion der SPD und der Fraktion der CDU zum Dritten Gesetz zur Änderung der Verfassung von Berlin

Abgeordnetenhaus von Berlin, LT-Drucks. 13/390 vom 12.4.1996, Bericht 1996 des Rechnungshofs von Berlin

Albers, Detlev (Hrsg.), Regionalpolitik der europäischen Gewerkschaften, Köln 1993

Albers, Detlev, Gemeinsame Landesplanung Bremen/Niedersachsen aus Arbeitnehmersicht, Bremen 1995

Albers, Gerd, Stadtentwicklungsplanung, in: Akademie für Raumordnung und Landesplanung (Hrsg.), Handwörterbuch zur Raumforschung und -Planung, Hannover 1990

Alemann, Ulrich von; Heinze, Rolf G. (Hrsg.), Verbände und Staat, Vom Pluralismus zum Korporatismus, Opladen 1979

Allesch, Jürgen; Schröder, Dirk (Hrsg.), Innovationsverbund durch regionale Netzwerke, Köln 1990

Alpers, Bernd; Heisig, Ulrich; Littek, Wolfgang; Prigge, Rolf, Modernisierte Bürokratie, Entwurf des Abschlußberichts des Forschungsprojektes Strukturwandel öffentlicher Dienstleistungsarbeit, Bremen 1997

Angestelltenkammer; Arbeiterkammer (Hrsg.), Stadtstaat mit Zukunft?, Bremen 1995

Arbeiterkammer Bremen (Hrsg.), Bericht zur wirtschaftlichen und sozialen Lage der Arbeitnehmerinnen und Arbeitnehmer im Lande Bremen, Jahrgänge 1990-94, Bremen 1990-94

Arbeiterkammer Bremen, Langzeitarbeitslosigkeit - Eine Herausforderung - nicht nur für die Krisenregion Bremerhaven, Bremen 1995

Arbeitsgruppe Alternative Wirtschaftspolitik, Memoranden 1995-98, Köln 1995-98

Arbeitsgruppe Alternative Wirtschaftspolitik, Wirtschaftsmacht in der Marktwirtschaft, Köln 1998

Bahrenberg, Gerhard; Priebs, Axel, Bremen und sein Umland - Eine schwierige Beziehung, Beiträge zur Bremen-Monographie, Arbeitspapier Nr. 20/7 der ZWE Arbeit und Region, Bremen 1995

Banner, Gerhard, Die internationale Entwicklung im kommunalen Management und ihre Rezeption in Deutschland, in: ders.; Reichard, Christoph (Hrsg.), Kommunale Managementkonzepte in Europa - Anregungen für die deutsche Reformdiskussion, Köln 1993

Banner, Gerhard, Von der Behörde zum Dienstleistungsunternehmen, Die Kommunen brauchen ein neues Steuerungsmodell, Vortrag auf dem KGSt-Forum 90 am 19. Oktober 1990 in Karlsruhe, überarbeitete und leicht gekürzte Fassung vom 18. Januar 1991

Bauer, Rudolf, Intermediäre Hilfesysteme personenbezogener Dienstleistungen in zehn Ländern - Eine Einführung, in: ders.; Thränhardt (Hrsg.) 1987, S. 9 ff.

Bauer, Rudolf, Thränhardt, Anna-Maria (Hrsg.), Verbandliche Wohlfahrtspflege im internationalen Vergleich, Opladen 1987

Baumeister, Hella, Die Situation von Frauen auf dem Bremer Arbeitsmarkt, Bremen 1993

Baumeister, Hella, Jugend und Ausbildung in Bremen, Bremen 1996

BAW (Hrsg), Dienstleistungsstandort Bremen - Position, Entwicklungschancen und regionalpolitische Ansatzpunkte, Bremen 1992

BAW (Hrsg.), Bremerhaven 2000, Regionalwirtschaftliche Studien 11, Bremen 1992

BAW (Hrsg.), Zur Umnutzung des Geländes der Carl–Schurz–Kaserne in Bremerhaven, in: BAW–Monatsbericht 3/92

BAW; NIW (Niedersächsisches Institut für Wirtschaftsforschung), Konzept für eine regionale Infrastrukturpolitik im Raum der gemeinsamen Landesplanung Bremen/Niedersachsen (Bd. I), Bremen 1994.

Beck, Ulrich, Gegengifte - Die organisierte Unverantwortlichkeit, Frankfurt/M. 1988

Beck, Ulrich, Risikogesellschaft - Auf dem Weg in eine andere Moderne, Frankfurt/M. 1986

Beck, Ulrich; Beck-Gernsheim, Elisabeth (Hrsg.), Riskante Freiheiten, Frankfurt/M. 1994

Behrens, Fritz; Heinze, Rolf G.; Hilbert, Josef; Stöbe, Sybille; Walsken, Ernst M. (Hrsg.), Den Staat neu denken, Reformperspektiven für die Landesverwaltungen, Berlin 1995

Bentele, Karlheinz; Reissert, Bernd; Schettkart, Ronald (Hrsg.), Die Reformfähigkeit von Industriegesellschaften, Festschrift für Fritz W.Scharpf, Frankfurt/M. u.a. 1995

Benz, Arthur, Verwaltungsmodernisierung im föderativen Staat, in: Behrens u.a.. (Hrsg.) 1995

Berger, Roland, Hauptstadt Berlin - Innovative Neustrukturierung der Wirtschaft in Berlin; in: Süß, Werner (Hrsg.), Hauptstadt Berlin (Band 3), Berlin 1996

Berndt, Ralph (Hrsg.), Business Reengineering, Berlin u.a. 1997

Bertelsmann Stiftung (Hrsg.), Carl Bertelsmann-Preis 1993, Demokratie und Effizienz in der Kommunalverwaltung, Bd. 2, Gütersloh 1993

Bertelsmann-Stiftung (Hrsg.), Carl-Bertelsmann-Preis 1993; Demokratie und Effizienz in der Kommunalverwaltung, Bd. 1, Dokumentationsband zur internationalen Recherche, Gütersloh 1993

Bertram, Hans (Hrsg.), Die Familie in Westdeutschland - Stabilität und Wandel familiarer Lebensformen, Opladen 1991

Beyer, Lothar; Brinckmann, Hans, Kommunalverwaltung im Umbruch - Verwaltungsreform im Interesse von Bürgern und Beschäftigten, Bd. 2 der Reihe Zukunft durch öffentliche Dienste, Köln 1991

Bogumil, Jörg, Kißler, Leo, Vom Untertan zum Kunden?, Möglichkeiten und Grenzen von Kundenorientierung in der Kommunalverwaltung, Berlin 1995

Bogumil, Jörg, Kißler, Leo: "Vom Untertan zum Kunden?, Möglichkeiten und Grenzen von Kundenorientierung in der Kommunalverwaltung", Berlin 1995

Bogumil, Jörg; Kißler Leo (Hrsg.), Verwaltungsmodernisierung und lokale Demokratie, Risiko und Chancen eines Neuen Steuerungsmodells für die lokale Demokratie, Baden-Baden 1997

Bogumil, Jörg; Kißler, Leo, Vom Untertan zum Kunden?, Möglichkeiten und Grenzen von Kundenorientierung in der Kommunalverwaltung, Berlin 1995

Böhm, Jürgen, Einführung in die Organisationsentwicklung, Instrumente, Strategien, Erfolgsbedingungen, Heidelberg 1981

Böhm, Monika, Fortentwicklung des Haushaltsrechts, in: Neue Zeitschrift für Verwaltungsrecht 1998, S. 934 ff.

Böhret, Carl, Funktionaler Staat - Ein Konzept für die Jahrhundertwende?, Beiträge zur Politikwissenschaft, Bd. 53, Frankfurt/M. u.a. 1993

Böhret, Carl; Konzendorf, Gottfried, Mehr Sein als Scheinen - Der Funktionale Staat, in: Behrens u.a. (Hrsg.) 1995

Brake, Klaus; Karsten, Martin, Zentren - Leistungstypen und Umsetzungschancen, Oldenburg 1998

Bruder, Wolfgang, Empirische Verwaltungsforschung in der Bundesrepublik Deutschland, Opladen 1981

Budäus, Dietrich, Controlling in der öffentlichen Verwaltung, in: Archiv für Kommunalwissenschaften, Heft I/93

Budäus, Dietrich, Die Ausgestaltung des Managementprozesses als Grundlage einer effizienten Steuerung von Betriebseinheiten in der öffentlichen Verwaltung - Zur Notwendigkeit eines Eigenbetriebsgesetzes für die Freie Hansestadt Hamburg, in: ders.;

Thieme, W. (Hrsg.), Steuerung von Eigenbetrieben, Hamburg 1988

Budäus, Dietrich, Public Management, Konzepte und Verfahren zur Modernisierung öffentlicher Verwaltungen, Modernisierung des öffentlichen Sektors Bd. 2, Berlin 1994

Bufalica, Andreas; Röber, Manfred (Hrsg.), Der schwere Abschied von der Insel, Verwaltungsbeziehungen zwischen Stadt und Umland im Ballungsraum Berlin vor dem Hintergrund der Erfahrungen aus den Stadtstatenregionen Hamburg und Bremen, Berlin 1996

Buff, Reinhard, Stadtentwicklungskonzept Hamburg – Ein Arbeitsbericht; in: Schubert, D. (Hrsg.), Städte für Morgen, Kassel 1995, S. 137 ff. (= Schriftenreihe des Fachbereichs Stadtplanung und Landschaftsplanung, Band 22).

Bundesanstalt für Arbeit, Arbeitsmarkt 1995 - Arbeitsmarktanalyse für die alten und neuen Bundesländer, Nürnberg 1996

Bundesministerium für Finanzen (Hrsg.), Das Haushaltssystem in der Bundesrepublik Deutschland, Bonn 1997

Bundesministerium für Finanzen (Hrsg.), Finanzberichte 1980 - 1999, Bonn 1980-99

Bundesministerium für Finanzen (Hrsg.), Unsere Steuern von A-Z (Ausgabe 1998) Bonn 1998

Bürgerschaft der Freien Hansestadt Bremen, LT-Drucks. 14/1101 vom 31.8.1998, Jahresbericht 1998 des Rechnungshofes der Freien Hansestadt Bremen

Bürgerschaft der Freien Hansestadt Bremen, LT-Drucks. 14/786 vom 7.10.1997, Bericht und Antrag des Verfassungs- und Geschäftsordnungsausschusses

Bürgerschaft der Freien Hansestadt Bremen, LT-Drucks. 14/834 vom 14.11.1997, Jahresbericht 1997 des Rechnungshofs der Freien Hansestadt Bremen

Bürgerschaft der Freien Hansestadt Bremen, LT-Drucks. 14/847 vom 20.11.1997, Schlußbericht des nichtständigen Ausschusses Verfassungs- und Parlamentsreform

Bürgerschaft der Freien Hansestadt Bremen, LT-Drucks. 14/849 vom 21.11.1997, Bericht des Verfassungs- und Geschäftsordnungsausschusses

Bürgerschaft der Freien und Hansestadt Hamburg, LT-Drucks. 14/2600, Bericht der Enquete-Kommission Parlamentsreform

Bürgerschaft der Freien und Hansestadt Hamburg, LT-Drucks. 15/1813 vom 13.9.1994, 15/3750 vom 15.8.1995, 15/5844 vom 6.8.1996 und 15/7826 vom 29.7.1997, Mitteilungen des Senats an die Bürgerschaft über den Stand der Verwaltungsmodernisierung in Hamburg

Bürgerschaft der Freien und Hansestadt Hamburg, LT-Drucks. 15/3500 vom 12.6.1995, Zwischenbericht des Verfassungsausschusses

Bürgerschaft der Freien und Hansestadt Hamburg, LT-Drucks. 15/5357 vom 23.4.1996, Mitteilungen des Senats an die Bürgerschaft zur Reform der Verwaltung

Bürgerschaft der Freien und Hansestadt Hamburg, LT-Drucks. 15/7300 vom 15.4.1997, Bericht des Rechtsausschusses

Bürgerschaft der Freien und Hansestadt Hamburg, LT-Drucks. 16/640 vom 6.4.1998, Bericht der Unabhängigen Kommission zur Überprüfung der Angemessenheit des

Entgelts nach § 2 und der sonstigen Leistungen des Hamburgischen Abgeordnetengesetzes

Bürgerschaft der Freien und Hansestadt Hamburg, LT-Drucks. 16/770 vom 28.4.1998, Mitteilung des Senats an die Bürgerschaft, Entwurf eines Gesetzes zur Änderung des Senatsgesetzes

Bürsch, Michael, Die Modernisierung der deutschen Landesverwaltungen, Zum Stand der Verwaltungsreform in den 16 Ländern, Bonn 1996

Busch, Rolf (Hrsg.), Verwaltungsreform in Berlin - Zwischenbilanz, Berlin 1998

Busse, Hans-Jürgen, Von der Behörde zum Dienstleistungsunternehmen, Bremen 1994

Busse, Hans-Jürgen; Heisig, Ulrich; Mix, Ulrich; Mönnich, Ernst; Prigge, Rolf, Neue Steuerungskonzepte und Arbeitsbeziehungen im öffentlichen Dienst, Düsseldorf 1997

Derlien, Hans-Urich; Gerhardt, Uta; Scharpf, Fritz W., Systemrationalität und Partialinterese, Festschrift für Renate Mayntz, Baden-Baden 1994

Deutscher Gewerkschaftsbund, Frau geht vor in der Wirtschafts- und Strukturpolitik - Diskussionspapier, Bonn 1993

Deutscher Städtetag (Hrsg.), Schnellbericht zum Statistischen Jahrbuch deutscher Städte und Gemeinden (1.,2. und 3. Quartal 1998), Köln 1999

Deutscher Städtetag (Hrsg.), Statistisches Jahrbuch deutscher Städte und Gemeinden, Köln 1997

Deutscher Städtetag, Verwaltungsmodernisierung, Rathäuser im Umbruch, Ergebnisse einer Umfrage bei deutschen Städten, Internet-Ausdruck vom 17.9.1996, Köln 1996

Deutscher Städtetag, Verwaltungsmodernisierung, Rathäuser im Umbruch, Ergebnisse einer Umfrage bei deutschen Städten im Juni 1998 (Internetausdruck), Köln 1998

Deutsches Institut für Wirtschaftsforschung (DIW), Personal- und Kostenvergleich der Stadtstaaten im Jahre 1995, Berlin 1996

Deutsches Institut für Wirtschaftsforschung, Hafenstädte als Industriestandorte, Bremen 1980

Eichstädt, Wulf, Konfliktlinien der Stadtentwicklung im zusammenwachsenden Berlin; in: Helms, Hans G. (Hrsg.), Die Stadt als Gabentisch - Beobachtungen der aktuellen Stadtentwicklung, Leipzig 1992, S. 433 ff.

Einemann, Edgar, Globale Trends und regionale Strategien, Bremen 1998

Ellwein, Thomas, Das Dilemma der Verwaltung, Verwaltungsstruktur und Verwaltungsreformen in Deutschland, Mannheim u.a. 1994

Ellwein, Thomas, Der öffentliche Dienst und das Allgemeine - Bemerkungen zur Lage und zu den Perspektiven des öffentlichen Dienstes im geeinten Deutschland, in: Gewerkschaftliche Monatshefte, Heft 6/1992

Ellwein, Thomas, Koordination ohne Ende - Von den Grenzen der Zusammenarbeit in komplexen Organisationen; in: Boos, M.; Fisch, R. (Hrsg.), Vom Umgang mit Komplexität in Organisationen - Konzepte - Fallbeispiele - Strategien, Konstanz 1990

Esser, Josef; Görg, Christoph; Hirsch, Joachim (Hrsg.), Politik, Institutionen und Staat, Zur Kritik der Regulationstheorie, Hamburg 1994

Färber, Gisela, Budgetierung - Möglichkeiten, praktische Erfahrungen, Folgen für das Parlament, in: Staatswissenschaft und Staatspraxis 1997, S. 61 ff.

Finanzbericht Bremen (2/1998), Bremens Weg in die Dezentrale Haushaltssteuerung, Teil 2- Zwischenbericht 1998

Flicke, Dietrich; Wékel, Julian, Stadtentwicklungsplanung in Berlin; in: Magistrat der Stadt Frankfurt am Main, Dezernat Planung, Amt für kommunale Gesamtentwicklung und Stadtplanung (Hrsg.), Stadt-Pläne - Stadtentwicklungsplanung im Vergleich, Internationaler Frankfurter Städtebau-Diskurs, Deutsches Architektur-Museum, 29. Februar – 1. März 1996, Frankfurt/M. 1997, S. 14 ff.

Forum (Forschungsinstitut Region und Umwelt an der Carl von Ossietzky Universität Oldenburg GmbH), Regionales Entwicklungskonzept für den Raum Bremen, Bremerhaven, Oldenburg Teil 1 (hrsg. von der Gemeinsamen Landesplanung Bremen/Niedersachsen), Bremen u.a. 1995

Forum (Forschungsinstitut Region und Umwelt an der Carl von Ossietzky Universität Oldenburg GmbH), Dezentrale Konzentration - empirische Implikationen eines raumordnerischen Leitbildes, Oldenburg 1997

Fourastié, Jean, Die große Hoffnung des 20. Jahrhunderts, Köln 1954

Freie Hansestadt Bremen, Erster Zwischenbericht zum Sachstand und zur Weiterentwicklung der koordinierten Einführung des Neuen Steuerungsmodells in die bremische Verwaltung vom Juli 1998, Bremen 1998

Freie und Hansestadt Hamburg, Finanzbericht 1999, Hamburg 1999

Freie und Hansestadt Hamburg, Finanzplan 1998 bis 2002, in: Freie und Hansestadt Hamburg, Finanzbericht 1999, Hamburg 1999

Freie und Hansestadt Hamburg, Kosten- und Leistungsrechnung in der Hamburger Verwaltung, Hamburg 1996

French, Wendell L., Bell jr., Cecil H., Organisationsentwicklung, 4.Aufl., Bern u.a. 1994

Friedrichs, Jürgen, Stadtsoziologie, Opladen 1995

Fritsch, Rolf (Hrsg.), Elemente der Erneuerung - Zukunft durch öffentliche Dienste, Gewerkschaftspolitik im Umbruch, Hamburg 1991

Fürst, Dietrich; Hesse, Joachim Jens; Richter, Hartmut (Hrsg.), Stadt und Staat, Verdichtungsräume im Prozeß der föderalstaatlichen Problemverarbeitung, Baden-Baden 1984

Ganser, Karl, Instrumente von gestern für die Städte von morgen?, in: ders.; Hesse, J. J.; Zöpel, Ch. (Hrsg.), Die Zukunft der Städte, Forum Zukunft Bd. 6, Baden-Baden 1991, S. 54 ff.

Gerstenberger, Heide (Hrsg.), Bremer Freiheiten, Zur Geschichte und Gegenwart des Stadtstaates Bremen, Bremen 1997

Gewerkschaft ÖTV - Bezirksverwaltung Hamburg, Kommunale Einrichtungen und Betriebe im Spannungsfeld von strukturellen organisatorischen Schranken und Zukunftsherausforderungen, Hamburg 1990

Gewos (Institut für Stadt- Regional- und Wohnungsforschung GmbH), Umlandwanderungen in der Region Bremen, Hamburg 1996

Giddens, Anthony, Konsequenzen der Moderne, Frankfurt/M. 1996

Glogowski, Gerhard, Verwaltungsreform in Niedersachsen - Bilanz und weiteres Vorgehen, Hannover 1997

Glotz-Richter, Michael; Krämer-Badoni, Thomas; Petrowsky, Werner (Hrsg.), Lokale Demokratie auf dem Prüfstand, Stadtstaaten und Stadtteilvertretungen im europäsichen Vergleich, Bremen 1994

Göbel, Michael, Verwaltung, in: Kröning; Pottschmidt; Preuß; Rinken (Hrsg.) 1991, S. 384 ff.

Grauhan, Rolf-Richard (Hrsg.), Lokale Politikforschung, 2 Bde., Frankfurt/M. u.a. 1975

Greifenstein, Ralph, Kißler, Leo, Den Gewinnern nützen, die Verlierer schützen!, Wie der Personalrat die kommunale Verwaltungsmodernisierung aktiv mitgestalten kann, Düsseldorf 1998

Grimm, Dieter (Hrsg.), Staatsaufgaben, Baden-Baden 1994

Gusy, Christoph, Das parlamentarische Regierungssystem und der Bundesrat, in: Deutsches Verwaltungsblatt 1998, S. 917 ff.

Haas, Diether, Verwaltungsorganisationsrecht, in: Hoffmann-Riem; Koch (Hrsg.) 1988, S. 91 ff.

Habermas, Jürgen, Die Moderne - Ein unvollendetes Projekt, Philosophisch-politische Aufsätze, Leipzig 1990

Habermas, Jürgen, Die neue Unübersichtlichkeit, Frankfurt/M. 1985

Habermas, Jürgen, Legitimationsprobleme im Spätkapitalismus, Frankfurt/M. 1973

Hausen, Karin; Krell, Gertraude (Hrsg.), Frauenerwerbsarbeit: Forschung zur Geschichte und Gegenwart, München 1993

Häußermann, Hartmut, Der Stadtstaat als Entwicklungsbegrenzung, in: Glotz-Richter; Krämer-Badoni; Petrowsky (Hrsg.) 1994, S. 36 ff.

Heseler, Heiner, Die maritime Wirtschaft in Bremen, Bremen 1997

Heseler, Heiner, Hickel, Rudolf, Prigge, Rolf (Hrsg.), Bremens Selbständigkeit –
Bedrohung – Herausforderung – Chance, Bremen 1998

Heseler, Heiner, Strukturwandel und Beschäftigung, in: Heseler; Hickel; Prigge (Hrsg.) 1998

Hesse, Joachim Jens, Politikverflechtung im föderativen Staat, Studien zum Planungs- und Finanzierungsverbund zwischen Bund, Ländern und Gemeinden, Baden-Baden 1978

Hesse, Konrad, Grundzüge des Verfassungsrechts der Bundesrepublik Deutschland, 20. Aufl., Heidelberg 1995

Heun, Werner, Staatshaushalt und Staatsleitung - Das Haushaltsrecht im parlamentarischen Regierungssystem des Grundgesetzes, Baden Baden 1989

Hickel, Rudolf, Ein neuer Typ der Akkumulation, Hamburg 1987

Hickel, Rudolf; Roth, Bernhard; Troost, Axel, Der Stadtstaat Bremen im föderalen Finanzsystem, Bremen 1988

Hirsch, Joachim, Der nationale Wettbewerbsstaat - Staat, Demokratie und Politik im globalen Kapitalismus, Berlin 1995

Hirsch, Joachim, Politische Form, politische Institutionen und Staat, in: Esser; Görg; Hirsch (Hrsg.) 1994

Hochschule für Verwaltungswissenschaften, Politikverflechtung zwischen Bund, Ländern und Gemeinden, 42. Staatwissenschaftliche Fortbildungstagung 1974, Berlin 1975

Hoffmann-Riem, Wolfgang; Koch, Hans-Joachim (Hrsg.), Hamburgisches Staats- und Verwaltungsrecht, Frankfurt/M. 1988

Huber, Bernd; Lichtblau, Karl, Systemschwächen des Finanzausgleichs - Eine Reformskizze, München 1997

Hübner, Kurt, Theorie der Regulation. Eine kritische Rekonstruktion eines neuen Ansatzes der Politischen Ökonomie, 2.Aufl., Berlin 1990

IFO-Institut für Wirtschaftsforschung, Der Wirtschaftsraum Bremen im Europa der neunziger Jahre, in: BAW (Hrsg.), Regionalwirtschaftliche Studien, Heft 13, Bremen 1992

Jarass, Hans D.; Pieroth, Bodo, Grundgesetz für die Bundesrepublik Deutschland - Kommentar, 4. Aufl. München 1997

Jessop, Bob, Veränderte Staatlichkeit, in: Grimm (Hrsg.) 1996, S. 43 ff.

Jürgen Schwabe, Verfassungsrecht, in: Hoffmann-Riem; Koch (Hrsg.) 1988, S. 32 ff.

Kämper, Ina, Personalentwicklung und Personalpolitik der öffentlichen Dienste in der Bundesrepublik Deutschland, Bremen 1996

Kaufmann, Franz-Xaver, Diskurse über Staatsaufgaben, in: Grimm (Hrsg.) 1996, S. 15 ff.

Keller, Berndt, Arbeitsbeziehungen im öffentlichen Dienst, Tarifpolitik der Gewerkschaften und Interessenpolitik der Beamtenverbände, Frankfurt/M. u.a. 1983

Keller, Berndt, Arbeitspolitik des öffentlichen Sektors, Baden-Baden 1993

Keller, Berndt, Einführung in die Arbeitspolitik - Arbeitsbeziehungen und Arbeitsmarkt in sozialwissenschaftlicher Perspektive, 2. Aufl., München u.a. 1991

Keller, Berndt; Henneberger, Fred, Privatwirtschaft und öffentlicher Dienst, Parallelen und Differenzen in den Arbeitspolitiken, in: Müller-Jentsch, W. (Hrsg.), Konfliktpartnerschaft. Akteure und Institutionen der industriellen Beziehungen, München 1991

Kern, Horst, Intelligente Regulierung, Beiträge der Gewerkschaften in Ost und West zur Erneuerung des deutschen Produktionsmodells, in: Soziale Welt, Heft 1/1994

KGSt (Kommunale Gemeinschaftsstelle), Das Verhältnis von Politik und Verwaltung im Neuen Steuerungsmodell, KGSt-Bericht 10/1996, Köln 1996

Kirchenamt der evangelischen Kirche in Deutschland (EKD), Für eine Zukunft in Solidarität und Gerechtigkeit, Hannover 1997

Kißler, Leo; Bogumil, Jörg; Wiechmann, Elke, Das kleine Rathaus, Kundenorientierung und Produktivitätssteigerung durch den Bürgerladen Hagen, Baden-Baden 1994

Kleinfeld, Ralf, Kommunalpolitik, Eine problemorientierte Einführung, Opladen 1996

Koalitionsvereinbarung zwischen den Bremer Landesverbänden von SPD und CDU für die 14. Wahlperiode der Bremischen Bürgerschaft 1995-99, Bremen 1995

Koalitionsvereinbarung zwischen den Hamburger Landesverbänden von SPD und B 90/ Die Grünen (GAL) für die Legislaturperiode 1997 - 2001, Hamburg 1997

Kommission Bremen 2000, Umdenken, Überlegungen zur Entwicklung des Landes Bremen und seiner beiden Städte Bremen und Bremerhaven nach der Jahrtausendwende, Bremen 1993

Krämer, Jürgen, Neef, Rainer (Hrsg.), Krise und Konflikte in der Großstadt im entwickelten Kapitalismus, Basel 1985

Kreuder, Thomas, Gestörtes Gleichgewicht, Die Gefährdung der politischen Autonomie von Ländern und Gemeinden durch Kostenverlagerungen, in: Aus Politik und Zeitgeschichte, B 24/97, S. 31 ff.

Kronawitter, Georg (Hrsg.), Rettet unsere Städte jetzt!, Das Manifest der Oberbürgermeister, Düsseldorf u.a. 1994

Kröning, Volker; Pottschmidt, Günter; Preuß, Ulrich K.; Rinken, Alfred (Hrsg.), Handbuch der Bremischen Verfassung, Baden-Baden 1991

Kubicek, Herbert; Berger, Peter; Döbele, Claudia; Seitz, Dieter, Handlungsmöglichkeiten des Betriebsrates bei Rationalisierung durch Bildschirmgeräte und computergestützte Informationssysteme, Arbeitskammer des Saarlandes, 3. Aufl. Saarbrücken 1981

Kühl, Jürgen, Beschäftigungsfelder, Segmentierung und Marginalisierung im Dienstleistungsbereich, Bonn 1996

Landau, Gudrun; Meisner, Manfred, Arbeitsgruppe Verwaltungsreformpraxis im Bereich Kultur und Bildung - Arbeit als LuV - erste Erfahrungen im LuV Bildung und Kultur in Schöneberg, in: Busch (Hrsg.) 1998, S. 95 ff.

Landerer, Christoph; Röhricht, Dieter, Zur Betriebsführung und Rechtsform öffentlicher Unternehmen, Bd. 6 der Reihe Zukunft durch öffentliche Dienste, Köln 1991

Landesarbeitsamt Niedersachsen/Bremen, Arbeitslose Ende Juni 1996 nach Gemeinden und verschiedenen Strukturmerkmalen, Hannover 1996

Landeszentralbank Berlin/Brandenburg (LZB), Jahresbericht 1997, Berlin 1998

Landeszentralbank Bremen/Niedersachsen (LZB), Jahresbericht 1997, Bremen 1998

Landeszentralbank Bremen/Niedersachsen (LZB), Quartalsbericht 1/1998, Bremen 1998

Linck, Joachim, Budgetierung, in: Zeitschrift für Gesetzgebung 1997, S. 1 ff.

Lühr, Henning, in: Senatskommission für das Personalwesen (SKP) der Freien Hansestadt Bremen, Bremische Verwaltung auf Reformkurs!, Konzepte und Projekte der Verwaltungsreform der Freien Hansestadt Bremen, 2. Werkstattbericht, Bremen 1997

Luthardt, Wolfgang, Probleme und Perspektiven direkter Demokratie in Deutschland, in: Aus Politik und Zeitgeschichte B 14/1997, S. 13 ff.

Mayntz, Renate, Förderalismus und die Gesellschaft der Gegenwart, in: Bentele u.a. (Hrsg.) 1995

Mayntz, Renate; Scharpf, Fritz W. (Hrsg.), Gesellschaftliche Selbstregelung und poitische Steuerung, Frankfurt/M. 1995

Mayntz, Renate; Scharpf, Fritz W., Der Ansatz des akteurzentrierten Institutionalismus, in: dies. (Hrsg.) 1995

Mayntz, Renate; Scharpf, Fritz W., Steuerung und Selbststeuerung in staatsnahen Sektoren, in: dies. (Hrsg.) 1995

Meyer, Jürgen (Hrsg.), Benchmarking, Spitzenleistungen durch Lernen von den Besten, Stuttgart 1996

Mezger, Erika, Das Netzwerk „Kommunen der Zukunft"; in: Mitbestimmung, Heft 4/98

Müller-Jentsch, Walter, Theorien Industrieller Beziehungen, in: Industrielle Beziehungen, Heft 1/1996, S. 36 ff.

Müller-Jentsch, Walther, Industrielle Demokratie - Von der repräsentativen Mitbestimmung zur direkten Partizipation, in: Gewerkschaftliche Monatshefte, Heft 6/1994

Muscheid, Jörg, Dienstleistungen in Bremen, Struktur, Entwicklung, Perspektiven, Bremen 1997

Muscheid, Jörg; Prange, Martin, Entwicklung und Perspektiven der Dienstleistungen in Bremerhaven, Bremen 1998

Naschold, Frieder, Budäus, Dietrich, Jann, Werner, Mezger, Erika, Oppen, Maria, Picot, Arnold, Reichard, Christoph, Schanze, Erich, Simon, Nikolaus, Leistungstiefe im öffentlichen Sektor, Erfahrungen, Konzepte, Methoden, Berlin 1996

Naschold, Frieder, Ergebnissteuerung, Wettbewerb, Qualitätspolitik, Entwicklungspfade des öffentlichen Sektors in Europa, Berlin 1995

Naschold, Frieder, Modernisierung des Staates, Zur Ordnungs- und Innovationspolitik des öffentlichen Sektors, Berlin 1993

Naschold, Frieder, Oppen, Maria, Wegener, Alexander, Innovative Kommunen, Internationale Trends und deutsche Erfahrungen, Stuttgart, Berlin, Köln 1997

Naschold, Frieder, Produktivität öffentlicher Dienstleistungen, in: Naschold, Frieder; Pröhl, Marga (Hrsg.), Produktivität öffentlicher Dienstleistungen, Gütersloh 1994

Naschold, Frieder; Oppen, Maria; Tondorf, Karin; Wegener, Alexander, Neue Städte braucht das Land - Public Governance, Strukturen, Prozesse und Wirkungen kommunaler Innovationsstrategien in Europa, Wissenschaftszentrum Berlin FS II 94-206, Berlin 1994

Netzband, Arno, Ökologisch-sozialer Stadtumbau. Dargestellt am Beispiel der Stadtentwicklung Hamburg (= Diplomarbeit am Studiengang Raumplanung der Universität Dortmund 1994)

Nümann-Seidenwinkel, Ingrid, Stand und Perspektiven der Verwaltungsmodernisierung in Hamburg, in: Mitarbeiterkongreß zur Verwaltungsmodernisierung 1997 -Handbuch und Dokumentation- , Berlin 1997, S.19 ff.

Offe, Claus, Strukturprobleme des kapitalistischen Staates, Frankfurt/M. 1973

Oppen, Maria, Innovationsschwächen im Modernisierungsprozeß deutscher Kommunalverwaltungen, in: Prigge (Hrsg.) 1999

Oppen, Maria, Innovationsschwächen im Modernisierungsprozeß deutscher

Kommunalverwaltungen, in Prigge 1999

Oppen, Maria, Qualitätsmanagement, Grundverständnisse, Umsetzungsstrategien und ein Erfolgsbericht, Berlin 1995

Osterloh, Lerke, Budgetierung und parlamentarisches Budgetrecht aus juristischer Sicht, in: Staatswissenschaft und Staatspraxis 1997, S. 79 ff.

Pertowsky, Werner; Tempel, Günter, Ausländer in der Stadt Bremen, Bremen 1998

Peter, Gerd, Theorie der Arbeitsforschung, Situation - Institution - System als Grundkategorien empirischer Sozialwissenschaft, Frankfurt/M. u.a. 1992

Petrowsky, Werner; Sörgel, Angelina (Hrsg.), Zwischen Suburbanisierung und Massenarbeitslosigkeit: Selbständigkeit Bremens, Perspektiven und Probleme (Tagungsband), Bremen 1997

Pfeiffer, Christian, Kriminalität in Niedersachsen, Hannover 1997

Pfromm, Klaus, Zur Bedeutung der strategischen Stadtentwicklungsplanung, in: Magistrat der Stadt Frankfurt am Main (Hrsg.), Stadt-Pläne - Stadtentwicklungsplanung im Vergleich, Internationaler Frankfurter Städtebau-Diskurs, Deutsches Architektur-Museum, 29. Februar – 1. März 1996, Frankfurt/M. 1997, S. 65 ff.

Plamper, Harald, Moderne Zeiten für Kommunalverwaltungen? Erfahrungen und Perspektiven der Politik- und Verwaltungsreform - Vortrag vor der Kulturpolitischen Gesellschaft am 28. Januar 1998 (Internetdokument)

Pohlan, Jörg, Entwicklungsunterschiede der Finanzlagen Deutscher Städte zwischen 1979 und 1990, Bremen 1997

Prange, Martin; Sörgel, Angelina, Sanierung Bremens - Überlegungen zu den Prämissen des Sanierungsmodells und den Schwierigkeiten, es einzulösen; Bremen 1995

Preuß, Ulrich K., Landesregierung (Senat), in: Kröning; Pottschmidt; Preuß; Rinken (Hrsg.) 1991, S. 335 ff. (Preuß 1991b)

Preuß, Ulrich K., Landtag (Bürgerschaft), in: Kröning/Pottschmidt/Preuß/Rinken (Hrsg.) 1991, S. 301 ff. (Preuß 1991a)

Prieve, Jan, Krisenzyklen und Stagnationstendenzen in der Bundesrepublik Deutschland, Köln 1988

Prigge, Rolf (Hrsg,), Steuerung und Mitbestimmung kommunaler Verwaltungsreform, Universität Bremen 1999

Prigge, Rolf (Hrsg.), Die Zukunft des öffentlichen Dienstes - Dokumentation einer Arbeitstagung, Bremen 1987

Prigge, Rolf (Hrsg.), Perspektiven der Tarifpolitik (ÖD), Ergebnisse der Arbeitstagung vom 11.2.1993 mit einer Einführung in die Grundlagen der Tarifpolitik für den öffentlichen Dienst von Bund, Ländern und Gemeinden, Bremen 1993

Prigge, Rolf (Hrsg.), Steuerung und Mitbestimmung kommunaler Verwaltungsreform, Bremen 1999

Prigge, Rolf, Modernisierung und Mitbestimmung kommunaler Regelungsstrukturen, in: Prigge (Hrsg.) 1999

Prigge, Rolf, Regulierung, Modernisierung und Refom öffentlicher Dienste, in Prigge, Rolf (Hrsg.), Refom öffentlicher Dienste durch Projektarbeit - Beteiligungschance für die Beschäftigten?, Bremen 1995

Prigge, Rolf, Umbau des öffentlichen Sektors und Reform des politischen Systems, in: Heseler; Hickel; Prigge (Hrsg.) 1998, S. 70 ff.

Prigge, Walter, Die Materialität des Städtischen, Stadtentwicklung und Urbanität im gesellschaftlichen Umbruch, Basel u.a. 1987

Prognos AG, Die Bundesrepublik Deutschland 2000-2005-2010, Basel 1993

Quack, Sigrid, Dynamik der Teilzeitarbeit - Implikationen für die soziale Sicherung von Frauen, Berlin 1993

Quack, Sigrid, Dynamik der Teilzeitarbeit - Implikationen für die soziale Sicherung von Frauen, Berlin 1993

Queisser, Hannelore u.a., Die Arbeitsmarktsituation von Frauen in Niedersachsen und Bremen; in: Institut Frau und Gesellschaft (Hrsg.), Materialien zu Frauenforschung, Band 23, Bielefeld 1995

Rautenstrauch, Lorenz, Entwicklungsplanung; in: , Magistrat der Stadt Frankfurt am Main (Hrsg.), Stadt-Pläne - Stadtentwicklungsplanung im Vergleich, Internationaler Frankfurter Städtebau-Diskurs, Deutsches Architektur-Museum, 29. Februar – 1. März 1996, Frankfurt/M. 1997, S. 69 ff.

Regionales Entwicklungskonzept für die Metropolregion Hamburg. Bericht der Lenkungsgruppe . Hamburg, Hannover, Kiel., O.V., Hamburg 1998

Reichard, Christoph, Umdenken im Rathaus, Neue Steuerungsmodelle in der deutschen Kommunalverwaltung, Modernisierung des öffentlichen Sektors Bd. 3, Berlin 1994

Reichard, Christoph; Röber, Manfred, Berliner Verwaltungsreform im Spannungsfeld von Politik und Verwaltung; in: Verwaltung und Management, Heft 3, 1998

Reichard, Christoph; Röber, Manfred, Berliner Verwaltungsreform und das Verhältnis von Politik und Verwaltung, Stellungnahme im Rahmen der Anhörung vor dem Sonderausschuß Verwaltungsreform des Abgeordnetenhauses von Berlin am 16. Januar 1998, Berlin 1998

Rinken, Alfred, Das Petitionsrecht als Menschenrecht und als Parlamentsrecht, in: Öffentliches Recht in Norddeutschland 1998, S. 132 ff.

Röber, Manfred, "Unternehmen Verwaltung Berlin" - eine Zwischenbilanz zur Verwaltungsmodernisierung; in: LKV-Beilage 1/1999

Röber, Manfred, Eine neue Verwaltung für die Hauptstadt? Verwaltungsreform in Berlin zwischen Anspruch und Wirklichkeit; in: Süß, Werner (Hrsg.), Hauptstadt Berlin (Band 3), Berlin 1996

Röper, Erich, Deputationen, in: Kröning; Pottschmidt; Preuß; Rinken (Hrsg.) 1991, S. 428 ff.

Roth, Roland; Wollmann, Hellmut, Kommunalpolitik, Politisches Handeln in den Gemeinden, Bonn 1993

Scharpf, Fritz W., Die Politikverflechtungsfalle, in: Scharpf, Fritz W. 1994

Scharpf, Fritz W., Optionen des Förderalismus in Deutschland und Europa, Frankfurt/M. 1994

Scharpf, Fritz W.; Reissert, Bernd; Schnabel, Fritz (Hrsg.), Politikverflechtung, Bd. 1, Theorie und Empirie des kooperativen Föderalismus in der Bundesrepublik und Bd.2, Kritik und Berichte aus der Praxis, Kronberg 1976 und Berlin 1977

Schefold, Dian, Der Stadtstaat als demokratische Zukunftsperspektive, in: Glotz-Richter; Krämer-Badoni; Petrowsky (Hrsg.) 1994, S. 17 ff.

Schefold, Dian; Neumann, Maja, Entwicklungstendenzen der Kommunalverwaltungen in Deutschland - Demokratisierung und Dezentralisierung?, Basel u.a. 1996

Schlichting, Karl, Strukturwandel in der Region Bremen, Teil 3, Entwicklung von Arbeitsstätten und Beschäftigten – Umland der Stadt Bremen, in: Freie Hansestadt Bremen, Statistische Monatsberichte, Heft 11/1994

Schlichting, Karl, Strukturwandel in der Region Bremen, Teil 3: Entwicklung von Arbeitsstätten und Beschäftigten – Umland der Stadt Bremen, in: Statistisches Landesamt Bremen (Hrsg.), Statistische Monatsberichte Heft 11, Bremen 1994

Schlichting, Karl, Zerlegung der Lohnsteuer, in: Statistisches Landesamt Bremen (Hrsg.), Stat. Monatsberichte Bremen Heft 9/1998, Bremen 1999

Selle, Klaus, Was ist bloß mit der Planung los? Erkundungen auf dem Weg zum kooperativen Handeln. Ein Werkbuch., Institut für Raumplanung (IRPUD) Fachbereich Raumplanung, Bd. 69, Dortmund 1994

Senat von Berlin, Entschlossene Fortführung der Berliner Verwaltungsreform, Sachstandsbericht an das Abgeordnetenhaus von Berlin vom Juni 1997, Juni 1997

Senator für Arbeit (Hrsg.), Informationen zum Arbeitsmarkt des Landes Bremen, Bremen 1999

Senator für Arbeit und Frauen der Freien Hansestadt Bremen, Bericht zur Lage auf dem Arbeitsmarkt, Bremen1993

Senator für Bau, Verkehr und Stadtentwicklung der Freien Hansestadt Bremen (Sen.BVS) (Hrsg.), Bremer Stadtentwicklungsperspektiven - Bausteine zu einem Stadtentwicklungskonzept, Entwurf, Bremen 1995

Senator für Bau, Verkehr und Stadtentwicklung der Freien Hansestadt Bremen (Sen.BVS) (Hrsg.), Stadtentwicklungskonzept Bremen - Entwurf, Bremen 1998

Senator für Finanzen der Freien Hansestadt Bremen (Hrsg.), Die Finanzen Bremens und die Zukunft des Landes, Schriftenreihe zur Finanz- und Verwaltungspolitik, Band 1, Bremen 1992

Senator für Finanzen der Freien Hansestadt Bremen (Hrsg.), Die Finanzen Bremens und die Zukunft des Landes, Bremen 1992

Senator für Finanzen der Freien Hansestadt Bremen (Hrsg.), Finanzplan 1998 bis 2002 der Freien Hansestadt Bremen, Bremen 1992

Senator für Finanzen der Freien Hansestadt Bremen (Hrsg.), Neuordnung des Finanzausgleichs zwischen Bund und Ländern und ihre Auswirkungen auf das Land Bremen, Bremen 1993

Senator für Finanzen der Freien Hansestadt Bremen (Hrsg.), Personalentwicklung in der

Bremischen Verwaltung, Personalentwicklungsprogramm 1992-96, Schriftenreihe zur Finanz- und Verwaltungspolitik, Bd. 2, Bremen 1993

Senator für Finanzen der Freien Hansestadt Bremen, Dezentrale Haushaltssteuerung - 2. Zwischenbericht, Bremen 1998

Senator für Finanzen der Freien Hansestadt Bremen, Sanierung der bremischen Haushalte, Jahresbericht 1996, Bremen 1997

Senator für Umweltschutz und Stadtentwicklung der Freien Hansestadt Bremen, Bremen-Niedersachsen, 25 Jahre gemeinsame Landesplanung, Bremen 1989

Senatskommission für das Personalwesen (SKP) der Freien Hansestadt Bremen (Hrsg.), Personalcontrolling, Bremen 1997

Senatskommission für das Personalwesen (SKP) der Freien Hansestadt Bremen, Personalstruktur und Personalausgaben 1997, Bremen 1998

Senatsveraltung für Inneres Berlin, Statusberichte zum Stand der Verwaltungsreform, Nr. 55-60 (November/Dezember 1997-September/Oktober 1998), Berlin 1997/98

Senatsverwaltung für Finanzen Berlin (Hrsg.), Finanzplanung von Berlin 1998 bis 2002, Berlin 1999

Senatsverwaltung für Stadtentwicklung und Umweltschutz Berlin (Hrsg.), Flächennutzungsplan Berlin, Berlin 1994

Sörgel, Angelina, Der Länderfinanzausgleich - Teil des Problems oder Teil der Lösung?: in: WSI-Mitteilungen 3/1998

Sörgel, Angelina, Länderfinanzausgleich ist lebenswichtig - Bremen braucht eine Perspektive; in: Bremer Angestellten Magazin 5/98

Sörgel, Angelina; Bremer Finanzen - Quo vadis?; in: Angestelltenkammer; Arbeiterkammer 1995, S.108 - 123

Stadtentwicklungsbehörde Hamburg (STEB) (Hrsg.), Hamburg 2000. Bauen und Planen – Heute und Morgen, Eine Dokumentation zur Ausstellung, Hamburg 1995

Stadtentwicklungsbehörde Hamburg (STEB) (Hrsg.), Stadtentwicklungskonzept. Leitbild, Orientierungsrahmen und räumliche Schwerpunkte, Hamburg 1996

Stadtentwicklungsbehörde Hamburg (STEB) (Hrsg.), Strategien der Stadtentwicklung in europäischen Metropolen, Dokumentation eines Fachkongresses, Hamburg 1993

Stadtentwicklungsbehörde Hamburg (STEB) (Hrsg.), Überarbeitung des REK-Leitbildes, Erster Entwurf (Stand 8. Mai 1998), Hamburg 1998

Stadtstaatenkommission (Kommission zur Überprüfung der Regierungsstrukturen in den Stadtstaaten Berlin, Bremen und Hamburg), Berlin - Bremen - Hamburg: Zur Regierungsstruktur in den Stadtstaaten, Berlin u.a. 1989

Statistisches Landesamt Bremen (Hrsg.), Gemeinsame Landesplanung Bremen/Niedersachsen, Regionalstatistische Grundlagen 1993, in: Statistische Mitteilungen, Heft 85, Bremen 1993

Statistisches Landesamt Bremen (Hrsg.), Statistisches Jahrbuch 1998, Bremen 1999

Thieme, Werner, Verwaltungsreformprobleme des Landes und der Stadt Bremen, in: Deutsches Verwaltungsblatt 1993, S. 361 ff.

Trott zu Solz, Levin von (Hrsg.), Bürgerorientierte Kommune - Wege zur Stärkung der Demokratie, Gütersloh 1998

Trott zu Solz, Levin von (Hrsg.), Bürgerorientierte Kommune – Wege zur Stärkung der Demokratie, Gütersloh 1998

Unkelbach, Ingo, Die neue Rolle der Personalräte bei der Einführung eines „Neuen Steuerungsmodells", Frankfurt/M. 1997

Unkelbach, Ingo, Die neue Rolle der Personalräte bei der Einführung eines „Neuen Steueruerngsmodells", Frankfurt/Main 1997

Vesper, Dieter, Länderfinanzausgleich - besteht Reformbedarf? in: Deutsches Institut für Wirtschaftsforschung (Hrsg.), Diskussionspapier Nr. 170, Berlin 1998

Vesper, Dieter, Maastricht und die Konsequenzen für den Finanzausgleich in Deutschland, in: WSI-Mitteilungen 1997, S. 383 ff.

Volkmann, Uwe, Bundesstaat in der Krise, in: Die Öffentliche Verwaltung 1998, S. 613 ff.

Vosgerau, Klaus, Neue sozialräumliche Polarisierung in großen Städten – Gesellschaftliche Ursachen, Tendenzen der Stadtentwicklung, Beispiele und planerische Konsequenzen Oldenburg 1997

Wallerath, Maximilian, Kontraktmanagement und Zielvereinbarungen als Instrumente der Verwaltungsmodernisierung, Die Öffentliche Verwaltung 1997, S. 57 ff.

Welch Guerra, Max, Hauptstadt Berlin, Stadtentwicklungspolitik im neuen Maßstab, in: Schubert, Dirk (Hrsg.), Städte für Morgen, Universität Gesamthochschule Kassel GhK, Schriftenreihe des Fachbereichs Stadtplanung und Landschaftsplanung Bd. 22, Kassel 1995, S. 37 ff.

Wieske, Thomas, Bedarf der Erste Bürgermeister der Freien und Hansestadt Hamburg einer in der Verfassung verankerten Richtlinienkompetenz?, Berlin 1996

Willke, Helmut, Entzauberung des Staates, Überlegungen zu einer sozialen Steuerungstheorie, Königstein/Ts. 1983.

Windhoff-Hèritier, Adrienne, Die Veränderung von Staatsaufgaben aus politikwissenschaftlich-institutioneller Sicht, in: Grimm (Hrsg.) 1996, S. 75 ff.

Wollmann, Hellmut, Licht und Schatten des Berliner Verwaltungsreformprojektes, in: Busch (Hrsg.) 1998, S. 24 ff.

Wulf-Mathies, Monika (Hrsg.), Im Wettstreit der Ideen, Reform des Sozialstaats, Bd. 1 der Reihe Zukunft durch öffentliche Dienste, Köln 1991

Zapf, Wolfgang; Dierkes, Meinolf (Hrsg.), Institutionenvergleich und Institutionendynamik, WZB-Jahrbuch, Berlin 1994

Ziekow, Arne, Direkte Demokratie in Berlin, Landes- und Kommunalverwaltung 1999, S. 89 ff.

Zivier, Ernst R., Verfassung und Verwaltung von Berlin, Berlin 1990

TORMIN ♦ Unternehmensberatung ♦ GmbH

Tormin Unternehmensberatung ist eine mittelständische Beratungsfirma, die sich auf Probleme des öffentlichen Sektors spezialisiert hat. Wir verfügen über umfangreiche Erfahrungen aus Organisationsprojekten in Behörden und öffentlichen Unternehmen, auch und gerade in der Freien Hansestadt Bremen:

Unsere Dienstleistungen

Entwicklung und Umsetzung strategischer Konzepte
- Erarbeitung strategischer Zielsetzungen/Leitbilder
- Entwicklung neuer Steuerungsinstrumente
- Veränderung der Unternehmensstruktur/Rechtsform

Organisationsentwicklung
- Mitgestalten von Veränderungsprozessen (Change Management)
- methodische und qualitätssichernde externe Begleitung
- Moderation von Workshops mit den Betroffenen

Personalentwicklung
- PE-Konzepte
- Führungstraining
- Teamentwicklung

Geschäftsprozeßoptimierung
- Geschäftsprozeßananlyse
- Prozeßmodellierung

Organisationsuntersuchungen
- IST-Analyse/-kritik
- Wirtschaftlichkeitsanalyse
- Entwicklung von SOLL-Konzepten

Umsetzungsbegleitung

Telefon 040 - 59 39 38 - 0 · Telefax 040 - 59 39 38 38
tormin@tormin-unternehmensberatung.de

NEU: PraxisReihe VerwaltungsReform
Herausgeber: Dr. Friedrich-Wihelm Dopatka, Bremen

Kellner Verlag

Band 1

Gegliedert in die vier Abschnitte: 1. Was ist ein Projekt?, 2. Wie wird es effektiv organisiert?, 3. Fallstudie, 4. Methodenkoffer, wird eine praxisnahe und erprobte Anleitung geliefert. Wichtig für Projektbeteiligte, Verwaltungschefs, Verbandsexperten, Personalräte, Wissenschafter und die Beratungsfirmen. Mit vielen Schaubildern.
Bereits 3. Auflage 1999.
290 Seiten, Format 17x24 cm, Hardcover,
ISBN 3-927155-34-9, DM 48,-

Band 2

Die authentische Bestandsaufnahme einer gelungenen Umorganisation der niederländischen Stadtverwaltung Tilburg (165 Tsd. Einw.), deren Erfahrungen übertragbar sind. Sinnvoll ergänzt durch etliche Schaubilder.
120 Seiten, Format 17x24 cm, Hardcover,
ISBN 3-927155-31-4, DM 29,80

Vorankündigung: Band 3

LÜHR, KEMPF, ZECH:
Personalcontrolling für Öffentliche Dienste
Umsetzung und Konsequenzen für eine modernes Personalmanagement. Das fachkundige Autorenteam analysiert und erläutert die neusten Entwicklungen anhand aktueller Beispiele und nützlichen Übersichten. – Bereits angekündigt –
200 Seiten, Format 17x24 cm, Hardcover,
ISBN 3-927155-37-3, DM 44,-
Voraussichtlich lieferbar ab 2000

Erhältlich in jeder guten Buchhandlung oder über SachBuchService Kellner. Lieferung auf Rechnung, zzgl Versandkosten

Vorankündigung: Band 5

GRIESCHE, EICKE, MÜLLER:
Organisation und Moderation von Reformen in öffentlichen Verwaltungen. Das Modell Ludwigslust „Landkreisverwaltung 2000"
Beispielhafte Darstellung und Analyse der Umsetzung einer Verwaltungsreform, die diese Bezeichnung wirklich verdient. „Das Multiplikatorenkonzept als Kerngedanke, Projektorientierte Teamarbeit, Neue Führungsphilosophie" sind einige der erfolgreich realisierten Aufgaben.
Mit zahlreichen Schaubildern und etlichen Fotos.
240 Seiten, Format 17x24 cm, Hardcover,
ISBN 3-927155-46-2. DM 48,-
Voraussichtlich lieferbar ab 2000

St.-Pauli-Deich 3
28199 Bremen
FON 0421 77 8 66
FAX 0421 70 40 58
kellner-verlag@t-online.de

Ihre Experten für

Modernisierungsvorhaben

in der öffentlichen Verwaltung

- Projektmanagement
- Organisations- u. Technologieberatung
- Methoden zur Qualitätssicherung
- Wirtschaftlichkeitsbetrachtung
- Berichtswesen und Dokumentation

Eigenbetrieb der Stadtgemeinde Bremen

Telefon (0421) 361-4711
Telefax (0421) 361-2928
e-mail vertrieb@idbremen.de
Internet www.idb.uni-bremen.de

Informations- und Datentechnik Bremen
Achterstraße 30
28359 Bremen